期货投资系列丛书

FUTURES INVESTMENT

期货投资学

（第4版）

罗孝玲　马世昌　/ 著

中国财经出版传媒集团
经济科学出版社
Economic Science Press

丛书总序

  《期货投资学》《期权投资学》《期货上市交易品种大全》及《期货投资案例》四本书是2003～2006年我花了大量精力编著的，前两本市场上类似的书很多，但还是受到市场的青睐；后两本则是目前市场上仅有的、全面介绍我国商品期货交易品种与期货案例的书，很好地适应了市场的需求。这四本书第1版出版后，在期货理论及实务界都产生了深远的影响，并且都有不错的销售，经济科学出版社与齐伟娜编辑希望我修订这几本书，作为期货期权类系列丛书出版。自2006年底出国进修，我就开始这几本书第2版的修订工作，这几年，国内外穿梭忙碌，到2010年初，终于完成了这一工作。有趣的是，丛书中有的书第1版刚出版就开始了第2版的修订，这也从一个侧面反映出中国期货市场的发展速度及巨大的发展机会。

  这几本书虽然是系列丛书，但是每本书都自成体系，因为每本书都有其特定的出书背景和读者群。

  2001年，因为要给MBA学员上课，而市场上没有非常合适的教材，所以我就开始着手为MBA学员编写了《期货投资学》这本书。同时，这本书也考虑到当时期货经纪公司从业人员及期货投资者的需要，全面系统地论述了期货定价理论，使本书的理论深度提高了一个层次。该书现在仍作为MBA的教材，同时作为期货从业人员及期货投资者自我提高的书籍。

  《期权投资学》也是满足2003年、2004年期权热的一个需求。我国投资者历来只有做多的习惯，对期货市场的做空机制不是太熟悉，加上期权的看涨与看跌两个概念，组合在一起让投资者更加难以理解了。因此，我考虑编写一本浅显易懂的投资学参考书，把期权的概论、交易原理等投资者必须要掌握的知识做一个通俗易懂的介绍。这本书现在还是保持这一风格，除了定价这一章外，很适合初学者学习。

  我为高等教育出版社编写的金融类《期货与期权》教材一书，是以上两本书作为主要参考资料，所以《期货投资学》与《期权投资学》可作为本科生《期货与期权》课程的辅助教材。

《期货上市交易品种大全》一书缘起于我去一家期货公司考察时，一位曾一起从事期货实务交易的老朋友建议我写一本介绍中国期货上市交易品种的书，因为当时——直到现在还是这样——只有三个交易所各自出版介绍各自交易品种的书，没有一本全面介绍所有商品期货品种的书。有趣的是，就在该书第 2 版修订的过程中，我在国外购买修订工作所需的参考书籍时，也未发现同类的书。其实投资者非常需要这样一本书，因为从事过期货交易实务的人都知道，期货行情与股票市场不同，它的行情是轮流转变的。当股票与股指期货没有投资机会时，商品期货的火爆行情也许对投资者会有较强的吸引力，这时手头有一本相应品种介绍的书是件非常欣慰的事情。所以本书是为那些对期货交易感兴趣的投资者写的。

写《期货投资案例》一书有几个目的：第一，股票、银行、保险等都有很多的案例书，但是期货及期权没有；第二，国内外出现的大的金融事件大都与期货与期权有关，投资者可以通过案例，了解事件产生的背景、过程等；第三，通过介绍中国商品期货的案例，让投资者从中了解中国期货的发展进程；第四，每个人在空闲时都喜欢读些有故事的、有趣的书，希望我能从期货期权这个方面满足读者的需要，对我来说，这也是件非常快乐的事。

这几本书从 2002 年第 1 版的开始撰写到目前第 2 版的修订出版，学生饶红浩、罗剑、罗巧玲等做了大量的工作，希望他们在期货界各领域为中国的期货业做出更多的贡献。

罗孝玲

2010 年于中南大学商学院

第 4 版序言

本书于 2006 年首次出版，应出版社的要求，先后于 2010 年、2015 年进行了两次修订再版，本次修订更新已为第 4 版。作为深受期货行业内认可的一本教材，很多高校数年来一直选择本书作为本科生、MBA 学生的教材；还有众多期货投资者、期货培训人员和对期货行业感兴趣的读者也在众多期货书籍中选择了此书。在此，谨向广大读者的认同表示诚挚的感谢。

国内金融衍生品行业的发展日新月异，突出表现为期货品种日益丰富、监管制度日益完善、市场成熟度日益提高。在本书首次出版的 2006 年，全国期货市场上市交易品种仅有 13 种，且全部为商品期货；而截止到本次完成修订的 2020 年 1 月，国内期货市场上市交易品种已经达到 64 种，其中包括 3 个股指期货品种（沪深 300、上证 50、中证 500）、3 个利率期货品种（10 年、5 年、2 年期国债）；另外还有 13 种期权产品在上市交易。中国的期货市场发展走向了从以商品期货为主到商品期货、金融期货、期货期权协同发展的新时期。

本书第 4 版修订之时，正值全球疫情爆发之时，由此导致了全球金融市场动荡不安，商品期货及各类金融资产价格剧烈变动。原油期货更是历史性地出现负数价格，美元对人民币汇率升至 7.09，创下十多年新纪录。各类商品及金融资产面临巨大的风险，在危机中寻找机会，中国应在外汇制度的改革中大胆进取，让人民币自由兑换，成为世界储备货币，让中国从商品经济强大到商品及金融市场整个中国经济的崛起成为现实！

本书在第 3 版修订时，正值博士生马世昌攻读博士学位，他从那时起，便作为我的助手，积极、深度地参与了本教材历次的编写与修订工作，转眼已过十余年，他就职于北京建筑大学经济与管理工程学院亦有三年多时间。时间的流逝并没有改变读者对本书的厚爱，这是作为一个教育工作者最开心及欣慰的地方。

虽然被疫情限制在异乡，但此书第4版的出版还是让我感到祖国离自己仍是那么近！

罗孝玲

2020 年 3 月 29 日

写于美国洛杉矶

目　录

第 *1* 章

期货市场概述

本章首先介绍期货市场的起源与发展；接着简要介绍世界主要期货交易所，并阐述发达国家期货交易所的并购、公司化、电子化的三大发展趋势；最后介绍我国期货市场的发展历程。

1.1 期货交易的产生与发展

本节介绍了期货市场产生的历史背景，阐述了期货交易的定义、特征及期货交易与现货交易、远期合约交易、股票交易的区别与联系，最后对全球期货市场的发展现状进行了全景扫描。

1.1.1 期货交易的产生

期货交易是在现货交易和远期交易的基础上发展起来的，是商品交易发展到一定阶段的产物，回溯全球商品交易的历史，可以清晰地梳理出期货交易产生与发展的脉络。

在 13 世纪，现货商品交易获得了广泛发展，许多国家都形成了中心交易场所、大交易市场以及无数的定期集贸市场，如罗马帝国的罗马大厦、雅典的大交易市场以及我国当时各地的大小集贸市场，它们都是按照既定的时间和场地范围进行大量的现货交易活动。在现货商品交易普遍推行的基础上，产生了专门从事商品转手买卖的贸易商人，因而也出现了大宗现货批发交易。由于那时交易的商品主要为农产品，而其生产具有季节性，因而逐渐产生了根据商品样品的品质签订远期供货合同的交易方式。这种贸易商和商品生产者签订的远期供货合同，由初级形式到远期合约经过了漫长的发展历程，主要是合同的条款、计价方式、价格以及合同的信用等方面经过了不断的演变和完善，到 19 世纪中叶才开始形成较完善的远期合约交易。

现代意义上的农产品期货交易在 19 世纪中期产生于美国芝加哥。19 世纪 30~40 年代，随着美国中西部的大规模开发，芝加哥从一个名不见经传的小村落发展成为重要的粮食集散地。中西部的谷物汇集于此，再从这里运往东部消费区。由于谷物在短期内集中上市，供给量大大超过当地市场需求量，加上恶劣的交通状况和仓储设施的严重不足，使谷物既不能及时疏散又不能囤积，最终导致价格一跌再跌，无人问津。然而，第二年春季消费者又会因为粮食短缺、价格飞涨而深受其害，加工企业也因缺乏原料而困难重重。在供求矛盾的反复冲击下，加上从 1825 年起，美国中西部的交通运输条件发生了惊人的变化，货物运价大为减少，如过去马车的运输为 25 美元/吨英里，而铁路运费只要 4 美元/吨英里，水运为 2 美元/吨英里；于是，粮食商率先行动起来，他们在交通要道旁边设立仓库，收获季节从农场主手中收购粮食，来年发往外地，缓解了粮食供求的季节性矛盾。不过，粮食商因此承担很大的价格风险，一旦来年粮价下跌，利润就会减少，甚至亏本。粮食商在长期的经营活动中，摸索出了一套远期交易的方式，即他们在购入谷物后，立即到芝加哥，与芝加哥的粮食加工商、销售商签订第二年春季的供货合同，以事先确定销售价格，进而确保利润。

1848 年，芝加哥的 82 位商人发起组建了美国第一家交易所，即芝加哥期货交易所（Chicago Board of Trade, CBOT）。芝加哥期货交易所的发展初期主要是改进运输和储存条件，同时为会员提供价格信息等服务，促成买卖双方达成交易。当时的芝加哥期货交易所并非是一个市场，只是一家为促进芝加哥工商业发展而自然形成的商会组织。直到 1851 年，芝加哥期货交易所才引进了远期合同，1951 年 3 月 13 日签订了第一份玉米远期合约：交易数量为 3 000 蒲式耳，交货期为当年 6 月份，价格为每蒲式耳低于 3 月 13 日当地玉米市价 1 美分。当时由于粮食运输很不可靠，轮船航班也不定期，从美国东部和欧洲传来的供求消息经很长时间才能到达芝加哥，粮食价格波动相当大。农场主可利用远期合同保护他们的利益，避免运粮到芝加哥时因价格下跌或需求不足等原因而造成损失。加工商和出口商也可以利用远期合同减少因各种原因而引起的价格上涨的风险，保护他们自身的利益。

但是远期交易方式在随后的交易过程中遇到了很多困难，如商品品质、价格、交货时间、交货地点等都是根据双方的具体情况达成的，当双方情况或市场价格发生变化，需要转让已签订的远期合同时，非常困难。另外，远期交易最终能否履约主要依赖对方的信誉。要对对方信誉状况作全面细致的调查，费时费力，成本较高，难以进行，故交易中的风险增大。针对上述情况，芝加哥期货交易所于 1865 年推出了第一张玉米期货合约及有关商品的期货标准化协议，取代了原来沿用的远期合约。同时实行了保证金制度，向签约双方收取不超过合约价值 10% 的保证金，作为履约保证。按保证金制度的要求，交易双方必须在交易所或其代理机构存入一笔资金，以确保合约的有效履行。这是具有历史意义的制度创新，促成了真正意义上的期货交易的诞生。

随后，其他商品期货交易有了很大的发展。1874 年 5 月，一些供货商在芝加哥建立了农产品交易场所，为黄油、鸡蛋和其他农产品提供了一个有组织的交易市场。1899 年，这些供货商建立了一个独立的组织，叫作芝加哥黄油和鸡蛋委员会。1919 年 9 月，芝加哥黄油和鸡蛋交易委员会正式更名为芝加哥商业交易所（Chicago Mercantile Exchange，CME）。随后世界各地相继成立了期货交易所，其他谷物类、纤维类、食品饮料类、畜产品类、林产品类、油料油品类、金属和能源等大宗商品期货①相继推出，商品期货得到迅速的发展。

20 世纪 70 年代初，国际经济形势发生急剧变化，随着第二次世界大战后布雷顿森林体系的解体，固定汇率被浮动汇率制取代，利率管制等金融管制政策逐渐取消，汇率、利率频繁剧烈波动。在这种背景下，金融期货应运而生。率先出现的是外汇期货，1972 年 5 月，芝加哥商业交易所（CME）设立了国际货币市场分部（International Monetary Market，IMM），首次推出包括英镑、加拿大元、西德马克、法国法郎、日元和瑞士法郎等货币在内的外汇期货合约；1975 年 10 月，芝加哥期货交易所上市国民抵押协会债券期货合约，从而成为世界上第一个推出利率期货合约的交易所；1982 年 2 月，美国堪萨斯城期货交易所（Kansas City Board of Trade，KCBT）开发了价值线综合指数期货合约，使股票价格指数也成为期货交易的对象。至此，金融期货三大类别的外汇期货、利率期货和股票价格指数期货均上市交易。三大类金融期货中，交易量最大的是利率期货，其次是指数期货，外汇期货交易量最少。因为许多银行及金融机构利用远期外汇市场进行保值交易。

金融期货的出现，使期货市场发生了翻天覆地的变化，彻底改变了期货市场的发展格局。目前，在国际期货市场上，金融期货已经占了期货交易量的 80% 以上，并且对整个世界经济产生了深远的影响。

1.1.2 期货交易的基本概念

1. 期货交易的特征

交易双方不必在买卖发生的初期就交收实货，而是共同约定在未来的某一时点交收实货的交易就是期货交易。为了保证期货交易的正常进行，往往需要在买卖发生初期交付一定的保证金。现代期货交易是在交纳一定数量的保证金后在期货交易所内通过买卖各种标准化合约完成交易，该标准化合约被称为期货合约。期货交易者一般

---

① 为分析方便，本书把商品期货分为农畜林产品期货和资源期货，文中所述前六类归为农畜林产品期货，后两类为资源期货。目前国内外没有一个标准的分类，国外把冰冻橘子汁、食糖等期货称为软饮料类，本书为了分类方便把软饮料类归于食品饮料类。

通过期货经纪公司代理进行期货合约的买卖，买卖合约后所必须承担的义务，可在合约到期前通过反向的交易行为（平仓）来解除。期货交易主要有以下五个基本特征：

（1）合约标准化。期货交易是通过买卖期货合约进行的，而期货合约是标准化的。期货合约标准化指的是除价格外，期货合约的所有条款都是预先由期货交易所规定好的，具有标准化的特点。期货合约标准化给期货交易带来极大便利，交易双方不需对交易的具体条款进行协商，节约交易时间，减少交易纠纷。

（2）交易集中化。期货交易必须在期货交易所内进行。期货交易所实行会员制，只有会员方能进场交易。那些处在场外的广大客户若想参与期货交易，只能委托期货经纪公司代理交易。所以，期货市场是一个高度组织化的市场，并且实行严格的管理制度，期货交易最终在期货交易所内集中完成。

（3）双向交易和对冲机制。双向交易，也就是期货交易者既可以买入期货合约作为期货交易的开端（称为"买入建仓"），也可以卖出期货合约作为交易的开端（称为"卖出建仓"），这分别被称为"买空"和"卖空"。与双向交易的特点相联系的还有对冲机制，在期货交易中大多数交易并不是通过合约到期时进行实物交割来履行合约，而是通过与建仓时的交易方向相反的交易来解除履约责任。具体说就是买入建仓之后可以通过卖出相同合约的方式解除履约责任，卖出建仓后可以通过买入相同合约的方式解除履约责任。期货交易的双向交易和对冲机制的特点，吸引了大量期货投机者参与交易，因为在期货市场上，投机者有双重的获利机会，期货价格上升时，可以低买高卖来获利，价格下降时，可以通过高卖低买来获利，并且投机者可以通过对冲机制免除进行实物交割的麻烦，投机者的参与大大增加了期货市场的流动性。

（4）杠杆机制。期货交易实行保证金制度，也就是说交易者在进行期货交易时只需缴纳少量的保证金，一般为成交合约价值的 5% ~ 10%，就能完成数倍乃至数十倍的合约交易，期货交易的这种特点吸引了大量投机者参与期货交易。期货交易具有的以少量资金就可以进行较大价值额的投资的特点，被形象地称为"杠杆机制"。期货交易的杠杆机制使期货交易具有高收益、高风险的特点。

（5）每日无负债结算制度。期货交易实行每日无负债结算制度，也就是在每个交易日结束后，对交易者当天的盈亏状况进行结算，在不同交易者之间根据盈亏进行资金划转，如果交易者亏损严重，保证金账户资金不足时，则要求交易者必须在下一日开市前追加保证金，以做到"每日无负债"。期货市场是一个高风险的市场，每日无负债结算制度可以有效地防范风险，将因期货价格不利变动给交易者带来的风险控制在有限的幅度内，从而保证期货市场的正常运转。

2. 期货交易与远期交易

（1）期货交易与远期交易的联系。

远期交易是指买卖双方签订远期合同，规定在未来某一时间进行实物商品交收的一种交易方式。远期交易的基本功能是组织远期商品流通。而现货交易组织的是现有商品的流通，远期交易进行的是未来生产出的、尚未出现在市场上的商品的流通。从这个意义来说，远期交易在本质上属于现货交易，是现货交易在时间上的延伸。

期货交易与远期交易有许多相似之处，其中最突出的一点是两者均为买卖双方约定于未来某一特定时间以约定价格买入或卖出一定数量的商品。远期交易是期货交易的雏形，期货交易是在远期交易的基础上发展起来的。

（2）期货交易与远期交易的区别。

① 交易对象不同。期货交易的对象是交易所统一制定的标准化期货合约，可以说期货不是货，而是一种合同，是一种可以反复交易的标准化合约，在期货交易中并不涉及具体的实物商品。远期交易的对象是交易双方私下协商达成的非标准化合同，所涉及的商品没有任何限制。远期合同是代表两个交易主体的意愿，交易双方通过一对一的谈判，就交易条件达成一致意见而签订远期合同。

② 功能作用不同。期货交易的功能是规避风险和发现价格。期货交易是众多的买主和卖主根据期货市场的规则，通过公开、公平、公正、集中竞价的方式进行的期货合约的买卖，易于形成一种真实而权威的期货价格，指导企业的生产经营活动，同时又为套期保值者提供了规避、转移价格波动风险的机会。远期交易尽管在一定程度上也能起到调节供求关系、减少价格波动的作用，但由于远期合同缺乏流动性，所以其价格的权威性、分散风险的作用大打折扣。

③ 履约方式不同。期货交易有实物交割与对冲平仓两种履约方式，其中绝大多数期货合约都是通过对冲平仓的方式了结的。远期交易履约方式主要采用实物交收方式，虽然也可采用背书转让方式，但最终的履约方式是实物交收。

④ 信用风险不同。在期货交易中，以保证金制度为基础，每日进行结算，信用风险较小。远期交易从交易达成到最终完成实物交割有相当长的一段时间，此间市场会发生各种变化，各种不利于履约的行为都有可能出现。如买方资金不足，不能如期付款；卖方生产不足，不能保证供应；市场价格趋涨，卖方不愿按原定价格交货；市场价格趋跌，买方不愿按原定价格付款，等等，这些都会使远期交易不能最终完成，加之远期合同不易转让，所以，远期交易具有较高的信用风险。

⑤ 保证金制度不同。期货交易有特定的保证金制度，按照成交合约价值的一定比例向买卖双方收取保证金，通常是合约价值的5%～10%，而远期交易是否收取或收取多少保证金由交易双方商定。

3. 期货交易与现货交易

（1）期货交易与现货交易的联系。

现货交易是指买卖双方根据商定的支付方式与交货方式，采取即时或在较短时间内进行实物商品交收的一种交易方式。现货交易覆盖面广，不受交易对象、交易时间、交易空间等方面制约，随机性大。由于没有特殊限制，交易灵活方便。

期货交易是指在期货交易所内集中买卖期货合约的交易活动。它的交易对象是标准化的期货合约，期货合约是由期货交易所统一制定的、规定在将来某一特定的时间和地点交割一定数量和质量商品的标准化合约。期货市场是专门买卖标准化期货合约的市场。期货市场是以现货交易为基础，在现货交易发展到一定程度和社会经济发展到一定阶段才形成与发展起来的。期货交易与现货交易互相补充，共同发展。

（2）期货交易与现货交易的区别。

① 交割时间不同。商品的买卖实际上包含着两种运动：一种是商品作为使用价值的载体而发生的空间运动，称为物流；另一种运动是所有权从让渡者向受让者的转移，称为商流。现货交易一般是即时成交或在很短时间内完成商品交收的活动，买卖双方一旦达成交易，商品和所有权的让渡同时达成，因此现货市场的商流与物流在时空上基本是统一的。而期货交易从成交到货物收付之间则存在着时间差，发生了商流与物流的分离。例如，买卖双方于 3 月 10 日交易成一笔 9 月 20 日交割的铜期货合约，期货交易在 3 月 19 日就达成了，实物交割却要在 9 月 20 日才能实现。

② 交易对象不同。现货交易的对象主要是实物商品，期货交易的对象是标准化合约。从这个意义上来说，期货不是货，而是关于某种商品的合同。

③ 交易目的不同。现货交易的目的是获得或让渡商品的所有权，是满足买卖双方需求的直接手段。期货交易一般不是为了获得实物商品，套期保值者的目的是通过期货交易转移现货市场的价格风险，投资者的目的是为了从期货市场的价格波动中获得风险利润。

④ 交易的场所与方式不同。现货交易一般不受交易时间、地点、对象的限制，交易灵活方便，随机性强，可以在任何场所与对手交易。期货交易必须在高度组织化的期货交易所内以公开竞价的方式进行。

⑤ 结算方式不同。现货交易主要采用到期一次性结清的结算方式，同时也有货到付款方式和信用交易中的分期付款方式等。期货交易中，交易双方必须缴纳一定数额的保证金，并且在交易过程中始终要维持一定的保证金水平。

4. 期货市场与证券市场

期货市场是买卖期货合约的市场，而期货合约在本质上是未来商品的代表符号，因而期货市场与商品市场有着内在的联系。但就物质商品的买卖转化成合约的买卖这一点而言，期货合约在外部形态上表现为相关商品的有价证券，这一点与证券市场确有相似之处。证券市场上流通的股票、债券，分别是股份公司所有权的标准化合同和债券发行者的债权债务标准化合同。人们买卖的股票、债券和期货合约，都是一种凭证。期货市场与股票市场的区别详见表 1 – 1。

表 1 – 1   期货市场与股票市场比较

比较内容	期货市场	股票市场
交易目的	为企业提供回避价格风险的场所和投资渠道	为企业筹备，提供投资渠道
标的物	大宗商品物资、原材料、金融产品	上市公司
交易对象	期货合约	股票
价格决定因素	期货标的物本身供求关系	经济周期、上市公司业绩
风险特征	价格波动	取决于企业经营业绩预测正确度
付款方式	交少量保证金	一次性付全部资金
交易特点	可以做空	不可以做空（中国）
持有时间	有限制	无限制

1.1.3 世界期货市场的发展

世界期货市场大致经历了从以商品期货交易为主到以金融期货为主、交易品种不断丰富、交易规模不断扩大的发展过程。

1. 世界期货市场发展概况

如前面所述，随着商品交易和金融市场的发展，期货市场迅速蓬勃发展起来。在随后的期货交易发展过程中，出现了两次堪称革命的变革：一是合约的标准化；二是结算制度的建立。

1865 年，芝加哥期货交易所实现了合约标准化，推出了第一批标准期货合约。合约标准化包括合约中品质、数量、交货时间、交货地点以及付款条件等的标准化。标准化的期货合约反映了最普遍的商业惯例，使得市场参与者能够非常方便地转让期货合约而不用担心质量、数量等问题，同时，使生产经营者能够通过对冲平仓来解除自己的履约责任，也使市场制造者能够方便地参与交易，大大提高了期货交易的市场流动性。芝加哥期货交易所在合约标准化的同时，还规定了按合约总价值的 10% 缴纳交易保证金。

随着期货交易的发展，资金结算出现了较大的困难。芝加哥期货交易所起初采用的结算方法是环形结算法，这种结算方法既繁琐又困难。1891 年，明尼亚波里谷物交易所第一个成立了结算所。随后，芝加哥交易所也成立了结算所。直到现代结算所的成立，真正意义上的期货交易才算产生，期货市场才算完整地建立起来。因此，现代期货交易的产生和现代期货市场的诞生，是商品经济发展的必然结果，是社会生产力发展和生产社会化的内在要求。

进入 21 世纪，尤其是 2007 年爆发次贷危机以来，全球期货及其他场内衍生品交易规模出现爆发式增长，2011 年达到历史最高点，2012 年全球场内衍生品市场成交量大幅下滑后，2013 年全球交易所合约成交量开始出现反弹。美国期货业协会（FIA）对 35 个国家和地区的 53 家机构运营的 82 家交易所相关交易数据进行的汇总统计显示，2019 年全球期货期权成交 344.75 亿手，创历史新纪录，成交量年比增幅达 13.7%。其中全球期货成交量增长 12% 至 192.41 亿手，期权成交量增长 16% 达到 152.34 亿手。

从地区来看，2019 年拉丁美洲、亚太地区衍生品成交量增长较快，北美、欧洲有所下降。具体而言，亚太地区成交量增长 29.10%，达 144.86 亿手，全球占比 42.02%；拉丁美洲成交量大幅增长 47.60%，达 40.99 亿手，全球占比 11.89%；北美成交量下降 2.8%，约 102.65 亿手，全球占比 29.78%；欧洲成交量下降 4.4%，约 50.34 亿手，全球占比 14.60%。2019 年全球各地区期货期权成交量数据详见表 1 - 2，2010 ~ 2019 年全球各地区期货期权成交量变化趋势详见图 1 - 1。

表 1 - 2　　　　　　　　　2019 年全球各地区期货期权成交量（单边）

地区	2019 年成交量（亿手）	2018 年成交量（亿手）	增幅（%）	市场份额占比（%）
亚太	144.86	112.20	29.10	42.02
北美	102.65	105.59	- 2.80	29.78
欧洲	50.34	52.65	- 4.40	14.60
拉丁美洲	40.99	27.77	47.60	11.89
其他	5.91	4.89	20.80	1.71
总计	344.75	303.09	13.70	100.00

注：其他地区包括希腊、以色列、南非以及土耳其。
资料来源：美国期货业协会（FIA），2020。

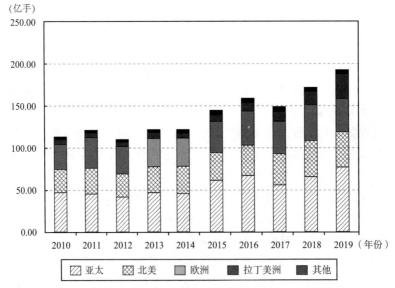

图 1 - 1　2010 ~ 2019 年全球期货期权成交变化趋势（按地域划分）
注：其他地区包括希腊、以色列、南非以及土耳其。
资料来源：美国期货业协会（FIA），2020。

2. 世界商品期货市场的发展

商品期货是指标的物为实物商品的期货合约。商品期货历史悠久，种类繁多，主要包括农副产品期货、金属产品期货、能源产品期货等几大类，截至2019年9月的上市品种详见表1-3。

表1-3 全球主要商品期货交易品种

商品期货	期货产品分类	上市品种	主要交易所
商品期货	农副产品期货	谷物类：大豆、豆粕、小麦、大麦、玉米、红小豆、籼米、糙米、燕麦、早籼稻、粳米	NYMEX、CME、TOCOM、SFE、CBOT、CSCE、DCE、CZCE 等
		纤维类：棉花、棉纱、黄麻、生丝、干茧、人造纤维、羊毛	
		食品饮料类：原糖、咖啡、可可、棕榈油、冰冻橘子汁、淀粉、牛奶、苹果、鸡蛋	
		畜产品类：活猪、活牛、冷冻猪肉、猪腩	
		林产品类：木材、天然橡胶、胶合板	
		油料油品类：豆油、花生仁、油菜籽、棉籽、棕榈油	
	金属产品期货	贵金属类：黄金、白银	LME、SHFE、TOCOM 等
		普通金属类：铜、铝、铅、锌、锡、镍、铝合金、钢坯、螺纹钢、线材	
	能源产品期货	原油、柴油、汽油、燃料油、取暖油、石脑油、航空煤油、天然气、电力、动力煤	NYMEX、SHFE、NYMEX、ICE 等

资料来源：www. nymex. com，2019；www. cbot. com，2019；www. lme. com，2019；www. cme. com，2019；www. ipe. com，2019；www. tocom. or. jp，2019；www. csce. com，2019；www. sfe. com. au，2019。

（1）农副产品商品期货的发展。

19世纪后半叶，美国期货市场得到迅速发展，堪萨斯市交易所、纽约棉花交易所、纽约咖啡交易所等相继成立。第一次世界大战使伦敦和德国汉堡原糖交易市场关闭，纽约咖啡交易所借机于1914年推出了原糖期货，后改组为纽约咖啡和糖交易所。美国参战后，商品价格大涨，政府不得不介入市场，暂停了小麦、糖、棉籽和棉籽油期货。战后，期货市场开始逐步走向完善，期货业正式被纳入联邦政府的管理范围。1922年，美国设立了谷物期货管理局，这是联邦政府对美国期货交易进行规范管理的开端。

20世纪30年代，西方国家遇到了前所未有的经济大萧条，但纽约与芝加哥的黄油和鸡蛋期货交易却十分活跃。第二次世界大战后，期货市场又一次面临价格管制，导致全球众多交易所停止交易达数月之久。"二战"之前，芝加哥商业交易所交易的期货品种有鸡蛋、黄油、奶酪、洋葱和土豆；"二战"后，芝加哥商业交易所陆续上市了火鸡、苹果、家禽、冷藏鸡蛋、铁和猪肚期货。1940 年，纽约商业交易所推出了土豆期货，1948 年又推出了洋葱期货。1951 年，日本的大板纤维交易所推出了棉纱、毛线和人造纤维期货，1952 年日本神户橡胶交易所①推出了天然橡胶期货。进入 20 世纪 60 年代，各国的期货交易伴随着经济的恢复和发展，彻底摆脱了战争带来的创伤，各类商品的期货交易迅猛发展。这一时期期货市场所发生的值得记述的事件之一是悉尼的羊毛期货交易所成立，这是悉尼期货交易所的前身，是澳大利亚首家期货交易所。

1961 年，芝加哥商业交易所推出的冷冻猪肉期货合约获得巨大成功，1966 年又推出了活猪期货，鼓舞了全球交易所推出更多的肉类期货。同年，纽约棉花交易所推出了冷冻浓缩柑橘汁期货；1971 年芝加哥商业交易所推出的饲养用小牛期货面世。直至今日，芝加哥商业交易所推出的这些肉类期货仍在正常运行，这证明不可储藏、易腐商品也是可以进行期货交易的。农畜林产品期货中，在我国现货量最大的籼米期货 2009 年在郑州商品期货交易所上市交易，至今各类农畜林产品类商品均推出了各自的期货交易品种。

农畜林产品类商品期货交易品种经过一百多年的发展，现在已经形成了五大类、近 40 个品种。

（2）金属产品商品期货的发展。

金属期货市场一般也叫作有色金属期货。有色金属是指除黑色金属（铁、铬、锰）以外的所有金属，其中金、银、铂、钯因其价值高又被称为贵金属。有色金属质量、等级和规格容易划分，交易量大，价格易波动、耐储藏，很适合作为期货交易品种。

19 世纪中期的英国是世界上最大的锡和铜生产国，随着工业需求的不断增长，英国开始进口铜矿石和锡矿石到国内进行精炼，但由于路途、运输等原因，铜矿石和锡矿石价格经常大起大落，风险很大。1876 年伦敦金属交易所正式创建，当时的名字是伦敦金属交易公司，由 300 名金属商人发起成立，主要从事铜和锡的期货交易。之后，伦敦金属交易所的交易方式迅速发展，特别是以"交易圈"方式进行的期货交易已成为当时乃至现在伦敦金属交易所最主要的交易方式。当时生铁、铅和锌只是在"交易圈"外进行交易，又称为"圈外交易"。1920 年，铅、锌两种金属被正式列入在"交易圈"内进行交易，同时终止了生铁的交易。在此后的几十年里，伦敦金属交易所交易的金属只有铜、锡、铅和锌四种金属。1978 年 10 月，伦敦金属交易所首次引进了铝交易，1979 年 7 月又引进了镍交易。目前，伦

---

① 大板纤维交易所和神户橡胶交易所在 1984 年被合并为了东京工业品交易所（The Tokyo Commodity Exchange，TOCOM）。

敦金属交易所交易的金属已从最初的铜、锡两个期货品种发展到现在的七个期货品种，即铜、铝、铅、锌、镍、锡和铝合金。伦敦金属交易所是业界公认的、世界第一大国际性金属产品交易所，伦敦金属交易所的期货价格是国际有色金属市场的"晴雨表"。

美国金属期货的出现晚于英国。19 世纪末 20 世纪初以来，美国经济从以农业为主转向建立现代工业生产体系，期货合约的种类逐渐从传统的农畜林产品类商品扩大到金属、能源类商品。纽约商品交易所成立于 1933 年，由经营皮革、生丝、橡胶和金属的交易所合并而成，纽约商品交易所现在交易的交易品种有黄金、白银、铜、铝。

目前，全球从事金属期货交易的重要交易所主要就是伦敦金属交易所、纽约商品交易所及我国的上海期货交易所。金属期货交易在第二次世界大战之后获得了长足的发展，并且逐渐走向国际化。在纽约商品交易所和伦敦金属交易所之间，伦敦金属交易所和上海期货交易所之间，投机者利用不同交易所中金属期货商品价格变动的差价不断地进行着套利交易，使得三个主要的金属期货交易所的价格趋于一致。

（3）能源产品商品期货的发展。

20 世纪 70 年代，动荡的国际政治经济形势导致国际石油价格出现大幅波动，石油危机频频爆发。作为一种基本的工业原材料，石油在国民经济中占据着重要地位，因此，美国及时地建立起了能源期货市场，期望能有效地平抑能源商品的价格波动。期货市场在能源领域的开拓，也是纽约商业交易所时任主席迈克尔·马克（Michael Mark）推动产品多元化建设的结果。1974 年，纽约商业交易所尝试推出了交割地为鹿特丹的燃料油期货。1978 年，不稳定的原油价格影响着每一个工业化国家，纽约商业交易所推出了 2 号取暖油期货合约，从此踏上了该交易所能源期货的成功之路。

能源期货产生较晚，但发展很快。目前国际期货市场中能源期货的品种包含了原料油、取暖油、燃料油、丙烷、天然气等众多品种。其中，原油期货和燃料油期货的交易量最大，在能源期货交易中占有绝对的交易份额。除了纽约商业交易所外，美国洲际交易所也是全球重要的能源期货交易基地，新加坡期货市场中的能源类金融产品也具有非常大的交易规模。

美国洲际交易所（Intercontinental Exchange，ICE）成立于 2000 年 5 月，总部位于美国佐治亚州亚特兰大，2001 年，该公司在伦敦收购了著名的伦敦国际石油交易所。原伦敦国际石油交易所是欧洲最重要的能源期货和期权的交易场所，其推出了国际三种基准原油之一的布伦特原油期货合约，是国际原油期货交易中心之一，而北海布伦特原油期货价格也成为国际油价的基准之一，是布伦特原油定价体系的一部分。

新加坡油类纸货市场并不是期货交易所，而是场外交易市场，但是全球许多大型油类企业大都在新加坡油类纸货市场进行保值。虽然它不是期货市场，但是其油类价格及交易量都得到市场的认同。新加坡纸货市场大致形成于 1995 年前后，纸货市场的交易品种主要有石脑油、汽油、柴油、航空煤油和燃料油。这个市场一个最明显的特点是保值者很多。纸货市场主要为现货商提供避险场所，它的交易对象是标准合约，合约的期限最长可达 3 年，合约到期后不进行实物交割，而是进行现金结算，纸货市场的交易通常是一种信用交易，履约担保完全依赖于成交双方的信誉，这要求参与纸货市场交易的公司都是国际知名、信誉良好的大公司。我国国内企业中只有中石化、中联油、中联化、中航油等少数几家大公司能够在新加坡纸货市场上进行交易。据统计，我国国内企业的交易量占新加坡纸货市场 1/3 以上的市场份额。

随着 2018 年原油期货在上海期货交易所上海国际能源交易中心正式上市交易，上海期货交易所也逐渐成为全球重要的能源商品期货交易所。目前国际上具有广泛影响力的原油期货合约主要有纽约商业交易所的西德克萨斯中间基原油（WTI）和伦敦国际石油交易所的布伦特原油（Brent），前者更多反映的是北美市场的供需情况，后者更多反映的是欧洲市场的供需情况。而中国原油期货的推出，有助于形成反映中国乃至亚太地区市场供需关系的原油定价基准，也能够弥补 WTI、Brent 原油期货在时区分工上的空白，形成 24 小时连续交易机制。中国原油期货为国内原油消费企业提供了套期保值、规避风险的渠道，更有利于形成反映中国和亚太地区石油市场供需关系的价格体系，并加强中国在国际能源市场的话语权乃至定价权。

3. 世界金融期货市场的发展

金融期货，是指以金融工具作为标的物的期货合约。金融期货是 20 世纪 70 年代产生和发展起来的，它产生的根本原因是为了防止和避免因汇率、利率、股价等金融产品价格的频繁变化而带来的风险。

外汇期货市场是最早出现的金融期货品种，世界上第一个买卖外汇期货的有形市场是 1972 年 5 月 16 日成立的芝加哥国际货币市场，随后西方主要发达国家相继建立了自己的外汇期货交易所。随着国际贸易的不断增加和全球经济一体化进程的推进，外汇期货交易市场一直保持着良好的发展势头。1975 年由美国芝加哥商业交易所推出的美国国民抵押协会的抵押证期货是全球首只利率期货产品，利率期货也是金融期货市场的重要组成部分之一。股票价格指数期货则是金融期货中产生最晚的一个品种，也是 20 世纪 80 年代金融创新过程中出现的最重要、最成功的金融工具之一。关于此三种金融期货的详细知识将在本书的第 6、7、8 章进行深入介绍。

金融期货问世至今不过只有短短二十余年的历史，远不如商品期货的历史悠久，但其发展速度却比商品期货快得多。在许多重要的金融市场上，金融期货交易量已经远远超过了其基础金融产品和商品期货的交易量。目前，在世界各大金融期货市场，交易活跃的金融期货合约有数十种之多。根据各种合约标的物的不同性质，可将金融期货分为三大类：外汇期货、利率期货和股票指数期货，其中影响较大的合约有美国芝加哥期货交易所（CBOT）的美国长期国库券期货合约、东京国际金融期货交易所（TIFFE）的 90 天期欧洲日元期货合约和香港期货交易所（HKFE）的恒生指数期货合约等。全球主要的金融期货交易品种详见表 1 – 4。

表 1 – 4　　　　　　　　　　　　　全球主要金融期货交易品种

期货产品分类		全球主要上市品种	主要交易所
金融期货	外汇期货	欧元、英镑、瑞士法郎、加元、澳元、新西兰元、日元、人民币期货等	CME、TOCOM、CBOT、SGX 等
	利率期货	美国短期国库券期货、美国中期国库券期货、美国长期国库券期货、中国国债期货等	CME、CBOT、CFFEX 等
	股票指数期货	S&P 500 股指期货、NYCE Composite 股指期货、日经 225 指数期货、恒生指数期货、沪深 300 股指期货等	OSEC、HKFE、CFFEX、SGX 等

资料来源：www. futuresindustry. org，2019；www. ose. or. jp，2019；www. cbot. com，2019；www. cmegroup. com，2019；www. cffex. com. cn，2019；www. hkex. com. hk，2019；www. sgx. com，2019。

从统计数据来看，近年来次贷危机为金融期货期权市场带来的负面影响正在逐渐消除，以股指期货和利率期货为代表的金融期货产品重新进入了一个新的增长阶段。2019 年，全球股指期货期权的成交量创下历史新高，达到了 124.53 亿手，增幅达到了 24.75%。外汇、单一股票、利率期货均出现双位数的增长，成交均创历史新高。外汇期货期权达到创纪录的 39.39 亿手。在北美和欧洲地区成交量推动下，全球利率交易达到创纪录的 47.63 亿手，这是利率交易连续第三年创纪录。尤其是中国金融期货交易所的沪深 300 股指期货在 2010 年 4 月才推出，到 2015 年 5 月已跃居全球第一大股指期货。

1.2　世界主要期货交易所及其发展趋势

本节首先介绍了世界主要的期货交易所，然后阐述了期货交易所合并、公司化及电子交易的三个发展趋势。

1.2.1　世界主要期货交易所

期货交易所是买卖期货合约的场所，是期货市场的核心。目前全球约有 50 余家期货交易所，其中大部分分布在美国、欧洲和亚洲，详细情况见表 1 – 5。

表 1 - 5 世界主要期货交易所一览

国家（地区）	交易所名称	代码	英文名称
美国	芝加哥期货交易所	CBOT	The Chicago Board of Trade
	芝加哥商品交易所	CME	Chicago Mercantile Exchange
	芝加哥商业交易所国际货币市场	IMM	International Monetary Market
	纽约商业交易所	NYMEX	New York Mercantile Exchange
	纽约期货交易所	NYBOT	New York Board of Trade
	纽约金属交易所	COMEX	New York Commodity Exchange
英国	伦敦国际金融期货期权交易所	LIFFE	London International Financial Futures and Options Exchange
	伦敦商品交易所	LCE	London Commerce Exchange
	英国国际石油交易所	IPE	International Petroleum Exchange
	伦敦金属交易所	LME	London Metal Exchange
中国大陆	上海期货交易所	SHFE	Shanghai Futures Exchange
	大连商品交易所	DCE	Dalian Commodity Exchange
	郑州商品交易所	CZCE	Zhengzhou Commodity Exchange
	中国金融期货交易所	CFFEX	China Financial Futures Exchange
加拿大	加拿大蒙特利尔交易所	ME	Montreal Exchange Markets
法国	法国期货交易所	MATIF	French Future Exchange
德国	欧洲期权与期货交易所	Eurex	The Eurex Deutschland
瑞典	瑞典斯德哥尔摩期权交易所	OM	OM Stockholm
日本	日本东京国际金融期货交易所	TIFFE	The Tokyo International Financial Futures Exchange
	日本东京工业品交易所	TOCOM	The Tokyo Commodity Exchange
	日本东京谷物交易所	TGE	The Tokyo Grain Exchange
新加坡	新加坡商品交易所	SICOM	Singapore Commodity Exchange
	新加坡国际金融交易所	SIMEX	Singapore International Monetary Exchange
澳大利亚	悉尼期货交易所	SFE	Sydney Futures Exchange
新西兰	新西兰期货与期权交易所	NZFOE	New Zealand Futures & Options
中国香港	香港期货交易所	HKFE	Hong Kong Futures Exchange
中国台湾	台湾期货交易所	TAIFEX	Taiwan Futures Exchange
韩国	韩国证券期货交易所	KRX	Korea Exchange
南非	南非期货交易所	SAFEX	South African Futures Exchange

资料来源：由各期货交易所整理获得，2014 年。

1.2.2　期货交易所发展趋势

1. 交易所的合并浪潮

世界上期货交易所大多数都是近 20 多年来成立的。世界各大洲均有期货交易所，国际期货交易中心主要集中在芝加哥、纽约、伦敦、东京等地。20 世纪 90 年代，德国、新加坡、韩国、法国、巴西、中国香港等国家和地区的期货市场发展较快。德国、新加坡、韩国、中国香港交易品种增加，交易活跃，成交量逐渐增大，辐射面变广，影响力加强，这些国家和地区正在成为期货市场新的增长中心。近年来，随着经济全球化和交易所面临的竞争日渐激烈，全球各交易所呈现出并购和整合浪潮，现代期货交易所越来越向金融中心集中，交易所日益向大型化、综合性方向发展。

在美国，1994 年 8 月 3 日，纽约商业交易所和纽约商品交易所合并，成为世界最大的商品期货交易所。目前，交易仍通过两个分部举行：纽约商业交易所分部仍交易原油、燃料油、汽油、天然气、电；纽约商品交易所分部交易金、银、铜、铝以及其他指数期货。纽约咖啡、糖与可可交易所和纽约棉花交易所也已经合并。2006 年 10 月 17 日，芝加哥商品交易所宣布与芝加哥期货交易所进行合并，由此诞生了全球最大的期货交易所——芝加哥商业交易所集团。2008 年 3 月 17 日，纽约商品交易所与芝加哥商业交易所集团达成协议，芝加哥商业交易所集团以股票加现金的方式实现对后者的收购，涉及资金约 94 亿美元。

在欧洲，伦敦国际金融期货交易所最初主要交易世界主要货币的利率合约。1992 年 3 月，伦敦国际金融期货交易所与伦敦期权交易市场合并，引进了股票期权交易；1996 年又与伦敦商品交易所合并，加入了糖、土豆和其他农产品期货交易。合并重组后的伦敦国际金融期货交易所交易量曾一度超过芝加哥商品交易所。1994 年，德国期货交易所与法兰克福证券交易所合并成德国交易所有限公司，德国期货交易所以子公司的形式存在；1998 年 9 月，德国期货交易所与瑞士期权及金融期货交易所合并为欧洲期货交易所。1999 年，欧洲期货交易所交易量超过芝加哥期货交易所，成为世界第一大期货交易所，近几年一直保持领先地位。几乎与此同时，法国、比利时、荷兰三国也分别完成了本国证券与期货交易所的合并，并于 2000 年 9 月 22 日最终合并为一家名为泛欧洲交易所的综合性交易所。2002 年，泛欧洲交易所完成对伦敦国际金融期货交易所的战略收购。2012 年 12 月，洲际交易所（ICE）收购了纽约证券交易所的母公司纽约—泛欧交易所集团（NYX）；2014 年 2 月，洲际交易所集团又成功收购了新加坡商品交易所（SMX）。

经过一系列并购和重组，欧洲期货交易市场被整合成欧洲期货交易所和泛欧洲交易所两个交易所，但实际上只是一个战略同盟。欧洲期货交易所在运作方式上，原各交易所仍有各自的分工：德国交易所有限公司是母公司，其业务范围同时包括证券现货和衍生品业务，而欧洲期货交易所则是一个德国交易所有限公司所属的专司衍生品业务的子公司。泛欧洲交易所的情况也是如此：泛欧洲交易所是母公司，注册于阿姆斯特丹，在巴黎、布鲁塞尔、阿姆斯特丹、里斯本、伦敦各有一个总部，旗下既有股票现货业务又有衍生品业务，在合并之初两种业务就彼此分离。目前，泛欧洲交易所现货业务的交易系统已经统一，但衍生品业务仍沿用各自原来的交易系统。从某种意义上讲，泛欧洲交易所既是一个利益集团，又像一个策略联盟。泛欧洲交易所在收购伦敦国际金融期货交易所之后组建了一个新的子公司，即泛欧洲交易所伦敦国际金融期货交易所分部。目前，泛欧洲交易所旗下所有的衍生品业务都转移到伦敦国际金融期货交易所的交易系统上。泛欧洲交易所现在只有两个交易系统，一个是基于原巴黎交易所的证券现货交易系统，一个基于原伦敦国际金融期货交易所的衍生品交易系统。

在亚洲和澳大利亚，日本的期货交易所历史上就存在数量过多的问题，近十年来已从原来的 10 余家合并为现在的 7 家。东京工业品交易所为日本最大的交易所，它是 1984 年 11 月由东京纺织商品交易所、东京橡胶交易所、大板纤维交易所和东京黄金交易所合并而成。1999 年 12 月，新加坡股票交易所与新加坡国际金融交易所合并为新加坡交易所。2003 年 3 月 6 日，香港期货交易所与香港联合交易所合并为香港交易所。2005 年 1 月 19 日，韩国政府将韩国已有的三家交易所——韩国期货交易所、韩国证券交易所和创业板市场合并成为一个韩国证券期货交易所。2006 年 7 月 5 日，悉尼期货交易所被澳洲证券交易所收购。2012 年，香港交易及结算所有限公司（HKEx）成功收购伦敦金属交易所（LME）。

此外，为加强和促进巴西证券与期货市场的发展，2008 年 3 月 26 日，巴西圣保罗证券交易所和圣保罗期货交易所达成合并重组协议，合并为世界第三大证券期货交易所。

2. 交易的电子化、全球化

传统的期货交易是以场内公开喊价的方式为主，这种方式尽管交易活跃，人气很足，但在交易场地等因素的限制下制约了交易规模的放大。20 世纪 90 年代以来，随着信息技术的迅猛发展，资金、技术、信息的流动呈现出爆炸性增长的趋势，世界经济全球化加速发展，期货交易所面临的技术环境、经营环境和市场环境正发生显著、深刻的变化，期货交易市场也逐渐打破了时空限制，普遍采用电子化的交易方式。在电子化交易所中，只要期货经纪商的计算机终端与交易所主机联网，就可以向主机输入买卖合约的信息，由主机自动撮合成交，大大改善了期货市场交易指令及价格信息的传送状况，使分布在各个地方的交易者都可以从终端上得到同样的价格信息，迅速进行交易。先进的交易机制可以允许交易者之间直接进行交易，而不需要再像过去那样必须由有关专业人士或市场工作人员从中撮合。

电子交易的优势主要体现在以下几个方面：①提高了交易速度；②降低了市场参与者的交易成本；③突破了时空的限制，增加了交易品种，扩大了市场覆盖面，延长了交易时间且更具连续性；④交易更为公平，无论市场参与者是否居住在同一城市，只要通过许可，都可参与同一市场的交易；⑤具有更高的市场透明度和较低的交易差错率；⑥电子交易的发展可以部分取代交易大厅和经纪人。

在期货交易电子化的同时，期货交易还呈现出全球化的趋势。从国际上看，一方面，各国交易所积极吸引外国公司、个人参与本国期货交易；另一方面，各国期货交易所积极上市以外国金融工具为对象的期货合约。具体措施有：各交易所和经纪公司在国外设立分支机构，开发国外市场；交易所积极吸纳外国会员；为延长交易时间开设晚场交易，以便利外国客户等。尤其是上市相同合约的各国交易所积极联网，建立相互对冲体系。近年来，这种相互对冲制度进一步拓展到各国交易所的双边电子交易，提供现代化的通信联系，以便各自在本交易所买卖对方最热门的交易品种。伦敦国际金融期货交易所与东京股票交易所和东京国际金融期货交易所合作，1987 年伦敦国际金融期货交易所就上市了日本国债期货合约，自 1996 年 4 月与东京股票交易所签署协议以来，伦敦国际金融期货交易所又开发了三个月的欧洲日元期货。2014 年 4 月，芝加哥商品交易所（CME）集团的欧洲分支机构——CME 欧洲交易所开业，并推出了外汇期货，这是欧洲地区首次出现的场内外汇期货合约。2014 年洲际交易所（ICE）集团对新加坡商品交易所（SMX）的收购是 ICE 集团第一次涉足亚洲市场，扩大了其发展版图。

引人注目的是，1991 年芝加哥商业交易所、芝加哥期货交易所与路透社合作推出了全球期货交易系统（Globex）。通过这一系统，可以使世界各地的投资者在全天 24 小时中连续交易，某一交易所会员可以直接下单买卖另一交易所的合约。第二代全球期货交易系统（Globex Ⅱ）推出后更是受到普遍欢迎，被多家交易所采用。亚洲各交易所也积极投身于期货交易的全球化，2002 年 11 月 12 日，新加坡交易所与日本东京工业品交易所合作推出中东原油期货，首日就成交了 215 张。2012 年，HKEx 成功收购 LME 之后，中国的投资者能够更多地参与到 LME 金属品种的交易，并逐渐占据举足轻重的地位。LME 在港交所的布局之下，将目光瞄准了中国内地市场，并且在交易所的带动下，圈内会员 Triland 目前也正在大力增强亚洲业务，并在新加坡设立了办事处。

3. 交易所的公司化趋势

期货交易所有会员制和公司制两种组织形式。最早的期货交易所是一种非营利机构，但是它的非营利性仅指交易所本身不进行交易活动，不以营利为目的不等于不讲利益核算。在这个意义上，交易所还是一个财务独立的盈利组织，它在为交易者提供一个公开、公平、公正的交易场所和有效监督服务的基础上实现合理的经济利益，包括会员会费收入、交易手续费收入、信息服务收入及其他收入。近年来，期货交易所的公司化成为全球交易所发展的一个新方向。越来越多的期货交易所从传统的非营利性的会员制组织改造成营利性的股份制公司，有的甚至成为上市公司，公司化已成为了全球交易所发展的一个新方向。

实际上，交易所的公司化改造是从证券交易所首先开始的。从 1993 年斯德哥尔摩证券交易所进行公司制改制开始，赫尔辛基证券交易所（1995）、哥本哈根证券交易所（1996）、阿姆斯特丹证券交易所（1997）、澳大利亚证券交易所（1998），均先后改会员制为公司制。目前，巴黎证券交易所、多伦多证券交易所、伦敦证券交易所、纳斯达克交易所、纽约证券交易所、新加坡交易所和香港联合交易所都已经加入这一行列。交易所不仅进行公司化改造和追求盈利，还要在自己的市场上市。澳大利亚证券交易所于 1998 年 10 月、香港交易所于 2000 年 6 月、新加坡交易所于 2000 年 12 月分别在各自的市场上市。

对于期货交易所而言，公司制也是近年来期货行业的发展趋势。2000 年底，芝加哥商品交易所（CME）成为美国第一家公司制交易所，在 2002 年 12 月 6 日，芝加哥商业交易所公开上市，又成为美国第一个上市期货交易所。从芝加哥商业交易所公司化及上市后成交量的变化来看，期货交易所公司化及上市为其发展带来了显著的优势。2000 年，已有 128 年历史的纽约商业交易所（NYMEX）宣布将改革机构体制成为一家以营利为目的的企业，并于 2000 年 11 月 20 日完成了公司化改造。2001 年 2 月 22 日，伦敦国际石油交易所（IPE）全体会员进行了投票，一致通过了将 IPE 改革成营利性公司的决议，正因为该交易所的公司化，2008 年芝加哥商业交易所集团才有可能完成对它的收购。香港期货交易所与香港联合交易所改制合并，组成香港交易及结算有限公司，并于 2000 年 6 月在香港交易所上市。此外，洲际交易所（ICE）于 2005 年 10 月、印度大宗商品交易所于 2007 年 10 月、巴西商品期货交易所于 2007 年 11 月分别完成了 IPO。

1.3 我国期货交易的产生与发展

本节介绍了我国期货市场的发展历程及发展进程中出现的重大事件。

1.3.1 我国期货市场的发展探索阶段（1988～1993 年）

改革开放后，我国开始由计划经济体制向社会主义市场经济体制转轨，在这一历史背景下，包括企业体制、价格体制、流通体制和外贸体制等在内的市场环境都开始发生重大变化。我国的农业生产在十一届三中全会以后也有了诸多变化，进入市场调节的农副产品不断增加，流通范围不断扩大，特别是农产品价格年度之间起伏不定，导致买难卖难现象交替出现，价格暴涨暴跌，生产和流通出现了互不适应的局面。

为寻求解决这一难题的有效途径，1987 年底，国务院发展研究中心价格组的研究专家在与国外交流经济发展经验后，意识到在中国有必要探索期货交易这种形式。在这一认知背景下，期货市场的研究列入 1988 年重点课题计划。

1988 年 1 月 8 日，国务院办公厅整理了美国一位期货专家的演讲稿《关于期货贸易的基本知识》给相关领导参阅。2 月 10 日，李鹏总理给国务院发展研究中心著名的经济学家马洪写信，要求"请考虑是否能组织几位同志研究一下国外的期货制度，运用于城市副食品、蔬菜与猪肉的购销，保护生产者和消费者双方利益，保持市场价格的基本稳定"。

1988 年 3 月 25 日，李鹏总理在七届人大一次会议作《政府工作报告》时再次指出"积极发展各类批发贸易市场，探索期货交易"，从而确定了在我国开展期货交易研究的新课题。同年，由国务院发展研究中心价格组和原国家体改委流通司联合成立了期货市场研究工作小组，田源和常清分别任组长和副组长，工作小组着手研究在中国建立期货市场的有关问题。1988 年 3 月 25 日，全国人大工作会议上提出"加快商品体制改革，积极发展各类贸易批发市场，探索期货交易"的基本指导思想。两个月后，国务院领导对期货研究小组的研究报告做出了"同意试点，但要结合中国的实际情况来制订方案"的批示。自此，中国期货市场建设进入了理论探索、方案制订和市场建立的新阶段。

在期货市场研究工作小组的组织协调下，国务院有关部门进一步深入系统地研究国内外期货市场的历史经验，搜集了美国、日本、澳大利亚等国期货市场的综合资料，实地考察了香港期货交易的运作，开展了期货市场方案设计试点、期货市场的宣传培训等工作，同时有针对性地向国外专家进行专题咨询。

国家准备建立期货市场的意图，使地方看到了新的发展机会，各地表现出巨大的积极性。河南、湖南、辽宁、四川等省份组织专门班子进行研究，经过对各地方案的比较和研究，工作小组把在郑州试办期货市场确定为首选方案。期货工作小组在 1989 年初的研究报告中建议，1989 年选择小麦和杂粮放开管制部分，在郑州进行期货交易试点，吉林的玉米、武汉的稻谷、四川的生猪等期货市场则积极准备，于 1990 年进行试点。但是这一试点工作由于受 1989 年中国经济与政治形势变动的影响，未能如期按原计划实施。

1989 年 10 月，原商业部、国务院发展研究中心、国家体改委等部委向国务院提交了《关于试办粮食中央批发市场的报告》。1990 年 7 月，国务院批转了原商业部等八部委关于试办郑州粮食批发市场的报告。在国家部委和地方政府的积极支持下，经国务院批准，中国郑州商品交易所创办的粮食批发市场于 1990 年 10 月 12 日开业。在开业之初，该批发市场实际上是计划经济与市场经济相结合的一种市场形态，主要是为国家进行粮食调运和省际间粮食购销而服务。作为我国第一个农产品交易所，该批发市场以现货远期合同交易起步，逐渐引入期货交易机制，迈出了中国期货市场发展的第一步，同时也成为中国期货市场诞生和起步的重要标志。

随后，1991 年 6 月 10 日，深圳有色金属期货交易所宣告成立。它成功地借鉴了国际市场相关交易所的交易模式，并在同年 9 月 28 日推出了我国第一个商品期货标准合约——特级铝期货合约。深圳有色金属期货交易所的建立，不仅为我国期货行业的发展奠定了坚实的基础，探索了一条中国期货市场发展的运行模式，也为后来我国有色金属行业期货品种的成功运行，中国有色金属现货市场的逐步完善，国内外有色金属市场的顺利接轨起到了积极的推动作用。

上海金属交易所建立于 1992 年 5 月。在此前一年，原物资部、经贸部曾在上海邀请了伦敦金属交易所的专家、国内期货研究者、政府有关领导共同商讨在上海建立金属交易所的可能性。1993 年 3 月上海金属交易所推出一号铜标准化期货合约。

中国期货史上另一个具有历史意义的重要事件是 1992 年 9 月第一家期货经纪公司——广东万通期货经纪公司成立，以及同年底中国国际期货经纪公司开业。这些专业化期货经纪公司的相继成立，为我国期货市场的快速起步及发展发挥了积极的促进作用。1993 年 5 月 28 日，郑州粮食批发市场推出标准化的期货合约，同时启用中国郑州商品交易所的名称，实行"一套机构，两块牌子，现货与期货两种机制并行运作"的市场模式。

1.3.2 我国期货市场的盲目发展阶段（1993～1994 年）

随着我国期货市场的推进，不少地区都在进行建立期货交易所的尝试。特别是外盘期货交易业务在国内悄然兴起，推动了国内期货市场的迅速膨胀。从 1993 年开始，标有"交易所"名称的期货市场大批出现，各地纷纷批准成立期货经纪公司。

到了 1994 年 5 月，自称为"期货交易所"的市场已经扩大到约 40 家。这些交易所有近 50 个可进行期货交易的上市品种。同一时期，400～500 家期货经纪公司先后成立，并接受 3 万多名客户的委托，这些公司有 144 家取得了国家工商行政管理局颁布的营业执照，其中又有 110 家可从事境外期货业务。

在全国众多期货经纪公司当中，有相当一部分是境外商人打着合资旗号开办的，也有一些是挂着国营公司的牌子而实际上由港台期货公司进行操作；有的直接骗取客户的保证金后逃跑，有的与境外期货公司私下对冲，有的利用时间差吃点。凡此种种，无不给客户造成巨大损失，导致外汇的大量外流。在"期货热"中，国内开展境外期货业务的经纪公司并不是境外期货交易所的会员，它们尚需委托境外期货经纪公司进行代理，才能进入境外期货市场。这样，在客户、境内期货公司与境外期货公司之间便形成了多级代理关系，客户的指令要经过多级代理商的传递才能最终进入交易市场。这在瞬息万变的期货市场中必然会给客户造成巨大损失。更有甚者，国内外的一些不法分子，借我国期货法规体系不健全之机，骗取客户保证金。

这个时期各类期货交易事件层出不穷，盲目泛滥的境外期货、地下期货鱼龙混杂，期货经济纠纷比比皆是，中国期货市场建设一度一哄而起，导致了盲目发展的混乱状况。交易所林立，自然就存在着竞争，为了扩大交易，吸引交易，纷纷开发了新的期货上市品种，其中有许多是不规范、不合标准的。这种盲目发展，带来的负面效应主要是权威价格不能形成。由于交易所增加交易品种有限，造成了交易分散。交易量不能达成规模，期货的价格发现功能无法发挥。

从国际期货业的经验与教训来看，由于境外期货业务风险极大，许多国家都对从事境外业务有严格的限制。比如日本，自20世纪50年代恢复期货业务后，主要从事国内期货业务，直到最近，随着法律法规的不断健全和完善以及期货交易与监管经验的不断丰富，才逐渐放开限制，允许进行有限的境外期货业务。据统计，在期货纠纷案中，80%是有关外盘期货交易的。尽管在外盘期货交易中产生了不少问题，但我们并不能否认在这一阶段涉足的期货公司和外盘期货交易对我国期货市场发展的推动作用。比如成立于1992年12月的中国国际期货经纪公司，拥有芝加哥商业交易所、芝加哥期货交易所及纽约商业交易所3家交易所的交易席位，在1994年实现了由以国外盘为主向国内盘转移的重大调整。在从事外盘交易过程中，中国国际期货经纪公司为我国的期货经纪行业锻炼出了一支精干的经纪人队伍。

"期货热"的兴起，在某种意义上推动了我国期货市场的快速发展。但是，"期货热"所造成的后遗症也是多方面的，在很大程度上阻碍了中国期货业发展。

1.3.3　我国期货市场的清理整顿阶段（1994～1998年）

针对1993～1994年期货市场盲目发展的状况，1993年11月4日，国务院发出《关于制止期货市场盲目发展的通知》，要求坚决制止期货市场盲目发展。1994年5月30日国务院发布《关于坚决制止期货交易市场盲目发展若干意见请示的通知》，对期货行业进行第一次大的清理整顿。整顿后的期货交易所为15家，其间长春商品交易所因出具假仓单被关闭，同时，还要求已成立的期货经纪公司重新办理申请许可手续，要求期货经纪公司停止境外期货业务，作为例外，国有大型进出口集团可以成立新的期货经纪机构，代表集团的利益而从事境外期货业务。从 1994 年 5 月至 1998 年 8 月我国上市交易的活跃期货合约主要有铜、铝、绿豆、红小豆、胶合板、籼米、大豆、豆柏、天然橡胶、咖啡、玉米、红高粱、棕榈油、粳米、国债等期货品种。

自 1994 年期货业第一次大的清理整顿后，后续几年又对期货市场进行了进一步的整顿。1994 年 4 月 6 日停止了钢材、食糖、煤炭的期货交易；1994 年 9 月 29 日暂停了粳米、菜籽油的期货交易；1995 年 4 月，上海物贸因在上海商品交易所 9505 和 9507 胶板合约中严重违规，成为第一个被中国证监会处罚的会员单位；1995 年 5 月，由于"327 事件"和"319 风波"，暂停了国债期货交易；1995 年 9 月，中国证监会要求各期货交易所着手进行会员制改造；1996 年 2 月，国务院发文加强期货市场监管，金融机构退出期货市场；1997 年 3 月的政府工作报告中指出，要"规范证券、期货市场，增强风险意识"；1997 年 7 月，中国证监会对期货公司进行年检工作，公布第一批不予通过 1996 年检测的 11 家期货公司名单，由此，1997 年被中国证监会确定为"证券期货市场防范风险年"。在这 5 年期间，14 家期货交易所运行较为规范、并各自形成了交易活跃的期货品种，期货市场在整顿中日益成熟。

1.3.4 我国期货市场的规范发展阶段（1998 年至今）

由于 14 家期货交易所对于刚刚起步的中国期货市场来说，数目仍然过多，交易十分分散，价格发现功能不能得到充分发挥，1998 年 8 月，国务院发布《关于进一步整顿和规范期货市场的通知》，对期货市场进行了规范。对期货交易、期货经纪公司进行了数量、质量上的调整，改变了整个期货市场的格局，将原来的 14 家期货交易所合并为大连、郑州、上海 3 家期货交易所，交易品种由 35 个削减为 12 个，即铜、铝、大豆、小麦、豆粕、绿豆、天然橡胶、胶合板、籼米、啤酒大麦、红小豆、花生仁。同月，国务院转批中国证监会《证券监管机构体制改革方案》的通知，确立中国证监会统一负责对全国证券、期货业的监管。

1999 年 6 月 2 日，国务院颁布了《期货交易管理暂行条例》，与之相配套的《期货交易所管理办法》《期货经纪公司管理办法》《期货经纪公司高级管理人员任职资格管理办法》和《期货业从业人员资格管理办法》也相继发布实施，从而加强了对期货市场的监管，为期货市场的规范运作打下了坚实的基础，中国期货市场由此进入了试点新阶段。1999 年 12 月，大连商品期货交易所、郑州商品期货交易所和上海期货交易所分别召开会员大会，三家交易所正式挂牌成立。

2000 年 1 月，中国证监会组织了期货从业人员的统一考试，第一次规范了全国期货从业人员的从业资格考核和管理。此后，期货高级管理人员的从业资格培训也完成了分期分批的培训。期货从业人员真正有了国家颁发的行业资格证书。

2000 年 12 月，中国期货协会正式成立，期货行业第一次有了自己正式的行业自律组织。它标志着中国期货市场"三级"监管及管理体系已初步形成。期货市场开始走向更加规范的发展道路。

2001 年 5 月 8 日，国内三家商品期货交易所正式实现了通信联网，标志着我国期货交易所积极适应世界期货市场发展的新趋势，向着更加成熟、快捷、健康的方向迈进，表明国内期货市场开始从区域分割走向统一。

2002 年 5 月 17 日，中国证监会发布《期货交易所管理办法》《期货经纪公司管理办法》，同年 7 月 1 日起正式实施，标志着对期货交易所和期货经纪公司的管理步入了一个新的阶段。

2003 年 3 月 18 日，自 1998 年以来的第一个新品种——强筋小麦期货在郑州商品交易所正式上市交易。

2004 年 3 月，《国务院关于推进资本市场改革开放和稳定发展的若干意见》明确规定，期货经纪公司属于金融机构，而在此之前，期货经纪公司属于服务行业。这为期货市场的发展奠定了良好的发展基础。

2005 年 8 月 30 日，港澳申请期货经纪公司股东资格细则和规定出台，此举被认为是中国期货业对外开放迈出的实质性一步。

2006 年 9 月 8 日，经国务院批准，以金融期货合约为交易标的的中国金融期货交易所（以下简称"中金所"）在上海挂牌成立，成为继上海期货交易所、大连商品交易所、郑州商品交易所之后的中国内地第四家期货交易所，也是中国内地成立的首家金融期货交易所。中国金融期货交易所的成立，对于深化金融市场改革、完善金融市场体系、发挥金融市场功能具有重要的战略意义。

自 2008 年至今，国内又上市了 19 种商品期货交易品种，尤其是 2013 ~ 2014 年中新上市了焦煤、动力煤、石油沥青、铁矿石、鸡蛋等 12 种商品期货。从上市的期货品种来看，一方面，关乎国家基础工业的上游期货产品陆续推出，以动力煤、铁矿石期货为代表；另一方面，人们日常生活中司空见惯的商品如鸡蛋、胶合板等也上市交易，期货品种创新在国民经济的深度和广度上都有显著的延伸。

2010 年 4 月 16 日，沪深 300 股票指数期货合约在中国金融期货交易所正式牌交易，意味着规范化的中国期货市场重新步入金融期货交易时代。此后，中证 500 股指期货、上证 50 股指期货先后上市，股指期货的诞生与丰富，使 A 股告别单边市时代，为各类金融机构管理风险保驾护航，成为机构财富管理的"保险单"。股指期货上市以后，交易非常活跃，2018年国债期货市场全年累计成交量1 634.43万手，日均成交6.72万手；累计成交金额达到了15.74万亿元，日均成交金额达到了647.86亿元。

2013年9月6日，5年期国债期货合约在中国金融期货交易所顺利上市交易，意味着国债期货交易市场在18年后重新启动。此后，2年期国债期货、10年期国债期货也上市。国债期货上市以后，交易非常活跃，2018年国债期货市场全年累计成交量1 086.57万手，日均成交4.47万手；累计成交金额达到了10.38万亿元，日均成交金额达到了427.24亿元。

2018年3月26日，原油期货在上海期货交易所上海国际能源交易中心开锣交易，这是中国首个国际化期货品种，标志着中国原油期货市场建设正式启程。从战略意义上看，中国原油期货的上市，具有形成反映中国以及亚太地区市场供求关系的基准价格体系、为实体企业提供风险管理工具，为金融机构提供资产配置工具、推进成品油价格机制改革、优化行业资源配置等作用，是中国期货历史上的又一重大里程碑。

2003~2018年中国期货市场的成交金额和成交量如图1-2所示。

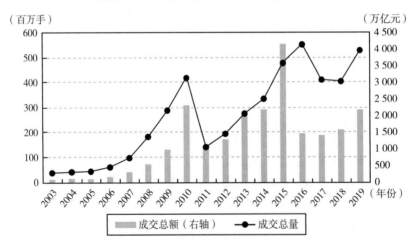

图1-2 2003~2019年中国期货市场规模

资料来源：中国期货业协会。

截至2020年1月，国内4家期货交易所上市期货交易品种已经达到64种、期权交易品种已经有13种，品种及代码见表1-6、表1-7，每种期货交易品种的标准合约参见附录2，关于期权交易的知识，可以参看本书所属系列丛书中的《期权投资学》。

表 1 − 6　　　　　　　　中国上市期货交易品种（截至 2020 年 1 月）

期货交易所	商品品种	交易代码
上海期货交易所	阴极铜	CU
	铝	AL
	锌	ZN
	铅	PB
	镍	NI
	锡	SN
	黄金	AU
	白银	AG
	螺纹钢	RB
	线材	WR
	热轧卷板	HC
	不锈钢	SS
	原油	SC
	燃料油	FU
	石油沥青	BU
	天然橡胶	SU
	20 号胶	NR
	纸浆	SP
郑州商品交易所	强麦	WH
	普麦	PM
	棉花	CF
	白砂糖	SR
	菜籽油	OI
	早籼稻	RI
	油菜籽	RS
	菜籽粕	RM
	粳稻谷	JR
	晚籼稻	LR
	棉纱	CY
	苹果	AP
	红枣	CJ
	PTA	TA
	甲醇	ME
	玻璃	FG
	动力煤	TC
	硅铁	SF
	锰硅	SM
	尿素	UR
	纯碱	SA

续表

期货交易所	商品品种	交易代码
大连商品交易所	玉米	C
	玉米淀粉	CS
	黄大豆 1 号	A
	黄大豆 2 号	B
	豆粕	M
	豆油	Y
	棕榈油	P
	纤维板	FB
	胶合板	BB
	鸡蛋	JD
	粳米	RR
	聚乙烯	L
	聚氯乙烯	V
	聚丙烯	PP
	焦炭	J
	焦煤	JM
	铁矿石	I
	乙二醇	EG
	苯乙烯	EB
中国金融期货交易所	沪深 300 股指期货	IF
	中证 500 股指期货	IC
	上证 50 股指期货	IH
	2 年期国债期货	TS
	5 年期国债期货	TF
	10 年期国债期货	T

资料来源：http：//www. shfe. com. cn，2020；http：//www. czce. com. cn，2020；http：//www. dce. com. cn，2019；http：//www. cffex. com. cn，2020.

表 1 - 7　　　　中国上市期权交易品种（截至 2020 年 1 月）

交易所	期权品种	交易代码
上海期货交易所	阴极铜期货期权	看涨期权：CU - 合约月份—C—行权价格 看跌期权：CU - 合约月份—P—行权价格
	黄金期货期权	看涨期权：AU—合约月份—C—行权价格 看跌期权：AU—合约月份—P—行权价格
	天然橡胶期货期权	看涨期权：RU - 合约月份—C—行权价格 看跌期权：RU - 合约月份—P—行权价格

续表

交易所	期权品种	交易代码
郑州商品交易所	一号棉花期货期权	看涨期权：CF – 合约月份—C—行权价格 看跌期权：CF – 合约月份—P—行权价格
	白糖期货期权	看涨期权：SR – 合约月份—C—行权价格 看跌期权：SR – 合约月份—P—行权价格
	PTA 期货期权	看涨期权：TA – 合约月份—C—行权价格 看跌期权：TA – 合约月份—P—行权价格
	甲醇期货期权	看涨期权：MA—合约月份—C—行权价格 看跌期权：MA—合约月份—P—行权价格
大连商品交易所	豆粕期货期权	看涨期权：M – 合约月份—C—行权价格 看跌期权：M – 合约月份—P—行权价格
	玉米期货期权	看涨期权：C – 合约月份—C—行权价格 看跌期权：C – 合约月份—P—行权价格
	铁矿石期货期权	看涨期权：I – 合约月份—C—行权价格 看跌期权：I – 合约月份—P—行权价格
中国金融期货交易所	沪深 300 股指期货期权	看涨期权：IO 合约月份—C—行权价格 看跌期权：IO 合约月份—P—行权价格
上海证券交易所	上证 50ETF 期权	看涨期权：510050 合约月份—C—行权价格 看跌期权：510050 合约月份—P—行权价格
	沪深 300ETF 期权	看涨期权：510300 合约月份—C—行权价格 看跌期权：510300 合约月份—P—行权价格

资料来源：http：//www. sse. com. cn，2020；http：//www. shfe. com. cn，2020；http：//www. czce. com. cn，2020；http：//www. dce. com. cn，2020.

　　从统计数据来看，近年来我国期货市场交易规模保持了高速增长，成交额与成交量同比都有了大幅的提高，2019 年，中国期货市场成交量达到了 39.62 亿手，累计成交额高达 290.61 万亿元。过去十年，中国商品期货成交量年均增速达到 25.1％，成交量连续 10 年居世界前列。

　　近年来，我国期货市场在国际市场上的影响力得以继续提升。按期货和期权总成交量计，上期所、大商所、郑商所和中金所 2019 年在全球场内金融衍生品交易所中分别排在第 10 位、第 11 位、第 12 位和第 28 位。

　　同时，国内期货经纪公司随着期货行业的蓬勃发展也逐渐壮大起来，截至 2020 年 1 月，我国持续经营的期货公司共 149 家，其中，证券公司参股控股期货公司 71 家，全国期货营业部超过 1500 家。2019 年，南华期货、瑞达期货先后登陆 A 股，分别在沪市主板和深市中小板上市，掀开了国内期货公司登陆资本市场的新篇章。中国期货业正处于欣欣向荣、蓬勃发展的历史新阶段。

复习思考题

1. 掌握期货产生的历程。
2. 熟悉商品期货种类、主要品种和相应的交易所。
3. 远期合约交易与期货交易的区别是什么？
4. 股票与期货交易的区别是什么？
5. 了解全球交易所的发展趋势。
6. 掌握中国期货发展历程及出现的一些大事件。
7. 熟悉中国期货市场现状。

第 2 章

期货交易基础知识

本章首先详细阐述期货市场的功能及经济学分析；接着介绍期货市场的组织结构；在此基础上介绍期货合约和基本的期货制度；最后介绍期货交易的基本流程。

2.1 期货交易的功能作用及经济学分析

本节详细介绍期货交易规避风险、价格发现的功能及经济学分析，以及期货交易优化资源配置、降低交易成本的功能作用。

2.1.1 规避风险功能

1. 期货交易可以规避现货价格风险

供求因素的变化、市场竞争的加剧导致经济环境变幻莫测，作为市场经济主体的生产经营性企业不可避免地面临着各种各样的风险。其中，价格风险是尤为重要的。生产经营性企业展开生产经营的主要目的是通过投入要素，产出产品获得稳定利润，因此它们属于"风险厌恶者"。具体来说，生产企业、加工企业或其他任何拥有商品且打算出售的企业及个人，他们在持有商品期间，一旦市场价格下跌，商品实际售价很可能远远低于预期售价，使经营利润下降，甚至出现亏损；反之，因价格上升而蒙受损失的一般是需要不断地购进原材料和某种商品的企业及个人，产品能否以预期的价格出售、原材料能否以较低的价格购进是经常困扰生产经营者的主要问题。

期货市场的基本功能之一就是规避价格波动风险，从而为生产经营者规避、转移或者分散价格风险提供了良好途径。实际上，规避现货市场价格风险也正是期货交易产生和发展的根源。

期货市场规避现货价格风险的功能是通过套期保值来实现的。通过套期保值实现规避风险的原理在于：对于同种商品，在现货与期货市场同时存在，并受同种经济因素的影响时，随着期货合约到期日的来临，现货价格与期货价格趋于一致。套期保值是在期货市场上买进或卖出与现货数量相等但交易方向相反的期货合约，在未来某一时间通过卖出或买进期货合约进行对冲平仓，从而在期货和现货市场之间建立一种盈亏对冲机制。这种机制可能用现货市场的盈利来弥补期货市场的亏损，也可能是用期货市场的盈利来弥补现货市场的亏损，盈亏数值不一定完全相等，最终效果要取决于期货价格与现货价格的价差的变化。显然，这种价差的变化要比现货单一价格的变化小得多，从而转嫁和平抑了现货产品的价格波动。

需注意的是，因为套期保值规避价格风险的原理并不是消灭了风险，而是将风险进行了转移，而转移风险的承担者是期货投机者，因此，投机者的参与是套期保值得以实现的重要条件。正是由于投机者的参与，才保证了期货市场的流动性，进而才调动了套期保值者的积极性，保证期货规避现货价格风险功能的发挥。

2. 期货交易可以使现货价格波动收敛

如果一种商品同时在现货市场和期货市场有交易，那么期货交易可以使得现货价格的波动趋于收敛。在阐述其基本原理之前，首先介绍循环型蛛网价格波动模型。如图 2-1 所示，假定市场上存在某一种交易商品 A，其价格是存在波动状况的。当该产品的价格上涨到 P_2 时，生产者所愿意提供的产量是 Q_1，因此，在下一个生产周期，供给将达到 Q_1，但是相对于 Q_1，消费者所愿意支付的价格是 P_1。于是，价格由 P_2 骤然下降到 P_1；从这一点上，过程将会重新开始。因为在价格等于 P_1 时，生产者所愿意提供的供给只是 Q_2，当供给下降到由 P_1 所决定的 Q_2 时，其

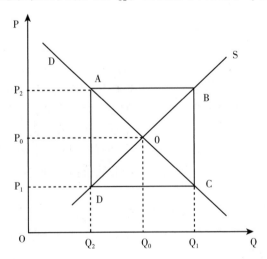

图 2-1 循环型蛛网模型

需求价格再次上升到 P_2 的水平；由此刺激新一轮的供给扩张，这种扩张的结果是价格下跌，供给收缩……如此往复不已，形成循环型蛛网状的价格波动，这种波动作为一种特殊的价格波动，其运行中缺乏良好的收敛机制。因此，即使在多次循环、往复之后，波动仍然是发散性的，波动的幅度保持在较高的水平，价格不能收敛到 P_0 的水平上，供给量也不能收敛到 Q_0 的水平上。

实际上，循环蛛网价格波动在我们的生活中处处存在着，譬如鸡蛋的价格就是典型的循环蛛网价格波动：鸡蛋价格上升，农民养鸡的积极性提高，第二季的鸡蛋供给量就会加大，结果由于鸡蛋供给量加大，鸡蛋的价格会下跌，那么农民养鸡的积极性受到影响，下一季就会减少喂养量，结果下一季鸡蛋的价格又上涨了……如此反复，鸡蛋价格频繁波动，给农民收入带来很大的不确定性。

期货交易则可以使得这种循环型蛛网趋于收敛，这也是我国期货著名学者田源博士的重要研究成果，其研究思路如下：

在微观经济学教科书中，传统的循环型模型实际上是现货市场价格运行机制模型。这个模型的约束条件是：（1）只有现货价格，没有期货价格；（2）价格本身变化完全取决于现货市场的供求关系；（3）生产者下期行为受本期价格影响；（4）消费者的价格行为完全取决于需求函数，即产量多时，给出低价；产量少时，给出高价；（5）不考虑库存。

在以上条件约束下，价格、产量的变化必然是发散的，而不是收敛的。这是因为当价格由任何一点升至 P_2 点时，这种价格实际上已经变成过高价格，如果这种价格成为刺激生产者增加供给的唯一信息，那么这种刺激必然是过度的。过度的价格刺激产生过度的供给。一旦过度的供给出现，那么必然出现过度的价格下跌。与价格不适当地升至 P_2 点一样，价格过分地降到 P_1 点同样是一种"虚假"的信号，与 P_2 一样，P_1 将给出过度的减少供给的信息，使供给出现过度的下降。在这个模型中，对于每一个买者或卖者来说，无论是 Q_2 或 Q_1，都是实际的交易价格，并不是一种虚拟的价格，但是，作为标示整个供求关系的信号，它们无疑是虚假的，大量虚假价格信号调节整个系统运行，整个系统的运行将会是低效率的，资源配置将是不合理的。当价格为 P_2 时，社会产品短缺损失为 $\triangle AOD$，当价格为 P_1 时，社会产品过剩损失为 $\triangle BOC$。

使这个系统运行趋于优化的方向是收敛价格波动，而期货交易可以提供正确的价格信息，使价格波动收敛。修改原纯现货模型的约束条件，将模型改为现货—期货模型。这个模型的约束条件是：（1）存在 12 个月以上期货价格与期货交易；（2）存在现货价格；（3）供给取决于期货价格；（4）消费者的价格行为取决于现货需求函数；（5）考虑库存因素。

在现货—期货价格模型中，运行机制将是这样的：如图 2-2 所示，当价格上

升至 P_2 之后，现货市场的买者出价为 P_2，期货市场的买者行为将会有所不同。因为任何期货的买卖都是建立在对未来到期供求关系与价格水平的预测基础上的。期货市场的买者将会搜集各种相关产品供求的价格信息，P_2 的虚假性将会显露，他可以容易地做出比较正确的判断，下一周期的价格将会低于 P_2，因此，他的期货报价将会低于 P_2，处于 P_2 与 P_0 之间。与之相对，任何期货的供给者同样地研究、判断未来的期货供求与价格，P_2 的虚假性也将同样显露，因此，他的期货卖价也会低于 P_2，处于 P_2 和 P_0 之间。如果期货市场上的期货卖价由 P_2 下降到 P_4，由于供给者的生产刺激不是来自现货市场，而是来自己交易的期货价格，那么，在下一个生产周期，产品的供给将会由缺少期货交易条件下的 Q_1 减少为 Q_3 的供给水平上，现货市场价格将由 P_2 下降到 P_3，这时的供给过剩为 $Q_3 - Q_4$，而不是 $Q_1 - Q_2$，$(Q_3 - Q_4) < (Q_1 - Q_2)$ 显示了价格产量波动的收敛。在这种情况下，由于 P_3 是一个过低价格，同时的期货价格将会高于这个价格水平，因此库存将会吸收一部分过剩供给，使现货市场价格不停留在 P_3 的低水平上，可能增加到 P_3 与 P_0 之间，从而相对提高供给者的供给意愿，进一步收敛价格波动。在这个新的基础上，尽管现货市场上仍然有大的不均衡，但是下个周期的期货交易会进一步减少这种不均衡的程度，直到将价格、产量波动收敛到合理的范围内。

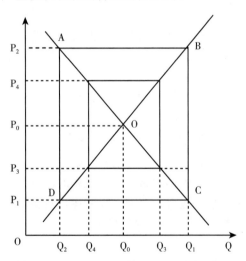

图 2-2　期货交易收敛价格机制模型

仍以鸡蛋价格为例，在鸡蛋期货推出以后，鸡蛋期货价格的波动可以有效地得以收敛，也就是通过经济手段稳定了农民的收入，这对于提高农民收入水平具有重要的现实意义。

2.1.2　价格发现的功能

1. 价格发现的形成机制

在市场经济中，价格信号是企业生产经营决策的依据，价格的变化反映了产品供求的状况，因此，价格机制是市场经济调节资源配置的重要手段。生产经营者利用价格信号，调整产品结构、企业规模及营销策略等。如果价格信息失真，则会导致决策失误，利润下降，最终丧失市场竞争力。

然而，现货市场的价格信号是零散的、短暂的，并且准确性差。因为现货市场的交易都是私下达成的，现货价格只是某个时点价格的反应，并不能反映价格变化的长期走势及供求信息。

随着期货市场的产生并发展壮大，价格发现的功能显得越来越突出。这是因为，期货市场是一个集聚了众多买卖双方，可以通过公开、公正、高效的竞价方式在交易场所内自由交易的竞争市场。这样，交易所就能把所有影响商品供求关系的信号因素都反映到期货市场内，由此形成的期货价格就能够比较准确地反映真实的供求状况和价格变动趋势。

期货市场价格发现功能的最高实现形式表现为获得国际定价权——全球市场以某一期货交易所内上市品种的价格作为国际国内贸易中的参考价格。譬如，伦敦金属交易所（LME）每天的铜期货交易价格、纽约商业交易所（NYMEX）每天的燃料油期货交易价格等都决定了全球该商品的现货和期货价格。不言而喻，能够获得定价权，就能够在国际贸易的价格谈判中占有绝对优势，低价锁定生产成本，高价卖出国产商品，从而在贸易中获得更多的利润。值得一提的是，由于国内期货市场的不断壮大，上海期货交易所的阴极铜价格在国际铜产品定价中占据了越来越重要的地位。

2. 价格发现的原因

期货交易之所以具有发现价格的功能，主要是因为：

（1）参与者众多。众多商品生产者、销售者、加工者、进出口商以及投资者参与竞价交易。这些成千上万的买家和卖家聚集在一起进行竞争，可以代表供求双方的力量，有助于真实价格的形成。

（2）透明度高，竞争公开化、公平化。期货市场是集中化的交易场所，避免了现货交易中一对一的交易方式容易产生的欺诈和垄断行为。因此，期货交易有助于价格的发现。

3. 价格发现的特点

通过期货交易形成的商品价格具有以下特点：

（1）连续性。期货价格是连续不断地反映供求关系及其变化趋势的一种价格。

这是因为期货交易是一种买卖期货合约的交易，而不是买卖实物商品的交易。实物商品一旦以某一价格达成交易后，如果买入/卖出实物的一方不再卖出/买入该商品，新的商品又不立即生产的话，就不可能获得一个连续不断的价格。而期货交易则不然，它是买卖期货合约的交易，实物交割的比例非常小，再加上期货合约是标准化的，转手极为便利，买卖非常频繁，这样，就能不断地产生期货价格。

（2）公开性。期货价格是集中在交易所内通过公开竞争达成的。依据期货市场的信息披露制度，所有在期货交易所达成的交易及其价格都必须及时向会员报告并公之于众。通过传播媒介，交易者能够及时了解期货市场的交易情况和价格变化，并迅速传递到现货市场。

（3）权威性。正是由于期货价格真实地反映了供求及价格变动趋势，具有较强的预期性、连续性和公开性，因此，如前文所述，在全球一体化的今天，期货价格逐渐被视为决定商品价格的权威标准，成为现货交易的重要参考依据。

随着期货交易和期货市场的不断发展完善，尤其是随着期货市场国际联网的出现，期货市场的价格发现功能越来越完善，期货价格能够在更大范围内综合反映更多的供求影响因素，更准确地预测未来价格变化的趋势。

2.1.3　期货交易的其他功能

1. 优化资源配置功能

期货市场优化资源配置功能，是通过期货市场价格信号、提高资源配置效率、提高总体效用达到的。

假设某一农产品在两年生产中，第一年获得好收成，平均每人获得 3 个单位；而在第二年由于天气等原因，收获量减少到平均每人只得到 1 个单位。在没有相应的期货价格作为指导的前提下，供给量不会发生总体转移，形成的供求曲线为：第一年的供给曲线 S_1S_1 与需求曲线 D_1D_1 相交于 E_1 点，见图 2 - 3（a）；而在第二年的供给曲线 S_2S_2 与需求曲线 D_2D_2 相交于 E_2 点，见图 2 - 3（b）。由阴影区相加表示的两年效用之和只能是（4 + 3 + 2）+ 4，即 13 个单位。

如果有相应的该农产品期货，由于期货是正确地反映该农产品价格的超前指标，第二年的期货价格高于第一年的期货价格，根据这一价格信息，将会有一定农产品转移一部分到第二年，即会将一部分第一年边际效用较低的该农产品转移到边际效应较高的第二年，假如转移一个单位的该农产品到第二年，其阴影区域所表示的两年效用之和会增加至（4 + 3）+（4 + 3），即 14 个单位（见图 2 - 4），由此可得出结论：期货可以通过形成有效的远期价格信号，提高农产品分配效率，优化资源配置，从而增加总体效用。

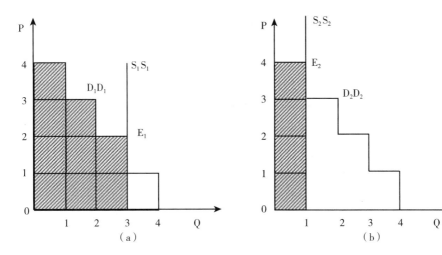

图 2 - 3 缺乏期货价格指导的市场资源配置情况

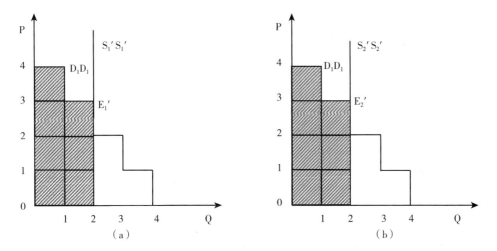

图 2 - 4 有期货价格指导时的市场资源配置情况

2. 降低交易成本

在新制度经济学理论下，市场活动是必须付出交易成本的。所谓交易成本，是指达成一笔交易所要化费的成本，也指买卖过程中所花费的全部时间和货币成本，包括传播信息、广告、与市场有关的运输以及谈判、协商、签约、合约执行的监督等活动所花费的成本。交易成本理论是由诺贝尔经济学奖得主科斯（Coase，R. H.）提出的，在他著名的《企业的性质》一文中，认为交易成本是"通过价格机制组织生产的，最明显的成本，就是所有发现相对价格的成本""市场上发生的每一笔交易的谈判和签约的费用"及利用价格机制存在的其他方面的成本。

用交易成本理论去比较单纯现货交易与引入期货交易后的期货—现货市场，可以明显发现期货交易的存在可以有效降低市场活动的交易成本。

在单纯现货市场上，任何商品的供求关系总是在变动，对于商品的买卖双方来说，价格的变动就意味着风险。价格上升时，卖方将受益，买方将要付出代价；反之亦然。在正常的交易过程中，由于价格变动给双方带来的影响是不对等的，从受益的一方来说，从价格变动中增加的收益通常对再生产过程不会产生大的影响，受益方的再生产过程的扩大，基本上取决于正常经营条件下所产生的利润的积累。但是，对于受损的一方来说，价格变动带来的损失则是比较严重的，往往出现这样的情况，如果由于价格发生不利变化而出现亏损，很可能导致生产过程的中断。例如生产者由于价格下降而发生入不敷出，则下一个生产周期无法购买足够的生产要素，不仅要承受价格下降的损失，还要承受生产要素闲置的损失。这就是现货市场参加者所必须付出的交易成本。在整个市场上，这种交易成本普遍存在。对于经营不同商品的市场参加者来说，这种交易成本与价格波动成正比。价格波动大的产品和行业，其参与者为此付出的交易成本大于价格波动小的产品和行业。这些参与者在高风险与高交易成本的状态下完成各自的市场行为。对他们来说，发展期货交易，降低风险和交易水平，是一种内在的要求。

在引入期货交易的条件下，经营商品的市场参加者和投资者将同时进入期货市场。对于经营商品的市场参加者来说，期货市场提供了一种无可替代的保值工具——期货合约。所有的经营商品的市场参加者，无论持有现货的、将来要买进现货的，还是将来要卖出现货的，都可以利用期货交易进行套期保值。通过买进或卖出期货的套期保值交易行为，那些参与期货市场的商品经营者将其面临的价格风险转移到期货市场。对他们来说，期货买卖消除了他们的价格风险，显著地降低了他们的交易成本。与此同时，他们让渡到期货市场的价格风险中所包含的投资收益，吸引了大量的投资者。通过频繁、大量的期货合约买卖活动，这种投资资本起到两种积极的经济作用：第一，吸纳了套期保值者所转移的价格风险；第二，制造了期货市场有效运行所必需的流动性。

2.2　期货市场的组织结构

期货市场有着严密的组织结构，保证期货市场能够有效运转。期货市场的组织结构包括市场参与者（套期保值者和投机者）、期货交易所、期货经纪公司、期货结算机构以及相关的监督管理机构，如图 2-5 所示。本节依次介绍期货交易所、期货经纪公司、期货结算机构和期货市场管理机构等内容。

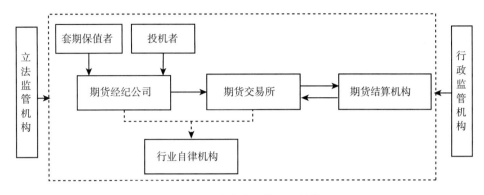

图 2−5 期货市场的组织结构

2.2.1 期货交易所

期货交易所是专门进行标准化期货合约买卖的场所。在现代市场经济条件下，期货交易所是一种具有高度系统性和严密性、高度组织化和规范化的交易服务组织，自身不参与交易活动，也不拥有合约标的商品，只为期货交易提供设施和服务。

根据组织形式的不同，期货交易所分为两种类型：一种是公司制的期货交易所，另一种是会员制的期货交易所。这两种组织方式的主要区别在于投资方式的差异以及由此所形成的内部组织系统和管理系统的不同。公司制的期货交易所是营利性的组织，而会员制的期货交易所是非营利性的组织。在 20 世纪 90 年代以前，国外期货交易所大都采用会员制。现在大多改为公司制的交易所。在我国，上海期货交易所、大连商品交易所和郑州商品交易所当前都采用的是会员制，而中国金融期货交易所则采用的是公司制。随着交易技术的革新和全球期货市场竞争的加剧，公司制已成为期货交易所未来发展的趋势。

1. 会员制期货交易所

会员制期货交易所由全体会员共同出资组建，缴纳一定的会员资格费作为注册资本。缴纳会员资格费是取得会员资格的基本条件之一，不是投资行为，不存在投资回报问题。交易所是会员制法人，以全额注册资本对其债务承担有限责任。会员制期货交易所是实行自律性管理的会员制法人。我国期货交易所的会员分两类：一类是经纪会员，即期货经纪公司；另一类是非经纪会员，即自营商。会员制期货交易所的组织结构一般包括了会员大会、理事会、专业委员会、总经理和行政职能部门。

（1）会员大会。

会员大会作为期货交易所的最高权力机构，由期货交易所的全体会员组成。其职能主要包括：制定和修改交易所章程和交易规则；选举和更换会员理事；审批理事会和总经理的工作报告；审批交易所的财务预算、决算方案；审议交易所的财务报告和风险准备金使用情况；决定增加或减少交易所注册资金；决定交易所的分立、合并、解散和清算等事项；交易所理事会提交的其他重大事项；交易所章程规定的其他重大事项。

（2）理事会。

理事会是会员大会的常设机构，对会员大会负责。理事会任命理事来管理交易所的日常事务，包括为交易所制定政策和负责交易所的正常运转，理事会下设有各种委员会来管理交易所各个方面的业务。理事会成员既有交易所的会员，又有非会员，非会员一般不在会员单位任职。理事会设有理事长一人和副理事长若干。理事会负责选举和更换事宜。理事长和副理事长负责理事会的日常工作，检查及督促理事会的决议实施情况。理事会的主要职能有：召集会员大会，并向会员大会报告工作；监督会员大会决议和理事会决议的实施；监督总经理履行职务行为；拟定期货交易所章程、交易规则修改方案，提交会员大会通过；审议期货交易所合并、分立、解散和清算的方案，提交会员大会通过；决定专门委员会的设置；决定会员的接纳；决定对严重违规会员的处罚；决定期货交易所的变更事项；违规情况下采取临时处置措施的权力；异常情况下采取紧急措施的权力；审定根据交易规则制定的细则和办法；审定风险准备金的使用和管理办法；审定总经理提出的期货交易所发展规划和年度工作计划等。

（3）专业委员会。

期货交易所为更好地解决期货交易活动中出现的技术问题，通常要设立一些有针对性的专业委员会。一般由交易所的理事长提议，经理事会同意设立。各专业委员会一般由理事会委派的理事主持，由若干名会员参加，负责某一方面的业务工作协调和处理。委员会的设立，主要是依据期货交易所的专业特性和商品特性来确立。如会员资格审查委员会、交易规则委员会、交易行为管理委员会、合约规范委员会、新品种委员会、业务委员会、仲裁委员会、结算委员会、交割委员会、公共关系委员会、场内经纪人委员会，等等。

（4）总经理。

期货交易所总经理的职权是：组织实施会员大会、理事会通过的制度和决议；主持期货交易所的日常工作；根据章程和交易规则拟订有关细则和办法；拟订并实施经批准的期货交易所发展规划、年度工作计划；拟订期货交易所财务预算方案、决算报告；拟订期货交易所合并、分立、解散和清算的方案，聘任和解聘工作人员；决定期货交易所员工的工资和奖惩等。

（5）行政职能部门。

会员制交易所一般设有如下行政职能部门：

① 研究部，负责研究新的期货合约，以及现行合约的变化，并提供研究报告。② 交易部，负责监督和管理交易厅交易系统，确保交易安全运行。③ 结算部，负责审查交易所会员的资信、收取交易保证金，对每一笔交易收取手续费，协调交易双方的结算。④ 交割部，负责交割的具体事宜。负责签发运输单据，监督实物交割和单据转让，协助处理在实际货物交割中的事故问题。⑤ 市场部，负责交易所的宣传、与其他交易所的联络、对外教育和培训工作。⑥ 审查部，负责审查和监督会员的金融实力、商业信誉，并对于有可能成为会员的个人或企业的各种资料进行搜集调查。⑦ 信息部，负责向经纪商、投资者以及社会公众提供期货信息和资料，以使他们了解期货交易的情况。

作为典型的会员制期货交易所，上海期货交易所的组织结构如图 2 - 6 所示：

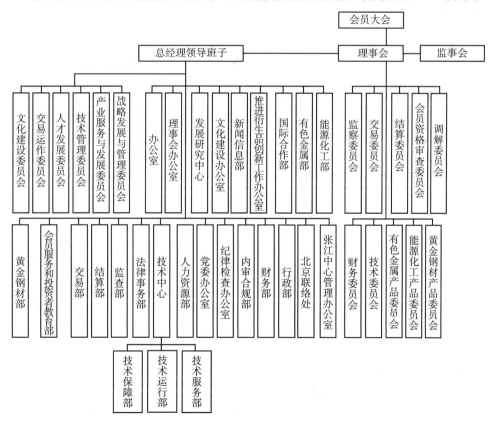

图 2 - 6 上海期货交易所组织结构

2. 公司制期货交易所

公司制期货交易所通常由若干股东共同出资组建，以营利为目的，股份可以按照有关规定转让。盈利来自从交易所进行的期货交易中收取的各种费用。交易所每年的盈利按照股东所持有的股份大小在股东之间分配。股东作为交易所的所有者，不得入场进行期货交易。公司制期货交易所的权力机构是股东大会以及由此选举产生的董事会。公司制期货交易所的组织结构一般包括了股东大会、董事会、总经理、监事会和专业委员会等。

（1）股东大会。与普通公司一样，股东大会是公司制期货交易所的最高权力机构，由全体股东共同组成，对交易所的重大事项如章程的修改、年度预决算的审批、注册资本金的增减等作出决议。

（2）董事会。公司制期货交易所的董事会的职责主要包括：负责召集股东会；执行股东会决议并向股东会报告工作；决定交易所内部管理机构的设置；批准交易所的基本管理制度；制订交易所年度财务预、决算方案；对交易所增减注册资本、分立、合并、终止和清算等重大事项提出方案。

（3）总经理。公司制期货交易所的总经理对董事会负责，由董事会任命，其工作职责主要包括：全面负责交易所工作，直接向董事长负责；贯彻交易所总体战略，执行各项决定；制定交易所发展战略、年度计划和目标；决定交易所机构设置、人员编制；决定员工聘用与辞退；决定员工工资待遇和奖金分配方案；建立和完善基本管理制度。

（4）监事会。公司制期货交易所的监事会对股东大会负责。主要职责：检查交易所的财务；对董事、总经理和其他高级管理人员执行交易所职务时违反法律、法规或者章程的行为进行监督；当董事、总经理和其他高级管理人员的行为损害交易所的利益时，要求其予以纠正，必要时向股东大会或国家有关主管机关报告；列席董事会会议。

（5）专业委员会。公司制期货交易所的专业委员会职能作用与会员制期货交易所的专业委员会一样，不再赘述。

作为典型的公司制期货交易所，中国金融期货交易所的组织结构如图 2-7 所示：

2.2.2 期货经纪公司

期货经纪公司，又称为期货公司，是指依法设立的、接受客户委托、按照客户的指令、以自己的名义为客户进行期货交易并收取交易手续费的中介组织。期货经纪公司是经中国证监会批准，并在国家工商行政管理局登记注册的独立法人，其至

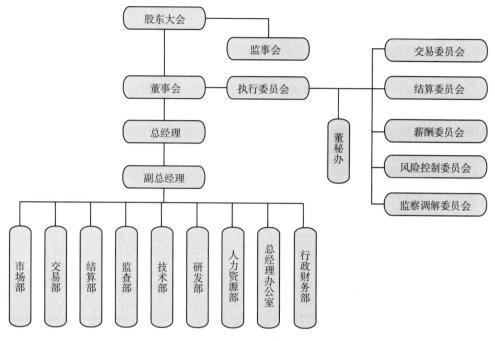

图 2 - 7 中国金融期货交易所组织结构

少应该成为一家期货交易所的会员。期货经纪公司是期货交易者和期货交易所之间的桥梁，交易者必须通过期货经纪公司代为在期货交易所完成期货买卖、结算和交割等手续，同时期货经纪公司对客户账户进行管理，控制客户交易风险；为客户提供期货市场信息，进行期货交易咨询，充当客户的交易顾问等。

1. 期货公司的设立

期货公司是指那些专门代客户进行期货交易并收取一定佣金的企业。是交易所的经纪会员，我国《期货交易管理条例》规定：设立期货公司，必须经国务院期货监督管理机构批准，并在公司登记机关登记注册。未经批准，任何单位和个人不得从事期货经纪业务。期货经纪公司的开业登记，应当由申请人提出申请，并提交下列文件、证件：

（1）由人事管理部门或其他有关部门出具的其法定代表人及其他高级管理人员符合国家有关规定的证明。

（2）期货经纪人名单及简历。

（3）通信设施和专用设备的自有或租用证明。

（4）从事期货业务涉及国家专项规定的，应提交国家有关管理部门的批文。

（5）从事国际期货业务的，应提交与相应的国际期货交易所会员公司签订的有关期货经纪业务的协议意向书。

（6）聘用外籍人员作为公司高级管理人员的，应提交聘用证明和由所在国（地区）公证机构出具的符合规定条件的证明。

（7）实行股份制的，应依照《股份有限公司规范意见》的规定提交有关文件。

期货公司的存在是有其合理性的。期货市场的产生和发展，是由于期货交易者具有套期保值或投资的需求。每一个交易者都希望直接进入期货市场进行交易，但是由于期货交易的高风险性，决定了期货交易所必须制定严格的会员交易制度，非会员不得入场交易，于是就产生了严格的会员交易制度与吸引更多交易者、扩大市场规模之间的矛盾。为了解决这一矛盾，就要容许一部分具备条件的会员接受客户的委托，代理客户进行期货交易，于是就产生了期货公司。

2. 期货公司的组织结构

期货公司也采用现代公司治理模式，因此也设有一般公司所具有的股东、董事会、经理层，除此之外，期货公司的组织结构一般还包括以下几个重要部门：

（1）研究发展部，负责搜集、分析、研究期货市场和现货市场的信息，进行市场分析、预测，研究期货市场及本公司的发展规划。

（2）交易部，负责将客户指令下达到交易所场内，成交后将成交状况及时传达给客户，并保证交易通道的安全畅通。

（3）结算部，负责与结算所、客户间交易记录的核对，客户保证金及盈亏的核算，风险控制。

（4）市场部，负责市场开发，在公司授权下与客户签订期货经纪合同等。向客户介绍、解释期货交易的规则、手续，与客户保持密切联系。

（5）财务部，负责收取保证金，监督、审查客户的保证金账户，密切注视客户一般财务状况的变动，并负责客户提款等事项。

（6）电脑工程部，负责电脑系统的管理和维护、行情信息的接收，负责对公司内部管理和风险控制等提供计算机技术支持。

（7）行政管理部，负责期货公司的日常行政管理工作，组织员工培训等。

图 2-8 是国内某期货经纪公司的组织结构，可以作为参考。

2.2.3　期货结算机构

期货结算机构，顾名思义即是负责期货结算的机构。专门的期货结算机构是为了适应日趋增加的交易而引起的复杂结算需求以及提供交易结算交割的安全性的要求而产生的。1883 年，美国成立了结算协会；1925 年，芝加哥期货交易所结算公司（BOTCC）成立。

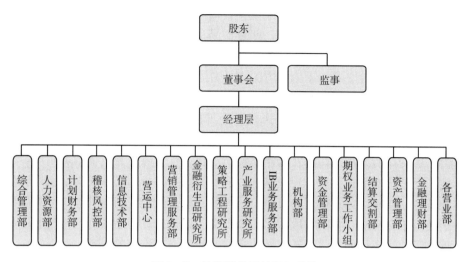

图 2 - 8 某期货公司的组织结构

1. 期货结算机构的形式

期货交易所的结算机构是期货市场的一个重要组成部分。它有两种存在方式：独立的结算所与交易所结算部。

（1）独立的结算所。独立的结算所是由多家交易所和实力较强的金融机构共同出资成立的独立的结算机构。如英国的伦敦结算所就不仅为英国本土的数家期货交易所提供结算服务，还为大多数英联邦国家和地区以及欧洲许多国家的期货交易所提供结算服务。它的主要特点是结算效率高，化解风险能力强。

（2）交易所结算部。交易所结算部作为业务部门直接受控于交易所，它的特点是便于交易所全面掌握市场参与者的资金情况，在风险控制中可以根据交易者的资金和头寸情况及时处理。但这种形式阶段性的特点也较为明显，在分割的区域市场环境下尚能适应市场发展。当市场发展到一定阶段后，这种单独结算形式不利于提高市场整体效率。我国的期货交易结算机构都是采用的此种模式。

2. 期货交易结算机构的职责

期货交易结算机构的功能和职责主要包括以下几个方面。

（1）计算期货交易的盈亏。期货交易者的交易完成之后，所有的成交信息都汇总至交易所结算部，结算部在核对的基础上，进行结算，计算出每个会员的盈亏情况，并反映在会员的保证金账户中。交易结算实行每日无负债结算制度，当天的交易结果当天清算完成。

（2）充当交易对手，担保交易履约。交易所结算部对所有期货合约交易者起着第三方的作用，即结算部对每一个卖方会员来讲是买方，而对每一个买方会员来讲是卖方。对于交易所结算部本身来说，它每天的盈亏都是平衡的，这样，交易者都只与交易所结算部发生业务关系，期货交易的买卖双方不为对方负有财务责任，而只对交易所结算部负责。由于期货买卖双方可以不必考虑交易对手是否履约而随意买卖合约，而作为交易对手第三方的交易所结算机构承担了保证使每笔交易按期履约的全部责任，从而简化了结算手续，促进了交易，提高了交易效率。

（3）管理会员资金，控制市场风险。交易所结算机构管理所有会员的交易保证金、结算保证金，以确保所有期货交易得以履行，保证期货市场的健全性和财务完整性。各交易所结算机构都实行严格的结算保证金和每日无负债结算制度。交易所制定了保证金标准，会员公司或其客户成交结算一张合约必须向交易所结算机构交纳保证金。同时，为了保证会员经纪公司的利益，经纪公司向其客户征收的保证金一般要高于交易所对会员收取的保证金水平。这样，有了一系列严格的制度和程序，保证了期货市场的正常运转，防止造成巨额亏空和清算的混乱。

（4）监管期货交易的实物交割。交易所一般不负责实际商品交割的全过程，而只是为需要交割现货的买卖双方制定交割细则，负责相应的账目往来划转，在期货交易中，所有合约都必须通过对冲或进行实物交割来平仓了结。

3. 我国的期货交易结算体系

在我国的期货市场经历了几次大的风波事件之后，各交易所都意识到加强结算制度和管理监控力度是控制期货交易风险的关键。2006 年 5 月 18 日，中国期货保证金监控中心成立，该中心网站上提供了投资者查询服务系统，通过该系统，期货投资者可以查询自身交易结算报告等信息，防止期货公司可能发生的欺诈行为。

当前，我国三个商品期货交易所每个交易所都设有结算部，每天收市后各交易所期货公司及自营商进行结算，各期货经纪公司在各交易所的结算系统中取得其结算清单，然后对客户进行结算。客户从经纪公司的结算系统中使用账号与密码查询各自的结算清单，整个结算过程都是无纸化的。这种结算高效简单，且不易出错。而在我国期货发展初期，采用的是有纸化的结算模式，交易所收市后打印所有期货公司的结算清单，然后分发给期货公司在交易所的出市代表，由交易所的出市代表传真给各自的经纪公司，经纪公司再根据客户下单记录与交易所成交清单（与结算清单一起发放的）对每个客户进行结算与核对，一般经纪公司在下午收市后几个小时内完成结算任务，所以客户要等到第二天才能得到其结算与交易成交清单。

但是中国金融期货交易所的结算与上述三家商品期货交易所的结算有所不同，中金所采用的是分级结算体系。期货交易所首先依据是否对其结算，将会员分为结算会员和非结算会员两类。期货交易所只对部分具有结算资格的会员结算，不具有结算资格的会员则由具有相应结算资格的会员对其结算。

结算会员即具有与期货交易所进行结算资格的会员。结算会员由交易结算会员、全面结算会员和特别结算会员组成。全面结算会员和特别结算会员可以为与其签订结算协议的非结算会员办理结算业务。交易结算会员不得为非结算会员办理结算业务。

非结算会员即不具有与期货交易所进行结算资格的会员。非结算会员包括从事期货经纪业务的期货公司和从事自营业务的期货公司以外的中华人民共和国境内的法人或者其他经济组织。需要注意的是，由于实行会员分级结算制度的期货交易所的结算会员只包括交易结算会员、全面结算会员和特别结算会员，从事自营业务的非结算会员将与目前三家商品期货交易所的自营会员有很大区别，即其必须通过全面结算会员或者特别结算会员结算，而不能与期货交易所直接结算。

中国金融期货交易所的这种结算模式也是国外期货所常采用的结算模式，图 2 - 9 反映了其结算的流程。

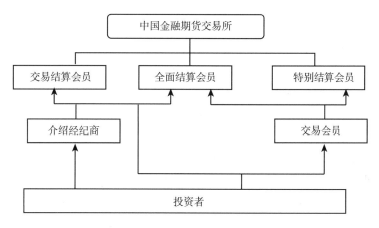

图 2 - 9　分级结算体系示意

分级结算制度配套采取结算会员联保制度。实行会员分级结算制度的期货交易所对结算会员进行风险管理，结算会员对非结算会员进行风险管理，会员对其受托的客户进行风险管理。实行会员分级结算制度的期货交易所应当建立结算担保金制度。结算担保金是期货交易所向结算会员收取的，用于应对结算会员违约风险的资金。结算会员违约后，期货交易所以违约会员的自有资金、结算担保金、期货交易所风险准备金和期货交易所自有资金承担违约责任。期货交易所以结算担保金、期货交易所风险准备金和期货交易所自有资金代为承担责任后，由此取得对违约会员的相应追偿权。

对于一般的投资者来说，建议还是选择到交易结算会员与全面结算会员去进行期货交易，这样结算过程与前面三个商品交易所一样，方便高效，如果选择介绍商与交易会员进行期货交易其结算程序多了一层，因为介绍经纪商与交易会员没有结算资格。

2.2.4 期货市场的管理机构

期货市场的监管体系是指在一个国家的期货市场构成中，所设置的各级管理机构的总和。由于在不同历史时期，各国的政治和经济形势不同，因此各国的期货市场监管体系也有所差异。但就目前各国期货市场的整体而言，其监管体系基本以"三级管理体制"为主，即政府管理机构、行业自律组织和期货交易所三级管理模式。尽管这种管理体系在各国的实际结构上有所差别，称呼上也不同，但其目标是一致的，都是为了促进期货市场的整体管理与监督。美国目前的期货市场监管体系分为商品期货交易委员会、全国期货协会和期货交易所三级。我国期货市场监管体系基本与美国相同，形成了中国证监会、中国期货业协会、期货交易所三级监管体系，通过立法、行政与行业自律三个方面对期货市场进行全面管理。

1. 期货市场的立法管理

立法管理就是指通过制定、颁布期货交易的法律、法规规范期货市场的组织机构及其运行机制。期货市场的相关法规是其他管理层行为的基本依据。立法管理的中心是遵循公开、公平、公正和诚实信用的原则，禁止欺诈、内幕交易和操纵市场等违法行为，从根本上规范期货市场各类主体的行为，防范风险。

从美国的情况来看，随着美国现代期货交易的蓬勃发展，联邦政府也开始重视和积极参与期货市场的管理。首先是从立法上，1936年，美国农业部牵头，会同美国各期货交易所、司法部及商业部等有关政府部门联合制定并颁布了美国的第一部期货交易法规——《期货交易所法》。按该法规定，联邦政府将设立一个由农业部长、商业部长和司法部长或由他们指定的代表所组成的美国政府的期货市场管理部门——商品交易所委员会。1974年，联邦政府经过一系列的听证会，通过了一项新的法规——《商品期货交易委员会法》。按该法规定，在联邦政府的直接领导下，成立具有独立决策权的期货市场管理机构——商品期货交易委员会（CFTC），用以取代当时美国农业部下属的期货交易所管理局。

在国内期货立法方面，1999年12月25日，第九届全国人大常委会通过了《中华人民共和国刑法修正案》，将有关期货犯罪的条款正式列入《刑法》；1999年，国务院颁布了《期货交易管理暂行条例》；2007年2月7日，在《期货交易管理暂行条例》基础上，国务院颁布了《期货交易管理条例》，意味着我国期货行业在法律方面已经形成了基本的立法框架，此后，我国相继出台了《期货公司管理办法》《期货交易所管理办法》《期货公司风险监管指标管理试行办法》《期货公司金融期货结算业务试行办法》《证券公司为期货公司提供中间介绍业务试行办法》《期货从业人员管理办法》《期货公司董事、监事和高级管理人员任职资格管理办法》《期货投资者保障基金管理暂行办法》《期货从业人员执业行为准则（修订)》《期货公司首席风险官管理规定》等一系列法律法规。非常遗憾的是，由于种种原因，截至目前，我国尚未出台专门针对期货行业市场的期货法。

2. 期货市场的行政管理

行政管理是指一国政府的行政权力机关通过履行自己的职责而实施的管理。期货市场的行政管理依据法律、法规规范期货市场的组织机构和运行机制，保证期货市场的正常运作。

（1）美国的期货市场的行政管理。从美国的情况看，美国政府对期货市场实行统一监管的最高权力机构是商品期货交易委员会（CFTC），委员会由国会授权，其委员由总统提名，参议院批准，是拥有独立决策权的管理机构。它的任务是通过对所有商品期货、金融期货、期权交易的审核与监督来保证期货从业人员和日常交易程序的合法性。CFTC 能够有效防止垄断、欺诈等交易行为的发生，保护客户的利益，增强竞争机制，维护期货市场的正常运行。

CFTC 最初的职能主要包括：

① 通过制定详细的法规贯彻实施国会通过的商品期货交易法及其修正案的内容；审查批准期货交易所的行为准则和期货合约内容，监督检查期货法规的执行情况。

② 在宏观上拥有对参与者的管理权；对期货公司及其他期货从业人员进行资格审查和财务资质审查。

③ 分析检查审查交易程序，防止垄断、操纵行为及市场交易秩序的混乱。

④ 处理纠纷，处罚违法行为。

进入 20 世纪 80 年代，CFTC 的职能又发生了重大变化。根据美国 1978 年新修订的期货交易法，从 1981 年起，商品期货交易委员会将金融期货纳入其管理范围；1984 年，其管理权限进一步扩大到农产品的期权交易，从而使该委员会已基本控制了所有上市的期货交易品种。

（2）英国期货市场的行政管理。英国金融服务管理局是目前英国拥有最高权力的政府监管机构。金融服务管理局于 1997 年 10 月由证券投资委员会改制而成，是一个独立的非政府组织，也是英国金融市场统一的监管机构，行使法定职责，直接向财政部负责。金融服务管理局的建立宗旨主要是负责对英国国内的金融服务行业进行统一监管，保持高效、有序、廉洁的金融市场，帮助中小消费者取得公平交易机会。其监管目标主要包括：维护英国金融市场及业界信心；促进公众对金融制度的理解，了解不同类型投资和金融交易的利益和风险；确保业者有适当经营能力及财务结构健全，以保护投资者；同时，教育投资者正确认识投资风险，监督、防范和打击金融犯罪。

（3）我国期货市场的行政管理。中国证券监督管理委员会（简称"中国证监会"）是我国期货市场的主管机关。在对我国期货行业的监管方面，证监会的监管职责主要包括：

① 中国证监会可以随时检查期货交易所、期货公司的业务、财务状况，有权要求期货交易所、期货公司提供有关资料，有权要求期货交易所提供会员、期货公司提供客户的有关情况和资料。必要时，可以检查会员和客户与期货交易有关的业务、财务状况。在检查中，中国证监会发现有违法嫌疑的，可以调取、封存有关文件、资料。

② 中国证监会对有期货交易违法嫌疑的单位和个人有权进行询问、调查；对期货交易所、期货公司、会员和客户在商业银行或者其他金融机构开立的单位存款账户可以进行查询；对有证据证明有转移或者隐匿违法资金迹象的，可以申请司法机关予以冻结。

③ 当期货市场出现异常情况时，中国证监会可以采取必要的风险处置措施。

④ 中国证监会对期货交易所和期货公司的高级管理人员和其他期货业从业人员实行资格认定制度。

3. 期货市场的自律管理

行业自律管理，是指为了规范行业行为、协调同行利益关系、维护行业间的公平竞争和正当利益、促进行业发展而进行的管理，行业协会是行业自律管理的基本组织形式。期货行业自律管理，就是指期货市场行业协会进行的行业自治、协调和自律管理。在期货市场管理体系中，行业自律组织主要以"联合体"或"协会"的形式出现，并以"行业自制、协调和自我管理"方式行使职权。行业自律组织通常是以业务性指导和交流为主。

（1）美国期货行业自律组织。1974年美国联邦政府通过的《商品期货交易委员会法》规定，授权期货行业属于自我管理性质的、由期货行业自助的全国期货行业协会组织——全国期货协会（NFA）。1981年9月22日，美国商品期货交易委员会正式批准该协会为合法注册的期货行业民间自治组织。

美国全国期货协会成立的宗旨是：更好地保持市场的完整性，保护期货市场投资者的权益。职责明确划分了同期货交易所之间的各自分工，即协会主要对面对公众从事期货交易的公司和个人进行监管，而期货交易所的场内经纪商和交易商、交易所会员由交易所监管。

美国全国期货协会的主要职责是：①强化会员的职业道德和规范，实施客户保护条例。作为期货行业性组织，该协会有责任对其会员进行职业道德教育，提高会员素质，积极向会员宣传各种交易条例和规范，向会员讲明作为一个期货交易会员的职责。②审查专业期货人员的会员资格。通过行业性的管理，该协会有责任协助有关部门对专业性期货交易会员的资格进行监督检查，严格专业期货人员的资格审查，及时解除不符合要求的会员资格。③审计、监督专业期货人员的资金额、财务以及一般规则的执行情况。协会通常还负责协助审理每个会员的资信情况，对会员的财务管理进行监督指导。④为涉及期货交易而出现的纠纷提供仲裁方便，该行业协会通过对所有会员的管理，及时公正地解决会员间产生的纠纷，协调一系列活动，维护会员的合法利益。⑤通过在客户和会员中普及期货交易知识，宣传全国期货协会在期货交易中的基本职能，使期货交易在经济活动中发挥更大的作用。

（2）英国期货行业自律组织。英国的全国性期货业自律组织是证券和期货局（SFA），是 1991 年由证券协会和期货协会合并而成的。1997 年 5 月 20 日，英国政府决定合并 9 个金融市场监管机构，成立金融服务管理局（FSA），对金融市场进行统一监管。从 1998 年 6 月 1 日起，证券和期货局的监管计划纳入金融服务管理局的总体计划中，证券和期货局依照金融服务管理局的授权协议行使监管职责，直接对金融服务管理局负责，而证券和期货局职员相应成为金融服务管理局职员。

证券和期货局的宗旨是维持市场信心，促进会员对金融制度的了解，保护投资者，打击金融犯罪。其主要职责是对从事证券或衍生产品相关的交易和咨询业务进行监管，其中包括金融期货和金属、石油、谷物、咖啡等商品期货交易监管。

（3）中国期货行业自律组织。中国期货行业的自律组织——中国期货业协会（CFA）成立于 2000 年 12 月 29 日，是根据《社会团体登记管理条例》设立的全国期货行业自律性组织，为非营利性的社会团体法人。协会的注册地和常设机构设在北京。协会接受中国证监会和国家社会团体登记管理机关的业务指导和管理。

中国期货业协会由期货公司等从事期货业务的会员、期货交易所特别会员和地方期货业协会联系会员组成。会员大会是协会的最高权力机构，每 4 年举行一次。理事会是会员大会闭会期间的协会常设权力机构，对会员大会负责，理事会每年至少召开一次会议。

中国期货业协会的宗旨是：在国家对期货业实行集中统一监督管理的前提下，进行期货业自律管理；发挥政府与期货行业间的桥梁和纽带作用，为会员服务，维护会员的合法权益；坚持期货市场的公开、公平、公正，维护期货业的正当竞争秩序，保护投资者利益，推动期货市场的健康稳定发展。

中国期货业协会的主要职能包括：

① 教育和组织会员及期货从业人员遵守期货法律法规和政策，制定行业自律性规则，建立健全期货业诚信评价制度，进行诚信监督。

② 负责期货从业人员资格的认定、管理以及撤销工作，负责组织期货从业资格考试、期货公司高级管理人员资质测试及行政法规、中国证监会规范性文件授权

的其他专业资格胜任能力考试。

③ 监督、检查会员和期货从业人员的执业行为，受理对会员和期货从业人员的举报、投诉并进行调查处理，对违反本章程及自律规则的会员和期货从业人员给予纪律惩戒；向中国证监会反映和报告会员和期货从业人员执业状况，为期货监管工作提供意见和建议。

④ 制定期货业行为准则、业务规范，参与开展行业资信评级，参与拟订与期货相关的行业和技术标准。

⑤ 受理客户与期货业务有关的投诉，对会员之间、会员与客户之间发生的纠纷进行调解。

⑥ 为会员服务，依法维护会员的合法权益，积极向中国证监会及国家有关部门反映会员在经营活动中的问题、建议和要求。

⑦ 制定并实施期货业人才发展战略，加强期货业人才队伍建设，对期货从业人员进行持续教育和业务培训，提高期货从业人员的业务技能和职业道德水平。

⑧ 设立专项基金，为期货业人才培养、投资者教育或其他特定事业提供资金支持。

⑨ 负责行业信息安全保障工作的自律性组织协调，提高行业信息安全保障和信息技术水平。

⑩ 收集、整理期货信息，开展会员间的业务交流，推动会员按现代金融企业要求完善法人治理结构和内控机制，促进业务创新，为会员创造更大的市场空间和发展机会。

⑪ 组织会员对期货业的发展进行研究，参与有关期货业规范、发展的政策论证，对相关方针政策、法律法规提出建议。

⑫ 加强与新闻媒体的沟通与联系，广泛开展期货市场宣传和投资者教育，为行业发展创造良好的环境。

⑬ 表彰、奖励行业内有突出贡献的会员和个人，组织开展业务竞赛和文化活动，加强会员间沟通与交流，培育健康向上的行业文化。

⑭ 开展期货业的国际交流与合作，代表中国期货业加入国际组织，推动相关资质互认，对期货涉外业务进行自律性规范与管理。

⑮ 法律、行政法规规定以及中国证监会赋予的其他职责。

2.3 期货合约及期货市场基本制度

本节主要介绍期货合约的概念、合约条款等内容，之后详细介绍期货市场的相关制度。

2.3.1　期货合约

1. 期货合约的概念

期货合约，是指由期货交易所统一制定的、规定在将来某一特定的时间和地点交割一定数量和质量商品或金融产品的标准化合约，是期货交易的对象。期货合约是在现货合同和现货远期合约的基础上发展起来的，同时又有着根本的区别。它们之间最本质的区别就在于期货合约条款的标准化。

在期货市场交易的期货合约，交易的数量、最小变动价位、涨跌停板幅度、质量等级及替代品升贴水标准、交割地点、交割月份等条款都是标准化的，在期货合约中，只有期货价格是唯一变量，在交易所以公开竞价方式产生。

期货合约的标准化，加之其转让无须背书，便利了期货合约的连续买卖，具有很强的市场流动性，极大地简化了交易过程，降低了交易成本，提高了交易效率。

2. 期货合约的主要条款

一份期货合约的条款主要包含以下内容：

（1）交易品种。指的是期货合约中的交易对象的种类。

（2）交易单位。是指在期货交易所交易的每手期货合约代表的交易对象的数量。不同商品期货合约的交易单位往往是不同的，不同的交易所对同一种期货合约的交易单位的规定也可能不同。在交易时，只能以交易单位的整数倍进行买卖。确定期货合约交易单位的大小，主要应当考虑合约交易对象的现货市场规模、交易者的资金规模、期货交易所会员结构以及该现货交易习惯等因素。一般来说，某种交易品种的市场规模越大，交易者的资金规模越大，则该合约的交易单位就可以设计得大一些，反之则小一些。

（3）报价单位。是指在公开竞价过程中对期货合约报价所使用的单位，即每计量单位的货币价格。如国内阴极铜期货合约的报价单位是"元/吨"，而黄金期货合约的报价单位为"元/克"。

（4）最小变动价位。是指在期货交易所的公开竞价过程中，对合约对象每计量单位价格报价的最小变动数值。最小变动价位乘以交易单位，就是该合约的最小变动值。在期货交易中，每次报价必须是其合约规定的最小变动价位的整数倍。期货合约最小变动价位的确定，通常取决于该合约交易对象的种类、性质、市场价格波动情况和商业规范等。最小变动价位对市场交易的影响比较密切。一般而言，较小的最小变动价位有利于市场流动性的增加。最小变动价位过大，将会减少交易量，影响市场的活跃性，不利于套利和套期保值的正常运作；最小变动价位过小，则会使交易复杂化，增加交易成本，并影响数据的传输速度。

（5）每日价格最大波动限制。又称每日涨跌停板幅度限制，它是由期货交易所规定的某种期货合约价格在每个交易日的最大允许涨跌幅度。设置每日价格最大波动限制的主要目的是防止价格波动幅度过大，控制价格风险，同时也是防止期货交易者在期货市场价格剧烈波动时遭受重大损失。这让交易者在涨跌停板后有时间冷静地做出决策，但是国际上，并非所有的交易所都设有涨跌停板限制，如英国的期货交易所、日本东京工业品交易所等都没有涨跌停板的限制。

（6）交割月份。合约交割月份是指某种期货合约到期要交割的月份。期货合约的交割月份由期货交易所规定，期货交易者可自由选择交易不同交割月份的期货合约。对于商品期货合约来说，交割月份的确定，一般由其生产、使用、消费、储藏、保管、流通、运输方式等特点决定。一般来说，交割月份有每月、单月、双月、季月、滚动月份等种类，如金融期货交割月份一般就采用季月。滚动交割月份相对而言复杂些，如香港恒生指数期货采取当月、下月及最近两个季月交割月的方法。比较特殊的是，伦敦金属交易所采取的是逐日交割的方式。

（7）交易时间。期货合约的交易时间是固定的，每个交易所对交易时间都有严格规定。一般每周只有周一至周五营业，且国家法定节假日停市。一般每个交易日分为两盘，即上午盘和下午盘。各交易品种的交易时间安排由交易所公告。当前，我国商品期货的交易时间为上午 9：00 ~ 11：30 和下午 13：30 ~ 15：00，金融期货的交易时间则比较特殊，为上午 9：15 ~ 11：30 和下午 13：00 ~ 15：15。

（8）最后交易日。是指某种期货合约在合约交割月份中进行交易的最后一个交易日，过了这个期限的未平仓期货合约（即买进的合约还未卖出，或卖出的合约没有买进了结），必须进行实物交割。根据不同期货合约商品的生产、消费和交易特点，期货交易所确定其不同的最后交易日。如铜的最后交易日为合约交割月份的 15 日（遇法定假日顺延）。

（9）交割日期。是指合约商品所有权进行转移，以实物交割方式了结未平仓合约的时间。未平仓合约在交割日期内必须进行实物交割，否则将受到交易所的处罚。如铜的交割日期为交割月的 16 ~ 20 日（遇法定假日顺延）。

（10）交割等级。是指由期货交易所统一规定的、准许在交易所上市交易的合约商品的质量等级。在进行期货交易时，交易双方无须对商品的质量等级进行协商，发生实物交割时按交易所期货合约规定的标准质量等级进行交割。期货交易所在制定合约商品的等级时，通常采用国内或国际贸易中最通用和交易量较大的标准品的质量等级为标准交割等级。例如铜的标准等级为符合 GB/T467—1997 标准的阴级铜，其中主成分铜加银含量不小于 99.95%。一般来说，为了保证期货交易顺利进行，许多期货交易所都允许在实物交割时，实际交割的商品的质量等级与期货合约规定的标准交割等级有所差别，即允许用与标准品有一定等级差别的商品作替代交割品。替代品的质量等级和品种一般也由期货交易所统一规定。交货人用期货交易所认可的替代品代替标准品进行实物交割时，收货人不能拒收。用替代品进行实物交割时，价格需要升贴水（即比标准品价格高或低）。替代品的实际价格，一般可按替代品等级是高于还是低于标准交割等级而进行升水或者贴水。替代品与标准品之间的等级差价，即升贴水标准，也由交易所统一规定，并可根据该合约商品的市场行情适时调整。仍以铜为例，在现货交割中，铜的替代品有两种，第一种为高级阴极铜，符合 GB/T467—1997 高级阴极铜规定；第二种为 LME 注册阴极铜，符合 BS EN1978：1998 标准。

（11）交割地点。是指由期货交易所统一规定的，进行实物交割的指定交割仓库。由于商品期货交易大多涉及大宗实物商品的交割，因此统一指定交割仓库，可以保证卖方交付的商品符合期货合约规定的数量与质量等级，保证买方收到符合期货合约规定的商品，防止商品在储存与运输过程中出现损坏现象。一般来说，期货交易所在指定交割仓库时主要考虑的因素是：指定交割仓库所在地区的生产或消费集中程度、储存条件、运输条件以及质检条件等。负责金融期货交割的指定银行，必须具有良好的金融资信、较强地进行大额资金结算的业务能力，以及先进、高效的结算手段和设备。

（12）交易保证金。为控制风险，期货交易所要求期货交易者在进行交易时必须缴纳保证金。期货合约的交易保证金标准一般是期货交易所根据不同的期货商品品种确定，其金额通常为期货合约总值的 2%～10%。一般来说，交易所主要根据期货商品的市场价格风险来制定保证金水平，市场价格风险越大，则交易所对其保证金水平的要求就越高。随着期货合约交割月份的临近或市场风险的增加，交易所还往往会提高某些期货合约的保证金。此外，交易所对于期货保值账户保证金标准的要求低于投机交易账户。保证金制度将在第 2.3.2 节详细阐述。

（13）交易手续费。交易手续费是期货交易所按成交合约金额的一定比例或按成交合约手数收取的费用。不同的期货交易所对交易手续费的收取标准都是不一样的。交易手续费的高低对市场流动性有一定影响，交易手续费过高，会增加期货市场的交易成本，扩大无套利区间，降低市场的交易量，不利于市场的活跃，但也可起到抑制过度投资的作用。铜的交易手续费≤成交金额的万分之二（含风险准备金）。

（14）交割方式。期货交易的交割方式分为实物交割和现金交割两种。在最后交易日结束后，仍持有未平仓合约的买方必须买进相应合约的商品，卖方必须卖出相应的商品，这种交割方式就称为实物交割；若不必买入或卖出相应合约的"商品"，则为现金交割，如利率期货中的国债期货，不必买卖对应的国债现货，按其现货价格折算成现金进行盈亏结算。一般而言，商品期货通常采用实物交割方式，金融期货大多采用现金交割方式。

（15）交易代码。为便于管理和交易，每一期货品种都设有交易代码。目前，我国主要期货品种的交易代码详见表 1 - 6。

截至 2014 年 10 月，我国内地共上市了 44 种期货交易产品，其期货合约的详细条款内容请参见附录 2。

2.3.2 期货市场基本制度

期货市场是进行期货交易的场所，是多种期交易关系的总和。它是按照"公开、公平、公正"原则，在现货市场基础上发展起来的高度组织化和高度规范化的市场形式。期货市场的正常运营，离不开其逐渐建立和完善起来的各项基本制度。

1. 保证金制度

保证金制度，就是指在期货交易中，任何交易者必须按照其所买卖期货合约价值的一定比例缴纳资金，作为其履行期货合约的财力保证，然后才能参与期货合约的买卖，所交的资金就是保证金，这个比例通常是 2% ~ 10%，合约规定的保证金是最低的保证金。

保证金的收取是分级进行的，可分为期货交易所向会员收取的保证金和期货经纪公司向客户收取的保证金，即分为会员保证金和客户保证金。在我国，保证金一般以货币资金缴纳，以上市流通国库券、标准仓单折抵期货保证金，应当符合有关规定。

（1）会员保证金。会员保证金分为结算准备金和交易保证金。结算准备金是指会员为了交易结算在交易所专用结算账户中预先准备的资金，是未被占用的保证金，结算准备金的最低余额由交易所决定；交易保证金是指会员在交易所专用结算账户中确保合约履行的资金，是已被合约占用的保证金。在实际交易中，交易保证金、最低保证金、初始保证金及保证金四者含义是一样的。当买卖双方成交后，交易所按持仓合约价值的一定比例向双方收取交易保证金。期货交易实行保证金制度，这是与其他交易方式所不同的特点。保证金制度既体现了期货交易特有的"杠杆效应"，同时也成为交易所控制期货交易风险的一种重要手段。当期货价格变化较大时，交易所就会提高交易保证金，如 2011 年 9 月，上海期货交易所的阴极铜期货价格连续几日暴跌，交易所把交易保证金从 5% 提高到了 12%。

一般意义上的保证金是最低保证金，不同的持仓数量，交易保证金不同。对上海期货交易所的铜而言，最低保证金为 5%，如持仓 ≥16 万手，保证金为 10%；14 万手 < 持仓 ≤16 万手，保证金比例为 8%；12 万手 ≤ 持仓量 ≤14 万手，保证金为 6.5%；持仓量 <12 万手时，保证金才为 5%。以上保证金指的是一般期货月份交易保证金，但到了交割月，会提高保证金。交割月份第一个交易日起保证金为 10%，第六个交易日为 15%，最后交易日前一交易日为 20%。不过，在交割月套期保值者的保证金为 5%。

对于一般投资和套利者，持仓量不大，而且持仓不会留到交割月份，所以最低保证金才是这类交易者要关注的。

（2）客户保证金。客户保证金的收取比例可由期货经纪公司规定，但不得低于交易所对经纪公司收取的保证金。经纪公司对客户保证金进行内部管理时也分为结算保证金和交易保证金，但对客户而言，结算保证金和交易保证金二者归为一体，只有保证金一项。经纪公司对客户的保证金应在交易所的交易保证金基础上加2%~3%。但一般情况下，特别是交易不太活跃时，经纪公司对客户收取的保证金与交易所规定的保证金水平一致。

例 2-1 某客户某日买入上海期货交易所 8 月份铜期货合约 10 张。当日买入价格 30 000 元/吨，保证金为 5%，计算交易保证金。

交易保证金：$10 \times 5 \times 30\ 000 \times 5\% = 75\ 000$（元）。

我国保证金制度与国际上通行的保证金制度不同，国际上各期货交易所保证金为初始保证金和维持保证金。初始保证金是初次合约成交时应交纳的保证金，相当于我国的交易保证金或保证金；维持保证金是在期货价格朝购买合约不利方向变化时，初始保证金一部分用于弥补亏损，剩下的保证金所达到的某一最低水平的保证金，即维持保证金。交易所通知经纪公司或经纪公司通知客户追加保证金，追加后的保证金水平应达到初始保证金标准。另外，我国的保证金是按合约面值的比例来收取，而国际上通常是每张合约收取一定的金额，例如，芝加哥期货交易所小麦的初始保证金为每张合约 540 美元，维持保证金为每张合约 400 美元，如果客户买进 1 张小麦期货合约，应交纳初始保证金 540 美元，当价格下跌时，客户发生亏损，假如亏损了 140 美元，此时，客户的保证金只剩下 400 美元，经纪公司就会通知客户追加保证金。400 美元是经纪公司能接受的最低保证金水平，即维持保证金。

国际上对净头寸收取保证金，而我国对双边头寸同时收取保证金。例如某人买进 9 月份铜的期货合约 100 张，同时在另一价位卖出 9 月份铜期货合约 50 张，国际上按 50 张（即 100-50）收取保证金，而我国按 150 张（即 100+50）收取保证金。对于投机头寸和套期保值头寸，美国的保证金收取比例不同，如芝加哥期货交易所的小麦，套期保值头寸每张初始保证金和维持保证金均是 400 美元。英国没有投机者与套期保值者之分，自然在保证金收取上一视同仁。对于套利者，国际上收取的保证金一般是投机头寸保证金的 1/4~1/2 倍，我国目前交易所对套利保证金的收取与投机保证金相同，期货经纪公司对套利保证金的收取比投机保证金稍低，各期货经纪公司对套利保证金的收取没有统一标准。

2. 每日无负债结算制度

结算是指根据交易结果和交易所有关规定对会员交易保证金、盈亏、手续费、交割货款及其他有关款项进行计算、划拨的业务活动。每日交易结束后，交易所都按当日结算价结算所有合约的盈亏、交易保证金及手续费等费用，对应收应付的款项实行净额一次划转，相应增加或减少会员的结算准备金，这种制度就称为每日无负债结算制度。

（1）结算的基本原则和制度。结算的基本原则是：结算机构分别成为任何一笔交易的买方与卖方的"交易对手"，买、卖双方成交后不再发生任何关系，皆由结算机构分别对交易者进行结算和接收与交发实物。每份持仓合约的履行，不由买卖双方直接去追究，双方都分别由交易所去追究，其中出现了风险，也就由交易所结算部处理和承担。

结算的基本制度是：逐日盯市，即每日结算无负债制度和保证金执行制度。逐日盯市是对每一份合约从其成交当天开始，按照当日的结算价对比原成交价，或者按前后两日的结算价，每日进行账面盈亏结算，当发生账面亏损较大而已交保证金不足以抵偿时，当天立即发出追加保证金通知，当事者应于下一交易日前交纳追加的保证金，以保证不负债，否则，交易所有权进行强制平仓。

（2）结算的基本公式。期货合约均以当日结算价作为计算当日盈亏的依据。而当日结算价是指某一期货合约当日成交价格按照成交量的加权平均价。当日无成交价格的，以上一交易日结算价作为当日结算价。具体公式如下：

$$
\begin{aligned}
当日盈亏 = &\sum （卖出成交价 - 当日结算价）\times 卖出量 + \\
&\sum （当日结算价 - 买入成交价）\times 买入量 + \\
&（上一交易日结算价 - 当日结算价）\times \\
&（上一交易日卖出持仓量 - 上一交易日买入持仓量）
\end{aligned}
$$

而结算准备金余额的具体计算公式如下：

$$
\begin{aligned}
当日结算准备金余额 = &上一交易日结算准备金余额 + 上一交易日交易保证金 - \\
&当日交易保证金 + 当日实际可用充抵金额 - \\
&上一交易日实际可用充抵金额 + 当日盈亏 + \\
&入金 - 出金 - 手续费等
\end{aligned}
$$

3. 平仓制度

平仓指在交割期之前，通过卖出（或买进）相同交割月份、相同数量、同种商品的期货合约来了结先前已买进（卖出）的相同的期货合约。

期货合约的平仓原则是：（1）对原持有的期货合约允许被平仓的时间是该合约交割月份的最后交易日以前任何一个交易日；（2）拟被平仓的原持仓合约与申报的平仓合约的品名和交割月份，应该相同；（3）两者的买卖方向应该相反，两者的数量不一定相等，亦即允许部分平仓；（4）平仓合约申报单应注明是平仓，有的交易所的电子交易系统要求输入拟被平仓合约的原成交单号码，有的则由交易系统自动在客户的持仓合约中查找相应的合约，予以平仓或部分平仓。

平仓原则看似复杂，但实际交易中的平仓很容易理解。例如：某投资者 2014 年 6 月买入上海期货交易所 12 月份的铜 10 手，在 2014 年 9 月份卖出 12 月份铜 10 手，且在卖出时注明是平仓，就实现了全部平仓；如果只卖出 12 月份铜 5 手，则是部分平仓。

申报交易单上注明平仓抑或开仓的必要性在于：首先若是平仓，则在成交中要找到拟被平仓合约，予以平仓，了结这份持仓合约，计算机交易系统应该将这份刚被平仓的持仓合约所占有的保证金退还，这样就增加了可用于交易的资金。而且刚成交的这份平仓合约也不用交纳保证金，但手续费仍要收取；其次，若是平仓，则可优先成交，因为，平仓的目的一般是想了结原有的某份持仓合约，或是由于防止其亏损，或是出于它获利的关键时机出现，一般应比新买/卖一份合约更紧迫，因此，有的计算机交易系统考虑了这种优先。

4. 持仓限额制度

持仓限额是指交易所规定会员或客户可以持有的，按单边计算的某一合约持仓的最大数额。持仓限额制度，是指期货交易所为了防范操纵市场价格的行为和防止期货市场风险过度集中于少数投资者，对会员及客户的持仓数量进行限制的制度。超过限额，交易所可按规定强行平仓或提高保证金比例。如果同一客户在不同会员处开仓交易，则要将该客户在各账户下的持仓合并计算。

交易所根据不同的期货合约、不同的交易阶段制定持仓限额制度，从而减少市场风险产生的可能性。交易所可以按照"一般月份""交割月前一个月份""交割月份"三个阶段依次对持仓数额进行限制。距离交割月越近，会员的持仓限制会越高，以防止合约到期日实物交割数量过大而引起大面积交割违约风险。

以上指的都是投资和套利头寸的限额，对于套期保值头寸，交易所实行审批制，其持仓不受限制。

譬如，中国金融期货交易所对会员和客户的股指期货合约持仓限额具体规定如下：（1）对客户某一合约单边持仓实行绝对数额限仓，持仓限额为 600 张；（2）对从事自营业务的交易会员某一合约单边持仓实行绝对数额限仓，每一客户号持仓限额为 600 张；（3）某一合约单边总持仓量超过 10 万张的，结算会员该合约单边持仓量不得超过该合约单边总持仓量的 25%。此外，获批套期保值额度的会员或者客户持仓，不受上述规定的限制。会员、客户持仓达到或者超过持仓限额的，不得同方向开仓交易。

5. 大户报告制度

大户报告制度是与持仓限额制度紧密相关的又一个防范大户操纵市场价格、控制市场风险的制度。大户报告制度，是指当会员或客户某品种持仓合约的投资和套利头寸达到交易所对其规定的头寸持仓限量80%以上（含本数）时，会员或客户应向交易所报告其资金情况、头寸情况等，客户须通过经纪会员报告。

通过实施大户报告制度，可以使交易所对持仓量较大的会员或客户进行重点监控，了解其持仓动向、意图，对于有效防范市场风险有积极作用。

大户报告制度可以让监管机构及时了解可能造成市场价格操纵的所有大户的头寸，同时帮助监管机构理解，当市场运行正常的时候，价格剧烈波动或者高度波动都可能创造价格操纵的表象。当市场监管可以准确实施的时候，公共政策就会改进，力求最大化地发现市场问题。当没有证据表明市场存在这种问题的时候，力求使监管对市场的阻碍作用最小化。此外，这一制度还可以向监管机构提供关于市场构成的有用信息，比如市场参与者中的商业与非商业交易者、特定种类的投资者持有的头寸等。

大户报告制度有以下规定：（1）达到交易所大户报告界限的会员和客户应主动在规定时间内向交易所提供相关资料，主要包括持仓情况、持仓保证金、可动用资金、持仓意向、资金来源、预报和申请的交割数量等。达到交易所大户标准的客户所提供的资料须由其经纪会员进行初审，转交期货交易所。经纪会员应保证客户所提供资料的真实性。（2）进行套期保值交易的会员或客户也应执行大户报告制度。（3）交易所可以根据市场风险状况改变要求报告的持仓水平。

6. 强行平仓制度

强行平仓制度，是指当会员或客户的保证金不足并且未在规定时间内补足，或者当会员或客户的持仓量超出规定的限额，或者当会员或客户违规时，交易所为了防止风险进一步扩大，实行强行平仓的制度。也就是说，是交易所对违规者的有关持仓实行平仓的一种强制措施。

当会员、客户出现下列情况之一时，交易所对其持仓实行强行平仓：（1）会员交易保证金不足并且未能在规定时限内补足；（2）持仓量超出其限仓规定标准；（3）因违规受到交易所强行平仓处罚；（4）根据交易所的紧急措施应予强行平仓；（5）其他需要强行平仓的情况。

7. 信息披露制度

信息披露制度是指期货交易所按有关规定定期公布期货交易有关信息的制度。它包括即时、每日、每周、每月的交易信息。

（1）即时交易信息。交易者在交易屏幕上看到的即时行情信息，它包括以下信息（见图2－10）：

① 商品的名称：商品的名称，用其代码表示，如铜为 Cu。

② 交割月份：交割月份用两位数表示，如2014年4月的铜期货合约，则表示为 Cu1404。

③ 开盘价：是指某一期货合约开市前5分钟经集合竞价产生的成交价。

④ 收盘价：是指某一期货合约当日交易的最后一笔成交价格。

⑤ 最高价：是指当天某一期货合约成交中的最高成交价格。

⑥ 最低价：是指当天某一期货合约成交中的最低成交价格。

⑦ 最新价：是指当天某一期货合约交易期间的最新成交价格。

⑧ 涨跌：是指当天某一期货合约交易期间的最新价与上交易日结算价之差。

⑨ 最高买价：是指当天某一期货合约买方申请买入的即时最高价格。

⑩ 最低卖价：是指当天某一期货合约卖方申请卖出的即时最低价格。

⑪ 申买量：是指当天某一期货合约当日交易所交易系统中未成交的最高价位申请买入的数量。

⑫ 申卖量：是指当天某一期货合约当日交易所交易系统中未成交的最低价位申请卖出的数量。

⑬ 结算价：是指某一期货合约当日成交价格按成交量的加权平均价。

⑭ 成交量：是指某一期货合约在当日交易期间所有成交合约的双边交易量。国际上成交量指的是单边数即买进的合约数量或卖出的合约数量。

⑮ 持仓量：是指期货交易者所持有未平仓合约的双边交易数量，国际上持仓量也是取单边数量。

图 2 - 10　某日 Cu1412 合约的即时交易信息

（2）每日期货交易信息。交易所在每个交易日结束后发布的有关当日期货交易信息。信息内容主要有：商品名称、交割月份、开盘价、最高价、最低价、收盘价、前一日结算价、当天结算价、涨跌、持仓量、持仓量变化、成交额；所有合约的成交量、持仓量及套期保值持仓量；交易活跃的合约分月份、多头和空头公布当日持仓量的前 20 名会员名单及对应持仓量，成交量。

值得注意的是，英、美在信息披露制度方面与我国有许多不同：美国 CBOT 和 CME 收市后并不公布会员成交量和持仓量；CBOT 的商品期货交易，就连交易期间，都不公布交易量和持仓量。英国的 LIFFE 和 IPE 除了公布成交价格和持仓量，基本上不公布其他交易信息；LME 受"住友事件"的影响，在主管当局的要求下，实施了市场透明度的大户信息披露制度，但是，披露的大户信息仅限于持仓在一定百分比以上的大户数量及其持仓总量，既不公布大户公司名称，也不公布持仓分布。

（3）每周期货交易。交易所在每周最后一个交易日结束后公布的期货交易信息。信息内容主要有：商品名称、交割月份、周开盘价、最高价、最低价、周收盘价、涨跌（周末收盘价与上周末结算价之差）、持仓量、持仓量变化（本周末持仓量与上周末持仓量之差）、周末结算价、成交量、成交额；各上市商品标准仓单（交割仓库在完成卖方商品的入库商品验收，确认合格后签发给卖方的商品所有权凭证）数量及与上次发布的增减量，已申请交割数量及本周进出库数量；最后交易日后的第一个周五发布交割配对结果和实物交割量。

（4）每月期货交易信息。交易所在每月最后一个交易日结束后发布的期货交易信息，信息内容主要有：商品名称、交割月份、月开盘价、最高价、最低价、月末收盘价、涨跌（月末收盘价与上月末结算价之差）、持仓量、持仓量变化（本月末持仓量与上月末持仓量之差）、月末结算价、成交量、成交额；各指定交割仓库经交易所核定的可用于期货交割的库容量和已占用库容量及标准仓单量。

即时期货交易信息是时刻变化的，而每日、每周、每月公布的信息是一次性的，但交易者可从持仓量、交易量、仓单变化中预测期货价格的走势，这些信息对交易者来说非常有价值。

2.4 期货交易的基本流程

本节主要介绍期货交易的基本流程，从交易前的准备，到实施交易以及最后的交割结算等全部流程。随着计算机与网络技术的发展，期货交易的网上交易越来越普及，因此，本节还将介绍期货交易的网上交易流程。

2.4.1　选择经纪公司

在期货交易所进行交易的只能是期货交易所的会员，即期货经纪公司会员和非期货经纪公司会员，而普通的投资者要进入期货市场进行交易，只能通过期货经纪公司会员，所以选择一个好的期货经纪公司是非常重要的。

根据我国现行的《期货经纪公司管理办法》规定，在我国开展的期货经纪业务是指接受客户委托，按照客户的指令，以自己的名义为客户进行期货交易并收取交易手续费，交易结果由客户承担的经营活动。除此之外，期货经纪公司还要具备其他相关的基本条件，包括注册资本、从业人员、办公设备、完善的管理制度以及必须提供给客户的基本交易服务等。

期货交易者在选择期货经纪公司时，应当着重注意以下几个方面：

首先，应选择一个能提供准确的市场信息和正确的投资方案的经纪公司。经纪公司提供相关商品的研究资料和交易建议对客户做出准确的交易决策非常重要。

其次，应选择一个能保证资金安全的经纪公司。最好的办法是获得有关资料证明该公司实力雄厚，商业信誉良好，而且在以前的经营中，没有严重的自营亏损，没有经济诉讼案件。

最后，应选择一个运作规范的经纪公司。经纪公司应严格按照有关的法律、法规、规则的要求，规范经营行为，不损害客户的利益，保证金和手续费的收取标准合理。

2.4.2　开户

投资者一旦选定了某一个合适的经纪公司，下一步就是在期货经纪公司开一个期货交易账户。所谓期货交易账户是指期货交易者开设的、用于交易履约保证的一个资金信用账户。投资者在期货公司开户的基本程序如下：

1. 签署风险揭示书

客户委托期货经纪公司从事期货交易的，必须事先在期货经纪公司办理开户登记。期货经纪公司在接受客户开户申请时，须向客户提供《期货交易风险说明书》。个人客户应在仔细阅读并理解之后，在该《期货交易风险说明书》上签字；单位客户应在仔细阅读并理解之后，由单位法定代表人或授权他人在该《期货交易风险说明书》上签字并加盖单位公章。

《期货交易风险说明书》的格式和内容是由中国证监会统一制定的。期货经纪公司不得为未签订书面期货经纪合同的客户开立账户。期货经纪公司与客户签订期货经纪合同前，应当向客户说明合同条款的含义。在客户明确理解期货经纪合同约定的双方权利义务后，由客户签字确认。

2. 签署合同

期货经纪公司在接受客户开户申请时，双方须签署《期货经纪合同》。个人客户应在该合同上签字，单位客户应由法人代表或授权他人在该合同上签字并加盖公章。

客户必须以真实身份开立账户。个人开户应提供本人身份证，留存印鉴或签名样卡。单位开户应提供《企业法人营业执照》影印件，并提供法定代表人及本单位期货交易业务执行人的姓名、联系电话、单位及其法定代表人或单位负责人印鉴等内容的书面材料及法定代表人授权期货交易业务执行人的书面授权书。期货经纪公司应当核查客户身份的真实性。

期货经纪公司为客户进行期货交易，应当按照期货交易所规定的编码规则为客户分配交易编码，并向期货交易所备案。交易所实行客户交易编码登记备案制度，客户开户时应由经纪会员按交易所统一的编码规则进行编号，"一户一码"，专码专用，不得"混码"交易。期货经纪公司注销客户的交易编码，应当向交易所备案。

3. 缴纳保证金

客户在与期货经纪公司签署期货经纪合同之后，应按规定缴纳开户保证金。期货经纪公司应当在期货交易所指定结算银行开立客户保证金账户，用以存放客户保证金。期货经纪公司应将客户所缴纳的保证金存入期货经纪合同中指定的客户账户中，供客户进行期货交易之用。客户保证金账户应当报中国证监会派出机构备案并依法接受检查。

期货经纪公司可以规定收取客户的交易保证金比例，但该比例应当至少高于期货交易所对期货经纪公司收取的交易保证金比例3个百分点。期货经纪公司可以根据交易的风险状况合理调整交易保证金比例，并应当按照期货经纪合同约定的方式通知客户。

在签订《期货经纪合同书》时，投资者与期货经纪公司可以在期货经纪合同中约定交易风险控制条件。一般来讲，当客户保证金不足使交易风险达到约定的条件时，期货经纪公司应当按照期货经纪合同约定的方式通知客户追加保证金；客户不能按时追加保证金的，期货经纪公司有权对客户的部分或全部持仓强行平仓，直至保证金余额能够满足约定的交易风险控制条件。

2.4.3 下单

客户在按规定足额缴纳开户保证金后，即可开始交易，进行委托下单。所谓下单，是指客户在计算机上输入期货交易的品种、交易方向、数量、月份、价格、开仓或者平仓。客户名称、客户编码和账户由计算机自动生成，期货的下单现在与股票交易一样，都是计算机程序化了，在未计算机程序化下单之前，期货经纪公司和客户还要签名确认。

1. 国内交易指令

国际上期货交易的指令有很多种，能够满足投资者多种交易目的的要求。2008年 4 月 18 日以前，我国期货交易所规定的交易指令只有两种：限价指令和取消指令，而现在，大连商品期货交易所引进了套利指令。在期货交易中，交易指令只在当日有效，但是，在指令成交前，客户可撤单。

（1）限价指令。限价指令是指执行时必须按限定价格或更好的价格成交的指令。下达限价指令时，客户必须指明具体的价位。它的特点是对交易价格要求明确，但能否执行取决于指令有效期内价格的变动。如没有触及限价水平，该指令就没有机会执行。

如"卖出限价为 4 200 元/吨的 2014 年 5 月大豆合约 5 手"，当市场的交易价格高于 4 200 元/吨的时候，指令成交。而且买入的价格一定是等于或高于4 200 元/吨。

（2）取消指令。取消指令是指客户要求将某一指定指令取消的指令。通过执行该指令，将客户以前下达的指令完全取消，即实际交易中的撤单。

值得注意的是，期货经纪公司对其代理客户的指令，必须通过交易所集中撮合交易，不得私下对冲，不得向客户做获利保证或者与客户分享收益。而国外经纪公司允许客户之间交易指令对冲。

（3）套利指令。套利指令是指同时买入和卖出两种期货合约月份的指令：一个指令执行后，另一个指令也立即执行。它包括跨商品套利指令、跨期套利指令和跨市场套利指令等。目前，我国大连商品期货交易所只推出了跨期套利指令和跨品种套利指令。

跨期套利交易是指买入/卖出近月合约，同时卖出/买入同品种相等数量的远月合约，其在交易所的交易代码为 SP。举例而言，投资者申报 SP c1407&c1409 买委托，表示买入玉米 c1407 合约，同时卖出相等数量的玉米 c1409 合约；若投资者申报 SP c1407&c1409 卖委托，表示卖出玉米 c1407 合约，同时买入相等数量的玉米c1409 合约。

跨品种套利交易是指买入/卖出某品种指定合约，同时卖出/买入另一品种相等数量的指定合约，其在交易所的交易代码为 SPC。举例而言，投资者申报 SPC a1409&m1409 买委托，表示买入黄大豆 1 号 a1409 合约，同时卖出相等数量的豆粕 m1409 合约；若投资者申报 SPC a1409&m1409 卖委托，表示卖出黄大豆 1 号 a1409合约，同时买入相等数量的豆粕 m1409 合约。

2. 国际期货市场上的其他交易指令

在国际期货市场上，期货交易的指令还有很多，各种类型的指令作用也不同。现简介如下：

（1）市价指令。市价指令是期货交易中常用的指令之一，它是指按当时市场价格即刻成交的指令。客户在下达这种指令时不须指明具体的价位，而是要求期货经纪公司出市代表以当时市场上可执行的最好价格达成交易。这种指令的特点是成交速度快。

（2）止损指令。是指当市场价格达到客户预计的价格水平时即变为市价指令予以执行的一种指令。客户利用止损指令，既可以有效地锁定利润，又可以将可能的损失降至最低限度。这种指令国外投资者经常采用，国内投资者一直呼吁止损指令的出台。

（3）限时指令。是指要求在某一时间段内执行的指令。如果在该时间段内指令未被执行，则自动取消。

（4）阶梯价格指令。是指按指定的价格间隔，逐步购买或出售指定数量期货合约的指令。买入时采取阶梯式递减价位的方式，而卖出时采取阶梯式递增价位的方式。此种指令可以起到平均买价或卖价的作用，适合稳健型投资者采用。

（5）双向指令。是指客户向经纪人下达两个指令，一个指令执行后，另一个指令则自动取消。

3. 下单方式与内容

客户在正式交易前，应制定详细周密的交易计划。在此之后，客户即可按计划下单交易。客户可以通过书面下单、电话下单、自助下单、网上下单等中国证监会规定的其他方式向期货经纪公司下达交易指令。随着信息化技术的发展，书面下单和电话下单的下单方式在证券期货交易行业几乎绝迹，本书不再对其进行介绍。

（1）自助下单。自助下单是指交易者在期货公司的交易大厅设备上自己完成下单交易的一种方式。客户开户后，期货经纪公司会给客户交易的代号和密码，客户据此在交易厅中的计算机上输入交易的指令，包括买卖的品种、数量、合约月份、买卖方向、买卖价格等信息。输入交易信息后，可立即查询是否成交等信息。

（2）网上下单。随着计算机技术的发展，网上交易得到了广泛应用并逐渐成为发展趋势，网上下单使交易更加方便和快捷，从而大大提高了交易效率。客户通过互联网，使用经纪公司配置的网上下单系统进行网上下单。进入下单系统后，客户需输入自己的客户代号与密码，经确认后即可输入下单指令。下单指令的内容与书面下单交易指令上的内容一致。下单指令通过互联网传到经纪公司后，通过专线传到交易所主机进行撮合成交，客户可以在经纪公司的下单系统获得成交回报，与股票交易是类似的。

自助下单与网上下单是一样的，只不过前者是在期货公司的计算机上，而后者是在投资者家里或办公室，甚至出差途中。图 2 – 11 为某期货有限公司网上交易系统的下单界面。

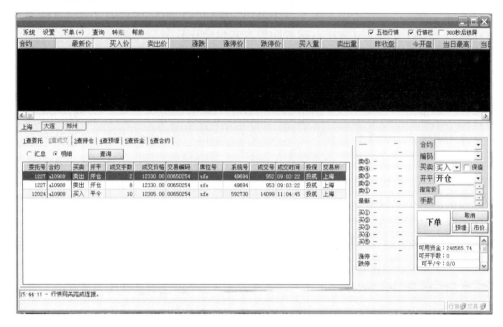

图 2 – 11　期货交易网上下单界面

2.4.4　竞　价

下单后，所有的交易指令进入交易所的交易系统进行竞价交易，这点与股票交易也是类同，但是竞价方式稍有不同，目前世界上有以下三种竞价方式：公开喊价制、一价制和计算机撮合成交。

1. 公开喊价制

公开喊价制是指在交易池内由交易员面对面的公开喊价，表达各自买进或卖出合约的要求。按照规则，交易者在报价时既要发出声音，又要做出手势，以保证报价的准确性。由于价格变化一般是连续、递进的，因此报价商在喊价时通常只叫出价格的一部分即可。价格和数量的喊声还要在报价人和要价人之间进行反馈，以减少误听引起的差错。这种公开喊价对活跃场内气氛，维护公开、公平、公正的竞价原则十分有利。这种方式属于传统的竞价方式，过去在欧美期货市场较为流行，不过现在大部分被电脑竞价取代。但是在伦敦商品交易所、美国纽约商品交易所还是进行公开喊价方式。在石油价格大幅波动时，石油期货交易所的交易也是公开喊价的方式。

2. 一价制

一价制是指把每个交易日分为若干节，每节只有一个价格的制度。每节交易由主持人最先叫价，所有场内经纪人根据其叫价申报买卖数量，直至在某一价格上买卖双方的交易数量相等时为止。这种叫价方式以前在日本较为普遍。

3. 计算机撮合成交方式

计算机撮合成交是根据公开喊价的原理设计而成的一种计算机自动化撮合成交方式，是指期货交易所的计算机交易系统对交易双方有效的卖出申报按申报价由低到高的顺序排列，有效的买入申报按申报价由高到低的顺序排列，申报价相同的，按照进入系统的时间先后排列。交易系统依此逐步将排在前面的买入申报价和卖出申报价的算术平均价作为集合竞价产生的价格，该价格按期货合约的最小变动价位取整。此时集合竞价产生的价格为一天的开盘价，开盘价产生后，计算机自动撮合系统仍根据买卖申报指令按价格优先、时间优先的原则排序，当买入价大于或等于卖出价则自动撮合成交。成交价等于买入价（bp）、卖出价（sp）和前一成交价（cp）三者中居中的一个价格。即：当 bp ≥ sp ≥ cp，成交价 = sp；bp ≥ cp ≥ sp：则成交价 = cp；cp ≥ bp ≥ sp，则成交价 = bp。我国期货交易所及国际上大多数期货交易所采用计算机撮合成交方式。

2.4.5 结算

如前面所述，由于期货投资者只能通过期货经纪公司作为会员来参与期货交易所的期货交易，因此期货交易的结算分为两步：期货交易所对经纪公司（会员）的结算、经纪公司对客户的结算。

1. 交易所对经纪公司的结算

每一交易日交易结束后，交易所对每一个会员的盈亏、交易手续费、交易保证金等款项进行结算。其结算结果是会员核对当日有关交易并给客户结算的依据。会员可通过会员服务系统于每交易日规定时间内获得《会员当日平仓盈亏表》《会员当日成交合约表》《会员当日持仓表》和《会员资金结算表》。

作为会员的期货经纪公司每天应及时获取交易所提供的结算结果，做好核对工作，并将之妥善保存。

经纪公司如对结算结果有异议，应在第二天开市前 30 分钟以书面形式通知交易所。遇特殊情况，会员可在第二天开市后 2 小时内以书面形式通知交易所。如在规定时间内会员没有对结算数据提出异议，则视作会员已认可结算数据的准确性。

交易所在交易结算完成后，将会员资金的划转数据传递给有关结算银行。会员资金按当日盈亏进行划转，当日盈利划入会员结算准备金，当日亏损从会员结算准备金中扣除。当日结算时的交易保证金超过昨日结算时的交易保证金部分从会员结算准备金中扣除。当日结算时的交易保证金低于昨日结算时的交易保证金全部划入会员结算准备金。手续费、税金等各项费用从会员的结算准备金中直接扣除。

每日结算后，当会员的结算保证金低于交易所规定的最低结算保证金时，交易所要按规定方式通知会员追加保证金。会员不能按时追加保证金时，交易所应对会员部分或全部持仓强行平仓，直至保证金余额能够维持其剩余头寸。

2. 期货经纪公司对客户的结算

期货经纪公司对客户的结算与交易所的结算方法一样，即每一交易日交易结束后，对每一客户的盈亏、交易手续费、交易保证金等款项进行结算。经纪会员向客户收取的交易保证金不得低于交易所向会员收取的交易保证金。

期货经纪公司在每日结算后向客户发出交易结算单。交易结算单一般载明下列事项：账号及户名、成交日期、成交品种、合约月份、成交数量及价格、买入或者卖出、开仓或平仓、当日结算价、保证金占用额和保证金余额、交易手续费及其他费用、税款等需要载明的事项。图 2－12 为某期货经纪公司的盯市交易结算单：

交易结算单(盯市)

客户号:000000　　客户名称:xxx　　指令下达人:xxx

日　期:20140709

资金状况　币种：人民币

上日结存:	10471.04	当日结存:	20691.09	可用资金:	8998.09
出入金:	10000.00	客户权益:	20691.09	风 险 度:	56.51%
手续费:	69.95	保证金占用:	11693.00	追加保证金:	0.00
平仓盈亏:	-90.00	质押金:	0.00	交割保证金:	0.00
持仓盯市盈亏:	380.00	在途资金:	0.00	交割手续费:	0.00
可提资金:	8998.09	基础保证金:	0.00	交易所保证金:	8504.00
总盈亏:	290.00				

出入金明细

发生日期	资金类型	出入金类型	银行代码	方向	金额	摘要
20140709	转账	银期转账	农业银行	入金	10000.00	银期转账入金 20140709000004
共1条					10000.00	

成交记录

成交日期	交易所	品种	交割期	买卖	成交价	手数	开平	成交额	手续费	投保	平仓盈亏
20140709	大连	鲜鸡蛋	1409	卖	5338.00	1	开	53380.00	10.68	投	0.00
20140709	大连	鲜鸡蛋	1409	买	5329.00	1	平今	53290.00	10.66	投	-280.00
20140709	大连	鲜鸡蛋	1409	卖	5334.00	1	开	53340.00	10.67	投	0.00
20140709	大连	鲜鸡蛋	1409	买	5322.00	1	平今	53220.00	10.64	投	-210.00
20140709	大连	鲜鸡蛋	1409	卖	5004.00	1	开	53340.00	10.67	投	0.00
20140709	大连	鲜鸡蛋	1409	买	5316.00	1	平今	53160.00	10.63	投	220.00
20140709	大连	棕榈油	1501	买	5780.00	1	开	57800.00	3.00	投	0.00
20140709	大连	棕榈油	1501	卖	5798.00	1	平今	57980.00	3.00	投	180.00
共8条						8		435510.00	69.95		-90.00

平仓明细

成交日期	交易所	品种	交割期	序号	买卖	成交价	开仓日期	开仓价	手数	昨结算	平仓盈亏
20140709	大连	鲜鸡蛋	1409	0	买	5329.00	20140620	5217.00	1	5301.00	-280.00
20140709	大连	鲜鸡蛋	1409	0	买	5322.00	20140620	5212.00	1	5301.00	-210.00
20140709	大连	鲜鸡蛋	1409	0	买	5316.00	20140709	5338.00	1	5301.00	220.00

图 2－12　某期货公司的盯市交易结算单

2.4.6 成交回报与结算确认

当期货经纪公司的交易系统收到客户的交易指令后，会以最快的速度将指令输入交易所计算机终端，当屏幕显示指令成交后，成交的结果会马上反馈回期货经纪公司的交易部；期货经纪公司交易部则会将反馈回来的成交结果显示给客户。成交回报记录单主要包括以下项目：成交价格、成交手数、成交回报时间等。无论是书面下单交易还是网上下单交易，成交回报与结算单的确认都是按照以上流程进行。

在信息化交易之前，即便效率提到很高，上述过程都将耗费大量时间，如今，客户登陆交易系统就可以确认交易结算单，采用的电子账单的方式，无须客户签字。客户既未对交易结算表记载事项确认，也未提出异议的，视为对交易结算表的确认。对于客户有异议的，期货经纪公司应当根据原始指令记录和交易记录予以核实。

中国期货保证金监管中心的账单资料可保留20~30天，如果事后有任何法律纠纷，要争取在以上时间段内取得相关的成交记录。

2.4.7 网上交易的一般程序

网上交易程序与在经纪公司内书面下单交易程序相同，但具体操作是通过经纪公司网站进行的，包括开户、入金、交易准备、交易、结算、出金等程序，下面以中国国际期货公司深圳分公司为例，介绍网上期货交易的每一步程序。

1. 开户

在进入深圳中期网站（http：//shenzhen. cifco. net/）后，点击"预约开户"栏目，正确填写"预约开户联系单"之后，准备签署正式合同。

签署合同时，首先由经纪公司邮寄两份空白的《开户合同》给客户，无异议后在《开户合同》上签字，并连同开户人、指令下达人及资金调拨人的身份证复印件一同寄回经纪公司。经纪公司核实无误后，盖章并把其中的一份《开户合同》寄回给客户，同时向交易所申请客户编码。

这其中，对于自然人账户，自然人需提交2份影像资料，即客户头部正面照与客户身份证原件正面扫描件以及1份客户身份证复印件。

对于法人账户，法人需提交4份影像资料，包括开户代理人头部正面照、开户代理人身份证原件正面扫描件、营业执照（副本）扫描件、组织机构代码证原件扫描件。并提交6份复印文件及相关证明，包括营业执照复印件、组织机构代码证复印件、税务登记证复印件、银行开户证明复印件、法定代表人证明书、相关人员身份证复印件，包括法定代表人、开户代理人、指令下达人、资金调拨人与结算单确认人。

但需要注意的是，客户在期货经纪公司开户一般都要求现场开户，即必须当场采集客户的电子图像，复印客户身份证等，以减少经纪公司所面临的客户信用风险。

2. 入金

客户办理入金可以通过以下三种方式：（1）通过银期转账；根据客户的需要，中国国际期货经纪有限公司现已开通了交通银行、中国建设银行和中国工商银行三家银行的银期转账业务。（2）直接转入资金到期货经纪公司指定的账户。（3）客户指定期货结算账户转入中国国际期货经纪有限公司。

客户办理保证金存入时一定要注明客户名称和账号，并将底单传真至经纪公司的财务部，以便尽快入账。

3. 交易准备

客户在开户部签署开户合同以及入金后，公司将给客户提供三个密码：交易初始密码、资金初始密码、期货保证金监控系统密码。同时，公司客服人员还会进行基本回访，为客户提供行情系统、交易系统讲解以及演示，并发给客户服务手册、服务卡、月度分析报告等资料。

客户在交易前，可以直接登录"软件下载"专区，下载所需行情及交易软件。

4. 交易

客户可以在网上直接下单，当网上交易客户在网络系统出现问题时，可通过公司应急下单电话下单。客户在使用应急下单电话下单时，需要报出交易品种所对应的交易所编码。

5. 结算

目前，期货公司采用的是逐笔对冲的方式，网上交易客户可通过"账单查询"栏目查询交易结算单。此结算单旨在向客户提供交易的具体信息，如有质疑应及时告知期货公司，若24小时内无回复，视作认可。而且，期货公司会按照中国证监会的有关规定送达客户在中国保证金监控中心的用户名和密码，客户可登录 www. cfmmc. com 的查询系统，检查期货公司发出的结算单信息是否与其一致。

6. 出金

客户办理出金，主要有三种选择方式：（1）客户直接到公司客户服务部办理，填写出金单，公司财务部采取现金、电汇、汇票或支票的方式为客户办理出金；（2）通过银期转账的方式；（3）通过传真办理。

为了便于直观地了解网上交易程序，总结交易流程如图 2 - 13 所示。

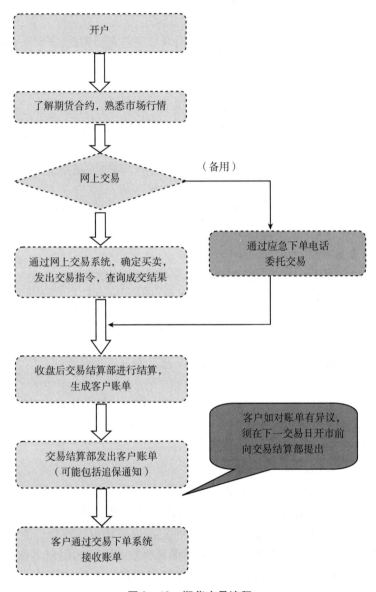

图 2 – 13　期货交易流程

复习思考题

1. 试分析归纳期货交易的作用和功能。

2. 通过有关我国期货市场管理结构的学习，试阐述你对我国期货市场监管体系的看法。

3. 期货合约的主要内容是什么？

4. 期货交易的基本流程是什么？从期货经纪公司的角度，谈谈你对期货交易过程中存在的风险点及其控制管理。

5. 试比较国内外期货市场的基本制度。

6. 现由交割部门配对下列两份到期合约交割：

1408 铜，买进，成交价 20 000 元/吨，10 吨；

1408 铜，卖出，成交价 19 600 元/吨，10 吨；

交割时结算价为 19 400 元/吨，试作出交割的结算。

第 3 章

期货交易业务

本章主要介绍期货交易的三种业务——套期保值、套利和投机。首先阐述期货交易的套期保值业务，包括套期保值的基本概念，传统的套期保值（包括平仓式、实物交割式和期转现交易）、与传统套期保值紧密相关的基差交易理论和动态套期保值；其次介绍与套利业务相关的基础知识，并详细阐述跨期套利、跨市套利和跨商品套利三种交易策略；接下来介绍期货投机业务的特点和经济学功能；最后阐述近年来期货交易的新趋势。

3.1 套期保值业务

在期货市场存在的短短一百多年里，套期保值理论研究不断深入和发展，套期保值交易也越来越灵活。凯恩斯（Keynes，1923）和希克斯（Hicks，1946）的正常交割延期理论中提到的套期保值我们称之为传统的套期保值。后来沃金（Working，1953）等人进一步研究了套期保值与基差的关系，认为套期保值实质上是对基差的一种投机行为，于是产生了基差交易。20 世纪 70 年代以后，随着金融期货的产生与飞速发展，对金融期货的套期保值研究不断加深。在马柯维茨（Markowitz）的组合投资理论基础上提出组合投资套期保值的概念，出现动态套期保值交易。本节首先介绍套期保值的基本概念，然后按照上述发展顺序依次阐述传统套期保值理论、基差交易和动态套期保值理论。

3.1.1 套期保值交易概述

1. 套期保值的概念

套期保值是指以规避现货价格风险为目的的期货交易行为。套期保值业务是交易者通过期货市场规避风险的主要方式。它是指在期货市场上买进或卖出与现货数量相等但交易方向相反的期货合约，以期在未来某一段时间通过卖出或买进期货合约而补偿现货市场价格不利变动所带来的实际损失。

期货市场的基本经济功能之一，就是为现货企业提供价格风险管理的市场机制，而要达到这种目的的最常用手段就是套期保值交易。套期保值是期货市场发展最初的原动力和原因所在。

一种商品在生产、加工、存储和消费的过程中，价格不断波动，而且价格变动趋势难以预测。因此，在商品在流通过程中的每一个阶段都会出现价格风险。套期保值的主要目的就是要把生产经营者的价格风险转移给期货投机者。通常情况下，商品交易所是套期保值的最好场所，许多银行也支持做这样交易的客户，如给予贷款优惠等。

2. 套期保值的经济原理

套期保值的实现是利用两个市场——现货市场和期货市场的价格相关关系以及期货合约在期货市场上可以随时进行"对冲"的特点，通过在期货市场上持有一个与将来在现货市场上准备交易的商品相同或相关商品同等数量的期货合约，来避免未来现货市场的价格波动可能给入市者带来的损失。套期保值之所以能有助于规避价格风险，达到套期保值的目的，是因为期货市场上存在两个基本经济原理：

（1）期货价格与现货价格走势一致（价格平行性）。价格平行性是指期货价格与现货价格的变动方向相同，变动幅度也大致相同，如图 3 – 1 所示。这是因为同一品种的商品，其期货价格与现货价格受相同经济因素的影响和制约，因而其价格变动趋势和方向有一致性，虽然其波动幅度会有不同。后面的基差交易部分中将对此作详细说明。

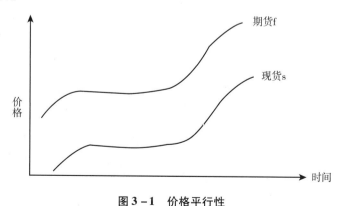

图 3 – 1　价格平行性

（2）期货价格与现货价格到期聚合（价格收敛性）。价格收敛性是指随着期货合约交割月份的逼近，期货价格收敛于现货价格。当到达交割期限时，期货价格等于或非常接近于现货价格。图3-2表示在交割月份之前，期货价格高于现货价格；图3-3表示在交割月份之前，期货价格低于现货价格。但在两种不同的情况下，到达交割期限时，期货价格都收敛于现货价格。

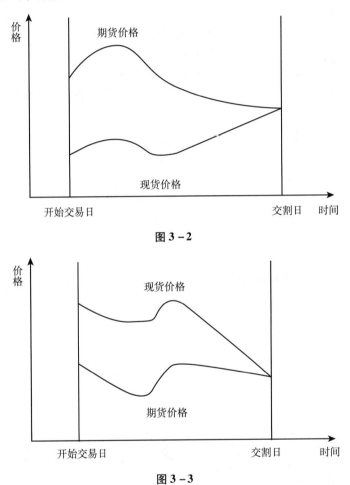

图3-2

图3-3

期货价格收敛于现货价格是由套利行为决定的。假定交割期间期货价格高于现货价格，套利者就可以通过买入现货、卖出期货合约并进行交割来获利，从而促使现货价格上升，期货价格下跌；反之，如果在此期间现货价格高于期货价格，那么打算买入现货的人就会发现，买入期货合约等待空头交割比直接买入现货更合算，从而促使期货价格上升。这样导致期货价格与现货价格在交割时趋于一致。

由以上套期保值的经济学原理可以得出如下结论：一个期货品种成功与否，套期保值能否达到既定目标，取决于该品种期货价格与现货价格的联动关系、期货现货两个市场的状况，以及有关交易规则是否有利于套利行为的发生。

3. 套期保值的交易原则

一项成功的套期保值交易，应该遵循如下四项基本的交易原则：

（1）交易方向相反原则。这是指在做套期保值交易时，保值者应进行反向操作，即同时在现货和期货两个市场上采取相反的买卖行动。在现货市场上购买一定数量的货物，则在期货市场上就应该卖出同样数量的合约；在现货市场上卖出一定数量的货物，则在期货市场上就应该买入同样数量的合约。这样就能够利用两个市场价格变化的相同趋势，实现以一个市场上的盈利来弥补在另一个市场上的损失的目的。

（2）商品种类相同或相近原则。这是指在做套期保值交易时，保值者所选择的期货合约代表的标的资产必须与其将要保值的资产在品种、质量、规格等方面相同或相近。如果期货市场上的合约所提供的商品品种没有将要保值的商品，那么应该选择相似商品进行替代。这是因为相近商品的价格有较高的相关性，价格变化方向和幅度较为相似，有利于交易者实现对现货市场上商品的套期保值的目的。

（3）时间相同或相近原则。这是指在做套期保值交易时，保值者所选择的期货合约的交割月份最好与将要买入或卖出的现货商品的时间相同或相近。遵循这一原则的原因是由于期货市场和现货市场之间存在价格的趋同性，在套期保值结束的时候，期货市场的价格与现货市场的价格相近，这样才能实现最佳的套期保值效果。

（4）数量相同或相近原则。这是指在做套期保值交易时，保值者所选择的期货合约代表的标的资产数量应该与需保值资产数量相等或相近。选择相同的交易数量，目的是使期货市场上的盈亏与现货市场上的亏盈数量大致相同而相互抵消。另外，标准化合约的交易单位的标准化决定了期货市场上的交易数量必须是交易单位的整倍数。在这种情况下，交易者所选的期货合约代表的标的资产数量可能不能完全等同于需保值资产的数量，这时应该尽量选择与需保值资产数量相近的期货合约数量。

从理论上讲，套期保值交易应该遵循以上四项原则。但是在实际操作中，不应该机械地照搬以上原则而缺乏灵活性。尤其是在后来发展的动态套期保值理论中，套期保值的持仓数量有很大的灵活性和可变幅度，并产生了套保比率的概念，后面的动态套期保值部分将对此做详细阐述。

4. 套期保值的保值效果

套期保值的效果必须从期货和现货两个市场的盈亏来综合分析。套期保值过程是通过期货和现货两个市场共同完成的，评价套保成功与否不能简单地看一个市场的盈亏，应当把期货和现货两市场结合起来分析。如果企业进行的期货交易行为是严格意义上的套期保值交易，并且遵循套期保值的基本原则的话，那么企业在期货市场上的盈利一定对应着现货市场上的亏损，在期货市场上的亏损一定对应着现货市场上的盈利，由此也就可以很容易的正确核算出套期保值的效果。

企业只有进行科学的套期保值会计核算和正确的套期保值效果评估，以良好的心态来开展套期保值业务，才能真正达到企业开展套期保值的目的。

3.1.2 传统的套期保值交易

1. 平仓式套期保值

平仓式套期保值就是通过买卖期货合约来避免现货市场上实物商品交易的风险。它的基本做法是在期货市场上买进或卖出与现货市场相应或相关商品的相同数量的期货合约，以期在未来某一时间在现货市场上买进或卖出商品时，能够通过期货市场上持有的合约来冲抵因现货市场上价格变动所带来的风险。

按操作程序和头寸方向的不同，平仓式套期保值可以分为买入套期保值和卖出套期保值。

（1）买入套期保值。买入套期保值是指交易者先在期货市场买入期货合约，以便将来在现货市场买进现货时，不致因价格上涨而给自己造成经济损失的一种套期保值方式。这种用期货市场的盈利对冲现货市场的亏损的做法，可以将远期价格固定在预计的水平上。由于交易者首先在期货市场上以买入的方式建立多头的交易部位，故又称为多头套期保值。

例3-1 某铜材加工厂在1月份签订了6月交货的加工合同，加工期为一个月，需买进原料5 000吨，合同签订时原料市场价格为65 000元/吨，工厂不愿过早购进原材料而支付库存费用，决定5月份再买进原材料。但是工厂担心届时原料价格会上升，于是在期货市场上做了多头套期保值，其交易的价格资料及情况分析如表3-1所示：

表3-1　　　　　　　　　　　买入套期保值交易

时间	现货市场	期货市场
1月	65 000元/吨（目标成本）	买进6月铜期货合约1 000手（5吨/手）65 200元/吨
5月	买进铜5 000吨 65 300元/吨	卖出6月铜期货合约1 000手65 500元/吨
盈亏	65 000 - 65 300 = -300（元/吨）	65 500 - 65 200 = 300（元/吨）

由表 3 - 1 的分析可知，该厂以期货市场盈利 300 元/吨抵补了现货市场成本的上涨，则实际的购原料成本为 65 300 - 300 = 65 000（元/吨），回避了原材料现货价格上涨的风险。

套期保值者进行买入套期保值交易，具有以下几方面的好处：

① 买入套期保值能够规避原材料价格上涨所带来的风险。

② 提高了企业资金的使用效率。由于期货交易是一种保证金交易，因此只用少量的资金就可以控制大批货物，加快了资金的周转速度。如在本例中，根据交易所规定的 5% 的交易保证金，该铜厂只需用 16 300 000 元（ = 65 200 × 5 000 × 5%)，最多再加上 5% 的资金作为期货交易抗风险的资金，其余 90% 的资金在 4 个月内可加速周转，减少了资金占用成本。

③ 对需要库存的商品来说，节省了一些仓储费用、保险费用和损耗费用。

④ 能够促使现货合同的早日签订。如在本例中面对铜价格上涨的趋势，供方势必不会同意按照 1 月初的现货价格签订 5 月份的供货合同，而是希望能够按照 5 月份的现货价格签约。如果买方一味坚持原先的意见，势必会造成谈判破裂。但如果买方做了买入套期保值，就会很顺利地同意按照供货方的意见成交，因为如果价格真的上去了，买方可以用期货市场的盈利弥补购买现货多支付的成本。

然而，必须指出的是，一旦采取了套期保值策略，则失去了由于价格变动而可能获利的机会，即在价格下跌时，如果不做买入套期保值，反而能够获取更大的利润。比如在上例中，如果铜价格下跌，该铜厂做买入套期保值反而出现亏损，可见，如果价格的变化方向与预期的相反，就会失去不进入期货市场本可以获得的额外收益，这是规避风险的成本。此外，交易者进行买入套期保值交易还必须支付一定的交易成本，包括佣金、保证金利息等。

买入套期保值适用于以下几种情况：

① 加工制造企业为了防止日后购进原料时价格上涨的情况。如铝型材厂担心日后购进原料时价格上涨，用铜企业担心日后电解铜的价格上涨，饲料厂担心玉米、豆粕的价格上涨等。

② 供货方已经跟需求方签订好现货合同，将来交货，但供货方此时尚未购进货源，担心日后购进货源时价格上涨。

③ 需求方认为目前期货市场的价格很合适，但出于资金不足、仓库已满等种种原因，不能立即买进现货，担心日后购进现货时，价格上涨。此时，稳妥的办法就是进行买入套期保值。

（2）卖出套期保值。卖出套期保值是指交易者先在期货市场卖出期货合约，当现货价格下跌时，卖出现货买入合约完成对冲，以期货市场的盈利来弥补现货市场的亏损，从而达到保值目的的一种套期保值方式。由于交易者首先在期货市场上以卖出的方式建立空头的交易部位，故又称为空头套期保值。

例3－2　某粮油进出口部门在某年7月已进口美国大豆20 000吨，价格为3 500元/吨，计划10月份将大豆售出，届时只要售价达到3 000元/吨即可盈利。但受市场形势冲击的影响，该部门预测大豆价格有可能下降，于是在大连商品交易所做了空头保值，卖出了2008年11月大豆期货合约2 000手。到了10月时，大豆现货价格果然下降为3 300元/吨。本次交易的价格情况及操作过程如表3－2所示：

表3－2　　　　　　　　　　　　　　　卖出套期保值交易

时间	现货市场	期货市场
7月	进口大豆3 500元/吨	卖出2008年11月大豆期货合约2 000手（10吨/手，2 700元/吨）
10月	出售大豆3 300元/吨	买进2008年11月大豆期货合约2 000手（2 500元/吨）
盈亏	3 300 － 3 500 ＝ －200（元/吨）	3 700 － 3 500 ＝ 200（元/吨）

由表3－2的分析可知，该粮油进出口部门由于准确地预测了价格变化趋势，果断入市保值，成功的以期货市场盈利200元/吨弥补了现货交易的损失，实际销售价3 500（＝3 300 ＋200）元/吨，超过了3 000元/吨，达到了目标值。

套期保值者进行卖出套期保值交易，具有以下几方面的好处：

① 卖出套期保值能够帮助生产商或销售商规避未来现货价格下跌的风险。

② 经营者通过卖出套期保值，可以使保值者能够按照原先的经营计划进行生产强化管理，认真组织货源，顺利完成销售计划。

③ 有利于现货合约的顺利签订。企业由于做了卖出套期保值，就不必担心对方要求以日后交货时的现货价作为成交价。这是因为在价格下跌的市场趋势中，企业由于做了卖出套期保值，就可以用期货市场的盈利来弥补现货价格下跌所造成的损失。反之，如果价格上涨，企业趁机在现货市场上卖个好价钱，尽管期货市场上出现了亏损，但该企业还是实现了自己的销售计划。

但同时必须指出的是，一旦做出了卖出套期保值的策略，就放弃了日后出现价格有利时获得更高利润的机会。与买入套期保值一样，如果价格的变化方向与预期的相反，套期保值者就会失去不进入期货市场而原本可以获得的额外收益。此外，交易者还必须支付交易费用并损失保证金利息。

卖出套期保值适合以下几种情况：

① 生产厂家、农场、工厂等。如果它们手头有库存产品尚未销售或即将生产出来，或当收获某种商品期货实物时，担心日后出售价格下跌，可以进行卖出套期

保值交易。

②储运商、贸易商。如果他们手头有库存现货尚未出售或已签订合同将来以特定价格买进某一商品但尚未转售出去，担心日后出售价格下跌，可以进行卖出套期保值交易。

③加工制造企业。它们担心库存原料下跌，于是进行卖出套期保值交易。

2. 实物交割式套期保值

实物交割式套期保值是相对于平仓式套期保值来说的，二者了结期货头寸的方式不同。平仓式套期保值是用对冲的方式，即在期货市场建立与原期货头寸方向相反、数量相等、到期日相同的期货头寸来了结原期货头寸；而实物交割式套期保值是以交付原期货头寸的现货来了结原期货头寸。

在期货交易中，进行实物交割的期货合约的比例非常小，然而正是这极少量的实物交割将期货市场与现货市场联系起来，为期货市场功能的发挥提供了重要的前提条件。实物交割机制的存在，使期货价格变动与相关现货价格变动具有同步性，并随着合约到期日的临近而逐步趋近。

（1）实物交割方式与交割结算价的确定。实物交割方式分为集中交割和滚动交割两种。

集中交割是指所有到期合约在交割月份最后交易日过后一次性集中交割的交割方式。目前，我国上海期货交易所均采取集中交割方式，郑州商品交易所的棉花、白糖和PTA期货品种采取集中交割方式。

滚动交割是指除了在交割月份的最后交易日过后所有到期合约全部配对交割外，在交割月第一交易日至最后交易日之间的规定时间也可进行交割的交割方式。这种方式扩大了套期保值企业现货交割的选择时间，更适应于现货企业的需要。目前，大连商品交易所的所有品种以及郑州商品交易所的小麦期货均可采取滚动交割方式。

我国期货合约的交割结算价通常为该合约交割配对日的结算价或该期货合约最后交易日结算价。大连商品交易的交割结算价，则是该合约自交割月份第一个交易日起至最后交易日所有结算价的加权平均价。交割商品计价以交割结算价为基准，再加上不同等级商品质量升贴水以及异地交割仓库与基准交割仓库的升贴水。

（2）实物交割的程序。实物交割要求以会员名义进行。客户进行实物交割须由会员代理，并以会员名义在交易所进行。在我国，商品交易所均实行"三日交割法"：

第一日为配对日。凡持有标准仓单的卖方会员均可在交割月第一个交易日至最后交易日的交易期间，通过席位提出交割申请。没有进行仓单质押的交割申请提出后，释放相应的交易保证金；卖方会员在当日收市前可通过席位撤销已提出的交割申请，撤销交割申请后，重新收取相应的保证金。交割月买方会员无权提出交割申请。交易所根据卖方会员的交割申请，于当日收市后采取计算机直接配对的方法，为卖方会员找出持该交割月多头合约时间最长的买方会员。交割关系一经确定，买卖双方不得擅自调整或变更。

第二日为通知日。买卖双方在配对日的下一交易日收市前到交易所签领交割通知单。

第三日为交割日。买卖双方签领交割通知的下一个交易日为交割日。买方会员必须在交割日上午 9 时之前将尚欠货款划入交易所账户，卖方会员必须在交割日上午 9 时之前将标准仓单持有凭证交到交易所。

3. 期货转现货交易

期货转现货交易（以下简称"期转现"）是实物交割式套期保值的一种延伸。现货贸易商利用期货市场进行非标准仓单的期转现，一方面实现了套期保值的目的，另一方面避免了违约的可能。期货转现货交易是最近几年才发展起来的一种套期保值方式，之所以放到传统的套期保值中去，是因为它涉及了实物的交割。

（1）期转现交易的概念。期转现交易是指持有同一交割月份合约的多空双方之间达成现货买卖协议后，变期货部位为现货部位的交易。

期转现交易的操作方法是：交易双方达成协议后共同向交易所提出申请，获得交易所批准后，分别将各自持仓按双方达成的平仓价格由交易所代为平仓（现货的买方在期货市场须持有多头部位，现货的卖方在期货市场须持有空头部位）。同时，双方按达成的现货买卖协议进行与期货合约标的物种类相同、数量相当的现货交换。现货买卖协议中一般都以某日的期货价格为基础，商定一个差额，以此来确定现货交收价格。

期转现是国际期货市场中长期实行的交易方式，在商品期货、金融期货中都有着广泛应用。目前我国大连商品交易所、郑州商品交易所、上海期货交易所都有期转现交易。

（2）期转现交易的优越性。期转现交易的优越性主要体现在以下几方面：

① 加工企业和生产经营企业利用期转现可以节约期货交割成本，如搬运、整理和包装等交割费用，灵活地商定交货品级、地点和方式，提高资金的利用效率。

② 加工企业可以根据需要分批分期地购回原料，减轻资金压力，减少库存量；生产经营企业也可以提前回收资金。

③ 期转现使买卖双方在确定期货平仓价格的同时，确定了相应的现货买卖价格，达到与套期保值一样的避险效果。

④ 期转现比"平仓后购销现货"更便捷。期转现是买卖双方在确定期货平仓

价格的同时，确定了相应的现货买卖价格，由此可以同时锁定期货市场与现货市场的风险，达到与套期保值一样的规避风险效果。

⑤ 期转现交易比远期合同交易和期货交易都更加有利。远期合同交易有违约问题和被迫履约问题；期货交易存在交割品级、交割时间和地点的选择等灵活性差、交易成本高等问题。期转现能够有效地解决上述问题。

（3）期转现交易中应注意的问题。用标准仓单期转现，要考虑仓单提前交收所节省的利息和储存等费用；用标准仓单以外的货物期转现，要考虑节省的交割费用、仓储费和利息，以及货物的品级差价。买卖双方要先看现货，确定交收货物和期货交割标准品级之间的差价。商定平仓价和交货价的差额一般要小于节省的上述费用总和，这样期转现对双方都有利。

商定平仓价和商定交货价之差要接近期货结算价和现货价之差，否则买卖中的一方进行"期转现"不如"平仓后买卖现货"有利。例如：以现货价作为双方商定交货价，当双方商定平仓价远大于期货结算价时，卖方"期转现"不如"平仓后卖现货"有利；当远小于结算价格时，买方"期转现"不如"平仓后买现货"有利。至于商定平仓价格和商定交货价格之差具体为多大，由双方商谈确定。

如果交收货物的品级高于期货交割品级，买方应再给卖方补一个现货品级差价，即在上述商定交货价中加上现货品级差价；如果交收货物的品级低于期货交割品级，卖方应给买方补一个现货品级差价，即在上述商定交货价中减去现货品级差价。

以下案例是一则真实发生的交易。在郑州商品交易所交割部的指导下，浙江新世纪期货经纪公司和上海南都期货经纪公司的两个客户进行了小麦期转现尝试，期转现结果双方很满意，现将该次期转现交易的详细过程介绍如下。

例 3 - 3 浙江新世纪期货和上海南都期货的期转现交易案例

2001 年 9 月 25 ~ 27 日，浙江新世纪期货经纪公司 2 号客户与上海南都期货经纪公司的 15 号客户进行了仓单期转现，期转现仓单量为 200 张。

双方的持仓为 WT111（11 月交割），买方为上海南都期货经纪公司 15 号客户，平均建仓价为 1 092 元/吨。卖方为浙江新世纪期货经纪公司 2 号客户，建仓价格为 1 182 元/吨。当时的仓储费为 0.3 元/天/吨，贷款年利率为 0.99%。

9 月 25 日的期货结算价 1 098 元/吨，双方当日商定以 1 100 元/吨平仓期货合约，以 1 087 元/吨价格交收二级小麦仓单。达成协议后，双方到交易所申请期转现。交易所批准后，于 9 月 26 日将双方持仓平仓，9 月 27 日进行仓单转让和货款划转。期转现后双方实际买卖二级小麦仓单的价格（交货价格减去平仓盈亏）分别为：

买方：交货价格 -（平仓价格 - 建仓价格）

$\qquad$ = 1 087 -（1 100 - 1 092）= 1 092 -（1 100 - 1 087）= 1 079 （元/吨）

卖方：交货价格 -（平仓价格 - 建仓价格）

$\qquad$ = 1 087 -（1 100 - 1 182）= 1 182 -（1 100 - 1 087）= 1 169 （元/吨）

这样，买方实际买仓单的价格是 1 079 元/吨，比建仓价格 1 092 元/吨少 13 元/吨。卖方实际卖仓单的价格是 1 169 元/吨，比建仓价格 1 182 元/吨少 13 元/吨，但是卖方节省了仓储费和利息：①仓储费：40 天 × 0.3 元/天/吨 = 12 元/吨；②利息：1 087 × 0.99% × 40/360 = 1.2 元/吨，总计 13.2 元/吨。所以卖方期转现净盈利 13.2 - 13 = 0.2 元/吨，可见卖方也比到 11 月份交割更有利。

由上例可知，期转现可使双方实现双赢的结果。

此次期转现流程如表 3 - 3 所示。

表 3 - 3 期转现流程

时间	上海南部 15 号客户	浙江新世纪 2 号客户
2001 年 9 月 25 日之前	WT111 建仓（买） 价格 1 092 元/吨	WT111 建仓（卖） 价格 1 182 元/吨
2001 年 9 月 25 日	商定 WT111 合约的平仓价格 1 100 元/吨，交割小麦仓单价格为 1 087 元/吨，数量为 200 张（10 吨/张）。然后签订期转现协议和仓单转让协议，并向郑州商品交易所交割部申请	
2001 年 9 月 26 日	交易所平仓（15：00 之时结算以前）	
2001 年 9 月 27 日	办理仓单过户和货款划转	

4. 套期保值的实际应用

在经济市场上，不同种类的企业面临着不同方向的风险，如生产企业要承担原料价格的风险，终端消费企业面临着销售价格的风险，贸易企业则要规避原料价格和销售价格两方面的风险。因此，不同种类的企业所采用的套期保值策略是不同的。

根据风险点的不同，可以将套期保值划分为三种类型：

（1）上游敞口/下游闭口。这类企业的特点是：下游的产品销售价格等已经基本确定，而上游的原料价格等是不确定的，如终端消费企业。该类企业一般采用买入套期保值策略，以锁定原料的价格，如例 3 - 1。

（2）上游闭口/下游敞口。这类企业的特点是：上游的原料价格等已经基本确定，而下游的产品销售价格等是不确定的，如生产企业。该类企业一般采用卖出套期保值策略,以锁定销售价格和利润,如例 3 - 2。

（3）双向敞口。这类企业的特点是：上游的原料价格和下游的产品销售价格等都是不确定的，企业要面临上游、下游两方面的价格风险，如贸易企业。该类企业的套期保值是最为复杂的一种类型，因为其采购和销售都存在较多的变量和变动值，不确定因素也较多，所以，要同时进行买入套保和卖出套保操作。

套期保值应用看起来并不复杂，但是涉及具体的企业套期保值策略的制定却很复杂。每个企业需针对自己的经营特征作详细的套期保值方案。

3.1.3 基差交易

1. 基差的概念

基差是某一特定地点某种商品的现货价格与同种商品的某一特定期货合约价格间的价差。即，基差 = 现货价格 - 期货价格。由于期货价格和现货价格都是波动的，所以，在期货合同的有效期内基差也是波动的。基差有时为零（价格收敛性），有时为正（此时称为反向市场），有时为负（此时称为正向市场），因此，基差是期货价格与现货价格之间实际运行变化的动态指标。一般来说，基差的波动幅度要小于现货价格和期货价格的波动幅度。

基差的内涵是由现货市场和期货市场间的运输成本与持有成本所构成的价格差异所决定的，也就是说，基差包含两个因素——时间因素和空间因素。运输成本反映着现货市场与期货市场的空间因素，决定同一时间不同地点的基差不同的原因；持有成本反映着现货市场与期货市场的时间因素，即两个不同交割月份的持有成本（包括储存费用、利息、保险费等）是不同的。

对于套期保值交易来说，基差是一个十分重要的概念。在做了套期保值交易后，交易者必须随时注意观察基差的变化情况。基差变动的相对稳定为套期保值交易者观察现货价格和期货价格的变动趋势和幅度创造了极为方便的条件，交易者只需专心观察基差的变化，便可知两个市场价格的变化对自己是否有利。只要结束套期保值交易时的基差等于开始套期保值交易时的基差，那么，较为完美的保值效果就可以取得。利用好基差变化的最佳时机，建立套保头寸或结束套保（平仓）对最佳保值效果的实现有着相当重要的意义。

2. 正向市场与反向市场

从基差的定义可以看出，当期货价格高于现货价格时，基差为负，期货价格升水现货价格贴水，称之为正向市场；当期货价格低于现货价格时，基差为正，期货价格贴水现货价格升水，称之为反向市场。

（1）正向市场。一般情况下，期货价格高于现货价格（或者远期月份合约价格高于近期月份合约价格），这种市场被称为正向市场。在这种市场上，基差为负值。这可以通过持有成本理论加以解释。在市场供求较正常的情况下，期货合约价格须高于现货的价格，以抵偿持有现货的成本。持有现货的这种成本被称为持有成本，它是为拥有或保留某种商品、有价证券等而支付的仓储费、保险费和利息等费用的总和。从理论上来说，基差的绝对值等于持有成本。但实际中，基差的绝对值并不完全等同于持有成本。持有成本反映的是期货价格与现货价格之间基本关系的本质特征，在不考虑其他影响因素的前提下，商品期货价格中的持有成本是期货合约时间长短的函数。持有期货合约的时间越长，持有成本就越大；反之，持有成本就越小。到了交割月份，持有成本降至零，期货价格趋同于现货价格。而基差是期货价格与现货价格之间实际运行变化的动态指标，所以在整个持有期间，基差的绝对值常常不等于持有成本，但无风险套利行为会矫正基差与持有成本之间的偏离。

（2）反向市场。特殊情况下，期货价格低于现货价格（或者远期月份合约价格低于近期月份合约价格），这种市场被称为反向市场。在反向市场上，基差为正值。这是因为一方面近期市场对某种商品的需求非常迫切，远大于近期产量及库存量；另一方面人们预计将来该商品的供给会大幅度增加。总之，是人们对现货商品的需求过于迫切，价格再高也愿意承担，从而造成现货价格剧升，近期月份合约价格也随之上升，远期月份合约则基于人们对未来供给将大量增加的预测，价格相对平稳。这种价格关系并非意味着不存在持有成本。只不过由于市场对现货及近期月份合约需求迫切，购买者承担全部持仓费而已。随着时间的推进，现货价格与期货价格如同在正向市场上一样，会逐步趋同，到交割月份趋向一致（价格收敛性）。

3. 基差的变化及其对套期保值的影响

现货价格与期货价格变动不同步、变动幅度不一致等都会引起基差的不断变化。当现货价格的增长大于期货价格的增长时，基差也随之增加，称为基差扩大或基差变强；当期货价格的增长大于现货价格的增长时，基差也随之减少，称为基差减少或基差变弱。基差扩大分为三种情况：基差负值缩小、基差由负变正、基差正值增大。基差缩小也存在三种情况：基差正值缩小、基差由正变负、基差负值增大。

在套期保值的过程中，由于基差的变化，保值者有可能由于亏损而要追加保证金，也有可能在账户上有大量盈利。保值的结果与基差的变化是有很大关系的。为了讨论基差变化对套期保值的影响程度，我们不妨假定如表 3 - 4 所示的套期保值情形。

表 3 - 4 基差变化对套期保值影响的变量假设

时 间	现货市场	期货市场	基 差
t_1（入市开仓）	S_1	F_1	b_1
t_2（平仓出市）	S_2	F_2	b_2

我们假定在 t_1 时刻建立期货头寸，并在 t_2 时刻平仓。即保值者在时间 t_1 时入市开仓建立第一个期货部位，此时现货价、期货价分别为 S_1、F_1；保值者在 t_2 时平仓，此时现货价、期货价分别为 S_2、F_2。t_1、t_2 时刻的基差分别为 b_1、b_2。根据基差的定义得：$b_1 = S_1 - F_1$，$b_2 = S_2 - F_2$。

情形一：套期保值者将在 t_2 时刻出售商品，计划进行期货空头套期保值，于是在 t_1 时刻建立期货的空头头寸。t_2 时刻，商品的出售价格为 S_2，期货头寸的盈利为 $F_1 - F_2$（正值为盈利，负值为亏损）。则空头套期保值的避险程度为：

$$F_1 - F_2 + S_2 - S_1 = (S_2 - F_2) - (S_1 - F_1) = b_2 - b_1 \tag{3.1}$$

若 $b_2 - b_1 = 0$，则为持平保值；若 $b_2 - b_1 > 0$，则为有盈保值；若 $b_2 - b_1 < 0$，则为减亏保值。

情形二：套期保值者将在 t_2 时刻购买商品，计划进行期货多头套期保值，于是在 t_1 时刻建立期货的多头头寸。t_2 时刻，商品的购买价格为 S_2，期货头寸的盈利为 $F_2 - F_1$。则多头套期保值的避险程度为：

$$F_2 - F_1 + S_1 - S_2 = (S_1 - F_1) - (S_2 - F_2) = b_1 - b_2 \tag{3.2}$$

若 $b_1 - b_2 = 0$，则为持平保值；若 $b_1 - b_2 > 0$，则为有盈保值；若 $b_1 - b_2 < 0$，则为减亏保值。

在各种基差变动的情况下，套期保值者分别进行多头保值和空头保值，其保值结果分析见表 3 - 5。

表 3 - 5 基差变化对套期保值效果的影响

价格波动			保值效果			
			现货做多		现货做空	
现货价格	期货价格	基差变化	未保值	卖出保值	未保值	买入保值
降价	同步降价	不变	亏损	不亏不盈	盈利	不亏不盈
降价	比现货价格降得多	基差变强	亏损	盈利	盈利	亏损
降价	比现货价格降得少	基差变弱	亏损	亏损，但比未保值少	盈利	盈利，但比未保值少

续表

价格波动			保值效果			
			现货做多		现货做空	
现货价格	期货价格	基差变化	未保值	卖出保值	未保值	买入保值
降价	涨价	基差变弱	亏损	亏损，且比未保值多	盈利	盈利，且比未保值多
涨价	同步涨价	不变	盈利	不亏不盈	亏损	不亏不盈
涨价	比现货价格涨得多	基差变弱	盈利	亏损	亏损	盈利
涨价	比现货价格涨得少	基差变强	盈利	盈利，但比未保值多	亏损	亏损，但比未保值多
涨价	降价	基差变强	盈利	盈利，且比未保值少	亏损	亏损，且比未保值少

由此，我们可以得出结论：套期保值的避险程度 = 买入基差 – 卖出基差，其中买入基差是指买入期货时的基差，卖出基差是指卖出期货时的基差。在现货与期货数量相等的情况下，基差变强时对卖出套期保值有利；基差变弱时对买入套期保值有利。

4. 基差的作用与影响因素

基差对于期货交易尤其是套期保值而言非常重要。基差在期货交易中的作用主要体现在以下几个方面：

（1）基差是套期保值成功与否的基础。套期保值作为期货市场的原动力，其实现是基于同种商品的期货价格与现货价格因受相同因素的影响而具有同升同降的规律。这为生产经营者提供了一条利用两个市场相互弥补的途径，即利用一个市场的盈利来弥补另一个市场的亏损，在两个市场之间建立"相互冲抵"机制，从而达到转移价格风险的目的。

基差的变化对套期保值者来说是至关重要的。套期保值的效果主要是由基差的变化决定的，而基差的变化是由现货价格与期货价格变动不一致所引起的。所以，只要套期保值者随时注意基差的变化，并选择有利时机完成交易，就会取得较好的保值效果，甚至获得额外收益。同时，由于基差的变动相对期货价格和现货价格的变动要稳定一些，这就为套期保值交易创造了有利的条件。

（2）基差是发现价格的标尺。期货价格是成千上万的交易者基于自己对各种商品供求状况的分析，在交易所公开竞价达成的，因而比现货市场上买卖双方私下达成的现货价格更加公开、公平、公正。同时，期货价格还具有预期性、连续性、权威性的特点，它使那些没有涉足期货市场的经营者也能根据期货价格做出正确的经营决策。在国际市场上，越来越多的已具备相应期货合约的商品，其现货报价采取的就是以期货价格减去基差或下浮一定百分比的形式。例如，伦敦金属交易所（LME）的期货价格就成为国际有色金属市场的现货定价基础。基差正是发现价格的标尺。

（3）基差对于期货、现货套利交易很重要。基差对于投资交易，尤其是期货、现货套利交易也很重要。在反向市场上，套利者也可利用期货价格与现货价格的基差进行套利交易。这样都有助于矫正基差与持有成本之间的相对关系，对维持期货价格与现货价格之间的同步关系，保持市场稳定具有积极的作用。

由于基差取决于现货价格与期货价格，凡是可以影响这两者的因素最终都将影响基差，所以影响基差的因素十分复杂，一般包括商品近、远期的供给和市场需求情况，替代商品的供求和价格情况、运输因素、政治因素、季节因素、自然因素等，当然最主要的还是供求关系。一般来说，原油、有色金属和农产品等商品由于供需之间的不平衡以及存储商品的困难，可能致使基差变化范围扩大；而对于黄金、白银、外汇、股指等投资资产来说，基差变动范围较小。

当然，对不同的品种基差变化的规律要具体问题具体分析。比如说，分析我国小麦等品种的基差，主要考虑国内的供求状况、仓储、运输条件、季节性价格波动等；而对于胶合板、铜等需大量进口的商品来说，还要考虑国际市场情况、国外产量与需求、国家进口政策等；对于国内生产、主要用于出口的品种，如红小豆来说，则要考虑进口国需求状况、进口配额等因素。

5. 基差风险及其影响因素

仍引用表 3－4 中套期保值的情形和符号进行讨论，以引入基差风险的概念。若交易者进行的是空头套期保值业务，则交易者在期货市场盈利 $F_1 - F_2$，而实际卖出现货收到的有效价格为：

$$S_2 + F_1 - F_2 = F_1 + (S_2 - F_2) = F_1 + b_2 \qquad (3.3)$$

若交易者进行的是多头套期保值业务，则交易者欲以期货市场的盈利 $F_2 - F_1$ 弥补现货价格上涨带来的损失，因而其实际买入现货支付的有效价格为：

$$S_2 - (F_2 - F_1) = F_1 + (S_2 - F_2) = F_1 + b_2 \qquad (3.4)$$

交易者在进行套期保值后，F_1 成为已知因素，所以最终交易的有效价格取决于 b_2。在非交割月份，期货价格和现货价格通常都不聚合，并且不稳定，很难预测准确。我们把由于 b_2 的不确定性给套期保值者所带来的风险称为基差风险，可见，套期保值者并没有完全消除风险，让渡的只是绝对价格变动的风险，而承担了其中的基差风险。

除影响基差的因素外，套期保值所选用的期货合约也是影响基差风险的一个关键因素。选择期货合约包括两个方面：

（1）选择期货合约的商品。如果打算保值的商品正好是期货合约的商品，那么不用做太多考虑。但是在其他情况下，必须仔细分析才能确定一个合适的期货合约，要使得该期货合约的期货价格与打算保值的商品价格的相关性最好。

进行交叉套期保值的投资者，面临风险的资产不同于进行套期保值所使用的期货合约的商品，例如，航空公司有时利用原油期货合约对冲航空燃料的价格风险。在这种情况下，基差风险就会很大。定义 S_2^* 为 t_2 时刻期货合约标的资产的价格。通过交叉套期保值，保值者购买或出售商品的实际有效价格为：$S_2 + F_1 - F_2$，也可以变形为：$F_1 + (S_2^* - F_2) + (S_2 - S_2^*)$。$S_2^* - F_2$ 和 $S_2 - S_2^*$ 代表了基差的两个组成部分。当打算进行套期保值的商品与期货合约中的商品一致时，存在的基差为 $S_2^* - F_2$，而 $S_2 - S_2^*$ 是两个商品不一致时产生的基差。

（2）选择交割月份。交割月份的选择可能受几个因素的影响。可以假定，当套期保值的到期日与某一交割月份一致时，应选择该交割月份的期货合约，然而在实际操作中，通常选择下一个交割月份的期货合约。原因在于：在某些情况下，交割月份中的期货价格非常不稳定；同时，如果多头的保值者在交割月份中持有合约，则他面临着不得不接收实物交割的风险，这会使成本提高并且极不方便。

整体上看，当套期保值的到期日与交割月份之间的差距增加时，基差风险会随之增加。因此，最好的方法是尽量选择最接近套期保值到期日的那个交割月份，而且交割月份要在套期保值到期之后。假定某个特定合约的交割月份是 3 月、6 月、9 月和 12 月。套期保值的到期日如果是 12 月、1 月和 2 月，则应选择 3 月的期货合约；如果套期保值的到期日为 3 月、4 月和 5 月，则应选择 6 月的期货合约，以此类推。这一原则假定所有合约都有很强的流动性，能满足套期保值者的要求。实际上，到期期限短的期货合约的流动性最强。因此，在有些情况下，保值者可能倾向于使用到期期限短的合约，并不断将合约向前进行展期。

例 3 - 4　3 月 1 日，某美国公司预期 7 月底将收到 50 000 000 日元。国际货币交易所（IMM）日元期货的交割月为 3 月、6 月、9 月和 12 月。每一合约交割的金额为 12 500 000 日元。因此，公司在 3 月 1 日卖出 4 个 9 月日元期货。当 7 月底收到日元时，公司平仓其期货合约。我们假定 3 月 1 日的期货价格为 1.0800 美分/日元，当期货合约平仓时现货和期货的价格分别为 1.0200 美分/日元和 1.0250 美分/日元，即当合约平仓时基差为 - 0.0050 美分/日元。则收到的有效价格为最后的现货价格加上在期货中的盈利：

$$1.0200 + 0.0550 = 1.0750 （美分/日元）$$

也等于初始的期货价格加上最后的基差：

1.0800 − 0.0050 = 1.0750（美分/日元）

公司收到的总额为 537 500 美元（即 50 000 000 × 1.0750 × 0.01）。

6. 基差交易

由于存在基差风险，套期保值交易并不能完全抵消价格风险。虽然基差变动的风险比单纯价格变动的风险要小得多，但它仍然给交易者带来一定的风险。近年来，随着对基差研究的深入，基差交易在国外商品交易所逐渐盛行起来。基于基差交易的理论又衍生出了叫价交易的交易方式。基差交易和叫价交易是用来回避基差风险的两种交易方法。

其中，基差交易是交易者用期货市场价格来固定现货交易价格，从而将出售价格波动风险转移出去的一种套期保值策略。为了避免基差变化给套期保值交易带来不利影响，基差交易采取以期货价格和一定的基差来确定现货价格的办法。基差交易中，实际的现货交易价格并不是交易时的市场价格，而是根据以下公式确定：

$$\text{交易的现货价格} = \text{期货价格} + \text{预先商定的基差} \qquad (3.5)$$

例 3 – 5　1 月份某食品批发商以 2 000 元/吨的价格买入豆粕若干吨，欲在 5 月份销售出去。购豆粕的同时，批发商以 2 100 元/吨的价格作了空头套期保值（卖出基差为 – 100 元/吨）。该批发商估计，对冲时基差达 – 50 元/吨可弥补仓储、保险等成本费用，并可保证合理利润。

考虑到若以后基差变化会于己不利，为了避免基差变动的影响，批发商保值后便寻求基差交易。几天后，批发商找到一家食品厂，双方商定于 5 月份按当时期货价和 – 50 元/吨的基差成交现货。这样无论以后现、期价格如何变动，该批发商都能保证其 50 元/吨的收益。

假定 5 月份现货交易时的现货、期货价格分别为 2 010 元/吨、2 080 元/吨（基差为 – 70 元/吨）。如果批发商只进行空头保值，其账务分析如表 3 – 6 所示：

表 3 – 6　　　　　　　　　　　　　**基差交易**　　　　　　　　　　　　单元：元/吨

	现　货	期　货	基　差
1 月	2 000	2 100	– 100
5 月	2 010	2 080	– 70

如果不进行基差交易，则批发商最终现货交易价格为 2 010 元/吨，再加上期货合约对冲盈利 20 元/吨，则卖出现货实际收到的有效价格为 2 030 元/吨。

即：$P = F_1 + b_2 = 2\ 100 - 70 = 2\ 030$（元/吨）

但是批发商仍然面临风险，不能完全达到预先制订的50元/吨的盈利目标。若事先能进行基差交易，如上所述找到那家食品厂，并按 $P = F_2 - 50$ 的价格卖出现货，则可完全实现既定目标。

在基差交易中，合理的基差的确定是关键。一方面要保证回收成本、确保获得合理的利润；另一方面确定合理的基差才能找到合适的交易对手。对于空头套期保值，基差不能太小，否则不足以回收成本，保证利润；但基差又不能太大，否则找不到交易对手。对于多头套期保值，基差太小会导致交易对手寻找难；基差太大，又不足以回收成本，保证其利润。

7. 叫价交易

叫价交易是由基差交易理论衍生出来的交易方式，分为买方叫价和卖方叫价两种方式。在基差交易中，现货价格 = 期货价格 + 商定的基差，因此，基差确定后，期货价格的选择成为关键，日期不同，期货价格也会不同。基差交易中，交易双方约定了交易的时间，也就确定了期货价格（即为交易当天的期货价格）。而在叫价交易中，双方并不约定具体的交易时间，所以期货价并不事先选定，而是由交易的一方在另一方允许的时间内选定。其中由买方选择指定期间内的最高价的做法叫"买方叫价"（即卖方定基差）；而由卖方选择指定期间内的最低价的做法则叫"卖方叫价"（即买方定基差）。

例3－6 买方叫价。

甲小麦交易商拥有一批现货，并做了卖期保值；乙面粉加工商是甲的客户，需购进一批小麦，但考虑价格可能会下跌，不愿在当时就确定价格，而要求成交价后议，于是甲提议基差交易，提出确定价格的原则是比12月期货市价低1美分（即确定基差为－1美分），双方商定给乙方30天的时间，选择具体的期货价格；乙方接受条件，交易成立。两星期后，小麦期货价格大跌，乙方认为小麦价格已到底，决定选这个价作为12月期货价格计算现货价格，向甲买进小麦；乙通知甲在期货市场的经纪人，以甲的名义将其先前卖出的小麦期货平仓，平仓价格即为选定的期货价格。甲的账户分析如表3－7所示。

表3－7 买方叫价交易：甲的账户 单位：美元/蒲式耳

时　间	现货市场	期货市场	基　差
当　天	买小麦现货8.80	卖12月小麦期货8.85	－ 0.05
两周后	卖小麦现货8.50 － 0.01 = 8.49	平仓8.50（乙方选定）	－ 0.01
结　果	8.49 － 8.80 = － 0.31	8.85 － 8.50 = 0.35	
	0.35 － 0.31 = 0.04（赢利）		

分析以上交易，一方面，甲商保证了合理的现货利润；另一方面，乙商现货来源有保证，且有一定时间内选择价格的权利。

例 3 - 7 卖方叫价。

同样考虑小麦供应商（甲）和面粉加工商（乙）的情况。甲认为小麦价格可能上涨，所以不愿意立即把价格确定下来，但同意以特定的基差卖出；乙要在未来几周内购进小麦现货补充库存，所以首先以 8.55 美元/蒲式耳的价格做了买期保值，买入基差 - 5 美分/蒲式耳。乙为要保证货源，答应购买甲的小麦，条件是预先订下基差为 - 5 美分/蒲式耳，允许甲在 30 天内选定期货价。甲接受条件成交。3 周后，小麦现货价格上涨，期货价达 9.45 美元/蒲式耳，甲认为价格已到顶，决定以此价作为期货价，现货交易成交；甲在期货市场通知乙的经纪人，将乙的期货头寸平仓。乙的账户分析见表 3 - 8。

表 3 - 8 　　　　　　　卖方叫价交易：乙的账户　　　　　单位：美元/蒲式耳

时间	现货市场	期货市场	基　差
当天	未来几周要补充库存 8.50	买进小麦期货 8.55	- 0.05
三周后	三周后买进小麦 9.45 - 0.05 = 9.40	平仓 9.45	- 0.05
结　果	8.50 - 9.40 = - 0.90	9.45 - 8.55 = 0.90	
	乙的保值结果为 0		

分析以上交易，一方面，通过叫价交易，乙方保证了卖出基差不变，实现持平保值，保证了货源，锁定了 8.50 的成本价；另一方面，甲掌握了叫价的主动权，如果价格确实上涨，他就能够从中获得好处。

从以上分析可以看出，进行基差交易的套期保值者的目的是回避基差变动的风险。当然，交易者也可能因此失去赢利更多的机会，这被视为是基差交易的机会成本。交易者必须对市场有准确预测，以便采用恰当的交易方式。

3.1.4　动态套期保值交易

除了传统的套期保值交易以外，在期货的套期保值交易中还衍生出了动态套期保值的操作方法。

1. 动态套期保值的概念

20 世纪 70 年代以后，随着金融期货的产生与飞速发展，对金融期货套期保值的研究也逐步展开。人们倾向于将金融期货与其标的证券投资工具结合起来分析，这就产生了组合投资的套期保值概念。组合投资套期保值的概念来源于马柯维茨

（Markowitz）组合投资理论，他认为交易者进行套期保值，实际上是对现货和期货两个市场的资产进行组合投资。套期保值的目的在于在风险既定条件下最大地获取利润或在预期收益一定的前提下将风险降到最低，而并不仅仅是锁定交易者在现货市场部位的收益。因此，交易者在两个市场上不一定持有相同的交易头寸，而且在套期保值期间，两个市场交易头寸的比率将随着时间的推移，根据交易者的风险偏好程度、对期货价格的预期及对期货价格预期的置信程度差异而变化，因而被称为动态套期保值。动态套期保值策略可以给风险偏好不同的交易者提供选择不同期望收益的投资机会。

动态套期保值方法也被应用于商品期货市场上，它在传统套期保值四大原则的基础上考虑了更多因素，因而更具有灵活性。除了遵循传统的"时间相同或相近原则"外，动态套期保值在如下三方面更具有可操作性：

（1）当计划保值商品在期货市场找不到完全对应的期货合约时，仍可以进行保值，方法是选择与其价格相关性较大的期货合约。

（2）保值时不一定要遵循"数量相等的原则"，而且，若要达到最好的保值效果，就必须考虑其他相关因素来确定最佳保值合约数。

（3）套期保值方案不是确定后就一成不变，套期保值者可以不断调整用于保值的合约数量。

对于生产商、加工商、贸易商等需要长期利用期货市场保值的交易者来说，也可以根据自身情况和市场变化，对期货头寸不断调整。当然，这要求具有更高的交易技巧。

2. 最佳套保比率的确定

套期保值比率是指套期保值者持有期货合约的头寸数量与需保值资产数量之间的比率，简称套保比率。若套保比率等于 1，我们称这样的套期保值为完全套期保值。在套期保值操作中，投资者都希望能够达到完全套期保值，但由于现货市场的价格变化幅度与期货市场的价格变化幅度不一致，要进行完全套期保值，其套期保值比率不一定等于 1。

利用马柯维茨组合投资理论，我们可以用最小方差法推导最佳套期保值比率。我们使用如下的符号：

ΔS：在套期保值期限内，现货价格 S 的变化。

ΔF：在套期保值期限内，期货价格 F 的变化。

σ_S：ΔS 的标准差。

σ_F：ΔF 的标准差。

ρ：ΔS 和 ΔF 之间的相关系数。

h：套期保值率。

当套期保值者持有资产的多头和期货的空头时（即空头套期保值者），在套期保值期限内其头寸的价值变化为 $\Delta S - h\Delta F$；对于一个多头套期保值来说，为 $h\Delta F - \Delta S$。

在以上两种情况下，套期保值头寸价格变化的方差 v 均为：

$$v = \sigma S^2 + h^2 \sigma F^2 - 2h\rho\sigma_S\sigma_F \qquad (3.6)$$

对 v 求一阶偏导和二阶偏导，得到：

$$\frac{\partial v}{\partial h} = 2h\sigma_F^2 - 2\rho\sigma_S\sigma_F$$

$$\frac{\partial^2 v}{\partial h^2} = 2\sigma_F^2$$

$\frac{\partial^2 v}{\partial^2 h}$ 始终为正值，故只需令 $\frac{\partial v}{\partial h}=0$，我们求得使方差最小的 h 值为：

$$h = \rho\frac{\sigma_S}{\sigma_F} \qquad (3.7)$$

因此，最佳的套保比率等于 ΔS 和 ΔF 之间的相关系数乘以 ΔS 的标准差与 ΔF 的标准差的比率。图 3 - 4 说明了套期保值者头寸价值的方差与套保比率之间的关系。

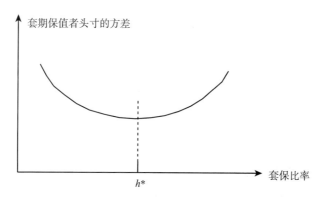

图 3 - 4　套期保值者头寸的方差与套期率的关系

最佳套保比率 h^* 是现货价格变动量 ΔS 对期货价格变动量 ΔF 进行回归得到的最优拟合直线的斜率，即图 3 - 5 中回归直线的斜率。这在直观上是合理的，因为最佳套保比率 h 等于 ΔS 的变化值与 ΔF 的变化值之比。套期保值效果可以定义为套期保值后抵消方差的程度为 ρ^2，即：$h^2\dfrac{\sigma^2}{\sigma^2}$。

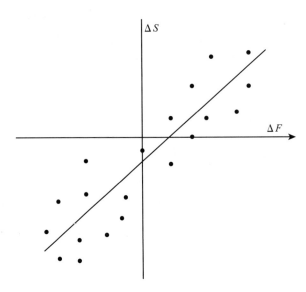

图 3 - 5　对现货价格变动与期货价格变动所作的回归

例 3 - 8　某公司计划在 3 个月后购买 100 万加仑的航空燃料油。在 3 个月内每加仑航空燃料油的价格变化的标准差为 0.032。公司选择购买原油期货合约的方法来进行套期保值。在 3 个月内原油期货价格变化的标准差为 0.040，且 3 个月内航空燃料油价格的变化与 3 个月内原油期货价格变化之间的相关系数为 0.8。因此最佳的套期率为：$0.8 \times \dfrac{0.032}{0.040} = 0.64$。

一张原油期货合约是 42 000 加仑。因此公司应购买的合约数量为：

$$0.64 \times \frac{1\ 000\ 000}{42\ 000} = 15.2 \text{（张）}$$

取整，计算得该公司需要 15 张合约。

3. 最佳套保比率的调整

投资者在运用动态套期保值时，通常根据投资组合价格的变动，来机动调整其套期保值比率，在达到保值的前提下，尽量争取更多利润。当投资组合价格上扬时，降低套期保值比率，使较大比例的资产暴露在风险下面，从而获得市场向好时的获利机会；当投资组合价格下跌时，适当提高套期保值比率，甚至使套期保值比率高于 100%，以规避价格下跌的不利影响。

举例来说，为了规避价格下跌的损失，已经采取完全套期保值的投资组合，一旦发现价格逐步上扬，投资者即可买回部分期货合约，降低套期保值比率，以便在价格继续上扬时，拥有获利的机会。保值比率越低，投资者组合暴露的风险越大，可能的获利就越大。所以，动态套期保值的操作原则为：对卖出保值而言，当市场看跌时，提高套期保值比率；当市场看涨时，降低套期保值比率。对买入保值而言，当市场看跌时，降低套期保值比率；当市场看涨时，提高套期保值比率。

例 3 - 9 某投资机构在现货市场拥有价值 1 000 万美元的组合投资部位，它选择进行动态保值，即根据价格行情，连续调整在期货市场上的头寸数量，以达到风险最小化或收益最大化的目的。其交易和调整的过程如下：

表 3 - 9 投资机构进行动态套期保值交易的过程

时间	现货市场亏损	期货市场盈利	总价值	期货部位	套保比率
0	0.00	0.00	1 000.00	- 500.00	0.50
1	- 20.00	10.00	990.00	- 550.00	0.56
2	- 20.00	11.20	981.20	- 600.00	0.61
3	- 20.00	12.20	973.30	- 700.00	0.72
4	- 40.00	28.80	962.10	- 800.00	0.83
5	- 368.60	306.50	900.00	- 900.00	1.00

如表 3 - 9 所示，在时间 $T = 0$ 时，投资机构在现货市场拥有 1 000 万美元的组合投资部位，在期货市场上卖出 500 万美元的期货合约，套保比率为 50%。假设在 $T = 1$ 时现货市场价格下跌，现货组合部位价值损失 20 万美元，由于进行了 50% 的套期保值，在期货市场盈利 10 万美元。所以，投资机构在现货市场和期货市场的部位总价值为 990 万美元。为了防止更大的损失，投资机构又在期货市场卖出了价值 50 万美元的期货合约，这样，套保比率上升为 56%（550 万美元/990 万美元）。在 $T = 2$ 时，价格继续下降，现货市场又损失了 20 万美元，此时期货市场部位盈利 11.2 万美元（$20 \times 56\%$），现货市场和期货市场的部位总价值 981.2 万美元。以后每当现货市场价格下跌一次，投资机构就增加在期货市场上的套期保值部位。直到 $T = 5$ 时，投资机构在现货市场持有的交易部位价值已下跌到预设的保险底限，投资机构进行的是完全的套期保值。反之，如果现货市场的价格上升，由于投资机构只进行部分套期保值，期货市场上的损失将比现货市场上的盈利小，总部位的价值将增加，若期货价格继续上升，投资机构可逐步降低套保比率。

值得注意的是：第一，进行动态套期保值交易会增加交易的成本，因为要较为频繁地进行买卖期货操作；第二，对于对风险厌恶程度低的保值者来说，有时会出现在期、现两个市场持有同方向头寸的情况，而这正是传统套期保值所忌讳的。

3.2 套利业务

本节首先阐述套利交易的概念、原理、作用等基础知识，然后详细介绍期现套利、跨市套利、跨期套利和跨商品套利四种套利交易方式及其交易策略。

3.2.1 套利业务概述

套利交易指的是在买入或卖出某种期货合约的同时，卖出或买入相关的另一种合约，并在某个时间同时将两种合约平仓的交易方式。套利交易从两合约价格间的变动关系中获利。在进行套利时，交易者注意的是合约之间的相互价格关系，而不是绝对价格水平。

1. 套利交易的原理

套利交易是在价格联动性很强的两个不同合约（包括现货）上建立正反两方向的头寸。这与套期保值的"方向相反、数量相等"的原理存在相似之处。套利者所选择的合约有如下特点：

（1）两合约的价格大体受相同的因素影响，因而正常情况下两者价格的变动虽存在波幅差异，但具有相同的变化趋势。

（2）两合约间应存在合理的价差范围，但外界非正常因素会使价格变化超过该范围。合约最终会在该非正常因素影响消除后回复到原来的价差范围。

（3）两合约间的价差变动有规律可循，且其运动方式具有可预测性。套利交易的实质是对两合约价差的投资。由于合约间价差变动是可预测的，所以只要正确分析就可获得。即使是分析失误，套利者的风险也远比单向投资者的要低。

套利交易利用期货和现货之间以及期货合约间的价格关系来获利，所以与纯粹的单向投资有所不同。其通常的做法是在有价格相关关系的合约上同时建立正反两个方向的头寸，期望在未来合约价差变动于己有利时再对冲获利。

套利者所关心的并非每个具体合约的价格，而是合约间的价差变动，它正是交易是否盈利的关键所在。所以，套利交易利用价差来进行报价。为扩大成交机会，交易者下指令时并不注明特定的买价和卖价，只指定一定的价差。例如开仓时交易者下达这样的指令："买 7 月大豆合约、卖 11 月大豆合约一张，价差 0.6 美元/蒲式耳"，平仓时，他再下这样的指令："卖 7 月大豆合约、买 11 月大豆合约一张，价差 0.8 美元/蒲式耳"。交易过程均不涉及具体的合约价格。

2. 套利交易的特点和作用

与其他期货交易行为相比，套利交易的特点主要表现在以下几个方面：

（1）套利交易风险较小。一般情况下，合约间价差的变化比单一合约的价格变化要小得多，且获利大小和风险大小都较易于估算。所以，它为期货市场上的交易者提供了一个较低风险的对冲机会，故颇受投资基金和风格稳健的交易者青睐。

（2）套利交易成本较低。在期货交易所，套利交易的保证金水平和佣金水平都较低，而相应的投资报酬却较纯单向投资者稳定得多。

套利交易在期货市场是不可或缺的，总体而言，期货套利交易对整个期货市场的作用主要体现在以下几个方面：

（1）套利交易不仅有助于期货市场有效发挥其价格发现功能，也有助于使被扭曲的价格关系回复到正常水平。市场价格的扭曲表现为相关合约价差的波动超过正常范围，此时套利交易者会利用套利机会大量卖出相对价高的合约，并买进相对价低的合约。大量套利行为往往会将价格拉回到正常水平。

（2）套利交易可抑制过度投机。欲操纵市场并进行过度投机的交易者为了获得较高收益，往往利用各种手段将价格拉抬或打压到不合理的水平。如果期货市场存在较多理性套利者，过度投机行为就会被有效地抑制。

（3）套利交易可增强市场流动性，活跃远期月份合约。套利者通过在不同合约上建立正反头寸的交易行为可以有效地增强市场的流动性，而且他们一般交易量较大。尤其是跨期套利（后文将详细阐述）注重同时在近月和远月合约上操作，这就带动了远月合约的交易。

3.2.2　期现套利

套利交易主要分为期现套利、跨市套利、跨期套利和跨商品套利四种，其中后三种（跨市套利、跨期套利、跨商品套利）常被称为套期图利，也叫差价套利，其实质是同时买进和卖出两种价格有相关性的期货合约，以期今后利用期货合约间的价差变动来获利。

期现套利是指某种期货合约，当期货市场与现货市场在价格上出现差距时，利用两个市场的价格差距，低买高卖而获利。理论上，期货价格是商品未来的价格，现货价格是商品目前的价格，按照经济学上的同一价格理论，两者间的差距，即基差应该等于该商品的持有成本。一旦基差与持有成本偏离较大，就出现了期现套利的机会。一般的，期货价格要高出现货价格，并且超过用于交割的各项成本，如运输成本、质检成本、仓储成本、开具发票所增加的成本，等等。

例 3-10　某年 3 月，大连商品交易所 5 月（交割月）玉米期货价为 1 300 元/吨。长春玉米市场现货价为 1 000 元/吨，而其中大连商品交易所规定长春交割异地贴水50元/吨，所以存在较大价差。

某粮库分析后认为这是很好的套利机会，于是果断入市，以1 300元/吨卖出1 000手（1手合约为10吨）玉米期货。

结果期货价向现货价回归，最后大连商品交易所5月玉米跌至960元/吨。在此期间，粮库决定不再交割实物，而是抓住机会在1 040元/吨左右平仓出市。于是，该粮库利用此次期现套利而获得收益。

3.2.3 跨期套利

跨期套利是指在同一交易所同时买进和卖出同一品种的不同交割月份的期货合约，以便在将来合约价差变动于己有利时再对冲获利。如，投资者注意到9月份的绿豆和11月份的绿豆价差超出正常的保管费，就会买入一张9月份的玉米合约而卖出一份11月份的绿豆合约。后来，当11月份玉米合约更接近正常成本而缩小了两合约的差异时，交易商能从差异变动中获得一笔收益。跨期套利与商品绝对价格无关，仅与价差变化有关。

在期货市场中，影响不同交割月份合约价差的因素较多，主要有：市场供求状况；结转库存状况；全额持仓费用（仓储费、保险费、利息费等）；预期的通货膨胀率；仓储设施的丰裕程度及利率波动的幅度等。

跨期套利又分为牛市套利、熊市套利和蝶式套利三种模式。

1. 牛市套利

牛市套利又指买空套利或多头套利，交易方式为买近卖远，是指在牛市中，商品价格不断上涨，交易者买入近期期货合约，卖出远期期货合约，以期在牛市的气氛中，近期合约的价格上涨幅度会大于远期合约的价格上涨幅度；反之，若市场不涨反跌，则期望近期合约的价格下跌幅度会小于远期合约的价格下跌幅度，这样在将来对冲平仓时可以获得盈利。牛市套利利用了近期月份在牛市中的领涨作用和抗跌性强的特点，使其组合头寸获利可能性增加。

假设开仓时，近期合约、远期合约的成交价分别是F_1、F_2，近、远期合约的价差（近期合约－远期合约）为B。假定平仓时，近、远期合约的成交价格分别为F_1'，F_2'，近、远期合约的价差为B'。那么牛市套利交易者的盈利计算为：

$$F_1' - F_1 + F_2 - F_2' = B' - B \qquad (3.8)$$

由此可知，不管合约的绝对价格如何变化，只要价差变大，那么牛市套利就是可以盈利的。

例3－11 在3月，某交易者认为7月大豆期货价与新豆上市后的11月大豆期货的价差异常。当时由于大豆现货价格看好，他估计会带动期货价上涨，且7月期货价将比 11 月期货价上涨快，决定进行牛市套利。交易者下指令"买 7 月大豆期货，同时卖 11 月大豆期货各 20 手，价差 0.6 美元/蒲式耳"。经纪人分别以 5.6 美元/蒲式耳、5.0 美元/蒲式耳成交，CBOT 大豆合约规模为 5 000 蒲式耳/手。两个月后，7 月大豆期货价升至 5.84 美元/蒲式耳，11 月大豆升至 5.12 美元/蒲式耳。交易者将 7 月、11 月期货全部平仓，交易分析见表 3 – 10。

表 3 – 10　　　　　　　　　　　　　　　**牛市套利**　　　　　　　　　　　单位：美元/蒲式耳

	7 月合约	11 月合约	价　差
3 月 × 日	买进 10 手，价格 5.6	卖出 20 手，价格 5.0	0.6
5 月 × 日	卖出 10 手，价格 5.84	买进 20 手，价格 5.12	0.72
结　果	5.84 – 5.6 = +0.24	5.0 – 5.12 = – 0.12	
	盈利（0.24 – 0.12）×5 000×20 = 12 000（美元）		

2. 熊市套利

熊市套利又指卖空套利或空头套利，交易方式为卖近买远，是指在熊市中，商品价格不断下跌，交易者卖出近期期货合约，买入远期期货合约，以期在熊市的气氛中，近期合约的价格下跌幅度会大于远期合约的价格下跌幅度；反之，若市场不跌反涨，则期望于近期合约的价格上涨幅度会小于远期合约的价格上涨幅度，这样在将来对冲平仓时可以获得盈利。熊市套利利用了近期月份在熊市中的领跌作用和反弹力度弱的特点，使其组合头寸获利可能性增加。

假设开仓时，近月合约、远月合约的成交价分别是 F_1、F_2，近、远合约的价差为 B。假定平仓时，近、远月合约的成交价格分别为 F_1'，F_2'，近、远月合约的价差为 B'。那么熊市套利交易者的盈利计算为：

$$F_1 - F_1' + F_2' - F_2 = B - B' \tag{3.9}$$

由此可知，不管合约的绝对价格如何变化，只要价差变小，那么熊市套利就是可以盈利的。

例 3 – 12　某一年，媒体普遍认为由于厄尔尼诺现象影响了全球气候，全国大豆将减产近一成，这使大连商品交易所大豆合约价格高涨。而某公司在黑龙江产地调研实际情况后，认为大豆将有好收成，并由此判断未来大豆价格将下降，且近月期货下跌将会比远月更快，于是做了熊市套利，买 7 月大豆期货合约 10 手，同时卖 5 月大豆期货合约 10 手，大连商品交易所大豆期货合约规模是 10 吨/手。一个月后，平仓出市。其交易情况分析如表 3 – 11 所示。

表 3 – 11　　　　　　　　　　　　　　熊市套利　　　　　　　　　　　　单位：元/吨

时间	5 月合约	7 月合约	价差
5 月	卖出 10 手，价格 3 200	买进 10 手，价格 3 250	– 50
6 月	买进 10 手，价格 2 800	卖出 10 手，价格 2 900	– 100
结果	3 200 – 2 800 = 400	2 900 – 3 250 = – 350	
	盈利（400 – 350）× 10 × 10 = 5 000（元）		

对交易者而言，选择牛市套利策略还是选择熊市套利策略，应综合考虑各种因素。首先，要选择好合约；其次，将合约的价格图及价差图画出来，结合基本分析与技术分析，找到价差的变化趋势，再灵活选择机会。若预测价差将上升，则采用牛市套利策略；若预测价差将下降，则采用熊市套利策略。

3. 蝶式套利

蝶式套利是利用不同交割月份的价差进行套期获利，由两个方向相反、共享居中交割月份合约的跨期套利组成。它的风险有限，盈利也有限，是由一手牛市套利和一手熊市套利组合而成的。

蝶式套利有两种形式，一种是"牛市套利 + 熊市套利"，如"买入 3 手 3 月份大豆合约，卖出 6 手 5 月合约，买入 3 手 7 月合约"；另一种是"熊市套利 + 牛市套利"，如"卖出 3 手大豆 3 月份合约，买入 6 手 5 月合约，卖出 3 手 7 月合约"。

蝶式跨期套利的原理是：套利者认为中间交割月份的期货合约价格与两旁交割月份合约价格之间的相关关系将会出现差异。

蝶式套利具有以下特点：①蝶式套利实质上是同种商品跨交割月份的套利活动。②蝶式套利由两个方向相反的跨期套利，即由一个牛市套利和一个熊市套利构成。③连接两个跨期套利的纽带是居中月份的期货合约。在合约数量上，居中月份合约等于两旁月份合约之和。④蝶式套利必须同时下达三个买卖指令，并同时对冲。

蝶式套利的盈利分析如下。

设入市时蝶式套利近月合约与居中月份价差为 B1，居中月份合约与远月合约价差为 B2；相应的出市时价差分别为 B_1'、B_2'。那么：

对于"牛市套利 + 熊市套利"的蝶式套利方式而言，套利者的实际收益 = 牛市套利收益 + 熊市套利收益 = $(B_1' - B_1) + (B_2 - B_2')$。套利者若想盈利，则最好前一个价差变强，后一个价差变弱。在价差图上表现为前一个价差呈上升趋势，后一个价差呈下降趋势。

对于"熊市套利 + 牛市套利"的蝶式套利方法，套利者的实际收益 = 熊市套利收益 + 牛市套利收益 = $(B_2' - B_2) + (B_1 - B_1')$。套利者若想盈利，最好是前一个价差变弱，后一个价差变强。表现在价差图上，则是前一个价差呈下降趋势，后一个价差呈上升趋势。

3.2.4 跨市套利

跨市套利是在两个不同的交易所选择相同合约,同时在两个交易所开设正反两方向的头寸的交易方式。当相同的品种在不同的交易所有交易时,同一品种同一月份的期货合约有时会出现比价关系反常的情况,交易者可趁机入市进行套利交易以获取利润。

1. 跨市套利的特征

跨市套利主要有以下特点。

(1)跨市套利的风险及操作难度较跨期套利大。因为它涉及不同的交易所,交易者必须同时考虑两个市场的情形和影响因素。虽然是同一品种,但各交易所的交易规则、交割等级、交割期、最后交易日等的规定都是有差异的,而且期货市场上的流动性也不一样,若是做不同国家的跨市套利,还要考虑汇率变动的影响。所以若想在跨市套利中取得成功,必须全面考虑各种因素。国外进行跨市套利交易的一般是大的投资基金、投资银行。

(2)由于地理空间相异、品质规格不同等因素的作用,同一品种在不同交易所往往存在价差,而且市场在正常情况下应有合理的价差。一般来说,出现比价不正常的持续时间较短,套利者必须抓住时机入市。从实际情况来看,这样的时机最容易被那些在不同交易所都有场内经纪人的投资机构抓住,他们的交易量往往很大,在几分钟之间便可获得巨额盈利。

(3)在做跨市套利策略时,还必须考虑保证金和佣金成本。跨市套利需要投资者在两个市场缴纳保证金和佣金,保证金的占用成本和佣金费用要计入投资者的成本之中,这也使得跨市套利的交易成本一般高于其他套利方式。只有两市间套利价差高于上述成本时,投资者才会进行跨市套利。

在我国期货市场上,同一品种在几个交易所交易的情况,过去并不罕见。如京—郑绿豆、深—沪—津金属、苏—沪胶合板、琼—沪橡胶、苏—粤豆粕、连—沪大豆等,但市场上真正的跨市套利者却比较少,主要原因是当时期货市场不成熟、欠规范,套利者即使发现了机会也会望而却步。反过来,由于缺少大量的套利者,使得扭曲的价格关系难以迅速扭转,影响了期货市场功能的发挥。受流动性等原因的影响,在现阶段我国期货市场上参与跨市套利的投资机构也并不是很多。

2. 跨市套利的盈亏分析

设 A、B 两交易所均交易同一品种,若投资者注意到 A 交易所价格相对偏高(注意,是相对于正常的价差偏高,而不是实际价格高),则可在 A 交易所卖出而在 B 交易所买进,结果分析如表 3 – 12 所示。

表 3 – 12   跨市套利

	A 交易所	B 交易所	价 差
入市	F_A（卖）	F_B（买）	B
出市	F'_A（买）	F'_B（卖）	B'

套利结果为：

$$F_A - F'_A + F'_B - F_B = B - B' \qquad (3.10)$$

可见，跨市套利的最终结果也决定于合约间的价差变动。

例 3 – 13　11 月初，受利空因素影响，苏黎世市场黄金 1 月期货价格为 396 美元/盎司；同时伦敦市场 1 月黄金期货价为 402 美元/盎司。某投资基金注意到了这一反常价差状况，并判断不久价格还将下降，于是果断入市进行套利操作。一周后，两市场的价格均降为 394 美元/盎司，其盈亏结果如表 3 – 13 所示。

表 3 – 13   跨市套利   单位：美元/盎司

时 间	伦敦市场	苏黎世市场	价 差
11 月初某日	卖黄金合约，价格 402	买黄金合约，价格 396	6
一周后	平仓，价格 394	平仓，价格 394	0
盈亏结果	+8	−2	
	8 − 2 = 6		

3.2.5　跨商品套利

跨商品套利是指利用两种不同的，但相互存在关联的商品之间的期货合约价格差异进行套期图利，即买入某一交割月份某种商品的期货合约，同时卖出另一相同交割月份、相互关联的商品期货合约，以期在有利时机同时将这两种合约平仓获利。在典型的套利中，一般一项交易呈亏损状态而另一交易呈盈利状况。当两种价格朝着有利的方向变动时，产生的相对差额能给交易商带来收益。

跨商品套利可以分为相关商品套利和可转换性商品间套利两种形式。

1. 相关商品套利

相关商品套利就是利用两种不同品种，但价格又相互关联的期货合约之间的价差变动进行套利。比如在美国，玉米和燕麦之间的套利交易就十分流行，因为这两者均可以做饲料，具有用途上的相互替代性；再比如郑州商品期货交易所上市的优质强筋小麦和普通小麦之间、早籼稻和晚籼稻之间都存在着较强的相关关系。由于国外的套利技巧较为成熟，且套利在市场上较为盛行，而我国尚处于探索阶段，因此我们以美国燕麦与玉米套利的例子进行说明。

例 3 - 14　燕麦与玉米价差的变化有一定的季节性。一般来说，燕麦价格高于玉米。每年的 5 月、6 月、7 月是冬小麦收割季节，小麦价格降低会引起价差缩小；每年的 9 月、10 月、11 月是玉米收获季节，玉米价格下降会引起价差扩大。某套利者认为今年燕麦与玉米价差变化还将遵循这一规律，于是入市进行套利，其操作分析如表 3 - 14 与表 3 - 15 所示。

表 3 - 14　　　　　　　7 月入市套利——价差扩大的策略　　　　　单位：美元/蒲式耳

	燕麦期货	玉米期货	价　差
7 月	买进 12 月期货，价格 4.6	卖出 12 月期货，价 3.5	1.1
9 月	平仓，价格 4.9	平仓，价格 2.95	1.95
结　果	0.3	0.55	
	盈利　　03 + 0.55 = 0.85		

表 3 - 15　　　　　　　3 月入市套利——价差缩小的策略　　　　　单位：美元/蒲式耳

	燕麦期货	玉米期货	价　差
3 月	卖出 6 月期货，价格 4.4	买进 6 月期货，价格 3.4	1
5 月	平仓，价格 4.1	平仓，价格 3.2	0.9
结　果	0.3	- 0.2	
	盈利　　0.3 - 0.2 = 0.1		

假设两商品期货的价差为正，当预计价差扩大时，可采用以下策略：入市时，买进价高商品期货的同时卖出价低的商品期货；当预计价差缩小时，则采用相反的策略，即入市时卖出价高商品期货，同时买进价低的商品期货。

从以上分析可以看出，相关商品套利的盈亏结果正是入市、出市时价差的变动额。因此交易者交易时并不十分在意具体的成交价格，而只关注价差的变化。

2. 可转换性商品间套利

可转换性的商品多指原材料及其制成品，因为原材料和制成品之间的价格具有很强的相关性，所以常常利用二者的期货合约进行套利交易。如利用大豆与其两种制成品——豆油和豆粕之间的期货合约、郑州商品期货交易所上市的油菜籽和菜籽粕之间的期货合约，它们之间的套利是最典型的可转换性商品间套利交易。

仍以大豆、豆油、豆粕之间的套利为例，阐述可转换性商品之间的套利规则。在三种产品的套利交易中，具体做法是：先计算三种商品间的转换差额（即价格差别），计算公式如下：

$$转换差额 = A \times 每磅豆油期货价格 + B \times 每磅豆粕期货价格$$
$$- C \times 每磅大豆期货价格$$

其中，A、B、C 的含义为：在现有的社会平均加工水平下，C 磅大豆可以榨取 A 磅豆油，并生产出 B 磅豆粕。目前在市场上，三者分别取值为 11、48、60。

如果转换差额为正值，则说明大豆价格偏低，交易者购买大豆期货合约的同时卖出豆油和豆粕的期货合约，并将这些期货交易头寸一直保持在现货市场上，购入大豆或将成品最终销售时才分别予以对冲，这种套利又称大豆提油套利。

如果转换差额为负值，则说明大豆原料价格过高，套利者预测大豆的需求及价格可能相对下降，豆油及豆粕的需求和价格可能相对上升。交易者卖出大豆期货，同时买进豆粕、豆油期货合约，待大豆价格下跌，豆粕、豆油价格上涨时再对冲获利。这种套利又称反向大豆提油套利。

3.2.6 套期保值业务与套利业务的区别

套期保值业务和套利业务是完全不同的两种期货交易，归纳起来，二者的区别主要表现在以下三个方面：

（1）交易目的不同。套期保值的交易目的是规避现货价格波动带来的风险，而套利的交易目的是在风险中获取盈利。

（2）交易风险不同。套期保值交易的风险很小，因为其目的是规避风险，而与套期保值交易比起来，套利交易面临较大的风险。

（3）交易方式不同。套期保值交易只是买入或卖出某一远期合约，而套利交易必须在买入一合约的同时卖出另一合约。套期保值交易同时涉及了现货市场和期货市场，而套期图利业务只是在期货市场上的交易行为。

3.3 期货投机业务

本节主要介绍期货投机业务，详细阐述期货投机交易的特点、经济功能及交易方式等知识，并说明套期保值业务与期货投机业务之间的区别和联系。

3.3.1 期货投机的定义与特点

期货投机，是指在期货市场上以获取价差收益为目的的期货交易行为。在一般的理解里，投机是一个贬义词，但是在如期货交易等的市场经济环境里，投机是一个中性的词汇，可以被理解为"投资机遇"。

期货投机业务是典型的价差投资交易行为，它的操作方式为：如果交易者对某合约看涨，则买入合约并在将来卖出对冲获利；反之，如果交易者对某合约看跌，则卖出合约并在将来买入对冲获利。由于期货投机的目的是赚取差价收益，所以投资者一般只是平仓了结持有的期货合约，而不进行实物交割。期货是一种投资性很强的信用工具，期货交易实行保证金制度，即交易者可以用少量资金做数倍于其资金的交易，以此寻找获取高额利润的机会。在期货市场上，交易者一般只需缴纳合约总值5%～10%左右的保证金，就能做成一笔交易。因此，期货市场是投资盛行的市场。

期货投机和其他价差投资相比具有以下特点：

（1）短期性。期货市场上价格波动频繁，变化莫测，投机者一般是利用短期的价格波动进行风险投资，赚取短期的差价，即使是长线操作者，持仓时间最长也不会超过几个月，因而，有人称期货投机是短期投资行为。

（2）规范性。期货投机是在规范的交易所内进行，受期货市场各种法律法规的约束，规范化程度较高，而自由度和选择性相对较小。

（3）可控性。在期货市场上，不仅要通过法律法规来约束投资，而且还有配套的监控机制，政府或交易管理部门可随时监视每个会员的交易状况，因而期货投机者是在交易所的可控性约束之下进行合约交易活动。

（4）双向性。对国内市场而言，期货投机交易与证券投资交易的最大差异在于它具有双向性，即既可买多又可卖空，不管价格是涨是跌，只要交易者对价格变动方向的预测正确，就能做出盈利性的选择。

3.3.2 期货投机的功能

期货投机交易和期货投机者不仅不是期货市场的破坏者，反而在期货交易中发挥了至关重要的作用，因为其不仅可以有效提高市场流动性，而且更重要的是，投机者能吸收套期保值者厌恶的风险，成为价格风险承担者。因此，要正确认识期货市场运行机制及其经济功能，必须正确认识和理解期货投机。具体而言，期货投机业务的功能主要包括以下方面：

（1）承担价格风险。期货交易产生的根源在于为套期保值者提供风险转嫁的平台，套期保值者通过套保交易将价格剧烈波动的风险转化为波动平抑的基差风险，但是价格波动的风险并没有从市场中消失，而期货投机者恰恰是从期货价格变动中获取收益，因而也有可能因为错误判断涨跌方向而蒙受损失，因此，从本质和根源来讲，期货投机者承担了套期保值者转嫁出的价格风险。

（2）提高市场流动性。期货投机交易者频繁地建立仓位，对冲手中的合约，增加了期货市场的交易量，这既使套期保值交易容易成交，又能减少交易者进出市场可能引起的价格波动。

（3）保持价格体系稳定。各期货市场商品间价格和不同种商品间价格具有高度相关性。投机者的参与，促进了相关市场和相关商品的价格调整，有利于改善不同地区价格的不合理状况及商品不同时期的供求结构，使商品价格趋于合理。同时也有利于调整某一商品对相关商品的价格比值，使其趋于合理化，从而保持价格体系的稳定。

（4）形成合理的价格水平。投机者在价格处于较低水平时买进期货，使需求增加，导致价格上涨，在价格水平较高时卖出期货，使需求减少，这样又平抑了价格，使价格波动趋于平稳，从而形成合理的价格水平。

然而，需要特别注意的是，投机交易减缓价格波动作用的实现是有基本前提的：一是投机者需要理性化操作，违背市场规律进行操作的投机者最终会被淘汰出期货市场；二是投机要适度，过度投机、操纵市场、囤积等行为不仅不能减缓价格的波动，而且会人为地拉大供求缺口，破坏供求关系，加剧价格波动，加大市场风险，使市场丧失其正常功能。因此，应提倡理性适度投机交易，遏制过度投机现象，打击操纵市场行为。

3.3.3 期货投机者的类型

期货市场上的投机者是指愿意以自己的资金来承担价格风险，通过自己的预测买卖期货合约，并希望能够在价格变化中获得收益的投资者。投机者是风险爱好者，为了获得差价利润，主动承担交易风险。由于期货市场上的价格是经常波动的，所以投机者获利或亏损也是经常性的。

在期货市场上，按照不同的分类方法，可以把期货投机者分为以下几类：

（1）按交易部位区分，可将期货投机者分为多头投机者和空头投机者。在交易中，投机者根据对未来价格变动的预测来确定其交易部位。买进期货合约者，拥有多头部位，被称为多头投机者。卖出期货合约者，持有空头部位，被称为空头投机者。投机者能否获利和获利的大小，只取决于其预测价格变动的能力和技巧，而与其所持交易部位无关。

（2）按交易量大小区分，可将期货投机者分为大投机者和中小投机者。对大、中、小投机商的界定一般是根据其交易量的大小和拥有资金的多少。但这是相对于所参与交易的市场规模而言，目前尚未有绝对的量化标准。一般而言，大投机者的财力比较雄厚，交易量十分巨大，因而对期货市场的价格影响力较大，而中小投机者拥有的财力不够雄厚，交易量小，对市场价格的影响也较小。大投机者占有资金、信息优势，往往在交易中占据主动地位，而投资散户因资金量小、信息滞后等原因处于劣势地位，因此，为维护期货市场公平、公开、公正的原则，交易所对大投资者有严格的制约措施，防止大户操纵市场、妨碍正常价格的形成。

（3）按投机者交易期限区分，可将期货投机者分为长线交易者、短线交易者和当日交易者。长线交易者又称头寸交易者，通常将合约持有几天、几周甚至几个月，待价格变至对其有利时再将合约对冲；短线交易者一般是当天下单，在一日或几日内了结；当日交易者又称"抢帽子者"，是指持仓时间在一天之内的交易者，他们一般一天几次进出市场，利用微小的价格波动来赚取微小利润，盈利小，亏损也小，但交易量很大，希望以大量微利头寸来赚取利润。

3.3.4　期货投机交易的形式

期货投机交易最基本的原则是低买高卖，即在同一个期货市场内，投机者利用对市场价格趋势的预测，看涨时买进期货，看跌时抛出期货，然后等待有利时机进行对冲。如前文所述，期货投机交易有买入交易和卖出交易两种模式，换句话说有多头投机交易和空头投机交易两种交易方式，但是投机交易者获利多少完全取决于投机者对市场价格的分析和对未来价格走势的预测。

（1）多头投机交易。多头投机交易也叫买入投机，即先买进期货合约，然后等待时机卖出对冲获利。当确认市场处于牛市中，预计期货价格有进一步上涨空间时，交易者会采用这种交易方式。

（2）空头投机交易。空头投机交易也叫卖出投机，即先卖出期货合约，然后等待时机买进对冲获利。当确认市场处于熊市中，预计期货价格有进一步下跌空间时，交易者会采用这种交易方式。

期货投机者在期货市场上进行买空卖空交易时，最重要的是对市场价格的变化趋势进行准确的分析和预测，只有建立在正确预测基础上的交易，才有可能获取利润。期货价格的预测方法有两种——基本面分析法和技术分析法，这部分内容将在第5章详细介绍。

3.3.5　投机业务与套保业务的关系

从起源上看，期货市场产生的原因主要在于满足套期保值者转移风险、稳定收益的需要，这也是期货市场的主要经济功能之一。但是，如果期货市场中只有套期保值者，而没有套利者和投机者，套期保值者所希望转移的风险就没有承担者，套期保值也就不可能实现。可以说，投机的出现是套期保值业务存在的必要条件，也是套期保值业务发展的必然结果。

1. 套期保值与投机之间的联系

套期保值交易与投机交易并不是对立的，也不是同质的，二者之间存在着互相依存和互相促进的关联关系。

（1）期货市场投机者的参与增加了市场交易量，从而增加了市场流动性，便于套期保值者对冲其合约，自由进出市场。

（2）期货市场投机者的参与使相关市场或商品的价格变化步调趋于一致，从而形成有利于套期保值者的市场态势。

2. 套期保值与投机之间的区别

当然，套期保值和投机交易之间也存在很多的不同点，这主要体现在以下几个方面：

（1）从交易对象来看，期货投机交易主要以期货市场为对象，利用期货合约的价格频繁波动进行买卖，投机者一般不做现货交易，几乎不进行实物交割；而套期保值交易则是以现货和期货两个市场为对象。

（2）从交易目的来看，投机交易主要是利用期货市场中的价格波动进行交易，从而获得价差收益；套期保值交易则是利用期货市场中的价格波动，使现货市场与期货市场结合，以期达到两个市场的盈利与亏损基本平衡。

（3）从交易风险来看，投机交易是以投资者自愿承担价格波动风险为前提进行期货投机交易，风险的大小与投资者收益的多少有着直接、内在的联系，投资者通常为了获得较高的收益，承担较大的风险；而套期保值者则是价格风险的转移者，其交易是为了转移和规避市场价格风险。

所以，套期保值和期货投机是期货市场的两个基本因素，它们共同维持期货市场的存在和发展，二者相辅相成，缺一不可。实践证明，期货市场要充分发挥其规避风险和发现价格的功能，离不开套期保值者、套利者、投机者的共同参与。在期货交易产生和发展的历史中，每一种交易行为都扮演着举足轻重的地位，它们共同促进了期货市场的发展和期货功能的发挥。

3.4 期货交易的新趋势

随着投资理论和交易技术的发展，近年来期货交易——尤其是期货套利交易和期货投机交易——逐步开始向组合投资交易、程序化交易和量化交易的方向发展。本节将详细介绍期货交易的这三种新趋势。

3.4.1 组合投资交易

1. 组合投资交易的概念与思想

组合投资交易，是指投资者将资金按一定比例分别投资于不同种类的有价证券或同一种类有价证券的多个品种上，以分散风险的交易行为。组合投资是基于投资组合理论的一种投资策略。

传统的投资组合思想主要包括两个内容：一是"不要把所有的鸡蛋都放在一

个篮子里"，否则"覆巢无完卵"；二是组合中资产数量越多，风险分散越明显。

现代投资组合思想是在传统投资组合思想基础上的发展，美国经济学家马克维茨（Markowitz）于 1952 年首次提出投资组合理论，并进行了系统、深入和卓有成效的研究，他因此获得了 1990 年的诺贝尔经济学奖。现代投资组合理论的主要内容是风险与收益的关系分析，认为合理的投资组合应具有的特征是风险相同的情况下期望收益较高，或在期望收益相同的情况下风险较低。然而，随着组合中资产种类的增加，组合的风险虽在下降，但组合管理的成本却不断提高，并且当组合中资产的种类达到一定数量之后，组合的风险将无法继续下降，因此需要考虑最优组合规模。

事实上，投资组合理论最早源于对股票市场的研究。就目前而言，国内外关于投资组合理论的研究和实践也更多地局限于股票市场和债券市场，对于期货市场的投资组合理论研究和实践操作尚处于起步阶段。

2. 期货组合投资的应用

在期货组合投资中，根据组合的资产性质不同，可分为金融期货组合投资、商品期货组合投资和金融与商品期货交叉组合投资。在此，我们仅以商品期货为例，介绍期货组合投资的应用。

（1）期货投资组合品种的选择。品种选择在期货组合投资中具有十分重要的作用，从一定意义上说，它是决定期货组合投资成败的关键环节。

根据投资组合的原理，进行品种选择首先要对被选择品种的相关性进行分析。品种之间的相关系数值的正负反映了它们之间相关关系的方向：如果相关系数为正，表明两品种之间是正向的相关关系，也就是同涨同跌；如果相关系数为负，表明两品种之间是负向的相关关系，也就是一种商品涨的同时另外一种商品反而会跌。品种之间的相关系数值的大小则反映了它们之间相关性的强弱程度：相关系数的绝对值介于 $0 \sim 1$ 之间，绝对值越大，表明两品种的相关性就越强。一般而言，相关系数的绝对值介于 $0 \sim 0.3$ 之间意味着微弱的相关关系；相关系数的绝对值介于 $0.3 \sim 0.5$ 之间意味着二者低度相关；相关系数的绝对值位于 $0.5 \sim 0.8$ 之间意味着两个品种显著相关；相关系数的绝对值位于 $0.8 \sim 1$ 之间意味着两个品种高度相关；极端情况下，相关系数等于 0 意味着二者完全不相关，相关系数等于 -1 意味着二者完全负相关，相关系数等于 1 意味着二者完全正相关。在期货市场的现实中，极端情况并不实际存在。

投资组合的风险取决于收益的正相关程度，如果两期货品种的正相关程度越高，即越接近于完全正相关，那么，投资组合的风险也就越接近于两者风险的加权平均数。反之，如果期货品种收益的正相关程度越低，即越接近于不相关，那么，投资组合的风险就会越低于期货品种组合中各品种的风险。特别地，当期货品种收益的相关程度接近于完全负相关时，投资者就有可能采取适当的投资策略，把投资组合的风险降到最低点。这就表明，投资者把投资资金分散于两种期货品种上，承担的风险大小取决于这两种品种收益的相关程度。随着收益的相关程度减弱，投资者承担的风险越来越小。

在选择期货交易品种时，除了要考虑品种之间的相关性之外，还要考察每一种期货交易品种的流动性，良好的流动性是期货组合交易的基础，一般选取各品种主力合约的周成交量与周持仓量的比值作为指标来进行衡量。

（2）期货投资组合的构建。期货投资组合模型构建完成后，采用合适的计算方法如数学规划法对模型进行求解，得到一系列目标投资组合方案。投资组合的构建就是选择纳入投资组合的期货品种并确定其适当的权重，即各投资品种占该投资组合的比例。按照马克维茨的投资组合理论，构建投资组合的合理目标应是在给定的风险水平下形成一个具有最高回报率的投资组合。具有这种特征的投资组合才能称之为有效的投资组合。

投资组合的构建过程包括：首先，界定投资品种的种类、范围和数量。其次，计算各投资品种潜在回报率的期望值及其承担的风险。最后，也是最关键的一步就是投资组合的优化过程，必须包括各种投资品种的选择和投资组合内各品种权重的确定。在把各种品种集合到一起形成所要求的组合的过程中，不仅有必要考虑每一品种的风险——回报率特征，还要估计到这些品种随着时间的推移可能产生的相互作用。具体的数学规划法可用 Excel 软件中的规划求解来完成。

（3）期货投资组合的绩效评估。根据投资组合模型的求解结果，可借助夏普指数模型对得到的各期货投资组合方案进行绩效评估。夏普指数模型的表达式为：

$$S = (R_p - R_f)/\sigma_p \tag{3.11}$$

其中，S 表示夏普绩效指数，R_p 表示该期货投资组合在持有期内的平均收益率，R_f 表示无风险收益率，σ_p 表示该投资组合收益率的标准差（该标准差是投资组合风险的一种体现）。

夏普指数模型表明，在同样一个单位风险条件下，夏普指数值越大，投资组合的绩效越好。因此，根据具体的计算结果，可以选取其中夏普指数数值最大的一组作为最终确定的期货投资组合。

3.4.2　程序化交易

1. 程序化交易的概念

程序化交易，又称程式化交易，是指所有利用计算机软件程序制定交易策略并实行自动下单的交易行为。

程序化交易的买卖决策，一般是在计算机的辅助下将市场上各种信息转化为程序参数，由计算机来代替人工发出买卖信号，执行下单程序。它在一定程度上克服了人类在期货交易时的一些心理弱点，能严守既定的交易策略及操作规范，确保整个交易过程中交易方法的一致性。

程序化交易产生于20世纪80年代后期，在世界全球经济一体化和贸易自由化的趋势下，计算机、信息技术、新兴市场和金融创新工具的大量出现，是程序化交易的产生的主要原因，期权、期货和掉期等金融工具为各种专业管理公司提供了新的市场投资机会。这期间对冲基金得到迅猛发展，出现了大量在国际市场进行套利投资的新型对冲基金，这些投资均建立在复杂的程序化交易之上，并涌现出一些很著名的人士，如以反射理论投资于外汇市场的量子基金掌门人乔治·索罗斯、率先进行全球宏观投资的老虎基金创始人朱利安·罗伯逊、以套利著称的美国长期资本公司创立人迈伦·斯科尔斯和罗布特·默顿。

从程序化交易的核心交易模型上来看，它的历史非常悠久，其雏形最先出现于证券交易之中，后被应用于期货交易，并随着投资管理业的迅速壮大，而得到进一步发展。其间涌现了许多成功的职业投资家，包括以技术分析模型为代表的江恩、以基本分析模型为代表的彼德·林奇、沃伦·巴菲特等。随着学院派的兴起和计算机技术的进步，以套利交易为主的程序化交易在华尔街大行其道，出现了许多"数量级"选手，他们拥有丰富的金融知识和扎实的数学功底，充分利用先进的电脑技术，通过对历史数据进行大量复杂的数学运算，建立起大型数学计量模型，同时进行多个市场多个产品的套利活动。当前西方发达国家市场在交易系统方面的研究已经相当成熟，在美国，程序化交易的总量占总交易量的比重从1988年的10%上升到如今的25%左右，几乎所有的投资经理都使用程序化交易系统来辅助交易与资产管理。

2. 国内期货市场的程序化交易发展

中国投资市场尚处于起步阶段，近两年随着互联网、计算机等载体的日渐成熟，程序化交易才逐渐走入投资者视野。文华财经资讯有限公司在2005年北京举行的"期货市场高层论坛——持续稳定发展的中国期货市场"上首次提出了程序化交易的概念，自此，程序化交易的快捷、理性化的特点引起了各界的广泛关注，逐渐被期货公司、投资者所接受。但是当前我国期货市场的程序化交易依然处于较为低下的研究和应用水平，究其原因，主要有以下三点：

（1）国内期货合约数据历史太短。数学计量交易模型的建立很大程度上依赖于统计学的功能，必须以大量的交易数据为基础，而国内的交易数据最长的只有10年左右，所以在研究上将大打折扣。

（2）专业人才的缺失。基本面分析交易模型、数学计量交易模型还需要大量的经济数学方面的专业人才，由于这方面人才本身的稀少以及期货行业欠缺吸引力导致这方面人才缺失。

（3）国内投资者以技术分析见长。近几年由于股票市场的低迷，很大一部分投资者涌入期货市场，所以期货市场交易者的很多投资习惯源于股票交易。国内股票市场基本面信息的不对称性、会计报表的不准确性、重大信息的不披露等特性，逼迫投资者只能研究技术分析，转投期货市场后仍然保有这样的分析和投资习惯，造成了期货投资者也以技术分析见长，不擅长使用甚至不信赖程序化交易。

不过，虽然当前国内期货市场程序化交易尚起步，但由于其成交量大，市场流动性好，各品种之间的套利机会众多，未来中国期货市场程序化交易的发展空间十分广阔。

3. 程序化交易的基本流程

程序化交易是在期货交易软件和自助委托软件的协同工作下实现的。客户通过程序化交易系统发出的委托指令是通过远程交易系统进入期货公司和交易所的撮合中心的。期货市场的程序化交易的基本流程如下：

（1）编辑交易模型。程序化交易的核心就是编写交易算法和模型，因此，首先应当把交易方法写成交易模型，如图 3 - 6 所示。

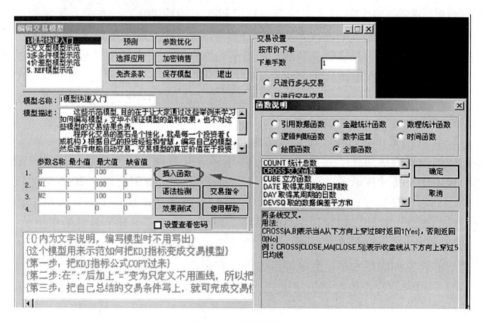

图 3 - 6　编写交易模型

（2）效果测试。做成交易模型只是一个开始，一个好的交易模型需要行情的考验，首先就是对历史行情的效果测试，详细的测试信息帮助反映出模型中存在的缺点以便不断改进（见图3－7）。

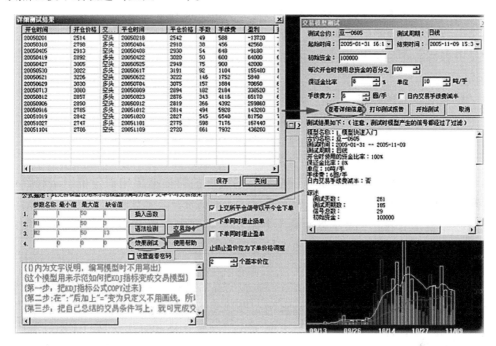

图3－7　效果测试

（3）参数优化。交易模型中带有参数，这些参数的取值直接影响到模型的交易效果，交易模型需要进行参数优化，找到最优的值。并且行情总是变化的，最优的值可能会逐渐偏离，所以参数优化也需要定期检测。

（4）利用模拟交易系统对实时行情进行交易效果检测。除了对历史行情进行效果测试外，最重要的是交易模型在实时行情中的效果检测，因为历史不会简单地重复，实时行情中的操作能发现许多在历史行情中发现不了的问题，如关键点位的拉锯战，开平仓价格等，但是如果用资金参加实盘操作，风险无疑巨大，文华的模拟交易系统通过用虚拟的资金完成对实时行情的效果检测，达到的效果与实盘操作完全一样。

（5）应用交易模型。交易模型确定后就进入了实盘交易，在行情中直接按照交易指令把单子下进交易所内，不需要任何人工操作，完全自动化（也可选择半自动，需要确认一次）。

3.4.3　量化交易

1. 量化交易的概念

量化交易是指以先进的数学模型替代人为的主观判断，利用计算机技术从庞大的历史数据中海选能带来超额收益的多种"大概率"事件以制定策略，极大地减少投资者情绪波动的影响，避免在市场极度狂热或悲观的情况下做出非理性的投资决策。

2. 量化交易的特点

与普通的交易相比，量化交易主要包含以下基本特点：

（1）纪律性。根据模型的运行结果进行决策，而不是凭感觉。

（2）系统性。具体表现为"三多"，即多层次、多角度、多数据。

（3）套利思想。定量投资通过全面、系统性的扫描捕捉错误定价、错误估值带来的机会，从而发现估值洼地，并通过买入低估资产、卖出高估资产而获利。

（4）概率取胜。一是定量投资不断从历史数据中挖掘有望重复的规律并加以利用；二是依靠组合资产取胜，而不是靠单个资产取胜。

3. 量化交易的应用

量化投资技术包括多种具体方法，在投资品种选择、投资时机选择、股指期货套利、商品期货套利、统计套利和算法交易等领域得到广泛应用。

从交易技术上来讲，量化交易主要包含了高频交易和算法交易两大类。其中，常见的高频交易有高频套利、Scalping 等，常见的算法交易有 VWAP、TWAP、POV 等。

从交易思想上来讲，量化交易主要包含了套利交易和多策略交易等。其中，常见的套利量化交易有宏观对冲、Spreading 等。

4. 量化交易的潜在风险

量化交易一般会经过海量数据仿真测试和模拟操作等手段进行检验，并依据一定的风险管理算法进行仓位和资金配置，实现风险最小化和收益最大化，但往往也会存在一定的潜在风险，具体包括：

（1）历史数据的完整性。行情数据不完整可能导致模型与行情数据不匹配。

（2）模型设计中没有考虑仓位和资金配置，没有安全的风险评估和预防措施，可能导致资金、仓位和模型的不匹配，而发生爆仓现象。

（3）网络中断，硬件故障也可能对量化交易产生影响。

（4）同质模型产生竞争交易现象导致的风险。

（5）单一投资品种导致的不可预测风险。

复习思考题

1. 按照套期保值的理论研究与发展趋势，套期保值可以分为哪几种理论？

2. 简述实现套期保值的经济学原理。

3. 套期保值交易有哪些交易原则？

4. 买入/卖出套期保值的基本操作方法、利弊和适用条件是怎样的？

5. 实物交割对期货与现货价格有何重要意义？交割结算价是如何决定的？实物交割的程序有哪些？

6. 什么是期转现交易？期转现有何优越性？

7. 什么是基差？基差变化对套期保值的效果有何影响？

8. 什么是基差交易？什么是叫价交易？

9. 什么是套保比率？如何确定动态套期保值中的最佳套保比率？

10. 套利交易的原理是怎样的？套利交易有什么特点？

11. 什么是期现套利、跨期套利、跨商品套利、跨市套利？

12. 期货市场上为什么存在投机交易者？

13. 近年来期货交易呈现出哪些新的趋势？

第 *4* 章

期货价格理论

本章按期货价格理论研究发展的顺序，首先介绍古典期货价格理论；其次介绍现代投资期货价格理论；最后从具体期货交易实务出发，分析期货价格的具体构成。

4.1 古典期货价格理论

古典期货价格理论是现代价格理论的分支，从经济学的角度上看，其发展进程与微观经济学的价格理论大体一致。古典期货价格理论主要有持有成本理论和均衡价格理论，它们分别从商品的变动成本和供求均衡方面探讨期货价格的形成。

4.1.1 持有成本理论

持有成本理论，也称仓储价格理论，是由美国著名的期货研究专家沃金（Working）在其经典著作《仓储价格理论》中提出的。持有成本理论是以商品持有（仓储）为中心，分析期货市场的机制，论证期货交易对于供求关系产生的积极影响。

持有成本理论认为，期货交易平抑价格波动的功能是建立在正仓储报酬和负仓储报酬的基础上。正仓储报酬是期货价格高于现货价格，又称正向市场；负仓储报酬是价格不正常地上升，从而超过了期货价格，又称反向市场，这与 3.1.3 小节关于正向市场、反向市场的定义是一致的。当仓储报酬为正数时，整个社会将会保持一个相当大的仓储量，持有成本较大；而当现货供给不足，仓储报酬呈负数时，仓储商减少仓储，使供给不足的现象尽可能地得到缓解。期货市场正是利用仓储报酬的这种现象有力地调节不同时间的供给分配，从而减缓了价格波动的幅度，引导市场走向均衡。

　　持有成本理论是早期的商品期货价格理论。由于当时的商品期货基本上都是农产品，生产极具季节性，从生产到销售要经过相当长的时间，而此期间价格可能有较大的波动，给生产者和消费者造成损失。持有成本理论正是为了稳定农产品的价格，在比较合理的现货基础上提出的。由于仓储商品需要支付一定的费用，且储存时间越长，成本越高，假设收获期的商品现货价格为 P，储存期为 t，储存成本为 C，期货价格为 F，则有：

$$F = P + C_t \qquad (4.1)$$

　　即商品期货价格等于即期现货价格加上合约到期的储存成本（即持有成本）。持有成本包括储藏费用、利息、保险费、损耗费等。

　　持有成本理论是期货价格理论的基础，并对后期的期货价格理论产生了重大影响，其主要的贡献可以归纳为以下两点：

　　（1）它能够解释基差的经济含义。储存成本被视为是基差的主要成分。一般情况下，若期货价格大于现货价格与储存成本之和（$F > P + C_t$），交易者将卖出期货合约并买入现货，以备空头合约到期时交割，这样，交易者将赚取上述不等式的差额部分。同时，期货市场卖方多于买方，现货市场买方多于卖方，这将迫使期货价格下降，现货价格上涨，直至基差等于储存成本。

　　（2）它能够说明期货调节现货供求的原因。期货的一个重要经济功能就是通过仓储过程实现对现货需求的调节。假如现货商品由于供过于求而致使其价格偏低，这时仓储商将在期货市场做空，同时在现货市场购进商品投入仓库，以用于期货到期实物交割，这就使现货市场上部分参与流通的商品投入仓库，减缓以至消除现货供大于求的状况，实现供求趋于均衡；相反，如果现货市场供不应求，则在价格机制作用下，更多商品从仓库流向现货市场，同样起到减缓现货供求矛盾的作用。

　　当然，持有成本理论也有局限性，归纳起来有如下四点：

　　（1）"负仓储成本"问题。按正常理解，仓储成本是大于零的正数，不会出现负仓储费用的现象。但是，根据持有成本理论公式，如果期货价格小于现货价格，仓储成本只能为负。怎样在仓储理论的框架内说明负仓储成本的问题，有两种不同的解释。较早流行的一种看法认为，市场上存在对未来农作物丰收的预期使得交易对期货看空，故期货价格下降，并低于现货价格，出现负仓储成本现象。但是，沃金在实证研究的基础上给出了不同的解释。他认为，现货价格之所以高于期货价格是由于上一个或更早年份农作物歉收或库存太少导致的。尽管沃金的解释符合事实，但负仓储成本还是难以被直接解释。

　　（2）适合范围有限。按持有成本理论假设，相应商品是集中时间供给而均匀消费的，且主要针对农产品，但实际上，目前国际期货品种中存在大量的非农产品商品期货，这些产品均匀生产和消费，仓储成本并不像农产品那样明显且有规律性，比如石油、铜、铝期货等。

（3）解释期货价格形成要素不充分，在现货市场不发达条件下，仓储成本和基差对应关系并不紧密。实际上，持有成本理论仅考虑了仓储成本与期货和现货价差的关系，而排除了许多其他因素对基差的影响，因此，无法全面地解释期货价格的变动。

（4）未考虑预期仓储的影响。一些研究证明，现实的仓储量和费用对近期现货和期货价格的影响是明显的，但对远期的影响则不太明显。所以，在决定期货价格时，还应考虑预期的仓储数量和费用。鉴于这种认识，威马（Waymar，F. H.）在1966年对沃金的理论进行了修正，提出应将预期仓储作为决定基差的因素。其表达式是：$P_t - P_0 = F(I)$，其中I代表预期存储量。

4.1.2 均衡价格理论

均衡价格理论是持有成本理论的进一步发展。均衡价格理论假定期货市场是完全竞争的市场，存在着众多的期货买方和卖方，双方对市场行情和各种信息都能充分了解。买卖双方所交易的都是标准化的期货合约，它们之间进行着激烈的竞争。在这种假设条件下，期货价格的变化要从供给和需求两方面的力量对比来解释。期货市场上众多的买者和卖者集中进行公开交易，从而使期货市场的供给和需求不断调整，最终达到均衡价格水平。根据均衡价格不同的形成原因，均衡价格理论可以分为两种，即供求价格理论和预期学派价格理论。前者比较简单，本书主要介绍后者。

供求价格理论认为，商品期货价格是由即期的供给和需求两方面共同作用的结果。在期货市场上，当商品的供给短缺，期货的价格持续上涨时，供给量不断增加而需求量相应减少，使供给量超过需求量，出现供过于求，最后迫使价格下降；相反，当商品的供给过剩，期货价格持续下降时，需求量不断增加而供给量相应减少，使需求量超过供给量，出现供不应求，最后迫使价格上升。供给和需求相互作用，最终使期货的供给和需求在某一价格水平上达到均衡。但是，这种供求决定的均衡价格状态不久即被打破，由此展开新的一轮供给与需求的较量，最终产生新的均衡价格，这种均衡价格是一个动态的过程。

很显然，供求价格理论将期货合约视为一种可交易商品，运用经济学最基础的供求均衡模型去解释期货价格的形成。其缺点是没有合理地划分期货和现货在本质上和市场因素方面的诸多不同，内容显得较为空泛，没有实用价值。下面具体介绍一下预期学派价格理论。

1. 传统的预期理论

预期从本质上来说就是对目前决策有关的经济变量的未来值的预测。早在1936年凯恩斯就在《就业、利息和货币通论》中指出:"在决定每日产量时,每个厂商之行为决定于它的短期预测——即预测在不同的可能的生产规模下产品的成本与销售收入如何。正是这种预测,决定了厂商提供的就业量。"显然,市场的不确定性和预期分析已经成为经济分析中的重要手段。就市场价格形成而言,传统的预期理论可以划分为简单性预期理论、外推性预期理论和适应性预期理论三种形式,下面我们将对这几种形式分别加以阐述。

(1)简单性预期理论。

这种预期是把上一期的价格作为本期预测价格,用数学公式表示为:

$$P_t^* = P_{t-1} \tag{4.2}$$

如果考虑到市场均衡条件:

$q_t^d = a - \beta P_t$(需求函数,时期 t 的需求取决于时期 t 的价格)

$q_t^s = r + \delta P_t^*$(供给函数,时期 t 的供给决定于预期的时期 t 的价格)

$$q_t^s = q_t^d = q_t$$

则亦可得出以 p_t^* 表示的 p_t:

$$p_t = (a - r)/\beta - (\delta/\beta)p_t^*$$

因而,在简单预期条件下的价格可表示为:

$$p_t = (a - r)/\beta - (\delta/\beta)p_{t-1} \tag{4.3}$$

通过上述理论推导,不难看出所谓的简单预期模型式(4.3)就是蛛网价格模型。蛛网理论是1969年首届诺贝尔经济学奖的获奖成果,该理论运用了现期经济变量受上一期变量影响的分析方法,这一分析方法成为现代经济学中运用差分方程进行经济分析的起点。

蛛网理论适应生产与价格具有周期性规律的农产品。该理论认为,本期商品的供应量是由前一期的价格水平决定。由于农产品的生产规模决定之后,无法中途改变生产规模,因此产量只能由上一期规模决定。假定农产品的供求曲线不变。根据需求弹性 E_d 和供给弹性 E_s 的不同关系,价格与产量会出现下列三种不同的情况。

第一种情况:当需求弹性 > 供给弹性($E_d > E_s$),即需求曲线的斜率大于供给曲线的斜率时,价格和产量的波动幅度越来越小,最终达到均衡,这种蛛网称"收敛型蛛网",如图 4-1 所示。

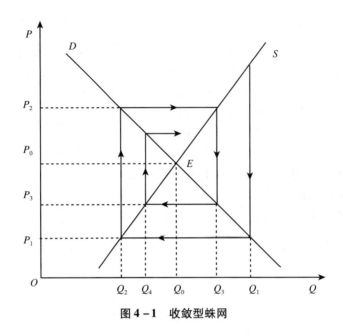

图 4 - 1 收敛型蛛网

在现货市场上，如果是丰收年份，产量为 Q_1，且 Q_1 大于均衡产量 Q_0，供大于求，消费者付出的价格为 P_1，低于均衡价格 P_0；由于本期价格决定下期生产规模，所以当价格为 P_1 时，供给方减少产量，下一期产量由 Q_1 减少到 Q_2，于是供小于求，价格上升到 P_2；当价格上升至 P_2 时，供给方增加产量，把产量扩大到 Q_3，供大于求，价格又跌至 P_3。如此反复下去，最后趋于均衡点 E。在 $E_d > E_s$ 的收敛性情况下，期货市场的价格与产量又会如何呢？在正常的期货市场中，当现货市场的供给量为 Q_1 时，供大于求，现货价格降至 P_1，期货市场也会受到相同因素的影响，在 Q_1 处期货价格降至 P_1 点附近，此时投机者入市买入合约做多，待价格上涨后卖出合约以赚取价差利润。当 Q_2 处，期货价格上升到 P_2，期货交易者做空。同现货市场一样，最终期货价格趋于稳定。

第二种情况：当需求弹性 < 供给弹性（$E_d < E_s$），即需求曲线的斜率小于供给曲线的斜率时，价格与产量的变动过程与上述情况类似，但它们的波动幅度不是越来越小，而是越来越大，离开均衡点越来越远。这种蛛网叫"发散型蛛网"，如图 4 - 2 所示。

相应的期货市场的价格也是伴随现货价格同升同降，变化幅度越来越大。在实际变化中，价格水平的峰谷与谷底差别可达 50%，即发生暴涨暴跌。这种波动现象连续发生时，商品的供给往往出现大幅度的伸缩变化，农产品的种植面积也会因此大幅度增加或减少。期货市场处在这种市况时，交易者当慎之又慎，因为高利润总是与高风险相伴而生的。

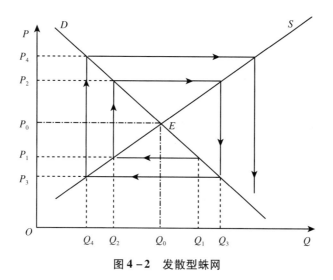

图 4 - 2　发散型蛛网

第三种情况：当需求弹性 = 供给弹性（$E_d = E_s$），即需求曲线的斜率等于供给曲线的斜率时，价格和产量均按相同幅度波动，在图上形成首尾相连的蛛网，供给曲线和需求曲线的斜率的绝对值相等。至于蛛网离均衡点的远近则根据市场干扰的强度而定。这种蛛网叫"循环型蛛网"，如图 4 - 3 所示。

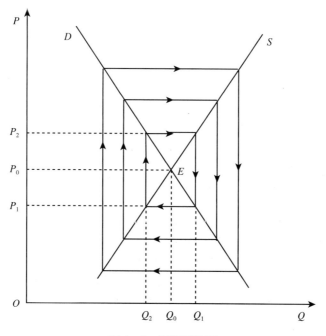

图 4 - 3　循环型蛛网

（2）外推性预期理论。

这种理论是根据价格的变化趋势来预测价格走向。用数学公式表达为：

$$p_t^* = p_{t-1} + \alpha(p_{t-1} - p_{t-2}) \tag{4.4}$$

其中 α 为预期系数。很显然，如果 $\alpha > 0$，则以前的趋势将保持下去；如果 $\alpha < 0$，则以前的趋势将改变；如果 $\alpha = 0$，则外推法预期与蛛网理论预期完全相同。

（3）适应性预期理论。

根据这种预期机制，各个经济主体根据他们以前预期的误差程度来修正每一时期的预期值。用公式表示，在 $(t-1)$ 时期所做的 t 时间的期货价格水平的适应性预期为：

$$p_t^* = p_{t-1}^* + \eta(p_{t-1} - p_{t-1}^*) \tag{4.5}$$

其中 η 为适应系数，它决定了预期对过去的误差进行调整的程度。将式（4.5）整理可得：

$$p_t^* = \eta p_{t-1} + (1 - \eta)p_{t-1}^* \tag{4.6}$$

式（4.6）中右项的第二个变量 p_{t-1}^* 是 $(t-2)$ 时期形成的对 $t-1$ 时期的价格水平的预期，即：

$$p_{t-1}^* = \eta p_{t-2} + (1 - \eta)p_{t-2}^* \tag{4.7}$$

将上述两式合并后为：

$$p_t^* = \eta p_{t-1} + \eta(1 - \eta)p_{t-2} + (1 - \eta)^2 p_{t-2}^* \tag{4.8}$$

运用逆推法，式（4.8）可扩展为一个统一模式，这说明对于适应性预期，过去的价格总是影响现在的预期。

$$\begin{aligned} p_t^* &= \eta p_{t-1} + \eta(1 - \eta)p_{t-2} + \eta(1 - \eta)^2 p_{t-3} + \eta(1 - \eta)^3 p_{t-4} + \cdots \\ &= \eta \sum_{k=1}^{\infty}(1 - \eta)^{k-1} \times p_{t-k} \end{aligned} \tag{4.9}$$

式（4.9）即适应性预期的数学表达式。

从某种意义上讲，传统性预期尤其是适应性理论，有一定的实用性，即它动态地反映了过去价格的连续影响。但传统预期有着不可忽视的缺陷：过分抽象和简化。外推性和适应性预期也存在一些缺陷，期货价格的形成并不只是与以往的价格有关，实际上与许多非价格因素有关，更重要的是，该预期理论没有任何经济行为理论作基础。

当然，随着理论水平的提高和计算机技术在预测中的运用，传统预期理论得到了很大的发展，出现了诸如自适应过滤法、灰色预测法、干预分析模型预测法、神经网络预测法等预测方法，把它们运用到期货价格理论中，将在一定程度上得到更好的预期结果。

2. 理性预期的价格理论

理性预期对人们的预期形成给予了经济学上的行为分析，从而使理论与现实更为吻合。在理性预期理论中，信息被视为一种可以用来参与配置获得最大利益的资源，追求效用最大化的个人应该在进行预期时利用一切可获得的信息。同时，理性的经济主体将运用与他们有关的经济知识来形成预期。

理性预期的特征主要有三点：

（1）理性预期从本质上来说是主观的，它不能与做出这种预期的决策者相分离而独立存在。通常所说的期货市场上的预期价格，实际上是指市场上所有交易者预期的总和。

（2）一个特定的经济变量的预期，不应只限于单一的预期值，而应看作是该变量未来值的一个概率分布。

（3）在期货市场上，所谓结构信息不仅包括以往的价格，而且还包括其他有关影响价格的信息，如政局变化、经济形势、投机心理、大户操纵、仓储成本、偶然事件等，这些都可能引起期货价格的波动，而且这些因素在一定条件下都可以发挥比过去价格更大的影响作用。

为了严格地阐述期货价格形成的理性预期理论，不妨详细考察理论的建模过程。假定市场经济主体能运用他们有关的知识来形成理性的预期，交易者能根据自己当时所能获得的信息来进行概率估计，用 I_{t-1} 表示在时间 $t-1$ 所能得到的所有的信息，用 $f(X_t/I_{t-1})$ 表示被预测的经济变量 X_t 的条件概率密度，对应于条件概率密度是条件数学期望 $E(X_t/I_{t-1})$，定义为：

$$E[X_t/I_{t-1}] = \int_a^b X_t f(X_t/I_{t-1}) \, dx_t \qquad (4.10)$$

条件数学期望是对预测变量的预测，因而必然会存在误差，如以 ε_t 表示误差，则有：

$$\varepsilon_t = X_t - E[X_t/I_{t-1}] \qquad (4.11)$$

针对误差 ε_t，有两个重要性质：

① 预测误差的条件期望值为零。即：

$$E[\varepsilon_t/I_{t-1}] = E[X_t/I_{t-1}] - E[X_t/I_{t-1}] \qquad (4.12)$$

因为对于式（4.12）而言，时间 $t-1$ 的条件期望已知，因此条件期望正是预测本身。

② 正交性。即预测误差不仅期望值为零，而且应当与任何交易者可得到的信息不相关。用数学公式表示，即为：

$$E[\varepsilon_t I_{t-1}/I_{t-1}] = 0 \tag{4.13}$$

现引入供需关系模型。假设供给函数与需求函数是线性的，即：

$$q^D = a - bp \tag{4.14}$$
$$q^S = -c + dp \tag{4.15}$$

考虑到供求均衡条件，联立式（4.14）和式（4.15），$q^D = q^S$，则有均衡价格：

$$P = (a + c)/(b + d) \tag{4.16}$$

在进行理性预期分析时，由于要假定预期价格与实际价格的相互作用，需引入时间变量 v_t 和 u_t，反映随机的需求和供给的突然变化对模型的影响，故式（4.14）和式（4.15）可改写为：

$$q_t^D = a - bp_t + v_t \tag{4.17}$$
$$q_t^s = -c + dp_t^* + u_t \tag{4.18}$$

模型式（4.17）、式（4.18）中，a、b、c、d 是大于零的常数，属于外生变量，P_t 代表实际均衡价格，P_t^* 则表示根据信息 I_{t-1} 所作的理性预期价格。市场的实际需求量取决于实际价格，而供给量取决于交易者对未来价格走势的理性预期。整个模型所要解释的变量 P_t 和 P_t^* 是内生变量。两个方程的外加随机项 v_t 和 u_t 反映了随机的需求和供给突然变化对模型的影响，在理论上这种突然变动分布的期望是零。因此，联立式（4.17）和式（4.18），令 $q_t^D = q_t^S$，可求得：

$$p_t = (a + c)/b - p_t^* d/b - (u_t - v_t)/b \tag{4.19}$$

该公式表明任何时期的实际价格取决于价格预期、外生变量和随机项。运用预期价格 P_t^* 的表达式 $P_t^* = E[P_t/I_{t-1}]$，则有：

$$P_t^* = E[P_t/I_{t-1}] = E[((a + c)/b - P_t^* d/b - (u_t - v_t)/b)/I_{t-1}]$$
$$= (a + c)/b - E(P_t^*/I_{t-1})d/b - E[(u_t - v_t)/I_{t-1}]/b \tag{4.20}$$

因为 v_t 和 u_t 是随机项，其各自的期望值在理论上应为零，$E[u_t/I_{t-1}] = 0$，$E[v_t/I_{t-1}] = 0$，而 $E[P_t^*/I_{t-1}] = P_t^*$，代入式（4.20），故有：

$$P_t^* = (a + c)/(b + d) \tag{4.21}$$

显然，对期货价格的理性预期，能使实际上两个截然不同的事物达到一致，即交易者对期货价格主观心理的预期平均值等于到期现货价格的实际数值：

$$P_t^* = (a + c)/(b + d) = P_t \tag{4.22}$$

理解这一结论要将模型中的外生变量和内生变量区分开。一方面，对于外生变量，理性预期尽管重要，但不影响外生变量的取值，因为外生变量是由模型外部条件给定的；另一方面，内生变量的预期会影响内生变量的变化，上述表达式说明对价格的预期（内生变量）影响到内生变量实际价格和供需量。实际上，预期价格（期望）平均值等于实际价格，这正是期货市场具有价格发现功能的根本原因所在。

理性预期理论模型还有一个非常重要的结论是值得注意的，即如果预测变量的实际值不等于预期平均值，那是因为价格形成机制中或该经济体系内，存在着不可搜寻的不确定因素，否则将会有与实际值相同的预测。

4.2 现代期货价格理论

现代期货交易已经基本脱离了商品实物的买卖，成为一种投资活动，因此现代期货投资理论被视为现代投资学的一个组成部分。

现代期货投资理论的创立源于以下几种认识：（1）期货交易者只支付少量的保证金，其目的是获取期货合约差价收益，而西方经济学中的投资正是指为了获取未来收益而预支资本的行为。（2）现代期货交易中买卖的是一种标准化的期货合约，这与买卖股票、债券等有价证券一样，被视为一种投资。因此，20世纪80年代以后，西方经济学家试着用投资理论来解释期货价格的形成，从而创立了现代期货价格理论。

由于购买期货合约只需交纳少量保证金，并不需要支付期货面值实际价款，因此，现代期货理论假定购买期货合约的初始投资为零。由于期货交易有较大的风险，投资者为了减少这个风险，需要在购买期货合约的同时购买相应的且数量等于期货数量的债券。假定这种债券是1天期的，所以，在第一天开始时，投资者购买期限为 T、数量为 $(1 + {}_1Y_0)$ 的期货合约，这里 ${}_1Y_0$ 是1天期债券在当天的收益率，同时购买数量为 $(1 + {}_1Y_0)$ 的相应债券。那么在这一天结束时，期货投资获得的收益等于合约数量乘以当天的价格差，即 $(1 + {}_1Y_0)({}_{T-1}f_1 - {}_Tf_0)$，${}_Tf_0$ 为第一天买入期货合约的成交价，${}_{T-1}f_1$ 为第一天合约的结算价格。债券投资的收入将是 ${}_Tf_0(1 + {}_1Y_0)$，那么第一天债券投资与期货投资的总收入为：

$$_Tf_0(1 + {}_1Y_0) + (1 + {}_1Y_0)({}_{T-1}f_1 - {}_Tf_0) = (1 + {}_1Y_0)_{T-1}f_1 \tag{4.23}$$

这些收入以新的收率益 $_1Y_1$ 再投资于一天期债券，在第二天结束时，产生以下收益：$_{T-1}f_1(1+_1Y_0)(1+_1Y_1)$。在继续投资债券的同时，投资者可以购买更多的期货合约，第二天购买期货合约数量为 $(1+_1Y_0)(1+_1Y_1)$。在第二天结束时这些期货合约的收益或亏损为 $(1+_1Y_0)(1+_1Y_1)(_{T-2}f_2-_{T-1}f_1)$，总和债券和期货投资，第二天的总收入为：

$$_{T-1}f_1(1+_1Y_0)(1+_1Y_1)+(1+_1Y_0)(1+_1Y_1)(_{T-2}f_2-_{T-1}f_1)$$
$$=(1+_1Y_0)(1+_1Y_1)_{T-2}f_2 \tag{4.24}$$

依此类推，可以总结出每天结束时债券投资与期货投资产生的总收入模型。在任意的 t 天，总收入将等于 $(1+_1Y_0)(1+_1Y_1)\cdots(1+_1Y_t)_{T-t}f_t$。在期货合约到期时其价格为 $_0f_T$，由于已经到期，当月交割的期货合约价格必定等于当时现货商品价格 C_T，因此，合约到期时投资的收入总值等于 $(1+_1Y_0)(1+_1Y_1)\cdots(1+_1Y_T)C_T$。由于这些收入是由期初投资 $_Tf_0$ 产生的，所以期货价格一定等于这些投资收入的市场价值，即有：

$$_Tf_0=(1+_1Y_0)(1+_1Y_1)\cdots(1+_1Y_T)C_T \tag{4.25}$$

为简化起见，设：

$$R=(1+_1Y_0)(1+_1Y_1)\cdots(1+_1Y_T) \tag{4.26}$$

则有：

$$_Tf_0=RC_T \tag{4.27}$$

4.2.1　风险中立条件下的期货价格

在风险中立条件下，期货价格及市场价值等于无风险利率折现的期望值，即：

$$_Tf_0=\frac{E(R\times C_T)}{(1+_TY)^T} \tag{4.28}$$

在风险中立下，期限结构中没有风险溢价，因此公式（4.29）成立：

$$(1+_TY)^T=E(R) \tag{4.29}$$

运用数学恒等关系，一个乘积的期望值等于期望值的乘积加协方差，所以：

$$_Tf_0=\frac{E(R)\times E(C_T)+COV(R,C)}{(1+_TY)^T}$$
$$=E(C_T)+\frac{COV(R,C)}{(1+_TY_0)^T} \tag{4.30}$$

在风险中立的情况下，如把 $COV(R,C)/(1+{}_TY_0)^T$ 看作附加项，期货价格等于期望的商品现货价格加上一个附加值。若协方差为正，则附加项为正，这意味着当商品的价格与利率同向变动时，随着商品价格上升，合约每天都产生收益，投资者可以以高利率继续投资，迅速地增加收益；而当价格下跌时，合约便产生亏损，但投资者能以相对低的利率借入资金再投资，这能减缓亏损的程度。因此，投资者愿意以超过期望商品价格的期货价格去购买商品期货合约；当协方差为负时，则反之。

综合以上所述，在风险中立条件下，如果利率与商品价格正相关，则期货价格要高于期望的商品现货价格；反之，则期货价格要低于期望的商品现货价格。对于一般商品来说，其价格与利率可能正相关也可能负相关，而对于金融期货来说，它们的价格与利率一般是负相关的，因此金融期货价格一般要小于期望的现货价格。

4.2.2　风险厌恶条件下的期货价格

如前所述，期货价格一定等于交易收入的市场价值，在以上的投资策略中投资者连续购买一天期债券的期货合约，其收入等于 R 和期末商品价格 CT 的乘积。在西方投资原理中，投资收益的期望效用一定等于因投资而舍弃的效用，因此，其投资收入的市场价值与期货商品的价格等于：

$$_Tf_0 = E(M_TRC_T) \tag{4.31}$$

其中 M_T 为现在消费与 T 时各种可能状态下消费之间的边际替代率。运用数学恒等关系：

$$\begin{aligned}_Tf_0 &= E(M_T)E(RC_T) + COV[M_T,(RC_T)]\\ &= E(M_T)[E(R)E(C_T) + COV(R,C_T)] + COV[M_T,(RC_T)]\end{aligned} \tag{4.32}$$

因为：$E(M_T) = \dfrac{1}{(1+{}_TY_0)^T}$

所以：$_Tf_0 = E(C_T)\dfrac{E(R)}{(1+{}_TY_0)^T} + \dfrac{COV(R,C_T)}{(1+{}_TY_0)^T} + COV[M_T,(R_TC_T)]$ \qquad (4.33)

其中 $\dfrac{E(R)}{(1+{}_TY_0)^T}$ 为期限溢价，$\dfrac{COV(R,C_T)}{(1+{}_TY_0)^T}$ 为再投资溢价，$COV[M_T,(R_TC_T)]$ 称为风险溢价。

所以，在投资者为风险厌恶者的情况下，期货价格除了受期望商品价格影响外，还受期限溢价、再投资溢价和风险溢价的影响。期限溢价是随着债券期限的延长需要相应提高或降低收益率的风险溢价，它与所投资债券的风险程度有关。$_TY_0$ 是一个在 T 年到期的债券的期望平均收益率，R 是投资于一天期债券的利率，如果期限越长，风险越大，投资者要求的收益越高，$(1 + {_TY_0})^T > E(R)$，因此期限溢价小于 1；如果期限越长，风险越小，投资者要求的收益较低，则 $(1 + {_TY_0})^T < E(R)$，期限溢价大于 1；如果债券是完全无风险的，一个 T 天到期的债券的期望收益等于一天到期的债券 T 天的期望收益，$(1 + {_TY_0})^T = E(R)$，则期限溢价等于 1。

再投资溢价取决于商品价格与利率的关系。若这二者的协方差为正，则增加了合约的期望价值，即使该合约价格较高，投资者也愿意购买。反之，若其协方差为负，则投资者只愿以较低的价格购买该合约。

风险溢价取决于期货合约种类，商品期货合约风险溢价一般是正值。

4.3　商品期货的价格构成要素

以上我们详细介绍了期货价格理论，这些理论有一定理论深度，并且很抽象。接下来我们试图从具体期货交易实务中解释商品期货的价格构成。

商品期货价格是一种期货交易过程中形成的契约价格。由于期货价格与现货价格紧密相关，而且其以现货市场上的商品价格为基本参照物，同时临近交割时的期价往往又与现价水平趋于一致，所以往往使人得出一种结论，即商品期价无异于现价，不同之处只是在商品的生产与未来的实物交割这段时间内期货交易对商品价格进行了反复的调整。而实际上，商品期货价格有其自身的形成机制和规律，在构成要素上也与现货商品价格不相同。我们知道，商品期货合约仅仅是一种商品所有权证书，和市场上的股票和债券等有价证券类似。虽然它也进入流通领域，并且因为可为持有者带来一定收益而具有价格，但从理论上来说，这种价格与它所代表的商品的价值无关。这有如商品的生产价格之异于商业价格，生产价格反映商品的价值量，而商业价格是在流通领域中形成的。期货价格是期货合约进入市场后才形成的，未进入市场的期货没有价格。它可因供求等因素的影响而或高于或低于商品价值，但丝毫不改变商品本身所凝结的劳动。由此可见，商品期货价格是以商品价值为基础，在期货市场中形成的一种商业价格，商品价值是期货价格的必然构成要素。

商品期货价格的构成是指商品期货价格的各种构成要素，根据世界商品期货交易的实践，期货价格一般由商品生产成本、交易成本和预期利润三部分组成，其中交易成本包括保证金利息、佣金、商品保险费、保管费等。

1. 商品生产成本

商品生产成本是指生产某种期货交易商品时所耗费的物化劳动和活劳动的价值量的货币表现。由于商品期货交易最终以实际商品的生产为基础，所以尽管它是一种"纸上交易"方式，但其交易价格仍以商品生产成本作为最基本的组成部分。

2. 商品期货交易成本

商品期货交易成本，即指商品期货交易过程中实际发生的各种费用的总称，是商品期货交易过程中所必需的，在客观上成为商品期货价格的组成部分。它所包含的主要有下列几个要素：

（1）保证金利息。保证金也称交易押金，是指为了保证交易者如期履行期货合约所规定的义务，而由期货交易者付给商品期货交易所或经纪公司的押金。其金额通常为期货合约总值的5%～10%。保证金虽然是交易者进入交易所所必需的投资资金，但它并不构成商品期货价格，构成商品期货价格要素之一的是保证金利息。

保证金利息是指期货交易者交纳的保证金应付的银行利息，期限为整个期货交易过程所持续的时间。它是期货交易者选择用资金进行期货交易而必须支付的成本。一般来说，保证金利息额受三方面因素的影响较大：第一，期货交易总金额。交易的金额越大，致使缴付的保证金越多，则保证金利息就越多。第二，期货合约的持有时间。期货合约持有的时间愈长，则按一定的银行利息所计算的保证金利息也就愈多。第三，银行利息率。资本利率较高会增大交易者的保证金利息成本。

（2）佣金。佣金是期货交易者支付给经纪公司的报酬。根据规定，无论盈亏，交易者将在每一笔期货交易完结之后，支付经纪公司一定数额的佣金。

（3）商品保险费。为了确保期货交易商品从签订期货合约至最终交割实物这段时间内在保管和运输等方面的安全性，货物储运商一般都需要交付商品保险费。至于保费标准应视具体商品和期货时间长短而定。通常情况下，黄金、白银、镍等价格较高的商品保险金额也较大，而一般农副产品等保险金额则较小。同时，期货时间的长短也与保险金额的大小呈正比关系。商品交易所规定，保险金一般先由期货交易卖方持有者支付，也可以计入商品成本，待交货时从买方的支付价格中予以抵扣。

（4）商品保管费。交易所商品在交割之前的储存和保管期内经常发生的与商品保管直接或间接相关的费用开支，如仓租费，挑选、整理、检验、养护、包装、转仓及管理等费用，这些均是商品成本的分支项，并对商品期货价格水平构成影响。

3. 预期利润

预期利润又称期货利润，是指商品期货价格与商品生产成本、期货交易成本及税金三者总和的差额，是期货交易者追逐的最后成果。

复习思考题

1. 试述持有成本理论的贡献及其局限性。

2. 比较传统预期理论和理性预期理论，并分别说明传统预期理论和理性预期理论在期货价格研究方面的应用。

3. 什么是蛛网理论，画出三种不同的蛛网图，并论述在三种不同情况下现货市场和期货市场的动态价格调整过程。

4. 分析商品期货价格构成要素，指出其与现货商品价格构成的区别。

第 5 章

期货价格分析和预测

    期货交易者能否取得成功，关键在于对期货价格走势的分析和预测是否正确。预测期货价格走势的分析方法划分为两大类：第一类是基本面分析法，第二类是技术分析法。本章介绍这两类分析方法，侧重于技术分析法中各类图形和技术指标的介绍。

5.1　基本面分析法

    本节分析供求关系、经济因素、政治因素、自然条件、投资因素等影响期货价格的基本面因素。

    目前我国的期货市场上只有商品期货品种，商品期货的基本面分析法（Fundamental Analysis）是根据商品的产量、消费量和库存量，即通过分析期货商品的供求状况及其影响因素，来解释和预测期货价格变化趋势的方法。基本面分析主要分析的是期货市场的中长期价格走势，并以此为依据中长期持有合约，不会因日常价格的反复波动而频繁地改变持仓方向。

    基本面是期价运行的基础，期货价是基本面各种因素在市场的最终反映，综合了各类因素变化的结果，是买卖双方不同力量博弈而达成的一种动态的平衡，基本面的变化最终要体现在期货价格上，所以基本面分析的最终目的是要对未来价格的走势得出一个较为明确的判断，从而为实际的交易行为提供决策依据。采用这种方法分析价格走势的人，一般被称为基本面分析派。

5.1.1　期货商品的供给与需求

    商品的价格是由供给和需求的变化来决定的，供求的均衡形成商品的市场价格。商品供求状况的变化与价格的变动是相互影响、相互制约的。商品价格与供给成反比，供给增加，价格下降；供给减少，价格上升。商品价格与需求成正比，需求增加，价格上升；需求减少，价格下降。在其他因素不变的条件下，供给和需求的任何变化，都可能影响商品价格变化，一方面，商品价格的变化受供给和需求变动的影响；另一方面，商品价格的变化又反过来对供给和需求产生影响：价格上升，供给增加，需求减少；价格下降，供给减少，需求增加。这种供求与价格互相影响、互为因果的关系，使商品供求分析更加复杂化，即，不仅要考虑供求变动对价格的影响，还要考虑价格变化对供求的反作用。

1. 期货商品的供给

供给是指在一定时间、一定地点和某一价格水平下，生产者或卖者愿意并可能提供的某种商品或劳务的数量。决定一种商品供给的主要因素有：该商品的价格、生产技术水平，其他商品的价格水平、生产成本、市场预期，等等。

商品市场的供给量则主要由期初库存量、本期产量和本期进口量三部分构成。

（1）期初库存量。期初库存量是指上年度或上季度积存下来可供社会继续消费的商品实物量。根据存货所有者身份的不同，可以分为生产供应者存货、经营商存货和政府储备。前两种存货可根据价格变化随时上市供给，可视为市场商品可供量的实际组成部分。而政府储备的目的在于为全社会整体利益而储备，不会因一般的价格变动而轻易投放市场。但当市场供给出现严重短缺，价格猛涨时，政府可能动用它来平抑物价，则将对市场供给产生重要影响。例如，2007年 5 月后棉花期货市场上演的一波上涨行情就是低库存的结果。当时，棉花供应日趋紧张，商业库存锐减，相比上年减少 60 多万吨，再加上之后国家控制棉花配额发放速度，棉花价格由 5 月的 12 900 元/吨上涨至 8 月的 14 375 元/吨，涨幅 11.4%。

（2）本期产量。本期产量是指本年度或本季度的商品生产量。它是市场商品供给量的主体，其影响因素也甚为复杂。从短期看，它主要受生产能力的制约、资源和自然条件、生产成本及政府政策的影响。不同商品生产量的影响因素可能相差很大，必须对具体商品生产量的影响因素进行具体的分析，以便能较为准确地把握其可能的变动。例如，2007/2008 榨季糖市供过于求的情况非常严重，此榨季内白糖的产量达到近 1 485 万吨，加上陈糖 50 万吨，进口 60 万吨，而消费量则不到 1 400 万吨，供应量大于需求量大约 200 万吨。国内过剩压力较大，这也从根本上抑制了糖价的上涨。这也是 2008 年 3 ~ 5 月白糖期货价格走低的重要原因，当时跌幅近 22%。

（3）本期进口量。本期进口量是对国内生产量的补充，通常会随着国内市场供求平衡状况的变化而变化。同时，进口量还会受到国际国内市场价格差、汇率、国家进出口政策以及国际政治因素的影响。进口量对商品期货的价格会形成冲击，例如，2008 年 1~5 月我国累计进口小麦 3 839 吨，低于上年同期的 6 852 万吨。小麦期货 2008 年上半年的走势强硬，进口小麦的冲击是一个重要因素。

2. 期货商品的需求

期货商品的需求由期内国内消费量和期内出口量组成。

（1）期内国内消费量。同期内国内生产量一样，期内国内消费量也是一个变量。影响期内消费量的因素有：整体行业发展状况、消费者购买力的变化、商品新用途的发现、替代品的增减及替代品价格水平等。期内国内消费量是商品需求量的主要组成部分，特别是对于出口量不大甚至需要进口的那些商品，对需求量的分析几乎都集中在期内国内消费量上。

（2）期内出口量。在产量一定的情况下，某种商品出口量的变化会引起商品价格的波动。在预测出口量对商品期货价格影响时，不仅要分析国内年度出口计划的变化趋势，更重要的是密切注意分析已签订合同的实际出口量与计划出口量之间可能发生的差额大小、方向及出口商品合同的订约期和交货期。除此之外，尽可能掌握国家出口政策、国际市场商品供求趋势、进口国外贸政策、其他同类产品出口国供应量的变化及其产品的竞争力的变化等。如果说国内消费量的分析集中在国内的影响消费量的各种因素上，那么期内出口量分析的重点则是集中在影响出口量的国际市场各种因素上。

5.1.2　经济因素

商品期货价格与经济因素有着密切的联系，它与整个经济运行状况有关。一般来说，经济繁荣高涨时，期货价格上涨；反之，则下跌。具体地说，期货价格一般受下列经济因素的影响：货币供应量、利率、贴现率和汇率等。

1. 货币供应量

货币量的多少决定商品期货价格的大体走势。当货币供应量增加时，商品价格随之上升；反之，商品价格下降。可见，货币供应量与商品价格成正比。

货币供应量对金融期货的影响最大，货币供给量的多寡直接影响金融期货的价格。如股指期货，货币供应量增加，股指期货价格上扬；反之，则下跌。因为货币供应量增加，说明社会上的游资相应增加，股价则随之上扬。社会上的游资常用马歇尔系数 K 来衡量。

$$K = \frac{M}{Y} \tag{5.1}$$

式中，M——居民手中持有的金融货币总额；

　　　Y——国民生产总值；

　　　K 值越大，游资越多；反之，游资越少。

各种各样的基金是社会游资的主要组成部分，基金对期货价格的影响越来越大。各类基金不但投资金融期货，同时也大量进入对世界经济产生重大影响的能源、铜、铝等工业原材料商品期货。

2. 利率

调整利率可以扩张或紧缩一国的经济，同时也会对商品的现货和期货价格产生影响。当利率提高时，一部分多头投资者会因利息负担过重、交易成本增加而抛出期货平仓出场；另外，提高利率还给投资者一个信号：政府将采用紧缩的经济政策，这势必会使商品价格普遍下跌，从而可能引发期货价格下跌，投资者因此会卖出期货平仓了结，或减少新的做多头寸和增加新的做空头寸。因此，提高利率会引起期货价格下跌。相反，如果利率降低，较低的利息负担及对期货价格有可能上涨的预期，使得投资者纷纷涌入期货市场，买进期货合约，因此，降低利率会引起期货价格上涨。

期货价格下跌或上涨的幅度与利率调高或调低的幅度成正比，一般来说，利率调整的幅度大，期货价格变化的幅度相应也会增加。这点在金融期货及与国民经济发展息息相关的商品期货（如铜、铝等）中表现得尤为明显。

3. 贴现率

贴现率提高，期货交易的成本便会提高，另外贴现率提高也预示着市场利率的提高，经济趋于紧缩，期货价格下跌；调低贴现率，资金成本降低，且经济趋于扩张，期货价格上涨。

4. 汇率

在世界贸易中，主要的工业原材料、能源和绝大部分农产品的价格是参照世界上著名的商品期货交易所的相应的期货价格来确定的。而世界贸易中大约70%的商品是以美元计价的，因此，美元对各国货币汇率的变化对国际化的商品交易所的期货价格具有重要的影响。假如美元升值，那么期货价格会因美元升值而下跌。例如1967年11月11日英镑被迫贬值14.3%，1968年6月羊毛的期货价格在纽约商品交易所由原来的每单位114美元下降至每单位102美元。

5.1.3 政治因素

期货尤其是金融期货、石油期货、黄金期货及与世界经济紧密相连的主要工业原材料期货价格对政治局势的变化十分敏感，商品期货价格对政治因素也有着不同程度的反应。一般来说，如果某期货商品与整体国民经济及世界经济相关度大，那么，该种商品期货价格对政治因素反应大；如果期货商品与整体国民经济及世界经济联系不是很紧密（如我国绿豆等小品种期货），那么，该种商品期货价格不会因政治因素而发生很大的变化。

政治因素通常分为国内和国际两大部分：国内方面包括各种政治动荡和局势的变化。例如政变、内战、罢工、大选、劳资纠纷等；国际方面包括战争、恐怖事件、经济制裁、政坛重要人物逝世等。

例如，在"9·11"事件的一周年纪念日即 2002 年 9 月 11 日，伦敦金属交易所（LME）铜上涨了 22 美元/吨，镍上涨了 225 美元/吨；伦敦国际金融交易所（IPE）布兰特原油上涨了 1.6 美元/加仓，涨幅为 6%，创下了海湾战争以来单日最大涨幅；黄金价格上涨了 6.7 美元/盎司，涨幅 2.5%；而黄金现货价格暴涨了 16 美元/盎司，涨幅 6%。随后三天美国所有期货交易所及欧洲大部分期货交易所暂停交易，这是世界期货交易所第一次因政治事件停止交易。周五重新开市后，纽约商品交易所 2002 年 10 月原油期货价格上涨 6.8%，2003 年 1 月汽油期货价格上涨 14.8%，而金融品种则出现了暴跌。如股指出现了暴跌，9 月 11 日，伦敦金融时报指数下跌了 287.7 点，下跌幅度为 6.06%；德国法兰克福指数下跌了 396.60 点，下跌幅度为 9.28%；日经指数下跌了 519 点，下跌幅度为 5.31%。

期货市场对政治因素反应十分敏感和强烈。特别是短期期货价格，它可能完全被政治因素所左右，短期内会发生暴涨暴跌。对期货交易者来说，当政治因素引起期货价格巨幅波动时，一定要沉着冷静，正确预测期货价格变动的方向和幅度，利用政治因素对期货价格的影响而获取价格波动的丰厚利润。但是，各种政治性事件的发生是很难预测的。因此，在分析政治因素对期货价格的影响时，特别需要注意期货市场价格的操纵者利用一些偶发性的政治事件或政治新闻操纵价格。对这种情况，期货交易者就应广泛搜集、整理有关的资料、信息，全面系统地加以分析，以把握政治因素可能给期货价格带来的真正影响，避免造成不可估量的损失。

5.1.4　自然因素

商品期货，尤其是农产品的价格与自然条件有着密切联系。自然因素主要是指严寒、干旱、洪涝、台风、虫灾等方面因素。自然因素通过影响农产品的收成和供给直接影响其期货价格。自然因素对非农商品（如能源、金属）期货价格也有着一定程度的影响，相对于农产品而言，这类商品期货受自然因素影响小。对于这些商品期货，自然因素主要通过运输、仓储影响需求从而影响商品价格。一般来说，自然因素对农产品价格的影响是长期的，而对非农产品的期货价格影响是短期的，一旦自然因素的影响消失，非农产品的需求就会马上恢复到原来的水平，从而使期货价格回复到原来价格附近。对于农产品而言，自然条件恶劣时，农作物的产量就会受到影响，从而使期内生产量减少而造成实际供给的减少，期货价格上涨；反之，期货价格下降。

例如，2008年1～2月南方地区尤其是长江流域遭遇雪灾霜冻，严重影响了当地油菜籽生长。至2008年2月14日，湖南、江西、贵州、四川等20个省（区、市），由于连续暴雪冻雨天气导致油菜受灾面积达到3 392万亩，占全国秋冬种油菜面积的40.1%。其中成灾面积2 777万亩，占受灾面积的56.8%，占播种面积的27.5%；绝收面积615万亩，占受灾面积的12.6%，占播种面积的6.1%。单产引起的减产幅度大于面积增加引起的产量增长幅度，油菜籽因雪灾减产约170万吨。受此影响，中国菜籽油期货价格连创新高，出现了大牛行情，RO803在2月短短的20个交易日从11 000元/吨涨至近16 000元/吨，涨幅超过40%，日均上涨250元，其间出现4个涨停板。

5.1.5 大户操纵因素

大户凭借自身在信息及资金上的优势人为地进行过度投资性的大量买进或卖出期货合约，操纵市场价格，从中获取暴利。这种操纵市场价格的行为是期货市场不允许的。如美国白银大王亨特兄弟在1980年操纵白银就是一个典型的案例。1979年初，亨特兄弟以每盎司6～7美元的价格开始在纽约和芝加哥交易所大量购买白银现货和期货。年底，他们已控制纽约商品交易所53%的仓单和芝加哥商品交易所69%的仓单，拥有1.2亿盎司的现货和0.5亿盎司的期货。在他们的控制下，白银价格不断上升。1980年1月17日，白银价格涨至每盎司48.7美元，白银价格在1月21日达到50.35美元的历史最高峰，比1年前上涨8倍多。当时，美国政府为了抑制通货膨胀，紧缩银根，利率大幅上调，期货投资者纷纷退场，致使银价暴跌。到3月底，跌至每盎司10.8美元，白银市场几乎陷入崩溃的境地。亨特兄弟在这场投资风潮中损失达数亿美元。

国内也出现过大户操纵市场的案例。1995年10月中旬，以广东金创期货经纪有限公司为主的多头联合广东省南方金融服务总公司基金部、中国有色金融材料总公司、上海大陆期货经纪公司等会员大举进驻广州联合期货交易所籼米期市，利用交易所宣布本地注册仓库单仅200多张的利多消息，强行拉抬籼米9 711合约，开始"逼空"，16日、17日、18日连拉三个涨停板，至18日收盘时已升至3 050元/吨，持仓几天内剧增9万余手，19日开盘，由于部分多头获利平仓，加上空方套期保值的卖盘，当日9 511合约收低于2 910元/吨，持仓量仍高达22万手以上。收盘后，广东联合期货交易所对多方三家违规会员做出处罚决定。由此，行情逆转直下，9 511合约连续跌停，交易所于10月24日对籼米合约进行协议平仓，释放了部分风险。11月20日，9 511合约最后摘牌时已跌至2 301元/吨，至此，多方已损失2亿元左右。11月3日，中国证监会吊销了广东金创期货经纪有限公司的期货经纪业务许可证。这就是中国期货首次出现的"金创事件"经过。

期货投资者在遇到大户操纵市场时，要正确判断，不要跟着追涨杀跌，否则会造成巨大的经济损失。

5.2　技术分析法的图形方法

本节介绍了 K 线图、条形图、价量图、圈叉图的基本概念；线条、缺口、波浪理论、圈叉图要点及其优缺点；各种反转形态和整理形态在实际操作中的要点及其优缺点。

技术分析法（Technical Analysis）要回答的问题是：价格是如何变动的。技术分析法的理论基础是建立在三条假设之上的：其一是市场行为包容消化一切，影响价格的所有因素都反映在其价格之中；其二是价格以趋势方式不断演变；其三是历史会重演，过去出现过的价格形态今后也可能重现。

技术分析法的效用，取决于市场的有效性：在有效市场中，价格波动完全是一种随机行为，这时技术分析法将失去作用。根据我们的研究，当前期货市场，特别在我国，弱型有效还没有达到。技术分析法在期货价格预测中是有用的，技术分析法可划分为图形分析和指标分析两大类。

图形分析是最常用的技术分析方法。技术分析派认为，记录期货价格的图表是技术分析的基础。具体方法是按时间序列将历史价格数据绘成图形，从图形表现的价格波动形态和趋势来判断未来价格走势。

5.2.1　图形的类型与制作

图表按不同的内容来分可分为价格图和成交量图；按时间来分可以分为日线图、周线图、十日线图、月线图、季线图和年线图等；按性质可以划分为 K 线图（也称阴阳线图）、条形图、圈叉图（也称点数图）等。下面主要介绍一下 K 线图、条形图、价量图以及圈叉图的基本原理与制作。

1. K 线图（K Chart）

K 线图又称阴阳线图、蜡烛图（Candle Chart），它是将每日开盘价、收盘价、最高价、最低价记录而成的图形（见图 5-1）。

（1）K 线图的绘制方法如下（见图 5-2）。

① 开盘价与收盘价之间用粗线表示，称为实体，或柱体。柱体分为：阳柱，收盘价比开盘价高，用红色表示（本书用空白代替）；阴柱，收盘价比开盘价低，用黑色表示。

② 最高价高于实体的上限，称为上影线，用细线表示，其颜色按其实体的颜

图 5-1　K 线图

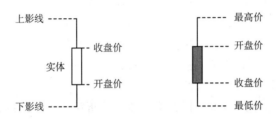

图 5-2　K 线图的绘制

色而定；若最高价等于收盘价或开盘价，则无上影线。

③ 最低价低于实体的下限称为下影线，用细线表示，其颜色按其实体的颜色而定；若最低价等于开盘价或收盘价，则无下影线。

④ 收盘价与开盘价相等，则以前一日实体的颜色为准，在该价位画一横线，连同影线，成为十字星，也称十字线。

（2）单一 K 线可能出现的典型形态（见图 5-3），表明当日买卖势力强弱导致价格变化的情势。

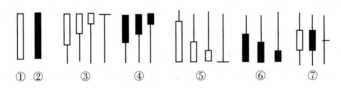

图 5-3　日 K 线图典型形态

图 5-3 中，① 表示大阳线（光头阳线），开盘后买方势强，使价格一直上扬

到收市；②表示大阴线，开盘后卖方一直势强；③ 表示先跌后涨型，依买、卖方力量变化而有不同的形态；④ 表示下跌抵抗型，也依买卖方力量变化而有不同形态；⑤ 表示上升抵抗型，也有不同形态；⑥ 表示先涨后跌型，也依买卖力量变化而有不同形态；⑦ 表示反转试探型，除图上所绘不同形态外，还有上、下影线长短不同的各种形态。

2. 条形图（Bar Charts）

条形图的构造比较简单，也是常用的一种图形（见图 5 - 4）。

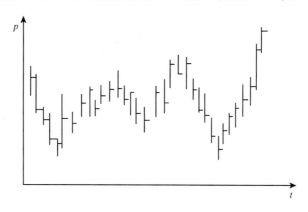

图 5 - 4　条形图

在条形图上，每一根竖线代表一天（或一周，一月，一年）里价格曾出现过的最高价、最低价，其与竖线相接的短横线表示收盘价（见图 5 - 5）。

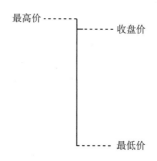

图 5 - 5　单一条形图的绘制

一般来说，每星期绘出 5 个交易日的条形图，代表该星期的价格变动情势。此条形图也可以按周、月等绘制。

无论 K 线图或条形图，具体到某种期货价格的描绘，一般是将其某交割月的每日的 K 线图或条形图绘上，直到交割日到期不交易为止，然后，可以接着将下一个交割月的该品种的每日 K 线图或条形图绘上。

3. 价量图 (Price and Volume Chart)

价量图是以横坐标为成交量，纵坐标为价格，反映期货交易量与交易价格的图。价量图是期货交易者经常使用的图表，从该图表可直观地看出成交量密集区的成交价格（见图5-6）。

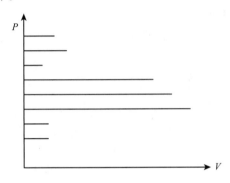

图 5-6　价量图

4. 圈叉图 (Point and Figure Chart)

圈叉图又叫点数图，它是以价格变动到一定程度为规则来绘制的图形。前面介绍的 K 线图与柱状图有一个共同之处，就是都以时间为横坐标，但圈叉图不同，它完全省略了时间的变化。

在绘制圈叉图时，事先确定一个价位单位，以"×"表示上升一个价位，以"○"表示下跌一个价位。每当价格由上升转为下跌，并且跌低一个价位时，则另起一列画下一个"○"；价格由下跌转为上升达到一个价位时，也同样另起一列画上一个"×"。价格经过一段变化后，就可形成圈叉图（见图5-7）。忽视价格的微小变化，只有价格变化达到事先确定的程度才能反映出来。因此在这里价位大小的取定是比较关键的。取定价位的一般原则是：交易手续费加上一定的利润为一个价位区间。

5.2.2　线条

用于价格走势分析中的线条主要有趋势线、支撑压力线、扇形和速度线四大类。

1. 趋势线 (Trend Line)

趋势线反映期货价格的基本走势。趋势线有上升趋势线和下降趋势线。将波谷最明显的两个谷点连接起来且向上倾斜的直线称为上升趋势线（见图5-8）。将最明显的两个波峰顶点连接起来且向下倾斜的直线称为下降趋势线（见图5-9）。当

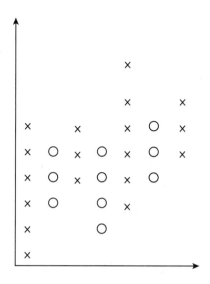

图 5－7　点数图（圈叉图）

一条趋势线在时间上涵盖了长达数月之久，可以称之为主要趋势线或长期趋势线；较短时间的趋势线，则称之为次要趋势线或短期趋势线。

对于趋势线，在实际运用过程中，有如下几个要点：

（1）当期货价格跌破上升趋势线时，就是一个卖出信号（见图 5－8）。在没有跌破之前，上升趋势线就是每一次价格回落的支撑。当期货价格向上突破下降趋势线时，就是一个买入信号（见图 5－9）。在没有突破下降趋势线之前，下降趋势线就是每一次价格回升的阻力。

图 5－8　上升趋势线　　　　　　　　　图 5－9　下降趋势线

在运用以上要点时，要特别注意价格突破趋势线的可信度。实际操作时，其可信度可从以下几个方面去判断：

① 假如在一天交易时间里突破过趋势线，但收市价并没有超出趋势线外面，这并不是突破，可以忽略它，而这条趋势线仍然有用；

② 如果收市价突破了趋势线，必须超越 2%～3% 才有效；

③ 当突破趋势线出现缺口，这种突破将是有效的，且是强有力的。

（2）如果期货价格随着固有趋势线移动的时间愈久，这条趋势线愈有效。

（3）期价沿趋势线运行时，期价每次变动都配合成交量的增加，当有巨大的成交量出现时，可能是中期行情终了的信号，紧随而来的将是反转（价格走向彻底改变，以前上升变成下跌；反之亦然）行情的出现。

（4）趋势线与水平线形成的角度愈陡，愈容易被一个短期的横向整理所突破，因此趋势线愈平，愈具有技术意义。

（5）期价的上升与下跌，在各种趋势的末期，均有加速上升与加速下跌的现象。因此，趋势反转的顶点或底部，大都远离趋势线。

2. 支撑线（Support Line）和阻力线（Resistance Line）

在价格波动的过程中，将图中的两个或两个以上的价格最低点连接起来所形成的直线即支撑线。在此线附近，具有相当大的买盘，支撑价格。在价格波动过程中，将图中的两个或两个以上的价格最高点连接起来所形成的直线即阻力线。在此线附近，具有相当大的卖盘，阻止价格上涨（见图 5 – 10）。

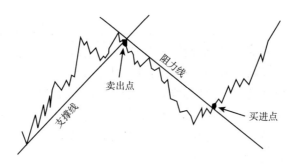

图 5 – 10　支撑线和阻力线

对于支撑线及阻力线，在实际运用过程中，有如下几个要点：

（1）当价位向下跌破支撑线时，出现卖出信号，可作空头。当价位向上突破阻力线时，应平仓空头头寸，同时可反手做多。

（2）按以上方法操作时，特别注意"跌破"及"突破"的有效性。一般认为：阻力线的突破或支撑线的跌破，必须有 2% ~ 3% 以上的幅度才视为有效。

（3）水平的支撑线及阻力线一般出现在整数价位上，这个价位线亦可称之为"关卡价"。当关卡阻力被突破以后，即为买进信号，此时阻力线变成支撑线（见图 5 – 11）。当支撑线被跌破后，即为卖出信号，此时支撑线反成为阻力线（见图 5 – 12）。

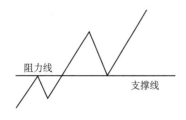
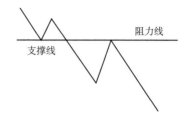

图 5 – 11　阻力线变成支撑线　　　　　图 5 – 12　支撑线变成阻力线

3. 扇形原理

扇形是找到一点（通常是下降的低点和上升的高点），然后以此点为基础，画出很多条射线，这些射线就是未来可能成为支撑线和压力线的直线。

扇形原理（Fan Principle）。扇形线与趋势线有着很紧密的联系，初看起来像趋势线的调整。扇形线丰富了趋势线的内容，明确给出了趋势反转（不是局部短暂的反弹和回落）的信号。

对于扇形，在实际运用过程中，有如下几个要点：

（1）趋势要反转必须突破层层阻力。要反转向上，必须突破很多条压在头上的压力线；要反转向下，必须突破很多条横在下面的支撑线。稍微的突破或短暂的突破都不能被认为是反转的开始，必须消除所有的阻止反转的力量，才能最终确认反转的来临。

（2）在上升趋势中，先以两个低点画出上升趋势线后，如果价格向下回落，跌破了刚画的上升趋势线，则以新出现的低点与原来的第一个低点相连接，画出第二条上升趋势线。再往下，如果第二条趋势线又被向下突破，则同前面一样，用新的低点与最初的低点相连接，画出第三条上升趋势线（见图 5 – 13）。依次变得越来越平缓的这三条直线形如张开的扇子，扇形线和扇形原理由此而得名。对于下降趋势也可如法炮制，只是方向正好相反（见图 5 – 14）。

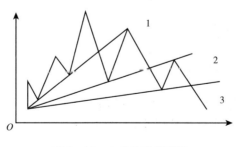

图 5 – 13　上升趋势扇形线

（3）图中连续画出的三条直线一旦被突破，它们的支撑和压力角色就会相互

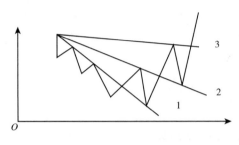

图 5 - 14　下降趋势扇形线

转换，这一点是符合支撑线和压力线的普遍规律的。

（4）如上所画的三条趋势线一经突破，则趋势将反转。

4. 速度线（Speed Line）

同扇形一样，速度线也是用来判断趋势是否将要反转。不过，速度线给出的是固定的直线，而原理中的直线是随着低点和高点的变动而变动的。另外，速度线又具有一些百分比线的思想，它是将每个上升或下降的幅度分成三等分进行处理，所以，有时我们又把速度线称为三分法。

在制作速度线时，首先找到一个上升或下降过程的最高点和最低点，然后将高点和低点的垂直距离分成三等分；再连接低点（在上升趋势中）与 1/3 分界点和 2/3 分界点（见图 5 - 15），或连接高点（在下降趋势中）与 1/3 分界点和 2/3 分界点（见图 5 - 16），得到两条直线。这两条直线就是上升或下降趋势的速度线。

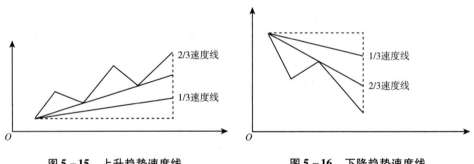

图 5 - 15　上升趋势速度线　　　　　图 5 - 16　下降趋势速度线

对于速度线，在实际运用过程中，有如下几个要点：

（1）速度线一旦被突破，其原来的支撑线变成压力线，而压力线则变成支撑线。

（2）在上升趋势的调整之中，如果向下折返的程度突破了位于上方的 2/3 速度线，则价格将试探下方的 1/3 速度线。如果 1/3 速度线被突破，则价格将一泻而下，预示这一轮上升趋势的结束，也就是转势。

（3）在下降趋势的调整中，如果向上反弹的程度突破了位于下方的 2/3 速度线，则价格将试探上方的 1/3 速度线。如果 1/3 速度线被突破，则价格将一路上行，标志这一轮下降趋势的结束，价格进入上升趋势。

（4）与别的切线不同，速度线有可能随时变动，一旦有了新高或新低，则速度线将随之发生变动，尤其是新高和新低离原来的高点和低点相距很远时，更是如此。

5.2.3　缺口（Gap）

缺口是指期价在快速大幅变动中有一段价格区域内没有任何交易，出现在期价走势图上是一个空白，这个区域称之为缺口。当期价出现缺口，经过几天变动，然后反转过来，回到原来缺口的价位时，称为缺口的封闭，又叫补空。

缺口分普通缺口、突破性缺口、持续性缺口、消耗性缺口四种（见图 5 – 17）。

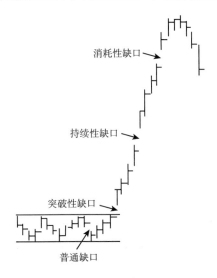

图 5 – 17　缺口

1. 普通缺口

普通缺口通常在密集的交易区域中出现，因此，许多需要较长时间形成的整理或转向形态——如三角形、矩形都可能有这类缺口出现。

对于普通缺口，在实际运用过程中，有如下几个要点：

（1）普通缺口并无特别分析意义，一般在短时间内便会完全填补。

（2）普通缺口在整理形态出现的机会要比反转形态时大得多。常因突发性的谣传、消息造成此类缺口；或由于交易营业时间的限制，在先天休市和第二天开市之间出现普通缺口。

2. 突破性缺口

突破性缺口通常出现在多空交战激烈、突破拉锯的状况下，比如它经常在重要的反转形态如头肩形态的突破时出现，当期价以一个很大的缺口跳空远离形态时，这表示真正的突破已经形成了。

对于突破性缺口，在实际运用过程中，有以下几个要点：

（1）突破性缺口的分析意义较大，这种缺口用来辨认突破信号的真伪。如果期价突破支撑线或阻力线后，以一个很大的缺口跳离形态，则突破有效且强有力。

（2）突破性缺口一旦出现，获胜的一方不是一路轧空上涨，就是一路杀多下跌。它往往伴随着一轮上涨或下跌行情。因此一般说来，突破性缺口不像普通缺口会在很短的时间内补空。

（3）突破性缺口虽一般不会马上补空，但它还是存在很快补空的可能性。这点我们可以从成交量的变化中观察出来。如果在突破缺口之前有大量成交，而缺口出现后成交量相对减少，那么迅速填补缺口的机会有 50%。但若缺口形成之后成交量明显增加，期价在继续脱离形态时仍保持很大的成交量，那么缺口短期补空的可能性便会很低了。

3. 持续性缺口

持续性缺口又叫逃逸缺口，它常出现在一段时间内急剧上涨或下跌的行情之后。急涨或急跌之后，也仅仅作小幅度的获利回吐。空头见行情跌不下来，纷纷购买合约止损平仓而反手做多，新多头见行情还有上升空间，继续追高。上升行情继续延续。

对于持续性缺口，在实际运用过程中，有如下几个要点：

（1）持续性缺口在技术分析中意义很大，它可以用来测算获利的空间。它通常是期价突破后至下一个反转式整理形态的中途出现，因此，持续性缺口能大致预测期价未来可能运动的距离，所以又称为量度缺口。其量度方法是从持续缺口开始期价继续上涨或下跌的幅度等于突破口到持续性缺口的垂直距离。

（2）持续性缺口是在期价大幅度变动中途产生的，因此，不会在短时期内封闭。

（3）期价在突破整理区域时急速上升或下跌，成交量在初期最大，然后在上升或下跌过程中不断减少，当原来具有优势一方重新取得优势后，放量跳空高开，或跳空下跌，便形成巨大的持续性缺口。这时，成交量在后续的上涨或下跌行情中慢慢减少，这是持续性缺口形成时成交量的变化情形。从成交量的变化也可以反过来辨认是否是持续性缺口。

4. 消耗性缺口

消耗性缺口是伴随快的大幅期价波动而出现的。此时，行情大幅上涨或下跌，使得大多数交易者一路追高或杀跌，导致跳空高开或低开的超强态势。此时的跳空缺口就是消耗性缺口。消耗性缺口又叫竭尽缺口。

对于消耗性缺口，实际运用过程中，有如下几个要点：

（1）消耗性缺口同突破性缺口和持续性缺口一样，在技术分析中具有重要的意义。消耗性缺口的出现，通常表示期价的趋势将暂告一段落。如果在上升趋势中出现，表示期价将下跌；若在下跌趋势中出现，表示期价将上涨。

（2）由于消耗性缺口通常意味着行情反转，对消耗性缺口的确认，对交易者来说，显得特别重要。在缺口发生的当天或后一天若成交量特别大，而且趋势的未来交易量无法再放大，这就可能是消耗性缺口了，假如在缺口出现的后一天其收盘价停在缺口的边缘，就更可确定这是消耗性缺口了。

（3）消耗性缺口是行情即将到终点的最后现象，所以，通常在几天内被封闭。

5.2.4　波浪理论（Wave Theory）

波浪理论是技术分析大师艾略特所发明的一种预测价格趋势分析工具。它是期市、股市分析上运用最多而又最难于了解和精通的分析工具。

艾略特认为，不管是期货价格还是股指的波动，都与大自然的潮汐、波浪一样，一浪跟着一浪，周而复始，具有一定的规律性，表现出周期循环的特点，任何波动均有迹可循。因此，从事期货的交易者可根据这些规律性的波动来预测价格未来的走势，从而决定自己的买卖行为。

1. 波浪理论的基本形态

波浪理论认为：价格的波动周期，从"牛市"到"熊市"的完成，包括了5个上升波浪与3个下降波浪，总共有8浪（见图5－18（a））。

每一个上升的波浪，称为"推动浪"，如图5－18（a）中的第1浪，第3浪，第5浪。每一个下跌波浪，是前一个上升波浪的"调整浪"，如图5－18（a）中第2浪，第4浪。第2浪为第1浪的调整浪，第4浪为第3浪的调整浪。

对于整个大循环来讲，第1浪至第5浪是一个"大推动浪"；a，b，c三浪为"大调整浪"。

在每一对上升的"推动浪"与下跌的"调整浪"组合中，大浪中又可细分小浪，亦同样以8个波浪来完成较小的级数的波动周期。图5－18在一个大的价格波动周期涵盖了34个小波浪（见图5－18（b）），再细分，就得到144个小小波浪。

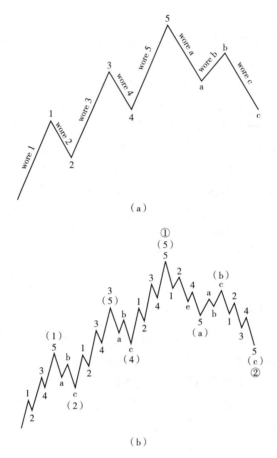

（a）

（b）

图 5 - 18　艾略特波浪理论

2. 黄金分割率

在波浪理论中，每一波浪之间的比例，包括波动幅度与时间长度的比例，均符合黄金分割率的比例。对于技术分析者来说，黄金分割率是非常重要的参考依据。

黄金分割率的由来：

数学家斐波纳契在 13 世纪写了一本书，关于一些奇异的数字的组合。这些奇异数字的组合是 1，2，3，5，8，13，21，34，55，89，144，233，…

以上任何一个数字都是前面两数字的总和。

例：2 = 1 + 1，3 = 2 + 1，5 = 3 + 2，8 = 5 + 3，…

有人说，这些数字是他研究金字塔得出来的。金字塔尺寸与上列奇异数字息息相关。金字塔的几何形状有 5 个面，8 个边，总数为 13 层。由任何一边看去，都可以看到 3 个层面。金字塔的高度为 5813 英寸（5 - 8 - 13），另外，有人研究过向日葵，发现向日葵花有 89 个花瓣，55 个朝一方，34 个朝向另一方。另外，金字塔五角形的任何一边长度都等于这个五角形对角线的 0.618 倍。而高与底边的之比是0.618。0.618 即是上述奇异数字的任何两个连续数之比。

这些数字，有许多有趣的性质：第一，任意两个相邻的数字之和，等于两者之后的那个数字；第二，除了开始的四个数字外，任意一个数字与相邻的后一个数字之比，均约等于 0.618；第三，任意一个数字与相邻的前一个数字的比值约等于1.618，或者说是 0.618 的倒数；第四，隔一个数字相邻的两个数字的比值约等于2.618，或者其倒数为 0.382。

除了 0.618、1.618、2.618、0.382 以外，在波浪理论中涨幅及跌幅运用到的有关比例数值还有：0.5、1、1.382、1.5、2 等。

3. 每一浪的特点

那么，如何来划分上升 5 浪和下跌 3 浪呢？一般来说，8 个浪各有不同的特征：

（1）第 1 浪。第 1 浪中几乎半数以上属于营造底部形态的一部分。第 1 浪是 8浪循环的开始，由于这段行情的上升出现在空头市场跌势后的反弹或反转过程中，买方力量并不强大，加上空头继续存在卖压。因此，在此类第 1 浪上升之后出现第2 浪调整回落时，其回档的幅度往往很深；另外半数的第 1 浪，出现在长期盘整完成之后，在这类第 1 浪内，其行情上升幅度较大。

（2）第 2 浪。第 2 浪是下跌浪。由于市场人士误以为熊市尚未完结，其调整下跌的幅度相当大，几乎跌掉，有时也可能跌掉第 1 浪升幅的 0.5 或 0.618 倍。第1 浪的升幅，当行情在此浪中跌至接近底部（第 1 浪起点）时，卖压逐渐衰竭，成交量也逐渐缩小时，第 2 浪调整才会宣告结束。在此浪中经常出现反转形态，如头肩底、双底等。

（3）第 3 浪。第 3 浪的涨势往往是最大、最有爆发力的上升浪。这段行情持续的时间最长，幅度最大，一般为第 1 浪的涨幅的 1.618 倍，也可能是其他比例，如 1、1.5、1.382 等。在这一阶段，市场投资者信心恢复，成交量大幅上升，常出现传统图表中的突破信号。这段行情的走势非常激烈，一些图形上的关卡，非常轻易地被穿破，尤其在突破第 1 浪的高点时，表现为最强烈的买进信号。由于第 3 浪涨势激烈，经常出现"延长波浪"的现象。

（4）第 4 浪。第 4 浪是第 3 浪的调整浪。它常以倾斜三角形的形态走完第 4浪。在调整过程中，此浪的最低点一般不会低于第 1 浪的最高点。

（5）第 5 浪。第 5 浪是期货交易者特别关注的一浪。对于商品期货市场来说，第 5 浪经常是最长的波浪，且常常出现延伸浪。但是，对于股市而言，第 5 浪的涨势通常小于第 3 浪，第 5 浪的涨幅一般为 1 浪底点到 3 浪顶点的距离的 1.618 倍，也可能是其他比例，如 1、1.5、1.382 等。

（6）第a浪。在a浪中，交易者大多一致看多，认为正处于牛市涨势之中，上升趋势不变，此时价格下跌仅为一个暂时的回档现象。实际上，a浪的下跌，在第5浪的后期通常已发出下跌浪的信号了，如成交量与价格走势背离或技术指标上的背离等。由于投资者的看多心理，a浪的调整幅度往往不会太深，常出现平势调整或者以"之"字形态运行。

（7）第b浪。第b浪一个最突出的特点就是成交量不大。b浪是多头出货的一次好机会，然而，由于它是出现在一轮上涨行情之后，外加a浪调整幅度一般不会太大，很容易给投资者一个错觉，误认为是另一波段的涨势，常在此形成多头陷阱。许多多头在此失去出逃的好机会。

（8）第c浪。第c浪是一段破坏力很强的下跌浪。在该浪中，交易者看空气氛很浓，此浪跌势较为强劲，跌幅深，持续的时间也较长。

从以上分析来看，波浪理论似乎简单且便于运用。实际上，由于其每一个上升或下跌的完整过程中均包含有一个大浪，大浪中每一浪又有8个小浪，而8个小浪中每一浪又有8个细浪。因此，使数浪变得相当繁杂而难于把握。再加上其推动浪和调整浪经常出现"延伸浪"等变化形态，使得对"浪"的准确划分更加难以界定。这两点使得波浪理论运用起来较为困难。

5.2.5 圈叉图

圈叉图反映了多空双方力量的变化，特别适合现场即时分析。在分析时，一般是观察一段时间内"〇"和"×"所构造的形态来预测价格的走势，选择买卖时机。以下结合典型图形举例分析。

（1）若价格在波动中两次冲到某一价位又往下走，第三次则突破该价位的阻力而往上涨，此为跟进做多时机（见图5-19）。

（2）若价格经过一番上涨后，显示一波比一波高，则表明后市看涨，当出现第三次上涨超过前一波高点时，可买进做多头（见图5-20）。

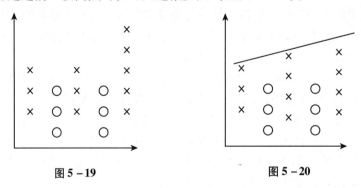

图5-19　　　　　　　　　　　图5-20

（3）在价格波动趋势处于下跌的走势下，高价位形成一个下降的压力线，一旦价格上涨突破压力线，则是买进时机（见图5-21）。

（4）若价格在一番波动中，变化的幅度越来越小，形成一个三角形，则上边线为压力线，下边线为支撑线。如果价格上涨冲破阻力线，表明市场有一段较大的上涨，可买进做多头；如果价格跌下了支撑线，则说明后市有一段大跌势，可顺势做空头（见图5-22）。

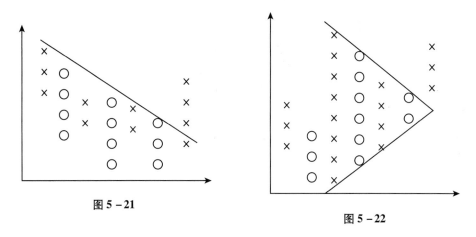

图5-21

图5-22

（5）若价格在变化中形成一段上升趋势，然后一个较猛的跌势又跌破了上升支撑线，是做空时机（见图5-23）。

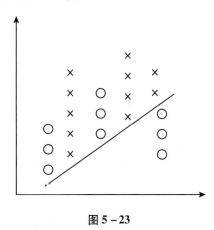

图5-23

5.2.6 反转形态

反转形态指期价趋势逆转所形成的图形，亦指期价由涨势转为跌势，或由跌势转为涨势的信号。常见的反转形态有：头肩型、圆弧形态、双重形态、三重形态、V型形态、直角三角形形态、菱形等。

1. 头肩型

头肩型是最基本的反转形态。中间（头）涨跌幅度最大，两边（两肩）较低（见图5-24）。头肩型又分为头肩顶型和头肩底型（见图5-25）。

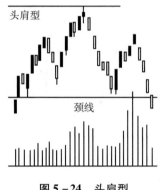

图5-24　头肩型

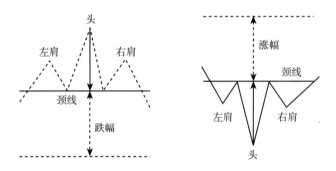

图5-25　头肩顶型与头肩底型

对于头肩型，在实际运用过程中，有如下几个要点：

（1）头肩型是一个长期性趋势的转向形态，头肩顶型常出现于牛市的尽头，而头肩底型常出现于熊市的尽头。

（2）当头肩顶颈线被跌破时，是卖出的信号；当头肩底的颈线被突破时，是买入信号。其价格上涨和下跌的幅度等于头顶到颈线的距离。

（3）当颈线被跌破或被突破时，需要成交量的配合，否则，可能出现假跌破和假突破。另外，当头肩顶型跌破颈线时，有可能会出现回升，回升应该不超过颈线；头肩底型突破颈线时，有可能回跌，回跌不应低于颈线。

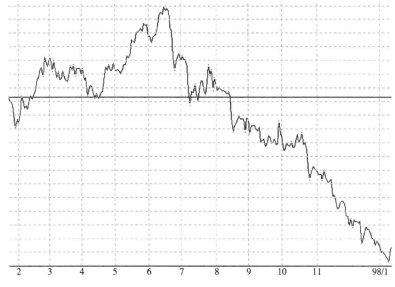

图 5-26　头肩顶实际图例

图 5-26 为 LME 市场 3 个月综合铜 1997 年 1 月至 1998 年 1 月的收盘线图。期价在这段时间构筑了一个较标准的头肩顶。左肩出现在 1997 年 2 月底、3 月初，头部出现在 6 月，右肩（比左肩稍低）出现在 7 月底，横线处表示颈线位。期价在构筑完头肩顶后，于 8 月跌破颈线，其跌幅大于从顶点到颈线位的幅度。在期价跌破颈线位时，是个极佳的卖出机会。

2. 圆弧形态

圆弧形态分为圆弧顶及圆弧底。对于圆弧顶来说，期价呈弧形上升或下降，即虽然期价不断升高，但每一次涨幅不大，然后达到最高点又缓慢下落。对于圆弧底来说，走势正好相反，期价首先缓慢下跌，至最低点又慢慢攀升，形成圆弧底（见图 5-27、图 5-28）。

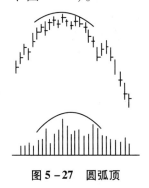

图 5-27　圆弧顶

图 5-28　圆弧底

对于圆弧形，在实际运用过程中，有如下几个要点：

（1）当圆弧顶及圆弧底形成后，期价并不马上下跌或上升，通常要横向整理一段时间。

（2）一旦期价突破横向整理区域，对于圆弧顶的情况而言，会出现很大的跌幅，此时是卖出的信号；对于圆弧底而言，则会出现大的涨幅，是买入的信号。

3. 双重形态

双重型为双重顶（M头）和双重底（W底）两种形态。当期价上升到某一高价位时，出现大成交量，期价随后开始下跌，成交量跟着减少；然后，期价又上升至前一高价位几乎相等的顶点，成交量随之大增；之后，期价再次下跌，这样形成双重顶。双重底（Double Bottom）与双重顶（Double Top）形态正相反，表现为期价先下跌后上升，然后再次下跌，再次上升（见图5-29、图5-30）。

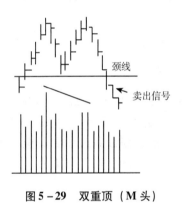

图5-29　双重顶（M头）　　　　图5-30　双重底（W底）

对于双重形态，在实际运用过程中，有如下几个要点：

（1）双重顶颈线跌破，是可靠的卖出信号。而双重底颈线突破，则是可靠的买入信号。

（2）双头的两个最高点并不一定在同一水平，二者相差少于3%是可接受的。通常来说，第二个头可能较第一个头高出一些，原因是看好的力量企图推动期价继续再升，但是却没法使期价上升超逾3%的差距。一般双底的第二个底点都较第一个底点稍高，原因是一部分投资者在第二次回落时已开始买入，令期价无法再次跌回上次的低点。

（3）双重顶的最少跌幅等于顶部及颈线的距离，双重底的最少涨幅等于底部及颈线的距离。

（4）双重顶（底）不一定都是反转形态。两顶（底）之间的时差越大，其反转态的可能性越大。

图5-31是LME市场3个月综合铜1998年11月至2000年3月的收盘线图。

在这段时间，期价构筑了一个较标准的双底。左底出现在 1999 年 3 月前后，右底出现在 1999 年 6 月，图中横线表示颈线。期价在 1999 年 7 月前后突破颈线，完成了双底的构筑，展开了升势。在期价突破颈线时，是个很好的买入信号。

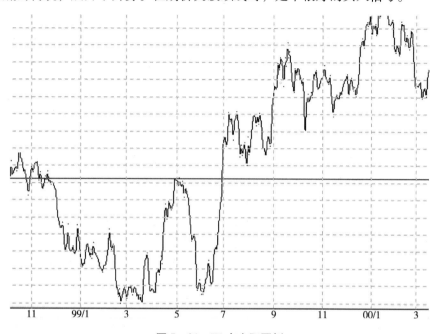

图 5 – 31　W 底实际图例

4. 三重形态

任何头肩型，特别是头部超过肩部不够多时，可称为三重顶（底）型。三重顶形态和双重顶形态十分相似，只是多一个顶，且各顶分得很开。成交量在上升期间一次比一次少（见图 5 – 32）。三重底则是倒转的三重顶，分析含义一样（见图 5 – 33）。

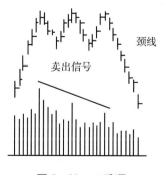

图 5 – 32　三重顶

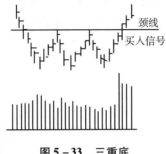

图5-33 三重底

对于三重形态，在实际运用过程中，有如下几个要点：

（1）三重顶（底）之顶峰与顶峰或谷底与谷底的间隔距时间不必相等，同时三重顶之底部与三重底之顶部不一定在相同的价格形成。

（2）三个顶点（或三个底点）价格不必相等，可相差3%。

（3）三重顶的第三个顶，成交量非常小时，即显示出下跌兆头，而三重底在第三个底部上升时，成交量大增，即显示上升兆头。

（4）三重顶（底）突破其颈线时，所能下跌或上升的空间应至少为顶或底到颈线之间的距离。

5. V型形态

V型形态有V型形态和倒转V型形态两大类（见图5-34、图5-35）。由于市场中卖方的力量很大，令期价持续迅速下挫。当这股卖空的力量消失之后，买方的力量完全控制整个市场，使得期价迅速回升，几乎以下跌同样的速度涨至原来的期价。因此，在图表上期价的运行，形成一个像V字般的移动轨迹；倒转V型情形正好相反，市场看好的情形使期价节节高升，可是突如其来的一个因素扭转整个趋势，卖方以上升时同样的速度下跌，形成一个倒转V型的移动轨迹。

图5-34 V型

图5-35 倒转V型

对于 V 型形态，在实际运用过程中，有如下几个要点：

（1）V 型走势是个转向形态，显示过去的趋势已逆转过来。期价将向与原来相反的方向运行。

（2）通常 V 型形态的价格比起上述各种形态的价格变化更快些。

（3）V 型的底部十分尖锐，一般来说，形成这一转势点的时间仅两三个交易日，而且成交在这低点明显增多。有时候转势点就在一个交易日中出现。

6. 直角三角形形态

直角三角形形态有上升三角形和下降三角形两类。期价在某一水平有相当强大的卖压，价格从低点回升到这一水平便告回落。但市场的购买力十分强，期价未回至上次低点即告弹升，这情形持续使期价随着一条阻力水平线波动日渐收窄。我们可把每一个波动高点连接起来，画出一条水平阻力线；而每一个波动低点则可连接出一条向上倾斜的线，这就是上升三角形。下降三角形的形状和上升三角形恰好相反（见图 5-36、图 5-37）。

图 5-36　上升三角形　　　　　　图 5-37　下降三角形

对于上升三角形和下降三角形，在实际运用过程中，有如下几个要点：

（1）上升三角形表示期价呈上升走势，下降三角形表示期价呈下跌走势。

（2）上升突破应有成交量的配合，若成交量未能同时增加，则期价可能不久又回到原来的价位。下跌突破则无须大的成交量配合。

（3）若期价被挤压到三角形顶端较长时间仍无明显突破，则此形态已失败。

（4）突破后的变动幅度至少为三角形底边的长度。

以上升三角形为例来说明，图 5-38 取自 LME 市场 3 个月综合铜 2001 年 9 月至 2002 年 4 月之间的收盘线图。可以看到，在 2001 年 11 月至 2002 年 2 月间，期铜价走出了一个上升三角形。在这期间，期价反弹不超过上横线，下探也只到斜线附近，最终，在 2002 年 2 月，也就是在上升三角形顶端附近，如期向上突破，成为一个较好的买入机会。

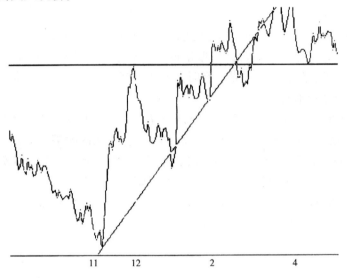

图 5 – 38　上升三角形实际图例

7. 菱形

菱形的形态犹如钻石，期价的波动从不断地向外扩散转为向内收窄（见图 5 – 39）。

图 5 – 39　菱形

对于菱形，在实际运用过程中，有如下几个要点：

（1）当菱形右下方支撑跌破后，就是一个卖出信号。但如果期价向上突破右方阻力时，而且成交量激增，那就是一个买入信号。

（2）菱形被跌破或被突破后，其下跌或上涨的最小幅度等于形态内最高点和最低点之间的垂直距离。

5.2.7　整理形态

所谓整理形态是指行情经过一段时间后，不再是大幅度上升或下跌，而是在一定区域内上下窄幅变动，等时机成熟后再继续以往的走势。这种显示以往走势的形态称为整理形态。常见的整理形态有对称三角形、矩形、旗形、岛形、盘型等。除此以外，上述的反转形态中，头肩型、双重形态都可能以整理形态出现。

1. 对称三角形

就对称三角形而言，期价经过一段时间的变动，其变动的幅度越来越小。也就是说，每次变动的最高价，低于前次的价格，而最低价比前次价格高，呈一压缩的对称三角形（见图 5 − 40）。

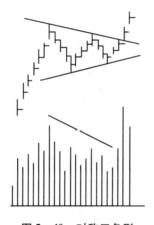

图 5 − 40　对称三角形

对于对称三角形，在实际运用过程中有如下几个要点：

（1）一般情况下，对称三角形属于整理形态，期价会继续原来的趋势移动。有统计表明，对称三角形中大约 3/4 属于整理形态，1/4 属于反转形态。

（2）对称三角形的期价变动愈接近其顶点而未能突破三角形界线时，其力量愈小，若太接近顶点的突破则无效。通常在距三角形端部一半或 3/4 处突破，才会形成真正的突破。

（3）对称三角形向上突破需要大的成交量伴随，向下突破则不需大的成交量配合。假如对称三角形向下跌破时有极大的成交量配合，这可能是一个虚假的跌破信号，期价跌破后不会继续下跌。

（4）有假突破时，应随时重划界线找出新的对称三角形。

2. 矩形

矩形是期价由一连串在两条水平上下界线之间变动而形成的形态。当期价上升到某水平时遇到阻力，掉头回落，但很快便获得支撑而回升，可是回升到上次同一高点时再一次受阻，回落到上次低点时则再得到支撑。这些短期高点和低点分别以直线连接起来，便可以绘出一条水平通道，这就是矩形形态（见图 5 – 41）。

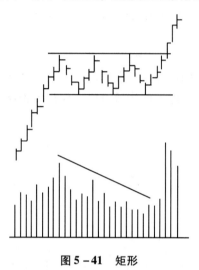

图 5 – 41　矩形

对于矩形，在实际运用过程中有如下几个要点：

（1）矩形形态说明多空双方力量均衡。一般来说，矩形是整理形态，在升市和跌市都可能出现，长而窄且成交量小的矩形常出现在原始底部。突破上下限后分别是买入和卖出的信号，涨跌幅度通常等于矩形本身的宽度。

（2）矩形形成的过程中，除非有突发性的消息扰乱，其成交量应该不断减少。当期价突破矩形上限的水平时，必须有成交量激增的配合，但若跌破下限水平时，就不需大的成交量配合。

（3）矩形往上突破后，期价经常出现回跌，这种情形通常会在突破后的三天至两星期之内出现。回跌将止于颈线水平上，往下跌后的假回升，将受阻于底线水平上。

（4）一个上下波幅较大的矩形，较一个狭窄的矩形形态更具威力。

3. 旗形

旗形走势的形态就像一面挂在旗杆顶上的旗帜，这种形态通常在急速而又大幅的市场波动中出现。期价经过短期波动后，形成一个稍微与原来趋势呈相反方向倾斜的长方形，这就是旗形。旗形又分为上升旗形和下降旗形。对于上升旗形而言，期价经过陡峭的飙升后，接着形成一个紧密、狭窄和稍微向下倾斜的成交密集区域，把这密集区域高点和低点分别连接起来，就可以画出两条平行而又下倾的直线，这就是上升旗形（见图 5-42）。下降旗形刚刚相反，当期价出现急速或垂直下跌后，接着形成一个波动狭窄而又紧密、稍微上倾的成交密集区域，像是一条小上升通道，这就是下降旗形（见图 5-43）。

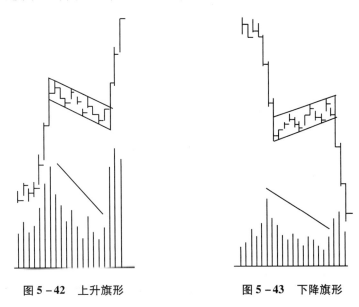

图 5-42　上升旗形　　　　　图 5-43　下降旗形

旗形整理形态，在实际运用过程中，有如下几个要点：

（1）旗形是个整理形态。上升旗形将是向上突破，而下降旗形则是往下跌破。上升旗形大部分在牛市第三期中出现，下降旗形大多是在熊市第一期出现。

（2）旗形形态可量度出最小升跌幅度。其量度的方法是突破旗形（上升旗形和下降旗形相同）后最小升跌幅度等于整支旗杆的长度。而旗杆的长度是形成旗杆突破点开始到旗形的顶点为止。

（3）旗形形态确认有如下几个特征：一是旗形形态在急速上升或下跌之后出现；二是成交量在形成形态期间不断地显著减少；三是当上升旗形往上突破时，必须得到成交量激增的配合，当下降旗形向下突破时，成交量也需增加。

（4）在形态形成中，若期价趋势形成旗形而其成交量是逐渐减少的，下一步将是很快的反转而不是整理，即上升旗形往下突破而下降旗形则是向上突破。因此，成交量的变化在旗形走势中是十分重要的。

（5）期价一般在四周内向预定的方向突破。

图 5-44 是 LME 市场 3 个月综合铜 2001 年 11 月至 2002 年 2 月走势的 K 线

图。可以看到，这期间，期铜价走出了一个旗形。2001 年 11 月快速上升，拉出了旗杆，2001 年 12 月至 2002 年 1 月回调盘整，拉出旗面（位于两条平行斜线之内），然后如期继续上攻。

图 5 - 44 上升旗形的实际图例

4. 盘型

盘型的期价与成交量变动情形和圆弧形反转形态差不多。标准的盘型是以一连串一个以上的圆弧形底的形态出现，后一个平均价格要比前一个高，每一个盘型的尾部价格，要比开始时高出一些（见图 5 - 45）。和圆弧底态一样，盘型也代表着上升的意义，不过上升的步伐稳健而缓慢。

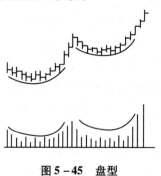

图 5 - 45 盘型

对于盘型，在实际运用过程中有如下几个要点：

（1）这是一个上升形态，每一个圆形的底部都是一个理想的买入点。

（2）当盘型走势可以肯定时，期价波动的形式将会一直持续，直到在图表上出现其他形态为止。

（3）从该形态的成交量可见，大部分投资者都在期价上升时买入，因此成交量大增。但当期价回落时，他们却又畏缩不前，因此圆形底成交量减少。

5.3　技术分析的指标方法

行情分析的技术指标较多。本节介绍：移动平均线（MA）、相对强弱指标（RSI）、随机指数（KD）、人气指标（OBV）、乖离率（BIAS）、心理线 PSY、MACD 等。

5.3.1　移动平均线 MA（Moving Average）

1. 移动平均线的计算方法

移动平均线是一个重要的技术分析指标。它是用截至当日以前的收盘价时间序列（$P_t = t = 1，2，3，\cdots，N$）按下式：

$$M_t = \frac{1}{n}(P_t + P_{t-1} + P_{t-2} + \cdots + P_{t-n+1})$$

$$= M_{t-1} + \frac{1}{n}(P_t - P_{t-n})，(t = n, n+1, \cdots, N) \tag{5.2}$$

计算出收盘价移动平均时间序列 M_t（$t = n，n+1，\cdots，N$），连接绘制在原收盘价曲线图上的一条曲线，其中，N 为收盘价时间序列的样本容量，n 为移动平均线所取用的数据个数。若 n 较小，移动平均线则对收盘价线的修匀程度较小；若 n 较大，则上述修匀程度较大；若 $n = N$，则移动平均线修匀为一条水平线。

在期货价格分析中，移动平均线所取的 n 值通常有 5 天，10 天，20 天，30 天，等等，甚至 90 天。5 天、10 天的移动平均线可用于分析短期价格走势，10 天、20 天、30 天的多用于分析中期走势，30 天与更大值的用于分析长期走势。

一般来说，收盘价线位于移动平均线之上，意味着期价看涨；反之，则看跌。具体分析方法将在下面阐述。

除了用式（5.2）求出的简单移动平均线以外，还有线性加权移动平均线和非线性加权移动平均线，其计算方式较为复杂，效果也并不比简单移动平均线好。因此，这里不作进一步探讨。

2. 移动平均线的应用

（1）根据中短期移动平均线与日线图位置的相互转换来分析期货价格走势，选择买卖时机，在实际操作中是相当重要而有效的。美国投资专家葛南维经过长期的实践与研究，总结出有关移动平均线的八条法则①。

法则①：当平均线从下降逐渐转为水平，价格从平均线的下方向上移动并突破平均线时，是买入信号（见图5－46）。平均线在1996年11月由跌走平转升，价格也跃上均线，是一个非常准确的买入信号。

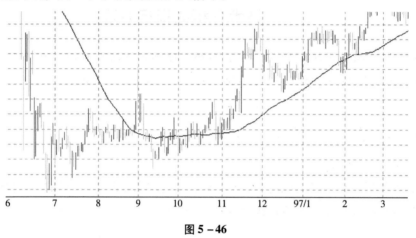

图5－46

法则②：价格一时跌破平均线，但平均线短期内依然继续上升，价格在3天之内马上又回升到平均线之上时是买入信号（见图5－47）。期铜价在1999年10月初跌破59日均线，而3天之内又跃上了均线，是一个很好的买入信号。

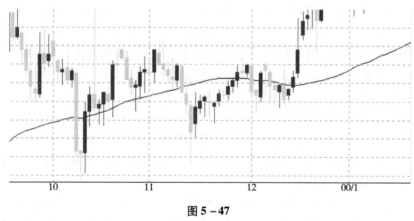

图5－47

---

① 本部分图例全部取自LME市场3个月综合铜日K线图，平均线天数取59天。

法则③：当价格连续上升远离平均线之上时突然下跌，但未跌破平均线便又上升时，为买入信号，并且这一买进法则的可靠性最高（见图 5 – 48）。期铜价在1999 年 7 月份暴涨，远离均线，而在 8 月底跌回均线附近，并未跌破又上升，是明显的买入机会。

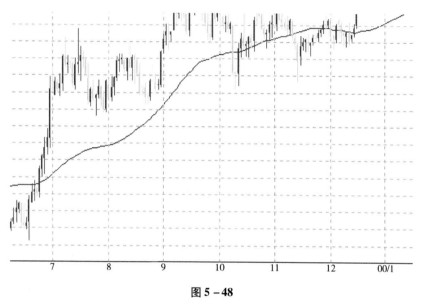

图 5 – 48

法则④：价格跌破平均线后急速暴跌，远离平均线，造成超卖。如果这时价格有所回升，并接近平均线，也为买进信号（见图 5 – 49）。期铜价在 5 月底跌破均线很远，严重超卖，6 月底又迅速上升，接近并跃上均线，是一个很准确的买入信号。

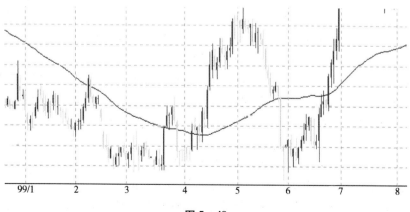

图 5 – 49

法则⑤：当平均线走势由原先的上升逐渐走平且弯曲向下，而价格又从平均线的上方向下突破平均线时，是重要卖出信号（见图 5 – 50）。期铜价在 2000 年 10 月跌破 59 日均线，该均线也由升走平转跌，是一个很好的卖出信号。

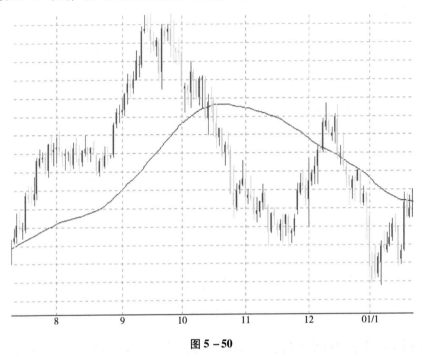

图 5 – 50

法则⑥：虽然价格轨迹一时向上突破平均线，但在 3 天之内又急跌到平均线之下，平均线仍在下滑时，是卖出信号（见图 5 – 51）。期铜价曾在 1998 年 9 月、10 月两次冲上 59 日均线，但都于第二天跌下均线，是两次很好的卖出机会。

法则⑦：当价格连续暴跌远离平均线之下时突然反弹靠近平均线，但还未突破平均线便又回落，是卖出信号（见图 5 – 52）。期铜价在 1997 年 10 月反弹靠近均线，但未突破，又掉头向下，是一个准确的卖出信号。

法则⑧：当价格急速上升，在平均线上方移动且距平均线越来越远，涨幅很大时，表明近期内买盘均已获利，随时都会出现回吐，这也是卖出信号（见图 5 – 53）。期铜价在 1997 年 5 ~6 月暴涨，远离均线，是明显的卖出信号。

（2）多根移动平均线之间的关系。

分析长期、中期和短期三种移动平均线的位置关系及产生的交叉点，对于把握期货价格走向和选择出入场时机，是非常有指导意义的。

平均线之间的位置关系，归纳起来可以分为两种主要排列方式。一种可以称之为"牛市排列",另一种则可称之为"熊市排列"。所谓"牛市排列"即是三种移动平均线趋势都向上,而且短期移动平均线在最上面,中期移动平均线在中间,长期移动平均线在最下面。而"熊市排列"的情况则相反,三种移动平均线都是向下的趋势,短期移动平均线在最下面,长期移动平均线在最上面,中期移动平均线则在中间(见图5-54和图5-55)。

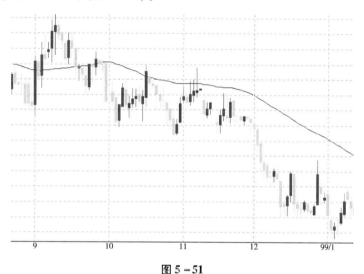

图5-51

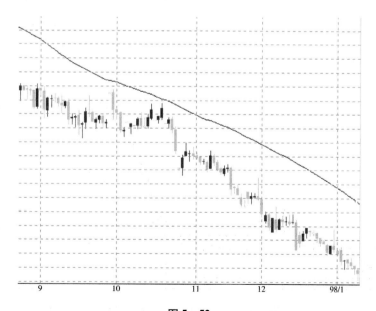

图5-52

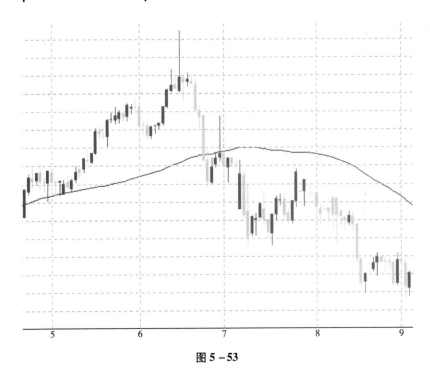

图 5 – 53

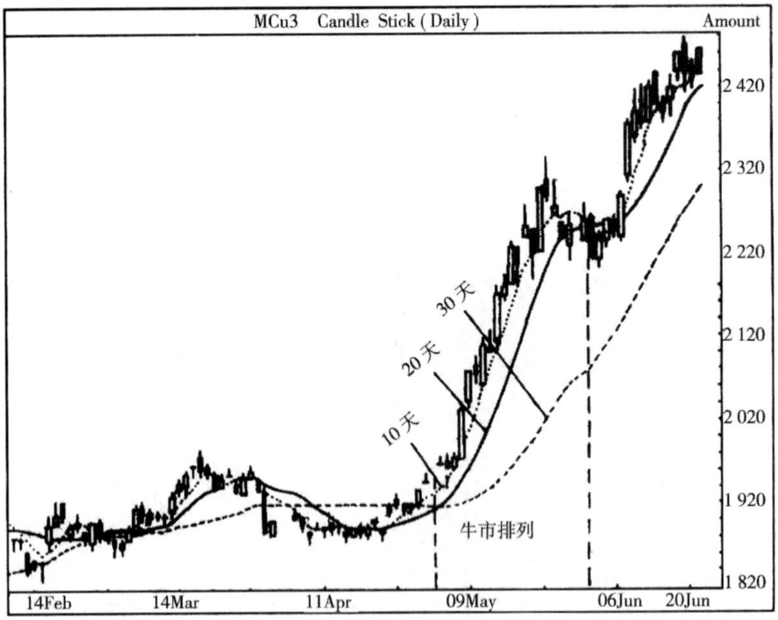

图 5 – 54 "牛市排列"移动平均线

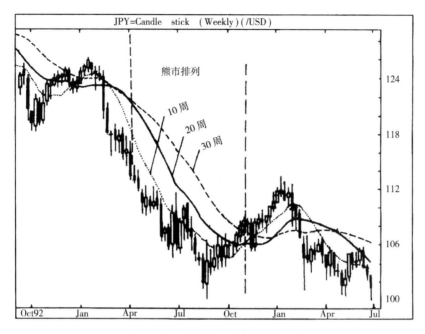

图 5-55 "熊市排列"移动市场线

三种周期的移动平均线随着期货价格的涨跌而发生位置变换，这时必然产生交叉。观察交叉点的出现可以获得明确的买卖信号。交叉点根据不同情况也分为两类，即"黄金叉"和"死亡叉"。"黄金叉"就是短期移动平均线向上穿过中期移动平均线，或者中期移动平均线向上穿过长期移动平均线产生的交点。当"黄金叉"出现时，表明期货价格将有一段较大的上涨行情。而"死亡叉"则是短期移动平均线向下穿过中期移动平均线，或者中期移动平均线向下穿过长期移动平均线出现的交叉点。"死亡叉"表明后市将大跌，是卖出做空的好时机（见图 5-56）。

一般认为，使用两根移动平均线分析比一根平均线分析可靠，而采取三根移动平均线又比两根移动平均线可靠度高。但任何事物都是两方面的，可靠度高要求的信息更多，这就在客观上造成了一些时间上的滞后，结果虽然资金的安全度提高和风险减小了，但相应的盈利率也降低了。在实际分析中，大多投资者喜欢采用 10—20—30 天平均线系统。

3. 不同移动天数的讨论

一般来说，移动天数越少，得到的移动平均线越尖锐，对价格的反应也越灵敏；反之，移动天数越多，移动平均线就越平滑，对价格的反应也越迟钝。移动天数少的移动平均线可反映短期趋势，而移动天数多的移动平均线可反映中长期趋势。目前普遍采用的移动天数为 5、10、20、30、50、80、100、150、200 等。

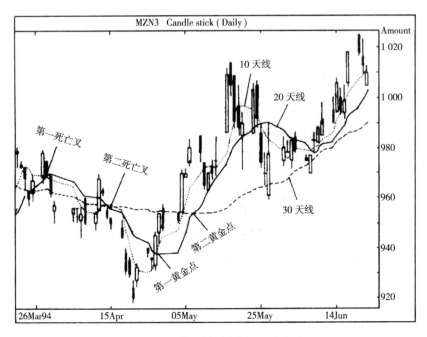

图 5 – 56　黄金交叉点与死亡交叉点

　　另外，据专家的研究发现，不同种类的商品有不同的价格运动规则，因而存在着不同的最佳移动天数。表 5 – 1 列出了一些商品的最佳移动天数。对于特定商品，用最佳移动天数画出的移动平均线所发出的买卖信号，其正确率最高。

表 5 – 1　　　　　　　　　　　　　　商品的最佳移动天数

商品名称	可可	粟米	糖	棉花	白银	铜	黄豆	小麦	豆油	木板	生猪
最佳天数	54	43	60	57	19	59	55	41	69	68	16

4. 移动平均线的评价

　　（1）优点：① 移动平均线的"黄金交叉点"和"死亡交叉点"，能显示出买入卖出信号，而且准确度高。② 移动平均线能直观地显示价格变动的大致方向。

　　（2）缺点：① 当行情处于盘整时，移动平均线频繁地发出买卖信号。此时，容易误导交易者。② 移动平均线变动缓慢，不易把握期价的高峰及低谷，对于长期移动平均线，这点表现尤为突出。③ 凭移动平均线的买卖信号，交易者很难做出买卖决策，通常须得到其他技术指导的辅助。

5.3.2 相对强弱指数 RSI (Relative Strength Index)

相对强弱指数是通过比较基期内收盘价的平均涨幅和平均跌幅来分析买卖双方的相对力量，从而判断期价的走势。相对强弱指数是目前广为应用的技术分析工具。

1. 相对强弱指数的计算方法

$$RSI = 100 - \left(\frac{100}{1 + RS} \right) \qquad (5.3)$$

其中：

$$RS = \frac{基期内收盘价上涨的平均值}{基期内收盘价下跌的平均值} \qquad (5.4)$$

在计算及应用 RSI 指数时，应首先确定基期天数，最初使用过的基期天数是 14 天，后来有人认为应短一些（如 9 天），以便更敏感地反映期价波动。

实例如下：如果以 10 天为基期天数，则第一个 10 天内，若收盘价上涨的平均数为 114.3，而收盘价下跌的平均值为 164.3，则第 10 天的 RS 为：

RS = 114.3/164.3 = 0.796，故此第 10 天的 RSI 为：

$$RSI = 100 - \frac{100}{1 + RS} = 100 - \frac{100}{1 + 0.796} = 41.038$$

对于第 11 天 RSI，则去掉第一天收盘价涨跌数，加减第 11 天的收盘价涨跌数，再按上式算出第 11 天的 RSI；依次连接各个 RSI 值即形成 RSI 线。

2. 相对强弱指数的运用

（1）RSI 值总是在 0 ~ 100 之间变动。当 RSI 大于 50 时，表示为强势市场；而 RSI 低于 50 时，则表示弱势市场。

（2）RSI 一般在 30 ~ 70 之间波动。当 RSI 大于 80 时，表示存在超买（Over Bought）现象。如果 RSI 继续上升，超过 90 以上时，则表示严重超买，极可能在短期内出现下跌。当 RSI 下降到 20 时，表示存在超卖（Over Sold）现象。如果 RSI 继续下降到低于 10 时，则表示已到严重超卖区域，期价可能止跌回升。

（3）超买超卖判断与市场特点及 RSI 所取的时间参数有关。对期价变化不过分剧烈的市场，RSI 超过 70 视为超买，RSI 低于 30 视为超卖。另外，如果时间参数较大（如 20、30 等），那也视超过 70 为超买、低于 30 为超卖。

（4）当 RSI 出现超买超卖现象，表示走势有可能反转，但不构成真正的入市信号。有时行情变化得过于迅速，RSI 会很快地进入超买超卖区域。例如，在牛市的初期，RSI 往往会很快进入超买区域，并在此区域内停留相当长一段时间，但这并不表示期价将要下跌是卖出信号。恰恰相反，它表示价格还有继续上升的空间，是买入的好时机。只有在牛市初期或熊市当中，超买才是比较可靠的卖出的入市信号（见图5-57）。基于这个原因，一般不适宜在RSI一进入非正常区域就采取买卖行动，最好是价格本身也发出转向信号时再入市。价格转向信号应具备几个条件：趋势线的突破；移动平均线的突破；某种反转价格形态的完成；价格出现背驰。

当强弱指标上升而期价反而下跌，或是强弱指标下降而期价反而上升，这种情况称之为价格出现背驰。

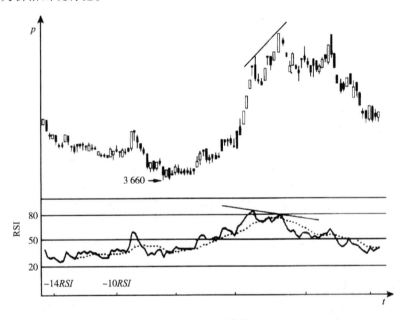

图5-57　RSI指数

图5-57取自LME市场3个月综合铜1997年4～9月的一段走势图。下方RSI指标的天数取14天。我们可以很明显地看到，在6月中旬出现了顶背离，期价创出新高，而RSI指标却比上一个高点还低，是一个极佳的卖出信号。

3. 相对强弱指数的评价

（1）优点：① RSI反应迅速，灵敏度高，直观性强；② RSI可作为判断大势的量化标准。

（2）缺点：① 背驰走势的信号并不十分准确，常有背驰现象发生行情并不反转。有时背驰两三次才真正反转；② 特别在盘整行情时，RSI徘徊于40～60之间，虽有时突破阻力线和压力线，期价并无多大的变化。

5.3.3 随机指数 KD 线（Stochastic Index）

随机指数是期货市场常见的技术分析工具，是由 G. 莱恩提出的，它在图表上是由 $K\%$ 和 $D\%$ 两条曲线构成，故简称 KD 线。随机指数综合了移动平均线、相对强弱指数的一些优点，它主要研究最高价、最低价与收市价的关系，以分析价格走势的强弱及超买和超卖现象。它的理论依据是，当价格上涨时，收市价倾向于接近当日价格区间的上端，而当价格下跌时，收市价倾向于接近其下端。

1. 随机指数的计算方法

在计算随机指数之初，应先算出未成熟随机值 RSV（Row Stochastic Value）。它是最后一日收盘价在前一段行情的最高价与最低价间的位置比率，其计算公式为：

$$RSV = (C_t - L_n) / (H_n - L_n) \times 100\% \tag{5.5}$$

其中，C_t 为当日收盘价，L_n 为最近 n 日最低价，H_n 为最近 n 日最高价。

现以 9 日周期的 KD 线为例

$$RSV = \frac{第\,9\,日收盘价 - 9\,日内最低价}{9\,日内最高价 - 9\,日内最低价} \times 100\%$$

RSV 值永远介于 0 与 100 之间。

RSV 值算出后，即可求出 K 值和 D 值：

K 值 = 当日 $RSV \times (1/3)$ + 前一日 K 值 $\times (2/3)$

D 值 = 当日 K 值 $\times (1/3)$ + 前一日 D 值 $\times (2/3)$

即：

$$K_t\% = 1/3 > \times RSV\% + 2/3 \times K_{(t-1)}\% \tag{5.6}$$

$$D_t\% = 1/3 K_t\% + 2/3 D_{(t-1)}\% \tag{5.7}$$

首次计算 K，D 值时，设 $K_0 = 50$，$D_0 = 50$ 代入计算，KD 线多选用 9 日、15 日为计算周期，但实际操作中也可根据情况灵活确定。

2. 随机指数的应用

随机指数是用 $K\%$、$D\%$ 两条曲线构成的图形关系来分析研判价格走势，这种图形关系主要反映市场的超买和超卖现象、走势背驰现象以及 $K\%$ 与 $D\%$ 相互交叉突破现象，从而预示中、短期走势的到顶与见底过程，其具体应用法则如下：

（1）超买超卖区域的判断：$K\%$ 值在 80 以上、$D\%$ 值在 70 以上为超买的一般标准；$K\%$ 值在 20 以下、$D\%$ 在 30 以下为超卖的一般标准。

（2）在价格持续上涨或下跌时，$K\%$ 值有可能达到大于 90 或小于 10 的极限值。也就是说，随机指数进入严重超买卖区域。此时，市场正处于极强的牛市或熊市中，价格达到并超过当期最高或最低值，并不能说明它已到了顶点。相反，此时价格极可能再创新高或新低（见图 5-58）。$K\%$ 值达到极限后常略做回档，再次接触极点，此时，市场极可能发生反转。

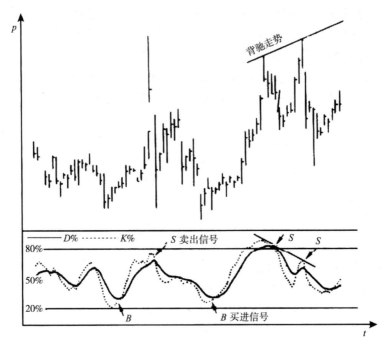

图 5-58　KD 线图

（3）当期价走势一峰比一峰高时，随机指数的曲线一峰比一峰低；或期价走势一底比一底低时，随机曲线一底比一底高，这种现象被称为背驰。随机指数与期价走势产生背驰时，一般为转势的信号，表示中期或短期走势已到顶或见底，此时是买卖信号。

（4）当 $K\%$ 值大于 $D\%$ 值时，表明当前是一种上涨的趋势。因此，当 $K\%$ 线从下向上穿破 $D\%$ 值时，是买进的信号。反之，当 $D\%$ 值大于 $K\%$ 值，表示当前是一种下跌的趋势。因此，当 $K\%$ 线从上向下跌破 $D\%$ 线时，是卖出信号；$K\%$ 线与 $D\%$ 线的交叉突破，在 80 以上或 20 以下信号较为准确。KD 线与强弱指数的不同之处是，它不仅能够反映市场的超买超卖现象，还能通过交叉突破达到发出买卖信号的功能。但是，当这种交叉突破在 50 左右发生，期价又处于盘整状况，买卖信号应视为无效。

（5）对于随机指数，还存在另外一些转势信号。K%线和D%线上升或下跌速度减缓，通常都表示短期会转势；K%线在上升或下跌一段时期后，突然急速穿越D%线，显示趋势短期内会转向。

3. 随机指数的评价

（1）随机指标是一种较短期的敏感指标，分析比较全面，但比强弱指数复杂。

（2）随机指数的典型背驰准确性颇高，另外还可以通过两条曲线交叉寻求最佳买卖点。随机指数是一种操作性强的技术分析工具。

5.3.4　人气指标 OBV（On Balance Volume）

1. OBV 的分析原理

OBV 线亦称 OBV 能量潮，是将成交量值予以数量化，制成趋势线，配合期价趋势线，从价格的变动及成交量的增减关系，推测市场气氛。OBV 的理论基础是市场价格的变动必须有成交量配合。价格升降而成交量不相应升降，则市场价格的变动难以继续。

2. 人气指标的计算方法

人气指标的计算方法为：

$$当日 OBV = 前一日的 OBV \pm 今日成交量 \tag{5.8}$$

逐日累计每日成交量，当日收市价高于前一日时，成交量为正值；反之，为负值，若相等，则为零。

然后将累计所得的成交量逐日定点连接成线，与期价曲线并列于一图中，观其变化。

3. 人气指标的运用

OBV 线的基本理论基于期价变动与成交量的相关系数极高，且成交量为期价变动的先行指标，短期期价的波动与供求关系并不完全吻合，而是受人气的影响，因此从成交量的变化可以预测期价的波动方向。

（1）当期价上涨而 OBV 线下降时，表示能量不足，期价可能将回跌。

（2）当期价下跌而 OBV 线上升时，表示买气旺盛，期价可能即将止跌回升。

图 5 – 59 是 LME 市场 3 个月综合铜 2001 年 11 月前后的一段走势。可以看出，在 11 月初，期价创出新低，而 OBV 指标并未创出新低，说明买气上升，市场短期可能转升。

（3）当价格与人气能量线同步缓慢上升时，表示市况继续看好，多头可继续持有合约，观望者也可跟进。

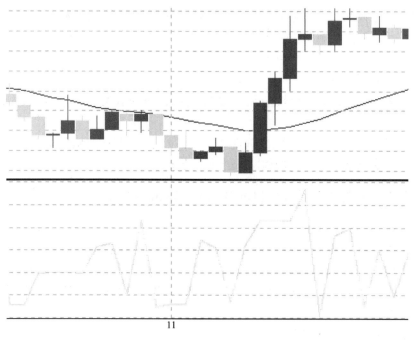

图 5 - 59

（4）当人气能量线暴升时，不管价格是否暴涨或回跌，都表示买盘能量即将耗尽，大势可能已达到顶峰（见图5-60）。

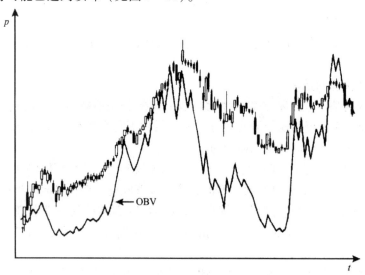

图 5 - 60 OBV 图

另外，值得指出的是，人气能量线常适用于短期预测。

4. 人气指标的评价

（1）优点：① OBV 线为期市短期波动的重要判断方法，但运用 OBV 线应配合期价趋势线予以研判分析。② OBV 线能帮助确定期市突破盘局后的发展方向。

（2）缺点：① OBV 线适用范围比较偏向于短期进出，与基本分析无关。② OBV 计算方法过于简单。

5.3.5 乖离率 BIAS

乖离率简称 Y 值，是移动平均线原理派生的一项技术指标，其功能主要是通过测算期价在波动过程中与移动平均线出现偏离的程度，从而得出期价在剧烈波动时因偏离移动平均趋势而造成可能的回档或反弹，以及期价在正常波动范围内移动而形成继续原有趋势的可信度。

乖离度的原理是建立在：如果期价偏离移动平均线太远，不管期价在移动平均线之上或之下，都有可能趋向移动平均线。

1. 乖离率的计算公式

$$Y 值 = (当日收市价 - N 日内移动平均市价)/N 日移动平均收市价 \times 100\%$$

$$(5.9)$$

其中，N 日为设立参数，可选用移动平均线日数设立，一般设定为 5 日、10 日、25 日、75 日。

2. 乖离率的运用

（1）乖离率分正乖离和负乖离。当期价在移动平均线之上时，其乖离率为正，反之则为负。当期价与移动平均线一致时，乖离率为 0。随着期价走势的强弱和升跌，乖离率周而复始地穿梭于 0 点的上方和下方。

（2）一般而言，正乖离率涨至某一百分比时，表示短期间多头获利大，则获利回吐可能性也越大，呈卖出信号；负乖离率降到某一百分比时，表示空头回补的可能性也越大，呈现买入信号（见图 5 - 61）。对于乖离率达到何种程度方为正确之买入点或卖出点，目前并没有统一原则，使用者可凭经验和对行情强弱的判断得出综合结论。一般来说，在大势上升进场，如遇负乖离率，可以待回跌买进。因为进场风险小，在大势下跌的走势中如遇正乖离率，可以待回升高价时抛出。

（3）由于期价相对于不同日数的移动平均线有不同的乖离率，除去暴涨或暴跌会使乖离率瞬间达到高百分比外，短、中、长线的乖离率一般均有规律可循。以下是不同日数移动平均线达到买卖信号要求的参考数据。

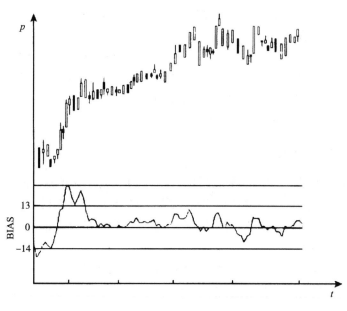

图 5 - 61   BIAS 图

5 日乖离率：－3% 是买进时机，＋3.5% 是卖出时机。

10 日乖离率：－4.5% 是买进时机，＋5% 是卖出时机。

25 日乖离率：－7% 是买进时机，＋8% 是卖出时机。

75 日乖离率：－11% 是买进时机，＋11% 是卖出时机。

图 5 - 62 取自 LME 市场 3 个月综合铜 1996 年 3 月至 1997 年 2 月的一段走势，BIAS 指标天数取 12 天。可以看出在 1996 年 6 月底，期铜价急跌，BIAS 指标也反复向下，跌破 - 10，市场严重超卖，是一个较好的买点。

5.3.6　心理线 PSY

心理线是将某段时间内交易者倾向买方还是卖方的心理与事实转化为数值，形成人气指标，作为做多或做空的依据。

1. 心理线的计算方法

$$PSY = N 日内的上涨天数/N \times 100 \qquad (5.10)$$

其中：N 一般设定为 10 日。

2. 心理线的运用

（1）由心理线公式计算出来的百分比值，超过 75 时为超买，低于 25 时为超卖，百分比值为 25 ~ 75 区域内为常态分布。

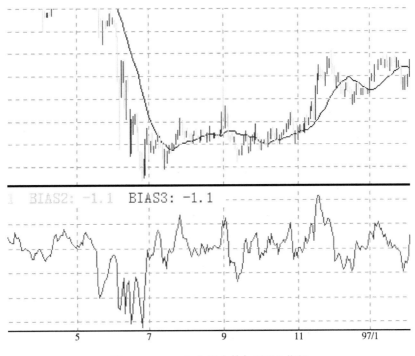

图 5 – 62　LME 市场走势与 BIAS 指标

（2）一段上升行情展开前，通常超卖的低点会出现两次。同时，一段下跌行情展开前，超买的最高点也会出现两次。在出现第二次超卖的低点或超买的高点时，一般是买进或卖出的时机。

（3）当百分比值降低至 10 或 10 以下时，是真正的超卖，此时是一个短期抢反弹的机会，应立即买进。

（4）心理线主要反映市场的超买或超卖，因此，当百分比值在常态区域内上下移动时，一般应持观望态度（见图 5 – 63）。

5.3.7　指数平滑异同移动平均数（Moving Average Convergence and Divergence，MACD）

MACD 是期货交易者用得较多的一种技术分析指标，MACD 使用了正负值（*DIF*）和异同平均数（*DEA*）这两个指标，另外还使用了柱状线（*BAV*）这个指标。

1. 指标计算

（1）DIF 的计算。

DIF 是一快速平滑移动平均线与慢速平滑移动平均线的差。快速是指短期，慢

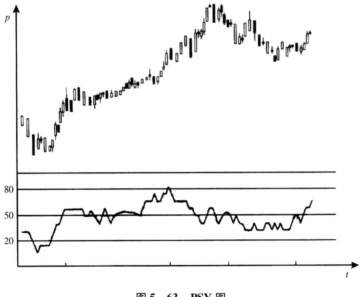

图 5 - 63　PSY 图

速指长期。下面是 12 日和 26 日的 DIF 值。其计算公式为：

$$EMA_t = \alpha P_t + (1 - \alpha) EMA_{t-1} \tag{5.11}$$

其中 α 是平滑系数，其公式为：$\alpha = \dfrac{2}{N+1}$，一般取 12 天和 26 天的 α 值，即 α_{12}，α_{26}。

第一步，计算 12 日、26 日的平滑移动平均值：

$$12 \text{ 天的 } EMA_t(10) = \frac{2}{12+1} \times P_t + \frac{11}{12+1} \times EMA_{t-1} \tag{5.12}$$

$$26 \text{ 天的 } EMA_t(26) = \frac{2}{26+1} P_t + \frac{25}{26+1} EMA_{t-1} \tag{5.13}$$

第一天的 EMA 值可取第一天的收盘价。

第二步，计算 DIF 值：

$$DIF = EMA_t(12) - EMA_t(26) \tag{5.14}$$

（2）DMA 计算。

DEA 是 DIF 的移动平均，与前面我们介绍的移动平均线计算方法相同，只是把 DIF 换成收盘价而已。

（3）BAR 计算。

柱状线 BAR 计算更加简便，但交易者用得较多。

$$BAR = 2 \times (DIF - DEA) \qquad (5.15)$$

2. MACD 运用

（1）DIF 和 DMA 二者的运用。DIF 和 DMA 二者的运用主要采用"交叉"原则，当 DIF 向上突破 DEA 是买入信号；DIF 向下跌破 DMA 是卖出信号。

（2）BAR 的运用。BAR 采用"0 线原则"，当 BAR 条形棒由负数的最大值向"0"轴靠近时是买入时机，当 BAR 条形棒由正数最大值向"0"轴靠近时是卖出时机；BAR 条形棒在"0"线以上是牛市，在"0"线以下是熊市（见图 5 - 64）。

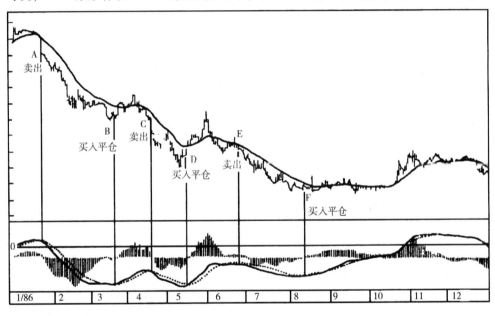

图 5 - 64　美元兑日元 MACD 走势

3. MACD 优缺点

（1）优点：① MACD 克服了移动平均线频繁产生的买入卖出信号，MACD 买入与卖出信号较移动平均线有较高的准确度。② BAR 应用简单明了。

（2）缺点：MACD 在盘整期也常常可发出买卖信号。

5.3.8　量价分析

技术指标分析法认为，成交量和未平仓合约量的变化会对期货价格产生影响，而期货价格的变动也会引起成交量和未平仓合约量的增减。因此，只有将成交量和未平仓合约量的变化联系起来进行分析时，才有预测期货市场价格变化的价值。这种把期货价格同成交量、未平仓合约量三个技术指标有机结合起来，预测期货市场价格未来走势的量价分析方法是分析期货价格走势非常重要的技术指标分析法。

1. 成交量与价格关系分析

由于每笔期货交易包括买入合约和卖出合约，交易量只计算买入合约或卖出合约的数量，而不是两者的总和。成交量的增减变化反映了市场对商品期货合约的供求关系的一个方面，但要真正把握期货合约的供求关系，还需进一步研究未平仓合约量。

成交量与期货价格走势的关系可以描述为：

（1）成交量增加，价格同步上升，表明期货交易继续看涨，目前价格趋势可望维持。

（2）成交量增加，价格下跌，表示原来做多的交易者急于对冲而抛出以前购买的合约，说明市场看跌，预示着价格还会维持下跌趋势。

（3）价格上升而成交量大减，表示期货市场缺乏新的做多的交易者，卖空者急于补货平仓而使得价格短期内上升，一旦做空者平仓完毕价格将会回落。

（4）价格和成交量都下跌，表示该商品期货市场进入调整期，短期内价格可能继续下跌。但也表明，该商品期货价格已跌入或正在跌入谷底，一段时间后价格将可望回升。

2. 未平仓合约量与价格关系分析

未平仓合约量，是指尚未对冲仍在期货市场上流通的某期货合约数量，故也称平仓量或空盘量。未平仓合约量只计未对冲的买方合约数量或卖方合约数量，而不是两者的总和。因而，只有新买家和新卖家成交后，未平仓合约量才增加；如果买方是第一次成交，而卖方为对冲以前买进的期货合约，即卖出以前买的合约，未平仓合约量不变；反之亦然。如果买卖双方都是为对冲而成交，未平仓合约量就减少；当一次新购买的合约数同对冲交易合约相等时，未平仓合约量不变；反之亦然。成交量往往是一天内的成交量的累计，而未平仓量则是从合约开始交易到某一天未平仓量的总和。

在一定时期内，通过对未平仓合约量的变化分析可推测资金在期货市场流向的变化，当未平仓合约量增加时，说明资金涌入期货市场。反之，当未平仓合约减少时，说明资金正从期货市场流出。

3. 未平仓合约量与期货价格走势的关系

（1）未平仓合约量增加，价格上升，表明做多者增多，预示着价格仍将上升（见图5－65）。

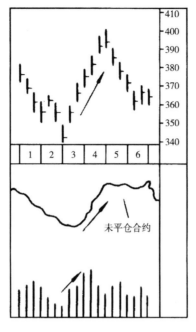

图 5 – 65

（2）未平仓合约量增加，而价格下跌，说明做空者积极性高，估计价格还会下跌（见图 5 – 66）。

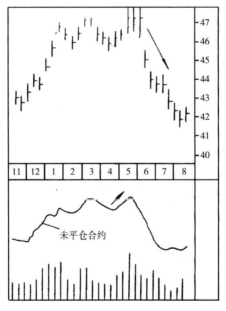

图 5 – 66

（3）未平仓合约减少，价格下跌，表示做多者大量平仓，意味着价格还要继续下降（见图5-67）。

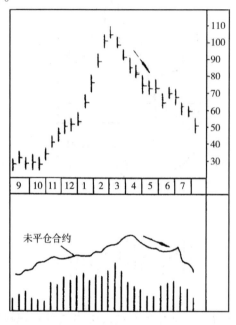

图5-67

（4）未平仓合约减少而价格反而上升，表示卖空者急于补货平仓，预示着价格可能还会上升一段时间（见图5-68）。

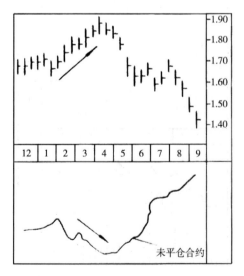

图5-68

4. 使用未平仓合约与价格关系反映信息

（1）在利用未平仓合约数进行价格预测时，必须重视现有未平仓合约量与过去历年来未平仓合约平均量的比较。如未平仓合约量高于过去任何时刻的记录，则说明进入期货交易的人数激增，从而也会使价格上下波动的幅度大于过去的正常范围。

（2）当价格与未平仓合约向同一方向增减时，市场内部技术性表示向好看涨。

（3）当未平仓合约与价格向相反方向增减时，此情况显示市场内部技术性表现向淡看跌。

（4）上面介绍的四种未平仓合约与价格的关系如果再详细区分可归纳为表 5 - 2。

表 5 - 2　　　　　　　　　　　未平仓合约与价格的关系

价　格	未平仓合约	市场内部变化	预期后市
上升	增加	买方买入	上升
上升	不变	买方、卖方均买入	上升
上升	减少	卖方买入平仓	下跌
下降	增加	卖方卖出	下跌
下降	不变	买方、卖方均卖出	下跌
下降	减少	买方卖出平仓	上升
震荡	增加	买方买入、卖方卖出	中性
震荡	不变	买卖双方休整	中性
震荡	减少	买方卖出、卖方买入平仓	中性

5. 未平仓合约与价格关系分析的优点与缺点

（1）优点：市场技术分析者在不能确定后市去向的时候，能深入分析醒目资金（即大户）的流向，看究竟是从"看好"转为"看跌"还是从"看跌"转为"看好"。未平仓合约数量的增减可以帮助人们对市场内部合约的转手（从强者手中转到弱者手中或从弱者手中转入强者之手）情况作进一步的了解。市场分析者在决策时除非认为有特殊的理由，否则不宜持相反意见，此点为分析未平仓合约的一个极大优点。

（2）缺点：在运用未平仓合约与价格关系来测市时，存在一个基本的困难，即时间问题。例如，在观察方面究竟从哪段时间开始计算未平仓合约的升或降？此问题很难有明确不变的规定。如果不能准确地确定这个时间，那么就无法利用未平仓合约与价格的关系去预测市场价格的未来走势。

未平仓合约配合价格的测市法缺点和优点并存，故最好把此方法作为辅助性的参考工具，实际的操作仍以其他工具为好。

复习思考题

1. 在基本分析法中，影响商品期货价格的因素有哪些？
2. 如何制作 K 线图？各种典型 K 线图的市场含义是什么？
3. 熟悉反转形态、整理形态的种类及其运用。
4. 掌握 MA、RSI、OBV、MACD 运用中应注意的要点。
5. 掌握成交量、未平仓合约、价格三者之间的互动关系。

第 *6* 章

股票指数期货

金融期货是以金融工具为标的物的期货合约，是期货市场的重要组成部分，虽然其出现时间晚于商品期货，但在交易规模、交易活跃度等方面已经远远超过了商品期货，占到了整个期货市场交易量的 80% 以上。从全球来看，金融期货的产生顺序依次为外汇期货、利率期货和股票指数期货；而从我国规范化后的期货市场来看，2010 年 4 月 16 日中国金融期货交易所正式推出了沪深 300 股票指数期货；2013 年 9 月 6 日中国金融期货交易所正式推出了国债期货，这是利率期货的一种；当前国内暂无外汇期货交易品种。因此，本书将按照股票指数期货、利率期货和外汇期货的顺序依次展开介绍。

本章首先介绍与股指期货密切相关的股票价格指数的基本知识、股指期货的产生与发展以及世界上几种主要的股指期货合约；其次对我国股指期货市场的产生和发展进行回顾，详细介绍沪深 300 股指期货的合约内容与交易规则等；再次详细阐释股指期货的定价理论；最后介绍股指期货的交易方式与策略。

6.1　股指与股指期货概述

股票价格指数期货合约是指以股票价格指数为标的物的标准化期货合约。本节首先介绍了股票价格指数的相关基本知识，包括股票指数的概念、计算方法、世界主要股指种类等；然后介绍了股指期货的产生与发展，阐述了股指期货合约的内容以及世界上主要的股指期货合约；最后简单说明了股指期货的交易行情表。

6.1.1　股票价格指数

1. 股票价格指数的定义

股票价格指数即股票指数，是由证券交易所或金融服务机构编制的、运用统计学中的指数方法编制而成的、反映股市中总体价格或某类股价变动和走势的指标。

由于股票价格起伏无常，投资者必然面临市场价格风险。对于具体某一种股票的价格变化，投资者容易了解，而对于多种股票的价格变化，要逐一了解，既不容易，也不胜其烦。为了适应这种情况，一些金融服务机构就利用自己的业务知识和熟悉市场的优势，编制出股票价格指数，公开发布，作为市场价格变动的指标。投资者据此就可以检验自己投资的效果，并用以预测股票市场的动向。同时，新闻界、公司管理者乃至政界领导人等也以此为参考指标，来观察、预测社会政治、经济发展形势。

编制股票指数，通常以某年某月为基期（基期的股票指数大多定为 100 或 1 000），用现在的股票价格总值和基期股票价格总值比较，计算出现在的股票指数。投资者根据指数的升降，可以判断出股票价格的变动趋势。并且为了能实时地向投资者反映股市的动向，所有的股市几乎都是在股价变化的同时即时公布股票价格指数。

2. 股票价格指数的计算

股票指数是反映不同时点上股价变动情况的相对指标。由于上市股票种类繁多，计算全部上市股票的价格平均数或指数的工作是艰巨而复杂的，因此金融机构通常是从上市股票中选择若干种富有代表性的样本股票，并计算这些样本股票的价格平均数或指数，用以表示整个市场的股票价格总趋势及涨跌幅度。

计算股价平均数或指数时通常要考虑以下三点：（1）样本股票必须具有典型性、普遍性，为此，选择样本应综合考虑其行业分布、市场影响力、股票等级、适当数量等因素；（2）计算方法应具有高度的适应性，能对不断变化的股市行情做出相应的调整或修正，使股票指数或平均数有较好的敏感性；（3）基期应有较好的均衡性和代表性。股票指数的常用计算方法有三种：算术平均法、几何平均法和加权平均法。

（1）算术平均法。

算术平均法，是指股票价格指数中所有组成样本的算术平均值。计算式为：

$$I = \frac{\sum_{i=1}^{n} P_m^i / P_0^i}{n} \times I_0 \tag{6.1}$$

其中，I 为股票价格指数；P_m^i 为第 m 报告期股票价格；P_0^i 为基期股票价格；I_0 为基期股票价格指数；n 为组成股票指数的股票种类数。

算术平均法的优点是简便易行，但由于算法过于简单，常忽略一些重要因素。英国的《经济学人》普通股票指数的计算采用的就是算术平均法。

（2）几何平均法。

少数国家的证券交易所采用几何平均法来计算股价指数，计算式为：

$$I = \frac{\sqrt[n]{P_1 \times P_2 \times \cdots \times P_n}}{P_0} \times I_0 \qquad (6.2)$$

其中，I 为股票价格指数；P_i 为组成股票指数的各种股票报告期价格；P_0 为组成股票指数的各种股票的基期价格；I_0 为基期股票价格指数；n 为组成股票指数的各种股票的种类。

几何平均法也没有考虑股票权数的影响，另外几何平均法计算出来的股票指数在相对较长的时间内可能存在误差。目前世界上采用几何平均法计算股票指数的有：美国堪萨斯价值线指数、英国伦敦《金融时报》工业普通股指数等。

（3）加权平均法。

加权平均法是根据各期样本股票的相对重要性予以加权，其权数可以是成交股数、股票发行量等。加权平均法的计算式为：

$$I = \frac{\sum_{i=1}^{n} P_i W_i}{\sum_{i=1}^{n} P_0 W_i} \times I_0 \qquad (6.3)$$

其中，I 为股票价格指数；P_i 为组成股票指数的各种股票报告期价格；W_i 为组成股票指数的各种股票的上市总量或某市场总价值；P_0 为组成股票指数的各种股票的基期价格；I_0 为基期股票价格指数；n 为组成股票指数的各种股票的种类。

世界上大多数国家和地区的股票指数采用加权平均法来计算，如美国标准普尔指数、巴黎证券交易所指数等。

3. 世界主要股票价格指数

（1）道·琼斯股票指数（Dow Jones Index）。道·琼斯股票价格平均指数是目前世界上影响最大、最有权威性的一种股票价格指数，也是世界上历史最为悠久的股票指数。它是在 1884 年由道·琼斯公司的创始人查理斯·道开始编制的。其最初的道·琼斯股票价格平均指数是根据 11 种具有代表性的铁路公司的股票，采用算术平均法进行计算编制而成，发表在查理斯·道自己编辑出版的《每日通讯》上。其计算公式为：股票价格平均数 = 入选股票的价格之和/入选股票的数量。

自 1897 年起，道·琼斯股票价格平均指数开始分成工业与运输业两大类，其中工业股票价格平均指数包括 12 种股票，运输业平均指数则包括 20 种股票，并且开始在道·琼斯公司出版的《华尔街日报》上公布。1929 年，道·琼斯股票价格平均指数又增加了公用事业类股票，使其所包含的股票达到 65 种，并一直延续至今。现在的道·琼斯股票价格平均指数是以 1928 年 10 月 1 日为基期，因为这一天收盘时的道·琼斯股票价格平均数恰好约为 100 美元，而以后股票价格同基期相比计算出的百分数，就成为各期的股票价格指数。

道·琼斯股票价格平均指数最初的计算方法是用简单算术平均法求得，当遇到股票的除权除息时，股票指数将发生不连续的现象。1928 年后，道·琼斯股票价格平均数就改用新的计算方法，即在计点的股票除权或除息时采用连接技术，以保证股票指数的连续，从而使股票指数得到了完善，并逐渐推广到全世界。

目前，道·琼斯股票价格平均指数共分四组，第一组是工业股票价格平均指数。它由 30 种有代表性的大型工商业公司的股票组成，且随经济发展而变大，大致可以反映美国整个工商业股票的价格水平，这也就是人们通常所引用的道·琼斯工业股票价格平均数。第二组是运输业股票价格平均指数。它包括 20 种有代表性的运输业公司的股票，即 8 家铁路运输公司、8 家航空公司和 4 家公路货运公司。第三组是公用事业股票价格平均指数，是由代表美国公用事业的 15 家煤气公司和电力公司的股票所组成。第四组是平均价格综合指数。它是综合前三组股票价格平均指数 65 种股票而得出的综合指数，这组综合指数虽然为优等股票提供了直接的股票市场状况，但现在通常引用的是第一组——工业股票价格平均指数。

（2）标准·普尔股票价格指数（Standard and Poor Index）。除了道·琼斯股票价格指数外，标准·普尔股票价格指数在美国也很有影响，它是美国最大的证券研究机构即标准·普尔公司编制的股票价格指数。该公司于 1923 年开始编制发表股票价格指数。最初采选了 230 种股票，编制两种股票价格指数。到 1957 年，这一股票价格指数的范围扩大到 500 种股票，分成 95 种组合。其中最重要的四种组合是工业股票组、铁路股票组、公用事业股票组和 500 种股票混合组。从 1976 年 7 月 1 日开始，改为 400 种工业股票，20 种运输业股票，40 种公用事业股票和 40 种金融业股票。几十年来，虽然有股票更迭，但始终保持 500 种。标准·普尔公司股票价格指数以 1941 ~ 1943 年抽样股票的平均市价为基期价格，以上市股票数为权数，按基期进行加权计算，其基期指数为 10。以目前的股票市场价格乘以股票市场上发行的股票数量为分子，用基期的股票市场价格乘以基期股票数为分母，相除之数再乘以 10 就是股票价格指数。

（3）日经 225 股价指数（Nikkei）。日经 225 指数是由日本经济新闻社编制并公布的反映日本股票市场价格变动的 225 个品种的股票价格平均指数，是从 1950 年 9 月开始编制的。

最初是根据东京证券交易所第一市场上市的 225 家公司的股票算出修正平均股价的，当时称为“东证修正平均股价”。1975 年 5 月 1 日，日本经济新闻社向道·琼斯公司买进商标，采用美国道·琼斯公司的修正法计算，这种股票指数也就改称"日经道·琼斯平均股价"。1985 年 5 月 1 日，在合同期满 10 年时，经两家商议，将名称改为"日经平均股价"。

按计算对象的采样数目不同，该指数分为两种，一种是日经 225 种平均股价。其所选样本均为在东京证券交易所第一市场上市的股票，样本选定后原则上不再更改。1981 年定位制造业 150 家、建筑业 10 家、水产业 3 家、矿业 3 家、商业 12 家、路运及海运 14 家、金融保险业 15 家、不动产业 3 家，以及仓库业、电力和煤气 4 家、服务业 5 家。由于日经 225 种平均股价从 1950 年一直延续下来，因而其连续性及可比性较好，成为考察和分析日本股票市场长期演变及动态的最常用和最可靠指标。该指数的另一种是日经 500 种平均股价。这是从 1982 年 1 月 4 日起开始编制的。由于其采样包括有 500 种股票，其代表性就相对更为广泛，但它的样本是不固定的，每年 4 月份要根据上市公司的经营状况、成交量和成交金额、市价总值等因素对样本进行更换。

（4）香港恒生指数（Hang Seng Index）。香港恒生指数是香港股票市场上历史最久、影响最大的股票价格指数，由香港恒生银行于 1969 年 11 月 24 日开始发表。

恒生股票价格指数包括从香港 500 多家上市公司中挑选出来的 33 家有代表性且经济实力雄厚的大公司股票作为成分股，分为四大类——4 种金融业股票、6 种公用事业股票、9 种地产业股票和 14 种其他工商业（包括航空和酒店）股票。这些股票占香港股票市值的 63.8%，因该股票指数涉及香港的各个行业，具有较强的代表性。

恒生股票价格指数的编制是以 1964 年 7 月 31 日为基期，因为这一天香港股市运行正常，成交值均匀，可反映整个香港股市的基本情况，基点确定为 100 点。其计算方法是将 33 种股票按每天的收盘价乘以各自的发行股数为计算日的市值，再与基期的市值相比较，乘以 100 就得出当天的股票价格指数。

由于恒生股票价格指数所选择的基期适当，因此，不论股票市场狂升或猛跌，还是处于正常交易水平，恒生股票价格指数基本上能反映整个股市的活动情况。

自 1969 年恒生股票价格指数发表以来，已经过多次调整。由于 1980 年 8 月香港当局通过立法，将香港证券交易所、远东交易所、金银证券交易所和九龙证券所合并为香港联合证券交易所，在目前的香港股票市场上，只有恒生股票价格指数与新产生的香港指数并存，香港的其他股票价格指数均不复存在。

6.1.2　股指期货概述

1. 股指期货的产生和发展

股指期货最早诞生于美国。"二战"以后，以美国为代表的经济发达国家的股票市场取得飞速发展，上市股票数量不断增加，股票市值迅速膨胀。在股票市场不断膨胀的过程中，股票市场投资者的结构也在发生着惊人变化，以信托基金、养老基金、共同基金为代表的机构投资者大量涌现。20 世纪 70 年代，在"石油危机"的冲击下，西方各国的股票市场价格大幅度波动，股票投资者面临着越来越严重的风险，其中以系统性风险更为突出和严重。当时，美国经济陷入"滞胀"的困境。1981 年里根总统执政后，为抑制通货膨胀采取了强有力的紧缩货币政策，致使美国利率一路高攀，最高曾达 21%。股票价格因此狂跌不止，投资者损失惨重。大批美国投资者几乎丧失对股票投资的信心，转而投资于债券或银行存款。为减轻股票价格升跌给投资者带来的风险，稳定和发展美国股票市场，拓展新兴的分散投资风险的金融衍生工具势在必行，股票指数期货就是在这样的背景下产生并快速发展起来的。

1982 年 2 月 24 日，美国堪萨斯城期货交易所在历经四年的争论与努力后，首次推出价值线综合指数（The Value Line Index）期货合约，标志着股票指数期货的产生。同年 4 月，芝加哥商业交易所也推出了 S&P500 股票指数期货交易。

股指期货交易在美国迅速崛起后，吸引了其他国家和地区竞相效仿，股指期货在世界范围内掀起了推出热潮，澳大利亚、加拿大、英国、新加坡、中国香港等国家和地区纷纷加入这一行列。随着股指期货的不断推出，投资者逐渐由过去买入某个或某组股票等待价格上涨后再伺机抛出的单项投资方式，转向期、现两个市场的组合投资模式。比如买入现货同时运用指数进行套利等。投资者开始参与股指期货交易，并学习运用这一工具对冲风险和谋取价差，当无风险套利由于市场的成熟而变得机会极少时，股指期货又逐渐演变成实施动态交易策略的工具，主要包括通过动态套期保值技术实现投资组合保险、进行策略性资产分配等。

1987 年 10 月 19 日，道·琼斯指数暴跌 22.6%，揭开了全球金融风暴的序幕。关于这次股灾，很多人曾将其归罪于股指期货。著名的《布莱迪报告》就指出，股指期货并不像人们设想的那样能发挥规避股市风险的功能，反而会由于其比股票现货价格更剧烈的波动，从而将卖压传导到股票市场，促使股市进一步大跌，这就是后来得名的"瀑布理论"，但接下来的研究结果并不支持上述观点。美国国会专门成立了一个调查组进行了长期调研，研究结果由美联储前主席格林斯潘于 1988 年 5 月 19 日在美国国会听证会上公布。他指出："许多股票衍生品的批评者没有意识到，事实上这些工具的成长如此之快并不是因为其成功的营销策略，而是因为它们给使用者提供了经济价值，股票衍生工具使养老基金和其他机构投资者可以保值和迅速低成本地调节头寸，因而在资产组合管理中扮演了重要的角色"。1987 年的金融风暴也使市场管理者充分认识到股指期货"双刃剑"的作用，进一步加强了对股指期货交易的风险监管和制度规范，出台了许多防范股指期货大跌的应对措施，如纽约证券交易所规定，道·琼斯30种工业指数涨跌50点以上时即启动限制程序交易，并制定了涨跌停板制度等。

进入20世纪90年代后，一方面，由于发展中国家的证券市场和国际证券市场处于相对分割的状态，其股价波动更多地受到本国因素的影响，导致投资者运用股指期货规避风险的要求更为强烈；另一方面，由于金融产品比之有形商品具有更大的市场，关心和参与的人多，上市后相对容易成功，股指期货也因此成为新兴市场开设金融衍生品交易的突破口，股指期货交易在新兴市场迅速发展起来，如接下来我们将详细介绍的、我国首个股指期货品种——沪深300股票指数期货等。

2. 股指期货合约内容

股指期货合约与其他金融期货合约类同，下面对其有区别的地方进行介绍。

（1）合约乘数与合约价值。股指期货合约的标的物为表示股价总水平的一系列股票价格指数，由于标的物没有自然单位，这种股价总水平只能以指数的点数与某一既定的货币金额的乘数的乘积来表示，乘数表明了每一指数点代表的价格，被称为合约乘数。

合约乘数是将以"点"为计价单位的股价指数转化为以货币为计价单位的金融资产的乘数。合约价值则等于合约指数报价乘合约乘数。由于指数点和合约乘数不同，全球主要交易所的股指期货合约价值也不相同。

合约价值的大小与标的指数的高低和规定的合约乘数大小有关。例如，股票指数为300点，如果乘数为500美元，合约价值就是300×500=15万美元。当股票指数上涨到1 000点时，合约价值就变为1 000×500=50万美元。

（2）最小变动价位。股指期货合约最小变动价位是指股指期货交易中每次报价变动的最小单位，通常以标的指数点数来表示。投资者报出的指数必须是最小变动价位的整数倍，合约价值也必须是交易所规定的最小变动价值的整数倍。比如，S&P500指数期货合约的最小变动价位是0.1点，只有报1 478.2或1 478.3进行交易才有效，而1 478.25的报价是无效的。

（3）每日价格波动限制。与商品期货交易相似，为了防止市场发生恐慌和投机狂热，同时为了限制单个交易日内太大的交易损失，交易所针对股指期货的交易也制定了相应的涨跌停板制度。然而，不同的交易所制定的涨跌停板制度是不同的，有的交易所制定了特殊的涨跌停板制度，如芝加哥商业交易所不仅规定了每日价格最大的跌幅为20%（上涨没有限制），还规定了在达到最大跌幅之前必须经历的一系列缓冲阶段及如何执行的程序，该程序称为"断路器"，这是1987年股灾后的产物。而且，并非所有的交易所都采用涨跌停板的限制，例如，香港的恒指期货交易、英国的金融时报100指数期货交易都没有这种规定。

（4）合约月份与交易时间。股指期货的合约月份是指股指期货合约到期结算所在的月份。不同国家和地区的股指期货合约月份不尽相同。某些国家股指期货的合约月份以 3 月、6 月、9 月、12 月为循环月份，比如在 2014 年 2 月，S&P500 指数期货的合约月份为 2014 年 3 月、6 月、9 月、12 月和 2015 年 3 月、6 月、9 月、12 月。而香港恒生指数期货的合约月份为当月、下月及最近的两个季月（季月指 3 月、6 月、9 月、12 月），例如在 2014 年 2 月，香港恒生指数期货的合约月份为 2014 年 2 月、3 月、6 月、9 月。

3. 股指期货与股票、权证交易的异同

股指期货和权证都属于金融衍生品，但二者都依附于证券市场发行的股票，因此股指期货、股票和权证之间存在着较为紧密的关系，但三者在交易规则等方面存在着一定的差异，总结如表 6 - 1 所示。

表 6 - 1 股指期货与股票、权证交易的异同

项目	股指期货	股票	权证
交易时间	T + 0 交易	T + 1 交易	T + 0 交易
交易方向	双向交易	单向交易	单向交易
交易额度	保证金交易	全额交易	全额交易
市场流动性	强	弱	较弱
参与对象	机构和个人	机构 + 个人	机构 + 个人
交割方式	现金交割	无交割	无交割
交易参考依据	宏观经济分析	上市公司分析	上市公司分析

6.2　沪深 300 股指期货

沪深 300 股指期货是以沪深 300 股票指数为标的的股票指数期货合约，本节首先介绍沪深 300 股指期货的产生和发展历程，然后深入介绍沪深 300 股票指数及其构成、沪深 300 股指期货的合约内容、交易规则等。

6.2.1　沪深 300 股指期货的诞生与发展

1. 不规范发展阶段的海南证交所股指期货

20 世纪 90 年代初，我国期货市场产生的早期曾经上市过股指期货产品，但当时的中国期货市场交易制度非常不完备，交易极其混乱，风险事故频发，在这个期货市场不规范发展的阶段里，短暂运行过的股指期货后来被叫停关闭交易了。

1990 年 12 月 19 日，上海证交所的成立拉开了新中国股票市场的序幕，并得到了迅速发展。1992 年初，邓小平南方讲话使中国股市进入第一个迅速扩容时期，上市公司数目、股票市价总值不断上升，投资队伍不断壮大。随着股价的逐步放开，上海和深圳股市出现暴涨暴跌的行情。同年 5 月 21 日，上证指数上升到 1 400 点高峰，上涨 360%；深指涨至 312 点，涨幅达 184%。但在 6 月份，在新股上市和市场机制的作用下，股市暴涨行情已被抑制，经过两个月的小幅盘跌，上海股市和深圳股市相继惨跌。到了 12 月份，股市出人意料地开始复苏。1993 年初，原来游离出去的资金又重新注入股市，股价呈稳步上升趋势。在这种股价剧烈动荡的情况下，为了防范周期性股价波动风险和回避那些猝然而至的变化，作为具有套期保值、消除系统风险功能的股指期货的产生就成为一种客观必然。

1993 年 3 月，我国首次在海南证券交易所中心推出了深圳综合指数和深圳 A 股指数两种期货合约，每种又分当月、次月和隔月三个不同交割月份，故一共有 6 个标准合约。然而当时深圳 A 股指数合约的交易几乎无人参与，即使是深圳综合指数合约的交易，也基本上集中在当月合约上，只有在临近月末时，次月的交易量才逐渐增加。经过一段时间的运营，深证指数期货交易日趋活跃。4 月仅成交合约 292 张，5 月则上升到 851 张，6 月成交合约超过 1 200 张。但是，后来出现了大量股指期货交易不规范与操纵市场不良行为，9 月 9 日，中国证监会通知，券商未经批准不得开办指数期货交易业务。海南证券交易报价中心深圳综合指数和深圳综合 A 股指数期货交易业务在 10 月暂停。这样，海南证券交易所中心推出的股指期货交易被迫关停。

2. 过渡准备阶段

此后，随着国内期货市场制度的日益完善和商品期货市场的迅速发展壮大，股指期货上市交易的呼声越来越高，条件也越来越成熟。从中国金融期货交易所的成立到沪深 300 股指期货上市的这段时间，可以被认为是股指期货上市前的过渡和准备阶段。

2006 年 9 月 8 日，经国务院同意，中国证监会批准，由上海期货交易所、郑州商品交易所、大连商品交易所、上海证券交易所和深圳证券交易所共同发起设立中国金融期货交易所。此后，沪深 300 指数被定为首个股指期货标的。2007 年 3 月 16 日，中国国务院第 489 号令，公布了《期货交易管理条例》，新条例自 2007 年 4 月 15 日起施行。新条例最突出的特点是将规范的内容由商品期货扩展到金融期货和期权交易，为中国推出外汇期货、外汇期权以及股指期货、股指期权等金融衍生品奠定了法律基础，标志着股指期货上市的法律障碍被彻底清除。

2008 年 1 月，黄金期货在上海期货交易所成功上市。黄金期货推出后，其良好的市场状况对股指期货的推出起到了推动作用，研究部门就推出股指期货进行立项研究，股指期货推出的准备工作业已基本就绪，市场都在企盼股指期货的正式推出。随着国家关于发展期货市场的政策调整以及期货市场法制建设与监管体系的建立与完善，我国开展股票指数期货交易的条件逐渐成熟，市场内外对其也是翘首以待。

3. 沪深 300 股指期货上市及发展

2010 年 4 月 16 日，中金所正式推出沪深 300 股指期货合约，IF1005、IF1006、IF1009、IF1012 合约的挂牌基准价格为 3399 点。由此正式开创了我国金融期货交易的新时代。

沪深 300 股指期货自上市以来，随着时间的累积和制度的完善，其运行日趋完善，成交量和持仓量稳步提升，期货现货的联动性也更趋紧密。至 2019 年 4 月 16 日，沪深 300 股指期货已经成功上市和平稳运行了九年。2015 年 4 月，沪深 300 股指期货的成交金额更是排到了世界第一，此后由于股灾发生期间采取的临时限制性措施，沪深 300 股指期货的交易量有所回落。九年多来，我国股指期货市场健康成长，功能逐步发挥，成功嵌入资本市场，不仅成为股市的稳定器，还成为财富管理的"保险单"、提升股市核心竞争力的"助推器"和股市投资文化的"催化剂"。

自上市以来，股指期货市场坚持"高标准、稳起步"，不片面追求交易量和扩张速度，努力服务服从于现货市场发展。第一，期货始终围绕现货价格波动，没有偏离现货走出独立行情。上市至今，期货、现货高度拟合，价格相关性高达99.90%，收益率相关性也达到 94.59%，基差率处于 1% 以内的交易日占 92.69%。此外，期货价格相对高于现货价格，正基差天数接近 58.52%，开盘及收盘高于现货价格的交易日比例分别达到 72.31% 和 62.80%。第二，股指期货持仓量、成交量稳步增加，反映出市场旺盛的需求和良好的承载能力，使得套保交易得以顺利开展。第三，市场运行质量稳步提升，市场深度日渐提高。成交持仓比日趋下降，从初期最高 26 倍降至目前的 5 ~ 8 倍。第四，股指期货制度严谨，风控严格，管理有效。成功引入现金交割、分层结算、适当性制度、跨市场监管等制度及措施，有效防范、隔离和化解风险，没有出现"上蹿下跳"的"到期日效应"。

股指期货市场自身运行安全平稳，成熟稳健的出色表现赢得了社会认可。世界银行和国际货币基金组织评估团、世界交易所联合会评估团等境外金融组织及交易所也高度评价我国股指期货市场严格的风险管控和不断提升的运行质量。

在持续发展成为股市的稳定器方面，股指期货的减震功能得到了充分发挥和严谨的数据证实。自 2007 年大牛市之后，股市总体呈调整态势，长期表现较为疲弱。其背后的原因主要包括：沪深 300 指数中多数成分股所代表的周期性行业已经过度成熟，不能充分反映经济未来发展趋势；利率市场化加速，股市相对吸引力下降明显，上轮大牛市暴涨后的正常回归等。

在此背景下，股指期货对于股市的宏观稳定作用令人瞩目。股指期货不仅有助于抑制单边市，减缓过度涨跌，还大大提高了股市的内在稳定性。对此，实践数据予以了充分证明。第一，股市长期波动率显著降低。以股指期货上市三年半向前反推同期间对比，2007～2009 年股市暴涨暴跌，波动率大幅上升，分别达到 36.66%、48.26% 和 32.53%，股指期货上市的 2010 年回落到 25.04%，之后到 2013 年的三年间维持在 20%～23% 的水平。第二，股市短期大幅波动天数明显减少。上市前后各三年半相比较，沪深 300 指数上涨超过 2% 的天数从 156 天降到 69 天，下跌超过 2% 的天数从 147 天降到 64 天，降幅分别达到 55.77% 和 56.46%。第三，股市波动极值范围大幅缩小。股指期货上市前三年半，沪深 300 指数单日最大涨幅达到 9.34%，单日最大跌幅达到 9.24%。股指期货上市以来，指数单日最大涨幅为 5.05%，单日最大跌幅为 6.31%，市场波动范围明显缩小。第四，单边市特征改善明显，涨跌转换加快，幅度变小。股指期货上市之后，股市单边市持续时间变短，运行态势更加平稳。

股指期货上市以来，日益成为各类投资者广泛使用的风险管理工具，客观上直接提升了各类投资者的安全感，完善了资本市场基础制度建设和基础产品供给，不仅健全了避险机制，推动了长期资金入市，加速了产品创新，还推动了理财业务多样化、个性化发展，提升了股市吸引力和竞争力。此外，股指期货也给投资者在参与方式、持股结构、投资理念等股市投资文化方面带来了积极影响。

6.2.2　沪深 300 股票指数

沪深 300 指数是由上海和深圳证券市场中选取的 300 只 A 股作为样本编制而成的成分股指数，最早于 2005 年 4 月 8 日编制发布。沪深 300 指数的编制目标是反映中国证券市场股票价格变动的概貌和运行状况，并能够作为投资业绩的评价标准，为指数化投资和指数衍生产品创新提供基础条件。沪深 300 指数样本覆盖了沪深市场 60% 左右的市值，具有良好的市场代表性和可投资性。沪深 300 指数的上海行情使用代码为 000300，深圳行情使用代码为 399300。

1. 沪深 300 指数的编制

（1）指数成分股的选取方法。为确保指数具有广泛、公正的市场代表性与良好的可投资性，沪深 300 股票指数选取规模大、流动性好的 300 只股票作为样本股，选样方法如下：

第一步，计算样本空间内股票最近一年（新股为上市以来）的 A 股日均成交金额与日均总市值；

第二步，对样本空间股票在最近一年的 A 股日均成交金额由高到低排名，剔除排名后 50% 的股票；

第三步，对剩余股票按照最近一年日均 A 股总市值由高到低进行排名，选取排名在前 300 名的股票作为样本股。

（2）指数的计算。沪深 300 指数以调整股本为权数，采用派许加权综合价格指数公式进行计算，其计算公式为：

$$报告期指数 = \frac{报告期成分股的总调整市值}{基期} \times 1\,000$$

其中，总调整市值 $= \sum ($市价 $\times$ 样本股调整股本数$)$。

指数计算中的调整股本数系根据分级靠档的方法对样本股股本进行调整而获得。要计算调整股本数，需要确定自由流通量和分级靠档两个因素。

为反映市场中实际流通股份的股价变动情况，沪深 300 指数剔除了上市公司股本中的不流通股份，以及由于战略持股或其他原因导致的基本不流通股份，剩下的股本称为自由流通股本，也即自由流通量。

公司发行在外的 A 股总股本中，限售期内的限售股份和以下六类股份属于基本不流通的股份：①公司创建者、家族、高级管理者等长期持有的股份；②国有股份；③战略投资者持有的股份；④被冻结的股份；⑤受限的员工持有的股份；⑥上市公司交叉持有的股份。上市公司公告明确的限售股份和上述六类股东及其一致行动人持股超过 5% 的股份，都被视为非自由流通股本。那么，自由流通量计算为：

$$自由流通量 = A 股总股本 - 非自由流通股本$$

中证指数有限公司在计算沪深 300 指数时，采用分级靠档的方法，即根据自由流通股本所占 A 股总股本的比例（即自由流通比例）赋予 A 股总股本一定的加权比例，以确保计算指数的股本保持相对稳定。

$$自由流通比例 = 自由流通量 / A 股总股本$$
$$调整股本数 = A 股总股本 \times 加权比例$$

沪深 300 指数样本的加权比例按照表 6-2 确定：

表 6-2　　　　　　　　　　　　　分级靠档方法　　　　　　　　　　　　单位：%

自由流通比例	≤10	(10, 20]	(20, 30]	(30, 40]	(40, 50]	(50, 60]	(60, 70]	(70, 80]	>80
加权比例	自由流通比例	20	30	40	50	60	70	80	100

（3）成分股的调整与指数修正。

为保证指数的连续性，当样本股名单发生变化，或样本股的股本结构发生变化，或样本股的市值出现非交易因素的变动时，沪深 300 指数采用"除数修正法"修正原除数。修正公式为：

$$\frac{修正前的调整市值}{原基期} = \frac{修正后的调整市值}{新基期}$$

其中，修正后的调整市值＝修正前的调整市值＋新增（减）调整市值。

依据样本稳定性和动态跟踪相结合的原则，每半年审核一次沪深 300 指数样本股，并根据审核结果调整指数样本股。一般为 1 月初和 7 月初实施调整，调整方案提前两周公布。每次调整的比例不超过 10%。为有效降低指数样本股周转率，沪深 300 指数样本股定期调整时采用缓冲区规则，排名在前 240 名的候选新样本优先进入指数，排名在前 360 名的老样本优先保留。最近一次财务报告亏损的股票原则上不进入新选样本，除非该股票影响指数的代表性。在有特殊事件发生，以致影响指数的代表性和可投资性时，中证指数有限公司将对沪深 300 指数样本股做出必要的临时调整，这样的特殊事件情形主要包括了新股发行、收购合并、分拆、停牌、暂停上市、退市、破产等。

2. 沪深 300 指数的特点

（1）市场覆盖率高，代表性好。

沪深 300 指数选择成交金额位于前 50% 的上市公司中总市值排名前 300 名的股票组成样本股，样本股的市值覆盖率高，总市值覆盖率为 71.69%，流通市值覆盖率约 60.56%；样本股覆盖了 13 个行业，总市值的行业偏离度仅为 2.05%，指数行业比重与沪深两市高度一致。

（2）与其他指数相关性高。

从指数运行以来的实际情况来看，沪深 300 指数与上证综指和深证综指的日相关系数分别达到 99.60% 和 99.35%，显示了高度的相关性，指数能充分代表两市股价变动情况（见表 6 - 3）。

表 6 - 3　　　　　　　　沪深 300 指数与其他主要指数的相关系数矩阵

	沪深 300 指数	上证指数	上证 180	深证综指	深证 100
沪深 300 指数	1.00	0.97	0.99	1.00	0.97
上证指数		1.00	0.97	1.00	0.96
上证 180			1.00	0.97	0.95
深证综指				0.97	0.97
深证 100					1.00

资料来源：www.lhzq.com，2020。

（3）具备较好的收益和风险特征。

沪深 300 指数的区间收益率为 35.94%，仅低于同期深证 100R（全收益指数）的收益率；沪深 300 指数的 β 系数为 0.97，仅高于上证 180 指数；夏普比率为 6.80%，仅低于同期深证综指的 7.39%。总体来看，沪深 300 指数表现出较好的收益和风险特征（见表 6-4）。

表 6-4 指数区间收益风险分析

项目	沪深 300 指数	上证指数	上证 180	深证综指	深证 100
区间收益率	35.94%	35.35%	32.60%	35.40%	43.37%
年化标准差	21.69%	21.75%	21.17%	23.55%	23.70%
β	0.97	1.00	0.94	1.02	1.04
夏普比率	6.80%	6.69%	6.39%	7.39%	6.31%

资料来源：www.sse.com.cn，2020。

（4）抗操纵性良好。

一般而言，指数的抗操纵性与市值规模、流动性、权重集中度、行业分布以及指数的计算方法有关。从国际横向对比看，沪深 300 指数的权重是比较分散的。沪深 300 指数中没有权重超过 5% 的单个样本，前 5 大样本股权重为 14.17%，前 10 大样本股权重为 23.04%，与国际各主要期货标的指数相比，属于比较低的水平，合理的权重分布结构提高了沪深 300 指数的抗操纵性。而且，沪深 300 指数具有相对合理的行业分布。

从杠杆效应的角度看，沪深 300 指数由于采用了自由流通量加权而大大降低了其杠杆效应。沪深 300 指数样本股的杠杆效应平均为 1.12 倍，前 5 大样本股的平均杠杆效应为 1.1 倍，前 10 大样本股的平均杠杆效应为 1.15 倍，沪深指数较小的杠杆效应有效地避免了被操纵问题。

从国际范围内来看，沪深 300 指数的权重集中度处于合理水平，行业分布相对比较均衡，抗操纵性总体来说处于较好水平，无论是个股还是行业板块，目前都不具备对指数构成决定性影响的能力，而且随着国企 H 股逐步回归 A 股市场，沪深 300 指数的抗操纵性还会进一步增强。

6.2.3 沪深 300 股指期货合约与交易规则

如 2.3 节所述，一个期货产品的期货合约包含了合约标的、交易单位、交易时间、价格波动幅度限制等内容，表 6-5 是当前沪深 300 股指期货的合约内容。

表 6 – 5   沪深 300 指数期货合约

合约标的	沪深 300 指数
合约乘数	每点 300 元
报价单位	指数点
最小变动价位	0.2 点
合约月份	当月、下月及随后两个季月
交易时间	上午 9：30 ~ 11：30，下午 13：00 ~ 15：00
每日价格最大波动限制	上一个交易日结算价的 ±10%
最低交易保证金	合约价值的 8%
最后交易日	合约到期月份的第三个星期五，遇国家法定假日顺延
交割日期	同最后交易日
交割方式	现金交割
交易代码	IF
上市交易所	中国金融期货交易所

资料来源：中国金融期货交易所，2020。

从该合约条款和中金所的相关交易指引中，可以了解到沪深 300 股票指数期货的交易规则。

（1）沪深 300 股指期货的交易保证金从刚上市时的 15% 已经降至 8%，低保证金水平意味着高杠杆率，保证金要求的降低意味着股指期货交易已日渐成熟。临近交割月份时，交易所将分阶段逐步提高合约的交易保证金标准。

（2）沪深 300 股指期货的涨跌停板幅度通常为上一交易日结算价的 ±10%，最后交易日涨跌停板幅度为上一交易日结算价的 ±20%。

（3）沪深 300 股指期货的交易指令由限价指令和市价指令两种。限价指令是指按照限定价格或更优价格成交的指令，限价指令当日有效，未成交的部分可以撤销，每次最大下单数量为 100 张。市价指令是指不限定价格的、按照当时市场上可执行的最优报价成交的指令，市价指令的未成交部分自动撤销，市价指令只能和限价指令撮合成交，每次最大下单数量为 50 张。值得注意的是，集合竞价指令申报时间不接受市价指令申报，集合竞价指令撮合时间不接受指令申报。

（4）沪深 300 股指期货的交易时间与商品期货市场的交易时间是不同的，与股票市场的交易时间是相同的，投资者可利用期指管理风险。

（5）沪深 300 股指期货采用撮合定价机制。如图 6 – 1 所示，开盘前 5 分钟为申报和撮合时间，采用集合竞价方式，集合竞价采用的是最大成交量原则。交易时间的定价为连续竞价模式，连续竞价交易按照价格优先、时间优先的原则撮合成交。以涨跌停板价申报的指令，按照平仓优先、时间优先的原则撮合成交；限价指令连续竞价交易时，以价格优先、时间优先的原则排序，当买入价大于、等于卖出价则自动撮合成交。撮合成交价等于买入价（bp）、卖出价（sp）和前一成交价（cp）三者中居中的一个价格。当 $bp \geq sp \geq cp$ 时，最新成交价 = sp；当 $bp \geq cp \geq sp$ 时，最新成交价 = cp；当 $cp \geq bp \geq sp$ 时，最新成交价 = bp。集合竞价未产生成交价的，以上一交易日收盘价为前一成交价，按照上述办法确定第一笔成交价。

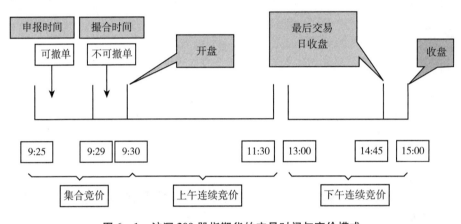

图 6 - 1 沪深 300 股指期货的交易时间与定价模式

（6）当日结算价是指某一期货合约最后一小时成交价格按成交量的加权平均价。股指期货交割结算价为最后交易日标的指数最后两小时的算术平均价。

（7）关于股指期货的持仓限额，中金所规定：进行投机交易的客户号某一合约单边持仓限额为 100 手。进行套期保值交易和套利交易的客户号的持仓按照交易所有关规定执行，不受此项限制。某一合约结算后单边总持仓量超过 10 万手的，结算会员下一交易日该合约单边持仓量不得超过该合约单边总持仓量的 25%。会员和客户超过持仓限额的，不得同方向开仓交易。

（8）中金所规定沪深 300 股指期货的交易在如下情况时会强行平仓：客户持仓超出持仓限额标准，且未能在第一节结束前平仓；因违规、违约受到交易所强行平仓处罚；根据交易所的紧急措施应予以强行平仓；交易所规定应当予以强行平仓的其他情形。

（9）强制减仓是指交易所将当日以涨跌停板价格申报的未成交平仓报单，以当日涨跌停板价格与该合约净持仓盈利客户按持仓比例自动撮合成交。同一客户同一合约上双向持仓的，其净持仓部分的平仓报单参与强制减仓计算，其余平仓报单与其反向持仓自动对冲平仓。

除了沪深 300 股指期货以外，上证 50 股指期货和中证 500 股指期货也于 2015年 4 月 16 日同时在中国金融期货交易所上市交易，这丰富了我国股指期货的种类，为股票市场投资者提供了更多样的避险工具。由于此两种股指期货产品与沪深 300股指期货的交易规则是相似的，本书不再单独赘述，感兴趣的同学可以参看本书附录 2 中上证 50 股指期货、中证 500 股指期货的标准合约，也可以登录中国金融期货交易所网站（www.cffex.com.cn）学习关于这两种股指期货产品的更多知识。

6.3　股指期货的定价

本节首先简单介绍股指期货的持有成本理论模型，接着在此基础上推导股指期货在不同条件下的定价模型，并阐述股指期货的套购原理。

6.3.1　持有成本理论模型

持有成本理论模型基于如下的假设：期货合约是一个以后对应现货资产交易的临时替代物。期货合约不是真实的资产而是买卖双方之间的协议，双方同意在以后的某个时间进行现货交易，因此该协议开始的时候没有资金的易手（初始保证金只是诚信担保，并没有从买方支付到卖方）。期货合约的卖方要以后才能交付对应现货得到现金，因此必须得到补偿来弥补因持有对应现货而放弃的马上到手资金所带来的收益。相反，期货合约的买方要以后才付出现金交收现货，必须支付使用资金头寸推迟现货支付的费用，因此期货价格必然要高于现货价格以反映这些持有成本，即：

$$期货价格 = 现货价格 + 持有成本$$

如果对应资产是一个支付现金股息的股票组合，那么购买期货合约的一方因没有马上持有这个股票组合而没有收到股息。相反，合约卖方因持有对应股票组合收到了股息，因而其持仓成本会减少。因此期货价格要向下调整相当于股息红利的部分。持有成本理论模型可表示成：

$$期货价格 = 现货价格 + 融资成本 - 红利收益$$

融资成本与红利收益之差即为持有成本，融资成本一般用这段时间的无风险利率表示。

上式即为股指期货的持有成本理论模型。在此基础上我们来讨论股指期货的定价。

如果套利者准备持有"一个单位"市场指数，持有期间为时点 0 到时点 T，可以考虑两个备选方案：（1）运用现货交易，通过负债买入标的资产；（2）运用期货合约和负债合约，在时点 0，在现货市场和负债市场以及期货市场和负债市场持有头寸的成本必须相等，否则就会形成套利利润。

在此我们假设持有者的现金收益可以完全预测，如支付已知红利的股票和以无风险利率计息的付息票债券。但是，在无套利条件下，按照标的股指的成分股股票的红利支付方式和无风险利率计算方式的不同，股指期货的定价有多种表达方式。

6.3.2 红利采用未来红利现值 D

1. 现货市场与负债市场

假设在 0 时刻某投资者持有"一单位"基金（由指数中的股票组成，且权金等于指数中各股票的权金），价值 S 元，在 $0 \sim T$（T 为期货交割时刻）的持有期间除息获得红利。预计红利流的现值 D 元（以无风险利率折现）。从现在开始到最后收到红利的时间分为 m 个小段，每一小段时间内的无风险利率都是 ϕ（每一期进行计算），在时间 t 内的红利的价值为 D_t，则 $D = \sum\limits_{t=1}^{m} \dfrac{D_t}{(1+\phi)^t}$。于是在 0 时刻净成本为：$S - D$。

2. 期货市场与负债市场

同在 0 时刻，套利者买入到时刻 T 价值为 F_L 的可交割该股指期货合约，同时还购买了在时刻 T 可以收益 F_L 的政府债券（以无风险利率 ϕ 计息），在剩余期限 $(T-t)$ 内，折成现值为 $\dfrac{F_L}{(1+\phi)^{m(T-t)}}$。

在无套利条件下，两个完全相同的产品，在一个以上的市场上交易，它们的价格必须相等（否则就会存在套利，套利最终导致价格相等）。当市场达到均衡时有：

$$S - D = \frac{F_L}{(1+\varphi)^{m(T-t)}} \tag{6.4}$$

所以
$$F_L = (S - D)(1 + \varphi)^{m(T-t)}$$
$$= (S - D)e^{(T-t) \cdot m\ln(1+\varphi)}$$

令
$$F_L = F, \quad m\ln(1+\varphi) = r,$$

则式（6.4）可变形为

$$F = (S - D)e^{r(T-t)} \tag{6.5}$$

此即为算术加权股票指数期货的无套利价格。事实上，红利的流向在一年中一般都是非均匀的，因此采用红利现金流来计算比较符合实际。

6.3.3 红利采用恒定的年红利率 q，无风险利率 r 采用连续复利

大部分指数可以看作是支付红利的证券。这里的证券就是计算指数的股票组合，证券所付红利就是该组合的持有人收到的红利。根据合理的近似，可以认为红利是连续支付的。则股指期货的定价形式为：

$$F = Se^{(r-q)(T-t)} \tag{6.6}$$

例6-1 考虑一个 S&P500 指数的 3 个月期货合约。假设用来计算指数的股票的红利收益率为每年 3%，指数现值为 400，连续复利的无风险利率为每年 8%。这里，$r = 0.08$，$S = 400$，$T - t = 0.25$，$q = 0.03$，期货价格 F 为：

$$F = 400e^{0.05 \times 0.25} = 405.03$$

实际上，计算指数的股票组合的红利收益率一年里每周都在变化。例如，纽约股票交易所的大部分股票是在每年 2 月份、5 月份、8 月份和 11 月份的第一周付红利。q 值应该代表合约有效期间的平均红利收益率。用来估计 q 的红利应是那些除息日在期货合约有效期之内的股票的红利。

如果分析者对于计算红利收益率不感兴趣，则可以估计指数中股票组合将要收到的红利金额总数及其时间分布。这时股票指数可看成是提供已知收入的证券，式（6.6）中的结论可用来计算期货价格。这个方法对日本、法国、德国的指数很有效，因为这些国家里所有的股票都在相同的时间里付红利。

如果 $F > Se^{(r-q)(T-t)}$，可以通过购买指数中的成分股票，同时卖出指数期货合约而获利。若 $F < Se^{(r-q)(T-t)}$，则可通过相反操作，即卖出指数中的成分股票，买进指数期货合约而获利。这些策略就是所谓的指数套利。当 $F < Se^{(r-q)(T-t)}$ 时，指数套利操作通常由拥有指数成分股票组合的养老基金来进行；而当 $F > Se^{(r-q)(T-t)}$ 时，指数套利操作通常由拥有短期资金市场投资的公司来进行。对于一些包含较多股票的指数，指数套利有时是通过交易数量相对较少的有代表性的股票来进行，这些有代表性的股票的变动能较准确地反映指数的变动。

公式 $F = Se^{(r-q)(T-t)}$ 对日经 225 指数的期货合约无效。设 SF 代表日经 225 指数值，这是用日元衡量的组合价值，而在芝加哥商品交易所 CME 交易的日经 225 指数期货合约的标的变量是价值为 5SF 的美元值的变量。也就是说，期货合约的变量用日元计量，但却把它视为美元来处理。我们不可能投资于一个价值总是 5SF 美元的证券组合。最好的做法是投资于价值为 5SF 日元的组合，或者投资于价值为 5QSF 美元的组合，这里 Q 是 1 日元的美元价值。因此，日经 225 期货合约的标的变量是一个美元量，该变量不等于某个可交易证券的价格，因而我们无法通过套利讨论来导出理论上的期货价格。这样就需要用别的方法来解决。

6.3.4　无风险利率使用年利率 η

当无风险利率使用年利率 η 时，有：

$$\eta = (1 + \varphi)^m - 1 \tag{6.7}$$

将式（6.7）代入式（6.4），得到：

$$F = (S - D)(1 + \eta)^{(T-t)} \tag{6.8}$$

6.3.5　红利采用红利率 d

$$F = S\left[1 + (r - d) \times \frac{T - t}{360}\right] \tag{6.9}$$

其中，d 是期货合约剩余期限 $(T - t)$ 内的红利率，即：

$$d = D(1 + r)/S \tag{6.10}$$

这是因为投资者如果将资金用于购买股票，这部分资金没有任何利息收入，但可获得股利收入。投资者如果将资金用于购买股指期货，虽不能获得股利收入，但由于投资股指期货的保证金只占投资总额的 5%～10%，余下的大部分资金可投资于无风险资产，以获得利息收入。

正像前面所述一样，股指期货也会出现套购。当股指期货的市场价格不等于股票指数现行价格加上持有成本时，市场上就会出现套购行为，最终使两者趋于一致。下面举例说明套购对股指期货价格的影响。

例 6 - 2　某年 1 月 1 日，3 月份交割的主要市场指数 MMI 的期货价格为 456.10，而该指数现行价格为 445.50。已知短期利率为 10%，预期股息收益率为 4%，MMI 指数的 20 种股票价格的平均值是指数的 2.25 倍。

根据上述条件，首先我们可以根据式（6.9）计算 3 月份交割的 MMI 的理论期货价格：

$$F = 445.50 \times [1 + (10\% - 4\%) \times 90/360] = 452.1825$$

可见，期货市场指数价格 456.10 高于理论的市场价格，这样就可以进行在期货市场上卖期货合约、同时在现货市场上买股票的套购。

接着我们确定如下内容：

（1）每份期货合约的金额。

按 MMI 指数现行价格计算，每份期货合约的金额为：

$$445.50 \times 250 = 111\ 375 \text{（美元）}$$

（2）购买现货股票的金额和数量。

由于 MMI 指数的 20 种股票价格的平均值是指数的 2.25 倍，所以每一股的价值为：

$$445.50 \times 2.25 = 1\,002.375（美元）$$

那么，每一个股票指数期货合约金额对应的现货股票数量为：

$$111\,375 \div 1\,002.375 = 111.11（股）$$

为了取整数，保证期货合约金额与现货股票金额数量相等，我们不妨将现货股票数量扩大 9 倍，即 $111.11 \times 9 \approx 1\,000$（股）。则对应的现货股票的总金额为：

$$1\,000 \times 1\,002.375 = 1\,002\,375（美元）$$

期货合约也相应地增加到 9 张。

（3）期货市场建立交易部位的金额为：

$$9 \times 250 \times 456.10 = 1\,026\,225（美元）$$

（4）套购时购买现货股票的融资成本为：

$$1\,002\,375 \times (1 + 10\% \times 90/360) = 1\,027\,434.375（美元）$$

（5）现货股票持有期间的股息收入为：

$$1\,002\,375 \times 4\% \times 90/360 = 10\,023.75（美元）$$

套购交易步骤和盈亏如表 6-6 所示。

表 6-6　　　　　　　　　　　　　　套购及其盈亏

时间	现货市场	期货市场
1 月 1 日	在 445.50 股指水平上用借款购买 1 000 股 MMI 所代表的现货股票，总金额为 1 002 375 美元	出售 9 张 MMI 指数期货合约，价格为 456.10，总金额为 1 026 225 美元
3 月 30 日	MMI 股指价格变为 450，在这一价格水平上出售现货股票 1 000 股，获现金 1 012 500（= 450 × 2.25 × 1 000）美元，还借款本息共计 1 027 434.375 美元，同时获股息收入 10 023.75 美元	在 450 股指价格水平上进行期货合约的现金结算，获取差价共计 13 725 [= (456.10 − 450) × 250 × 9]美元
盈亏	8 814.375（= 1 012 500 + 10 023.75 + 13 725 − 1 027 434.375）美元	

6.4　股指期货的交易

股指期货是全球交易量最大的期货品种。本节详细介绍股指期货的套期保值业务、套利业务和投资策略。

6.4.1 股指期货的套期保值

交易者进行股票投资组合，将会不可避免地面临系统风险和非系统风险。非系统风险可以通过投资组合多元化加以分散，与证券市场整体运动有关的系统风险则不能通过组合多元化加以减小。为了有效地规避市场的系统风险，参与股指期货的套期保值业务就显得非常必要了。

股指期货的套期保值之所以能够回避股市价格风险，是因为：

（1）股指的走势与股票价格的走势基本相同；

（2）现货股票市场的指数与股指期货市场的股指随合约到期日的临近，存在两者合二为一的趋势。

1. 买入套期保值

股指期货的买入（多头）套期保值用于锁定购入股票的价格，如投资者将要收到一笔资金，但在资金未到手之前（如正处于某证券投资基金的扩募期），该投资者预期股市短期内会上涨，为了控制购入股票的成本，他可以先在股指期货市场买入期指合约，等资金到了再进行股票投资。

例 6 – 3 香港某公司在 9 月份预计 3 个月后将会收到一笔 300 万港币的还款，该公司计划收到这笔资金后用它买入汇丰控股的股票。目前该股票价格为 150 港元/股。经综合分析后，该公司认为港股大盘正处于上涨趋势，汇丰控股在 3 个月以后股价可能上涨许多，使届时的入货成本大增。为规避此种风险，该公司在恒生指数期货市场进行多头套期保值。具体操作过程见表 6 – 7。

表 6 – 7　　　　　　　　　　　买入股指期货套期保值

时 间	现 货 市 场	期 货 市 场
9 月	若此时买进汇丰，价格为 150 港元/股，300 万港币可买入 2 万股汇丰	因资金未到，无法买入股票，所以先买入 12 月恒指期货 5 张，成交价 12 050 点（每点 50 港元）
12 月	股市上涨，汇丰股价升至 180 港元/股，买入 2 万股汇丰需要 360 万港币	股市上涨导致恒指期货上涨，卖出 12 月恒指期货 5 张，成交价 14 210 点
结 果	亏损：300 – 360 = – 60 万港币	盈利：5 × 50 × （14 210 – 12 050） = 54 万港元
	亏损 6 万港元	

可见，期货市场的盈利抵消了大部分的现货市场损失，较好地达到了套期保值的目的。

2. 卖出套期保值

卖出（空头）股指期货套期保值包括两种情况：

一种情况是投资者没有持有现货股票，但预期将来会持有股票，为避免股价下跌带来损失，卖出相关股指期货套期保值。指数化的证券投资基金或股票仓位较重的证券公司，它们已经拥有股票或预期将要持有股票，在对未来的股市走势没有把握或预测股价将会下跌的时候，为避免股价下跌所带来的损失，卖出股指期货合约进行保值。这样一来，一旦股票市场真的下跌，投资者可以从期货市场卖出股指期货合约获利，弥补股票现货市场上的股价损失。

另一种情况是投资者持有现货股票，在现货市场做多头的同时卖出相关股指期货，以锁定未来卖出股票的价格。

此外，券商也可利用股指期货规避股票一级市场中的发行风险，特别是随着我国新股发行方式日益市场化，券商的承销风险正在不断加大，如在我国及时开设股指期货交易，将有利于推进我国股票一级市场的发展。

例 6 - 4 某美资基金经理持有一组由 50 只美国公司股票组成的股票投资组合，1 月 1 日总市值为 100 万美元。该基金经理分析美国整体经济形势后，认为股市可能即将面临一个较长的下调期，而根据该基金的总体投资计划，必须在股市中保留上述投资组合作长期策略性投资。为避免股市整体下调产生的股票市值损失，该基金经理在 S&P500 股票指数期货市场进行了空头套期保值。具体操作过程见表 6 - 8。

表 6 - 8   卖出股指期货套期保值

时　间	现货市场	期货市场
1 月 1 日	持有某股票投资组合，总市值 100 万美元	卖出 4 张 12 月到期的 S&P500 指数期货合约，成交价为 1 020.85 点（每点 250 美元）
6 月 1 日	因美国股市整体下跌，该投资组合的总市值降为 85 万美元	因美国股市下跌，S&P500 指数期货相应下跌，此时买入 4 张 12 月到期的 S&P500 指数期货合约，成交价为 878.60 点
结　果	85 - 100 = - 15 万美元	4 × 250 × (1 020.85 - 878.60) = 14.225 万美元
	亏损 7 750 美元	

可见，期货市场的盈利基本上抵销了股价下跌带来的损失，达到了套期保值的目的。

6.4.2　股指期货的套利交易

股指期货的套利交易有跨期套利、跨品种套利、跨市套利三类。

1. 跨期套利

跨期套利是利用股票指数期货不同月份的合约之间的价格差，入市时建立一个近期月份合约多头（空头）的同时建立另一个远期月份合约的空头（多头），然后平仓出市，从中获利。

例 6 - 5　5 月 15 日，美国价值线指数期货 6 月份合约的指数价格为 192.45 点，9 月份合约的指数价格为 192.00 点。某投资者通过市场分析后认为，股市已过峰顶，正处于下跌的初期，且 6 月份合约价格下跌幅度将要大于 9 月份合约，于是决定售出 6 月份指数期货合约，购买 9 月份指数期货合约各 100 份。很快股市迅速下跌，与该投资者的预期一致。不久交易所内 6 月份合约的指数价格下跌到 188.15 点，9 月份合约则下跌到 190.45 点。6 月份合约指数价格下跌幅度为 4.3 点，而 9 月份合约下跌幅度为 1.55 点，近期变化幅度大于远期变化幅度，两个合约价格变动之差为 2.75 点。如果此时平仓出市，则该投资者可获利 137 500（ = 500 × 2.75 × 100）美元。

2. 跨品种套利

跨品种套利是指套利者对两种股指期货品种同时进行方向相反的交易。套利者进行跨品种套利交易时，着眼点不在于股票市场上涨或下跌的整体运动方向，关键是相对于另一种股指期货合约而言，某种股指期货合约在多头市场上是否上涨幅度较大或在空头市场中下跌幅度较小，并由此确定该种股指期货合约是否为强势合约。比如说，某套利者预测美国 Nasdaq 指数相对于纽约证券交易所综合股票指数在一段时间内将呈强势，那么他会买进 Nasdaq 指数期货合约，卖出综合指数期货合约，并适时进行对冲，这样就可以从跨品种套利交易中获利。

股指期货套利有利于避免股指期货与股票现货价格的严重背离，促进股指期货市场和股票交易市场平衡发展，提高市场的流动性。套利者的利润来源于相对价格的变动，而同时做多和做空的结果更能减少和规避风险。但股指期货套利也同样存在一定的风险，如利率风险、股息风险、交易风险等。股指期货套利要求股指期货和股票买卖同步进行，任何时间上的偏差都会造成意料不到的损失。由于信息传输迅速，市场高效运作，套利的机会正在逐渐减少，而且这些可供套利的机会存在的时间也越来越短。总之，股指期货套利交易是一项专业性极强的交易，它只适合证券公司和基金等机构投资者自营。

3. 跨市套利

这种套利操作方法简单，但其前提条件是两个市场指数变化的相关性大，即使受某种原因影响使价格暂时失衡，最终两个市场的股价指数还会保持较好的相关性。

在股指期货市场成立初期或市场不成熟时，跨市套利的情况较为普遍，套利者其实是利用市场在信息传输上的低效率来获得利润。在市场高效运作的情况下，套利的机会越来越少。

6.4.3 股指期货的投机交易

投机者参与股指期货市场的交易动机与套期保值者完全相反。投机者承担风险入市的目的是追逐利润，利用股指期货价格波动赚取差价。

具体说来，进行股票指数期货投机交易的情形主要有以下三种：

（1）当天交易法，指在一天之内完成开仓和平仓的交易行为。股票市场在大幅调整的行情中，当天的股价指数波动相当剧烈，因此，当天交易者可能抓住平仓盈利机会。

（2）顺流交易法，指在股市上涨时买入期货合约而股市下跌时卖出月份相同、数量相等的股指期货合约的交易行为。上涨或下跌的长期趋势一旦形成，惯性作用将使市场价格沿着已形成的趋势变动。交易者可抓住此机会，建立相应的头寸盈利。

（3）逆流交易法，它是指利用期货价格因超买或超卖而暂偏离正常轨道的时机进行交易的行为。超买时，股指过度上涨，它终究会下跌，故可卖出期货合约；相反，超卖时，股指过度下跌，它终究会上涨，故可买入期货合约。

实际上，在成熟的期指市场上，由于投机股指期货合约的交易成本要比投机股票低许多，投机者的交易份额在股指期货交易中占绝大多数，远远超过套期保值者和套利交易者的数量。

复习思考题

1. 什么是股票价格指数？常用的计算方法有哪些？列举一下世界上主要的股票指数。

2. 什么是股指期货？股指期货合约主要包含哪些内容？

3. 概述一下我国股指期货的产生和发展的历史。

4. 沪深 300 股票指数的编制规则如何？沪深 300 股指期货交易合约的主要内容有哪些？沪深 300 股指期货有哪些交易规则？

5. 股指期货的持有成本理论模型是怎样的？

6. 当红利收益采用不同形式表示时，股指期货的各种定价表达式是怎样的？

7. 举例说明股指期货的套期保值业务。

8. 股指期货的套利业务有哪些种类？

巴林银行倒闭事件

一、事件背景

（一）巴林银行

巴林银行于 1763 年由巴林爵士创建于伦敦，到 1995 年已有 233 年历史。巴林银行初期只从事贸易活动，但其业务范围非常广泛，无论是到刚果提炼铜矿，从澳洲贩运羊毛，还是开掘巴拿马运河的项目，巴林银行都为之提供贷款。早在 1803 年，刚刚诞生的美国从法国手中购买南部的路易斯安那州时，所有资金就出自巴林银行。因为善于变通、富于创新，巴林银行很快涉足证券、银行业，一度被评为欧洲六大银行之一。它拥有员工 4 000 人。15 亿英镑非银行存款，10 亿英镑银行存款，300 亿英镑的基金。投资银行业务主要集中在欧洲，证券业务集中于南美和亚洲，属下 17 个证券公司中以日本、中国香港、菲律宾、新加坡业务为主。1994 年实现利润 1.5 亿美元，比 1993 年增长 2 倍多，经营业绩优秀。

（二）尼克·里森（Nick·Leeson）其人

1987 年 7 月，里森进入摩根斯坦利银行期货与期权部，负责期货与期权交易。当时，期货与期权市场正快速发展，但是，世界上只有极少数人明白其运行方式。在这个市场上，摩根斯坦利银行是一个非常重要的投资者，它花了大量的时间培养了大量的交易人员，包括里森。

1989 年 6 月，里森离开摩根斯坦利银行。

1989 年 7 月，里森正式到巴林银行期货与期权清算部工作。

1990 年初，里森到雅加达清理堆积在标准渣打银行地下室里的价值达 1 亿英镑的票证。

1991 年 3 月，里森回到伦敦，被视为期货与期权结算方面的专家。

1992 年 3 月，里森出任巴林银行新加坡期货与期权交易部门（BFS）总经理。巴林银行破产后，里森被判六年半有期徒刑，在新加坡塔那梅拉监狱服刑。

（三）"88888" 账户

1992 年 3 月，里森开始主持 BFS 的工作，第一次走进新加坡国际金融期货交易所（SIMEX）交易大厅时，里森立刻感受到了金钱的存在。

　　和赌马一样，交易员是用手势来竞价交易。在交易的过程中，错误是在所难免的：会把手势看错，从而使买进合同的份数不对；有人会在错误的价位买进合同；有人可能将"卖出"的手势看成了"买进"。一旦失误，银行就只有蒙受损失。如果是银行的错，银行必须设法妥善处理错误。如果错误无法挽回，唯一可行的措施就是把该项错误转入电脑中的"错误账户"。由于该错误而引入的损失——有时也可以是收益——计入公司的损益。

　　刚开始在新加坡作交易时，巴林银行有一个"99905"的错误账户，BFS 会将所有的错误记录下来，然后发往伦敦。有一天巴林银行总部负责清算工作的鲍塞通知 BFS 再设计一个"错误账户"记录那些较小的错误，要求 BFS 在新加坡自行处理。就这样，错误账户"88888"诞生了。几周以后，鲍塞又通知要求 BFS 按老规矩办，将所有错误直接报告伦敦总部。但是，"88888"账户并没有被删除，而是保留在电脑中。

二、事件始末

　　1992 年 7 月 17 日，里森手下一名加入巴林银行仅一星期的交易员犯了一个错误：当客户（富士银行）要求买进 20 手日经指数期货合约时，此交易员误认为卖出 20 手。这个错误在里森当天晚上进行清算工作时被发现。欲纠正此项错误，须买回 40 手日经指数合约，这表示按当日的收盘价计算，其损失为 2 万英镑，并应报告伦敦总部。但种种考虑下，里森决定利用错误账户"88888"，承接了 40 手日经指数期货空头合约，以掩盖这个失误。数天后，由于日经指数上涨 200 点，此空头部位的损失便由 2 万英镑增为 6 万英镑了，此时，里森更不敢将此失误向上呈报。

　　另一个与此同出一辙的错误是里森的好友及委托执行人乔治犯的。乔治与妻子离婚了，整日沉浸在痛苦之中，开始自暴自弃。里森喜欢他，因为乔治是他最好朋友，也是最棒的交易员之一。但很快乔治开始出错了。里森示意他卖的 100 份 9 月的期货全被他买进，价值高达 800 万英镑，而且好几份交易的凭证根本没有填写。

　　将乔治出现的几次错误记入"88888"账号对里森来说是举手之劳。但至少有三个问题困扰着他：一是如何弥补这些错误；二是将错误记入"88888"账号后如何躲过伦敦总部月底的内部审计；三是 SIMEX 每天要他们追加保证金，他们会通知新加坡审计；他们会计算出新加坡分行每天赔进多少。

　　为了赚回足够的钱来补偿所有损失，里森承担愈来愈大的风险，他当时从事大量跨式部位交易，因为当时日经指数稳定，里森从此交易中赚取期权权利金。若运气不好，日经指数变动剧烈，此交易将使巴林承受极大损失。里森在一段时日内做得还极顺手。到 1993 年 7 月，他将 "88888" 号账户亏损的 600 万英镑转为略有盈余，当时他的年薪为 5 万英镑，年终资金则将近 10 万英镑。如果里森就此打住，那么，巴林的历史也会改变。

除了为交易员遮掩错误，另一个严重的失误是为了争取日经市场上最大的客户波尼弗伊。在 1993 年下旬，接连几天，每天市场价格创记录地飞涨 1 000 点，用于清算记录的电脑屏幕故障频繁，无数笔的交易入账工作都积压起来。因为系统无法正常工作，交易记录都靠人力。等到发现各种错误时，里森在一天之内的损失便已高达将近 170 万美元。在无路可走的情况下，里森决定继续隐藏这些失误。

1994 年，里森对损失的金额已经麻木了，"88888" 号账户的损失，由 2 000 万英镑、3 000 万英镑，到 7 月时已达 5 000 万英镑。里森自传中描述："我为自己变成一个骗子感到羞愧，开始是比较小的错误，但现已整个包围着我，像是癌症一样，我的母亲绝对不是要把我抚养成这个样子的。" 从制度上看，巴林最根本的问题在于交易与清算角色的混淆。里森在 1992 年去新加坡后任职巴林新加坡期货交易部兼清算部经理。作为一名交易员，代客操作，风险由客户自己承担，交易员只是赚取佣金，但为防止交易员在其所属银行承担过多的风险，这种许可额度通常定得相当有限。而通过清算部门每天的结算工作，银行对其交易员和风险部位的变化也可予以有效了解并掌握。但不幸的是，里森却一个人身兼交易与清算二职。

在损失达到 5 000 万英镑时，巴林银行总经理部曾派人调查里森的账目。事实上，每天都有一张资产负债表，每天都有明显的记录，可看出里森的问题。即使是月底，里森为掩盖问题所制造的假账，也极易被发现——如果巴林真有严格的审查制度，里森假造花旗银行有 5 000 万英镑存款，但这 5 000 万已被挪用来补偿 "88888" 号账户中的损失了。查了一个月的账，却没有人去查花旗银行的账目，以致没有人发现花旗银行账户中并没有 5 000 万英镑的存款。

关于资产负债表，巴林银行董事长彼得·巴林还曾经在 1994 年 3 月有过一段评语，认为资产负债表没有什么用，因为它的组成，在短期间内就可能发生重大的变化，因此，彼得·巴林说："若以为揭露更多资产负债表的数据，就能不重视巴林董事长付出的代价之高，也实在没有人想象得到吧！"

另外，在 1995 年 1 月 11 日，新加坡期货交易所的审计与税务部发函巴林，提出他们对维持 "88888" 号账户所需资金问题的一些疑虑。而且此时里森已需每天要求伦敦汇入 1 000 多万英镑，以支付其追加保证金。最令人难以置信的，便是巴林在 1994 年底发现资产负债表上显示 5 000 万英镑的差额后，仍然没有警惕到其内部控制的松散及疏忽。在发现问题至其后巴林倒闭的两个月时间里，有很多巴林的高级雇员及资深人员曾对此问题加以关切，更有巴林总部的审计部门正式加以调查。但是这些调查，都被里森以极轻易的方式蒙骗过去。里森对这段时期的描述为

"对于没有来制止我的这件事，我觉得不可思议。伦敦的人应该知道我的数字都是假造的，这些人都应该知道我每天向伦敦总部要求的现金是不对的，但他们仍旧支付这些钱。"

1995年1月18日，日本神户大地震，其后数日东京日经指数大幅度下跌，里森一方面遭受更大的损失，另一方面购买更庞大数量的日经指数期货合约，希望日经指数涨到理想的价格范围。1月30日，里森以每天1 000万镑的速度从伦敦获得资金，已买进了3万手日经指数期货，并卖空日本政府债券。2月10日，里森以新加坡期货交易所交易史上创纪录的数量，已握有55 000口日经期货及2万口日本政府债券合约。交易数量愈大，损失愈大。

所有这些交易，均进入"88888"账户。账户上的交易，以其兼任清查之职权予以隐瞒，但追加保证金所需的资金却是无法隐藏的。里森以各种借口继续转账。这种松散的程度，实在令人难以置信。2月中旬，巴林银行全部的股份资金只有47 000万英镑。

1995年2月23日，在巴林期货的最后一天，里森对影响市场走向的努力彻底失败。日经股份收盘降至17 885点，而里森的日经期货多头风险部位已达6万余口合约。里森为巴林所带来的损失，在巴林的高级主管仍做着次日分红的美梦时，终于达到了86 000万英镑的高点。

1995年2月27日，英格兰银行宣布：巴林银行不得继续从事交易活动并将申请资产清理。这意味着具有233年历史、在全球范围内掌管270多亿英镑的巴林银行宣告破产。

1995年6月，新加坡方面对里森在案发前3个月内的罪行提出指控，有12项内容：4项指控伪造单据证明、2项指控变更价格、6项指控进行欺骗交易。6月29日，里森通过律师向SFO（打击严重欺诈行为办公室）提供了自己的犯罪证据，并总结了自己所犯的罪行：

（1）里森向巴林银行查账人员提供了关于77亿日元的假信息，导致他们向伦敦的巴林银行总部提供了不正确的金融信息。

（2）在每日发往伦敦的账户核实记录中，里森没有提到"88888"账户号码。这样一来，里森可以操纵月末平衡表隐瞒此账户上的损失，因而导致伦敦的人士认为银行盈利。

（3）里森多次向伦敦的巴林总部以保证金方式向SIMEX转账资金。这些错误申请导致巴林总部为一个目的提供的资金却用在另一个目的上。

（4）里森向伦敦的上级出示假证明，证明他在服从一个规定：他不应保留隔夜合同（部位）。

（5）里森欺骗伦敦的上级，伦敦的巴林银行多次接到报告，声明里森全部交易是获利的，而实际上，是在造成损失。

（6）里森错误地改动了"88888"账户上月末证券平衡表，并将之传送到伦敦的巴林银行。

1995年7月18日，英格兰银行对巴林银行破产的报告公布，报告结论如下：

（1）巴林银行内部进行无授权的交易并隐瞒交易导致巨大损失。

（2）巴林银行内部管理严重失误，组织混乱，故而没有更早注意到真正交易部位。

（3）外界查账人员、巴林监督人士或调查人员没有在银行倒闭前察觉到真正的交易部位。

三、评析

巴林银行破产案充分显示了期货交易中存在的机构风险、投资风险和对交易行为监督不力而形成的各种危险等一系列重大问题。巴林银行管理层对期货投机的管理失控、对风险的估计不足等，特别值得投资者吸取教训。对于尚处在期货市场刚刚起步的中国来说，尤其需要引起重视。巴林银行破产案发生之后，新加坡金融管理当局对巴林银行的期货过度投机进行了详细的调查，发现里森曾身兼两职，既是该银行交易员，又是清算员。他利用工作之便在新加坡国际金融期货交易所参与期货交易时，就已经以欺骗手段开立了一个虚假的"88888"账户，他平时利用该账户掩盖不时出现的交易损失。之所以发生此类情况，深层原因则是由于机构管理存在重大漏洞，它助长了机构职员利用权力进行投机的欲望。

巴林银行破产案反映了国际金融市场瞬息万变，现代金融工具特别是衍生工具的投资具有极大的风险性。即使是金融巨头稍有闪失，也会在一瞬之间倒闭破产。巴林银行期货交易员的过度投机对人们的启示是：投资者一定要正确认识期货投资的风险。机构则要深刻认识机构本身存在的风险，既要对期货交易加强管理，又要对机构本身加强管理。

第 7 章

利 率 期 货

本章首先介绍与利率期货有关的债券的基本知识、利率期货的产生与发展及几种主要的利率期货合约；然后对我国国债期货市场的产生与发展进行回顾，详细介绍当前我国期货市场上已经上市交易的 5 年期国债期货合约的内容与交易规则；接着深入探讨短期和中长期利率期货的定价，几种确定套保比率的常用方法；最后介绍利率期货的交易方式与策略。

7.1 债券与利率期货概述

本节首先介绍债券基本要素和收益率等基本知识，然后阐述国外利率期货的产生与发展，最后对利率期货合约等内容进行详细介绍。

7.1.1 债券基本知识

利率期货是以长短期信用工具为标的物的期货，由于这些信用工具的价格与利率波动密切相关，因此称之为利率期货。由于这些信用工具除了少部分是有价证券，如商业票据、定期存款单，绝大部分是各类债券，因此有必要了解债券的基本知识。

1. 债券的基本要素

债券是国家政府、金融机构、企业等机构直接向社会借债筹措资金时，向投资者发行，并且承诺按规定利率支付利息并按约定条件偿还本金的债权债务凭证。债券种类繁多，但它们都包含下面几个要素。

（1）债券的面值。债券的面值是指债券的票面价值，包括面值币种和面值大小两方面的内容。面值币种取决于发行的需要和货币的种类，国内债券的面值币种为本国货币，国外债券的面值币种为债券发行国家以外的货币。

（2）债券的票面利率。债券的票面利率是指债券票面所载明的利率，是债券利息与债券面值之比。债券发行者一般都比较看重票面利率，因为票面利率的高低意味着筹资成本利息的多少。债券票面利率分为固定利率和浮动利率。

（3）到期时间。一般而言，债券的到期时间越长，债券价格的波动幅度越大。但是当到期时间变化时，债券的边际价格变动率递减。

例7-1 假定存在四种期限分别是1年、10年、20年和30年的债券，它们的息票率都是6%，面值均为100元，其他的属性也完全一样。如果起初的市场利率为6%，则这四种债券的内在价值都是100元。如果相应的市场利率上升或下降，这四种债券的内在价值的变化如表7-1所示。

表7-1 内在价值（价格）与期限之间的关系

相关的市场利率	期 限			
	1 年	10 年	20 年	30 年
4%	102	116	127	135
5%	101	108	112	115
6%	100	100	100	100
7%	99	93	89	88
8%	98	86	80	77

表7-1反映了当市场利率由现在的6%上升到8%，四种期限的债券的内在价值分别下降2元、14元、20元和23元；反之，当市场利率由现在的6%下降到4%，四种期限的债券的内在价值分别上升2元、16元、27元和35元。同时，当市场利率由现在的6%上升到8%时，1年期和10年期债券的内在价值下降幅度相差12元，10年期和20年期债券的内在价值下降幅度相差6元，20年期和30年期债券的内在价值下降幅度相差3元。可见，由单位期限变动引起的边际价格变动率递减。

（4）可赎回条款。许多债券在发行时含有可赎回条款，即在一定时间内发行人有权赎回债券。这是有利于发行人的条款，因为当市场利率下降并低于债券的息票率时，债券的发行人能够以更低的成本筹到资金。此时，发行人可以行使赎回权，将债券从投资者手中收回，只是债券的赎回价格高于面值。但是，赎回价格的存在同时也制约了债券市场价格的上升空间，并且增加了投资者的交易成本，降低了投资者的投资收益率。为此，可赎回债券往往规定了赎回保护期，即在保护期内发行人不得行使赎回权。常见的赎回保护期是发行后的 5～10 年。

2. 债券的种类

（1）按付息方式的不同，债券可分为贴现债券和付息债券。

贴现债券，又称零息票债券或贴息债券，是一种以低于面值的贴现方式发行，不支付利息，到期按债券面值偿还的债券。债券发行价格与面值之间的差额就是投资者的利息收入。可见，面值是投资者未来唯一的现金流。短期债券常采用这种形式。

附息债券是按照债券票面载明的利率及支付方式支付利息的债券。息票上标有利息额、支付利息的期限和债券号码等内容。持有人可从债券上剪下息票，并据此领取利息。附息国债的利息支付方式一般是在偿还期内按期付息，如每半年或一年付息一次。投资附息债券的未来现金流有本金和利息。中长期国库券和公司债券通常采用这种形式。

（2）按计息方式的不同，债券可分为单利债券、复利债券和累进利率债券。

单利债券指在计息时，不论期限长短，仅按本金计息，所生利息不再加入本金计算下期利息的债券。

复利债券与单利债券相对应，指计算利息时，按一定期限将所生利息加入本金再计算利息，逐期滚算的债券。

累进利率债券指年利率以利率逐年累进方法计息的债券。累进利率债券的利率随着时间的推移，后期利率比前期利率更高，呈累进状态。

（3）按利率确定方式的不同，债券可分为固定利率债券和浮动利率债券。

固定利率债券指在发行时规定利率在整个偿还期内不变的债券。

浮动利率债券是与固定利率债券相对应的一种债券，它是指发行时规定债券利率随市场利率定期浮动的债券，其利率通常根据市场基准利率加上一定的利差来确定。浮动利率债券往往是中长期债券。

（4）按偿还期限的不同，债券可分为长期债券、中期债券和短期债券。

一般来说，偿还期限在 10 年以上的为长期债券；中期债券的偿还期限在 1 年或 1 年以上、10 年以下（包括 10 年）；短期债券的偿还期限在 1 年以下。

3. 债券的市场价格

债券的市场价格是指债券票面利率的年利息收入与市场利率之比。用公式表示为：

$$债券市场价格 = \frac{债券票面利率的年利息收入}{市场利率}$$

如某一债券的票面面值为 1 000 元，票面年利率 8%，市场利率 9%，则：

$$债券市场价格 = (1\ 000 \times 8\%)/9\% = 888.89\ （元）$$

如果市场年利率变为 5%，则：

$$债券市场价格 = (1\ 000 \times 8\%)/5\% = 1\ 600\ （元）$$

由此可见，债券市场价格与市场利率成反比关系，市场利率比票面利率大，债券市场价格将变小；反之，市场利率比票面利率小，债券市场价格将变大。

4. 债券的收益率

投资者在进行债券投资时，最关心的是债券收益有多少，一般使用债券收益率这个指标来衡量债券收益。债券收益率是指债券收益与其投入本金的比率，通常用年利率表示。债券收益不同于债券利息，债券利息仅指债券票面利率与债券面值的乘积。下面介绍几种常用的债券收益率及收益率曲线。

（1）当前收益率。债券的当前收益率等于债券的票息除以当前债券的市场价格，用公式表示为：

$$当前收益率 = \frac{每年的票息}{债券的市场价格} \tag{7.1}$$

很明显，当前收益率没有考虑到到期资本利得或损失。

例 7 – 2 某一 18 年期的债券，面值为 1 000 美元，票息率为 6%，卖出价格为 700.89 美元。

$$该债券的当前收益率 = \frac{\$1\ 000 \times 6\%}{\$700.89} = 8.56\%$$

例 7 – 3 某一 19 年期的债券，面值为 1 000 美元，票息率为 11%，卖出价格为 1 233.64 美元。

$$该债券的当前收益率 = \frac{\$1\ 000 \times 11\%}{\$1\ 233.64} = 8.92\%$$

例 7 – 2 说明，当卖出价格低于面值时（折价），债券的当前收益率高于票息率（8.56% > 6%）；例 7 – 3 说明，当卖出价格高于面值时（溢价），债券的当前收益率低于票息率（8.92% < 11%）。

（2）到期收益率。到期收益率是这样一种折现率，它使得来自某种金融工具的现金流（收入）的现值总和等于初始投资的价格。

到期收益率是衡量利率最精确的指标。我们可以根据预期的到期收益率给债券定价，另外也可以根据债券的价格，计算出其到期收益率。

① 附息债券的到期收益率：

$$P = \sum_{t=1}^{n} \frac{C}{(1+r)^t} + \frac{F}{(1+r)^n} \qquad (7.2)$$

式中，P——附息债券的价格；

    C——每期支付的息票利息（票息）；

    F——面值（到期价值）；

    n——债券的期限（期数）；

    r——到期收益率。

② 零息债券的到期收益率。

贴现债券，只有一笔现金流，所以有：

$$P = \frac{F}{(1+r)^n} \qquad (7.3)$$

即：

$$r = \left(\frac{F}{P}\right)^{\frac{1}{n}} - 1$$

式中，F——面值；

    P——购买价格；

    n——年数。

特别地，对丁任何一年期的零息（贴现）债券：

$$r = \frac{F-P}{P}$$

（3）买入到期率。买入到期率又称买入收益率、赎回收益率，是针对赎回债券而言的。买入收益率是这样一种折现率，它使得赎回日现金流的现值总和等于债券的肮脏价格（投资者购买可赎回债券的价格）。用公式表示为：

$$P = \sum_{t=1}^{n} \frac{C}{(1+r)^t} + \frac{CP}{(1+r)^n} \qquad (7.4)$$

式中，P——投资者购买价格（肮脏价格）；

    C——每期支付的票息；

    n——到赎回日为止支付的次数；

    r——赎回收益率；

    CP——赎回日的赎回价格。

（4）卖出收益率。卖出收益率是针对可出售债券而言的。卖出收益率是这样一种折现率，它使得卖出日现金流的现值总和等于债券的肮脏价格，用公式表示为：

$$P = \sum_{t=1}^{n} \frac{C}{(1+r)^t} + \frac{pp}{(1+r)^n} \qquad (7.5)$$

式中，P——肮脏价格；

　　　C——每期支付的票息；

　　　n——到卖出日为止支付的次数；

　　　r——卖出收益率；

　　　pp——卖出日的卖出价格。

可赎回债券与可卖出债券最大的区别在于赎回和卖出的主体不同。可赎回债券是指发行人提前赎回，是发行人改变了债券到期日；而可卖出债券是指持有人按规定提前卖给发行人，是持有人改变债券到期日。

（5）收益率曲线。债券收益率曲线是描述某一时点上一组相同信用等级的债券的到期收益率和它们的剩余期限之间相互关系的数学曲线。如果以债券的收益率为纵轴，以到期期限为横轴，将每种债券的收益率与它的到期期限所组成的一个个点连接成一条曲线，就会得到一条债券收益率曲线。

如图7-1所示，收益率曲线通常具有三种形态：正向收益率曲线、反向收益率曲线和水平收益率曲线。

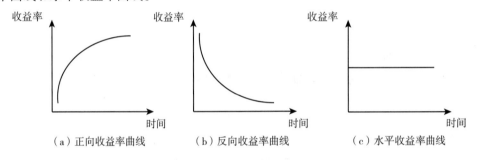

（a）正向收益率曲线　　　（b）反向收益率曲线　　　（c）水平收益率曲线

图7-1　债券收益率曲线

图7-1（a）所示的是正向收益率曲线。正向收益率曲线描述收益率与到期日之间的正向关系，表明长期利率高于短期利率。同短期债券相比，中长期债券的较高利率鼓励投资者持有中长期债券。正向收益率曲线是现实经济中最常见的一种形态。

图7-1（b）所示的是反向收益率曲线。反向收益率曲线描述收益率与到期日之间的反向关系，表明短期利率高于长期利率。在这种情况下，市场有可能正面临着流动性不足、短期信贷资金有限以及较严重的通货膨胀等问题。反向收益率曲线在现实经济中比较少见，但有时也存在。

图7-1（c）所示的是水平收益率曲线。水平收益率曲线表示市场利率水平与时间无关，即不论期限的长短，所有的利率都是相同的。水平收益率曲线在现实经济中几乎不存在。

收益率曲线反映了市场对未来利率走向的预测。正向收益率曲线表示未来利率将呈现上升的趋势；反向收益率曲线意味着未来利率有可能会下降；水平收益率曲线则代表未来利率水平将保持不变。

7.1.2　利率期货的产生与发展

在美国，随着布雷顿森林体系的最终解体，固定汇率制为浮动汇率制所替代。为了治理国内经济和在汇率自由浮动后稳定汇率，西方各国纷纷推行金融自由化政策，以往的利率管制得以放松甚至取消。在这种情况下，利率波动更为频繁，也更为剧烈。这使得各经济主体，尤其是各金融机构面临着越来越严重的利率风险，人们自然而然地迫切需要一种既便利又有效的管理利率风险的工具。在此背景下，利率期货应运而生。

1975 年 10 月，芝加哥期货交易所（CBOT）推出了有史以来第一张利率期货合约——美国政府国民抵押贷款协会（GNMA）的抵押凭证利率期货。尽管 CBOT 首推的抵押凭证利率期货因交割对象单一、流动性差，未能得到更进一步的发展，但此后利率期货的发展异常迅速。

1976 年 1 月，芝加哥商业交易所（CME）的国际货币市场（IMM）推出了 3 个月期的美国短期国库券期货交易，并大获成功。在整个 70 年代后半期，它一直是交易最活跃的短期利率期货。

1977 年 8 月，CBOT 推出美国长期国债期货合约，获得空前成功，这是利率期货发展历程上具有里程碑意义的一个重要事件。如今，无论是在美国还是在其他国家的各个金融期货市场，该期货合约都是交易活跃的一个品种。

1979 年 10 月，美联储宣布将致力于通过调节货币供应而不是利率来对付通货膨胀，这意味着利率以后将不受政府影响，利率的高低完全由市场决定。后来，当利率大幅度上扬时，市场利率风险急剧上升，利率期货因此而火爆起来。

1981 年 12 月，IMM 推出 3 个月期的欧洲美元定期存款期货合约。这一品种发展很快，其交易量现已超过美国短期国库券期货合约，成为短期利率期货中交易最活跃的一个品种。

继美国推出国债期货之后，日本、英国、法国、德国也纷纷以其长期公债券为标的物，成功推出了各自的长期国债期货。

加拿大期货、证券交易所经过重组后，于 2000 年 3 月改组成蒙特利尔交易所（CM），成为加拿大唯一的衍生品交易市场。目前蒙特利尔交易所交易的利率期货主要有 10 年期加拿大政府债券期货、5 年期加拿大政府债券期货等。

欧洲利率期货市场主要进行德国联邦政府长、中、短期债券的期货与期权交易及 3 个月欧洲银行间拆借利率期货与期权交易。

到 2010 年，全球利率期货成交量 32 亿手，成交额 1 236 万亿美元，分别占全球交易所金融期货年成交量和成交额的 40% 和 90%。以 2010 年全球 GDP 为 62.63 万亿美元计算，利率期货成交金额（本金）是全球 GDP 的 19.73 倍。而截至 2013 年底，芝加哥期货交易所的 10 年期国债期货合约单个品种在 2013 年的交易量就达到了 3.2593 亿手；巴西商品期货交易所的短期银行同业拆借利率期货合约在 2013 年的交易量达到了 3.9406 亿手，成为全球第二活跃的利率合约；欧洲基准利率期货合约——Euribor 期货交易量在 2013 年也增长了 33.4%，达到了 2.3849 亿手。利率期货市场发展规模越来越庞大。

7.1.3 全球主要利率期货介绍

利率期货合约种类较多，但总的来说可以分为两大类：一类是以短期固定收入证券衍生的，如短期国库券期货合约，欧洲美元期货合约，定期存单期货合约等；另一类是以长期固定收入证券衍生的，如中长期国库券期货合约，政府国民抵押协会债券期货合约等。

1. 短期利率期货

短期利率期货合约最有代表性的是短期国库券期货合约和欧洲美元期货合约，下面我们将分别予以介绍。

（1）短期国库券期货合约。短期国库券是美国政府发行的债务证券，期限少于 1 年。短期国库券期限有 3 个月，6 个月，9 个月及 1 年，但以 3 个月占绝大部分。表 7 - 2 是 13 周美国国库券期货合约。

表 7 - 2　　　　　　　　　　　CME13 周美国国库券期货合约

合约大小	100 万美元面值的 13 周美国国库券（期货合约的卖者同意在结算日向买者交付一张面值为 100 万美元，距到期日还有 13 个星期的国库券）
交易地点	CME
交易月份	3 月、6 月、9 月、12 月及以后两个月
交易时间	场内交易：上午 7：20 ~ 下午 2：00 　　　　　上午 7：20 ~ 中午 12：00（最后交易日） GLOBEX：下午 5：00 ~ 次日下午 4：00（周一至周四） 　　　　　下午 5：00 ~ 次日下午 4：00（周日和节假日）
最小变动价位	0.005（1/2 个基点）；一个基点价值 25 美元，因此最小价格变动价值 12.5 美元
交割方式	现金结算
涨跌停板	无

资料来源：www.cme.com，2014 年。

值得介绍的是，短期国库券期货的价格在期货市场上常以"指数方式"报出，因国库券是一种贴现式证券，所以指数 = 100 − 100 × 国库券年贴现率（又称贴现收益率）。如当国库券的贴现率为 6% 时，期货市场即以 94 报出国库券期货的价格。利用指数可以计算期货合约的实际价格，如指数为 94，那么期货价格为 98.5 万美元（1 000 000 × 6% × 90/360）。

最小变动价位是 0.005，即 0.5 个基点，相当于年利率 0.005%。如指数由 94 变为 94.005 就意味着价格下降了 0.5 个基点，0.5 个基点代表的价值是 12.5 美元（1 000 000 × 0.005% × 90/360）。

（2）欧洲美元期货合约。欧洲美元是指存放在美国以外银行的不受美国政府法令限制的美元存款或是从这些银行借到的美元贷款。由于这种境外存款、借贷业务开始于欧洲，因此称为欧洲美元。它与美国境内流通的美元是同样的货币，并具有同样的价值，它们之间的区别只是账务上的处理不同。欧洲美元早在 20 世纪 50 年代初就出现了。当时美国政府在朝鲜战争中冻结了中国存放在美国银行的资金，苏联和东欧各国为了防止它们在美国的美元存款也被冻结，就把它们的美元资金转存于苏联设在巴黎和伦敦的银行以及其他国际商业银行。后来，某些持有美元的美国和其他国家的银行、公司等为了避免它们的"账外资产"被公开暴露出来，引起外汇管理当局和税务当局的追查，也不愿公开和直接地把美元存放在美国，而愿意间接地存放在西欧的各家银行，这即是欧洲美元最初的由来。表 7 − 3 是 CME 欧洲美元期货合约。

表 7 − 3　　　　　　　　　　　　　　CME 欧洲美元期货合约

合约大小	100 万元面值的欧洲美元定期存单（期货合约的卖者同意在结算日向买者交付一张面值为 100 万美元，距到期日还有 3 个月的欧洲美元定期存单）
交易地点	CME
交易月份	3 月、6 月、9 月、12 月
交易时间	场内交易：上午 7：20 ～ 下午 2：00（节假日） GLOBEX：下午 5：00 ～ 次日下午 4：00（周一至周四） 　　　　　下午 5：00　次日下午 4：00（周日和节假日，若为最后交易日，则下午 5：00 ～ 次日上午 4：00） SGX：晚上 9：20 ～ 次日上午 4：00（周日至周四）
最小变动价位	1/2 点（12.5 美元/张），但临近合约到期月份为 1/4 点
交割方式	现金结算
涨跌停板	无

资料来源：www.cme.com，2014 年。

CME 欧洲美元期货合约同样也是采用"指数方式"报价。因欧洲美元定期存款是一种加息式证券，所以，指数 ＝ 100 － 100 × 加息收益率。

国库券期货指数与欧洲美元定期存款期货指数只有当两者换算后才具有可比性，换算公式为：

$$Y_a = \frac{Y_d \times 90/360}{1 - Y_d \times 90/360} \times \frac{360}{90} = \frac{Y_d}{1 - Y_d \times \dfrac{90}{360}} \qquad (7.6)$$

式中，Y_a——加息收息率；

Y_d——贴现收益率。

为便于交易者查对，IMM 专门编制了"收益率换算表"。该表中各种加息收益率被换算为等值的贴现收益率，各种加息式指数被换算为贴现式指数。为了使短期利率期货的价格与长期利率期货的价格具有可比性，从而更方便投资者作决策，该表中还列出了与加息收益率和贴现收益率相对应的"债券等值收益率"（见表 7 － 4）。

表 7 － 4　　　　　　　　　　收益率换算表

贴现收益率（%）	加息收益率（%）	差异率（%）	贴现式指数	加息式指数
4.00	4.04	1.00	96.00	95.96
6.00	6.09	1.50	94.00	93.91
8.00	8.16	2.00	92.00	91.84
10.00	10.26	2.60	90.00	89.74
15.00	15.58	3.87	85.00	84.42
20.00	21.05	5.25	80.00	78.95

2. 中长期利率期货

表 7 － 5 是美国主要中长期利率期货合约。

表 7 － 5　　　　　　　　　　美国中长期利率期货合约

	美国长期国债期货	10 年美国中期国债期货	5 年美国中期国债期货	2 年美国中期国债期货
交易地点	CBOT	CBOT	CBOT	CBOT
交易单位	面值为 10 万美元或其倍数的美国长期国债	面值为 10 万美元或其倍数的美国中期国债	面值为 10 万美元或其倍数的美国中期国债	面值为 20 万美元或其倍数的美国中期国债

续表

	美国长期国债期货	10 年美国中期国债期货	5 年美国中期国债期货	2 年美国中期国债期货
交割等级	美国长期国债，如果可提前赎回，则距交割月首日至少要有 15 年的不可赎回期；如果不可提前赎回，则到期日距离交割月首日至少 15 年。转换因子为 1 美元面值的可交割债券收益率为 6% 的价格	美国中期国债，到期日距离交割月首日至少 6 年半但不长于 10 年。交割应付价格为期货结算价乘转换因子加累计利息。转换因子为 1 美元面值的可交割债券收益率为 6% 的价格	美国中期国债，原期限不长于 5 年零 3 个月，剩余期限距交割月首日不少于 4 年零 3 个月。交割月最后交易日后发行的 5 年期国债不能交割。交割应付价格为期货结算价乘转换因子加累计利息。转换因子为 1 美元面值的可交割债券收益率为 6% 的价格	美国中期国债，原期限不长于 5 年，剩余期限距交割月首日不少于 1 年 9 个月但不多于 2 年。交割应付价格为期货结算价乘转换因子加累计利息。转换因子为 1 美元面值的可交割债券收益率为 6% 的价格
报价单位	1 点（1 000 美元）又 1/32 点的一半	1 点（1 000 美元）又 1/32 点的一半	1 点（1 000 美元）又 1/32 点的 1/4	1 点（2 000 美元）又 1/32 点的 1/4
最小变动价位	1/32 点的一半(15.625 美元/张)，取最接近的美分/张	1/32 点的一半(15.625 美元/张)，取最接近的美分/张	1/32 点的 1/4(7.8125 美元/张)，取最接近的美分/张	1/32 点的 1/4(15.625 美元/张)，取最接近的美分/张
交易时间	口头喊价：芝加哥时间上午 7：20 ~ 下午 2：00（周一到周五）电子交易：芝加哥时间下午 5：30 ~ 次日下午 4：00（周日到下周五）	口头喊价：美国中部时间上午 7：20 ~ 下午 2：00（周一到周五）电子交易：美国中部时间下午 5：30 ~ 次日下午 4：00（周日到下周五）	口头喊价：美国中部时间上午 7：20 ~ 下午 2：00（周一到周五）电子交易：美国中部时间下午 5：30 ~ 次日下午 4：00（周日到下周五）	口头喊价：美国中部时间上午 7：20 ~ 下午 2：00（周一到周五）电子交易：美国中部时间下午 5：30 ~ 次日下午 4：00（周日到下周五）
每日价格限制	无	无	无	无
合约月份	3 月、6 月、9 月、12 月	3 月、6 月、9 月、12 月	3 月、6 月、9 月、12 月	3 月、6 月、9 月、12 月
交割方法	实物交割；由于国债是无纸化发行，实际交割时，投资者只需通过联储簿记电子过户系统（Federal Reserve book-entry wire-transfer system）进行划转即可	实物交割；由于国债是无纸化发行，实际交割时，投资者只需通过联储簿记电子过户系统（Federal Reserve book-entry wire-transfer system）进行划转即可	实物交割；由于国债是无纸化发行，实际交割时，投资者只需通过联储簿记电子过户系统（Federal Reserve book-entry wire-transfer system）进行划转即可	实物交割；由于国债是无纸化发行，实际交割时，投资者只需通过联储簿记电子过户系统（Federal Reserve book-entry wire-transfer system）进行划转即可

续表

	美国长期国债期货	10 年美国中期国债期货	5 年美国中期国债期货	2 年美国中期国债期货
最后交易日	交割月最后工作日前的第 7 个工作日	交割月最后工作日前的第 7 个工作日	交割月最后工作日前的第 7 个工作日	当月拍卖 2 年期国债发行日前的第 2 个工作日和当月最后工作日中较早的一个
最后交割日	交割月的最后工作日	交割月的最后工作日	交割月的最后工作日	最后交易日后的第 3 个工作日
合约代码	口头：US； A 计划：ZB	口头：TY； A 计划：ZN	口头：FV； A 计划：ZF	口头：TU； A 计划：ZT

资料来源：www.cbot.com，2019 年。

中长期国债期货合约面值 10 万美元，以点来报价，每点代表合约面值的 1%。如当美国长期国债期货（面值 10 万美元）在期货市场上报价为 98 – 22 时，其实际含义为 98 又 22/32，则表示该合约报价为：

$$98\ 687.50 = (98 + \frac{22}{32})\% \times 100\ 000，或者 98\ 687.50 = 98 \times 1\ 000 + 22 \times 31.25；$$

当 10 年期国债期货合约报 84 – 165 时，其实际含义为 84 又 16.5/32，合约价值为 84 515.625 美元。

长期国债期货行情表与国库券期货行情表格式也基本相同，只是"Chage"表示 MMI 指数相对于前一交易日的结算价涨跌数，此涨跌数为 1 个点（交易单位的 1%）的 1/32 一半的倍数（刻度数）。如该期货合约每涨跌 1 个刻度，则合约总值便增减 15.625（100 000 × 1% × 1/32 × 1/2）美元。

7.2 5 年期国债期货

7.2.1 国债期货的诞生与发展

1. 不规范发展阶段的国债期货

20 世纪 90 年代初，我国期货市场产生的早期，实际上是曾经上市过国债期货产品的，与股指期货相似的是，同样由于当时的期货市场交易制度非常不完备，短暂运行过的国债期货后来被叫停关闭交易了。

我国国债期货的产生一方面是源于推动现货市场的发展。我国于 1981 年恢复发行国债，但在相当长的时间内，国债是不允许转让买卖的，1988 年才开始国债流通转让的试点。到了 90 年代，借助于交易所股票交易网络系统，可以方便地买卖国债，国债二级市场才真正形成。但二级市场的交易一直不很活跃，而一级市场的发行又屡屡陷入困境，一再重复行政摊派的强行分配方式。由于国债流通困难，二级市场交易不活跃，导致国债发行不顺利，发行价跌破面值。因此，为了放开和活跃国债二级市场和促进国债发行，二级市场除了国债现货市场、国债回购市场等开始运行以外，还推出了国债期货交易。另一方面国债期货的推出也是为了配合中央银行的改革。1993 年，人民银行总行的一份改革计划获得国务院的批准，人民银行将成为真正的中央银行执行货币政策，实施宏观调控。中央银行将通过金融市场吞吐各种有价证券来投放回笼基础货币，控制社会货币供应量，稳定币值。为使中央银行的公开市场业务得以正常操作，我国开展了国债期货交易。

我国第一次国债期货交易试点开始于 1992 年，由上海证券交易所最先推出 12 个品种的国债期货合约，但只对某些机构投资者开放。那时国债期货交易并不活跃，之后 10 个月，上海证券交易所对国债期货合约进行了修改，于 1993 年 10 月 25 日向社会公众开放。北京商品交易所、广东联合期货交易所和武汉证券交易中心也纷纷推出国债期货交易。1994 年 4 月，国债期货交易开始逐渐趋于活跃，成交量已达 2.8 万亿元。1995 年更加火爆，持仓量不断增加，市场风险越来越大。至 1995 年春节前，全国已有 14 家交易所/证券交易中心开设国债期货。当时股票市场的低迷和钢材、煤炭、白砂糖等大宗商品期货品种的相继暂停交易，使得大量游资云集国债期货市场。1995 年初，上海证券交易所的"314"合约在数家机构联手操纵下，出现日价位波幅达 3 元的异常行情。同年 2 月 23 日，财政部公布的 1995 年新债发行量被认为利多，另外"327"国债本身贴息消息日趋明朗，致使全国各市场国债期货均出现向上突破行情。上海证券交易所空方主力在 148.50 元价位封盘失控，行情飙升后蓄意违规，在 16 点 22 分之后，大量透支保证金以千万手的巨量空单，将价格打压至 147.50 元收盘，当日"327"合约暴跌 3.8 元，致使当日开仓的多头全线暴仓，造成外电惊称的"中国的霸凌事件"——"327"国债事件[①]。"327"国债事件之后，各交易所虽采取了提高保证金比例、设置涨跌停板等措施抑制国债期货的投机气氛，但终因当时的市场环境所限，上海证券交易所依旧风波不断，并于同年 5 月 10 日酿出"319"风波。5 月 17 日，中国证监会鉴于当时并不具备开展国债期货的基本条件，做出暂停国债期货交易试点的决定。

2. 5 年期国债的上市与发展

在此后长达十几年的时间里，国内期货市场一直在为国债期货的重启做条件和

---

① 关于"327"国债事件详见本章所附的案例。

制度准备。2013 年 9 月 6 日，5 年期国债期货正式在中国金融期货交易所上市交易。首批 5 年期国债期货上市合约为 2013 年 12 月（TF1312）、2014 年 3 月（TF1403）和 2014 年 6 月（TF1406）。

自上市之后，国债期货市场迅速发展壮大。统计数据显示：上市以来，国债期货年度日均成交持仓比维持在 0.5 左右，与美国等成熟市场水平相当，市场交易理性。国债期货主力合约期现货价格相关系数均在 99% 以上，期货与现货走势密切，有利于国债期货价格发现和套期保值功能的发挥。从参与主体来看，自然人客户、证券公司、证券投资基金、期货公司资管等都参与了国债期货的交易，但机构投资者逐步成为国债期货市场主力。2013 年，国债期货机构投资者日均持仓量占比39%，到了 2017 年，机构投资者的持仓占比已经上升至 82%，是我国期货市场机构投资者持仓占比最高的品种。国债期货的推出与发展，促进了商业银行、证券公司、期货公司、证券投资基金的国债期货相关业务合作。

不过，值得指出的是，当前我国仅上市 5 年期国债期货一个利率期货产品，且银行和保险等国债现券的主要持有者仍未能进入国债期货市场，当前的机构投资者只包括少量的证券公司、基金产品以及期货公司资产管理产品，这不仅导致国债期货难以满足投资者对不同期限利率的风险管理需求，也制约了国债期货市场功能的充分发挥。国债期货市场当前还存在着一些制约其进一步发展的因素，如流动性有待提高，投资者结构还较为单一等，收益率曲线长短两端仍然缺少相应的国债期货产品，不利于国债期货市场功能的有效发挥，国债期货产品种类亟待丰富和完善。此外，国债期货市场仍需发展更多合格机构投资者，不仅要尽快推进商业银行和保险资金参与交易，同时要拓展证券公司和基金产品参与国债期货的广度和深度。

7.2.2　5 年期国债期货合约与交易规则

一个期货产品的期货合约包含了合约标的、交易单位、交易时间、价格波动幅度限制等内容，表 7 - 6 是当前 5 年期国债期货的合约内容。

表 7 - 6　　　　　　　　　　　　　5 年期国债期货合约

合约标的	面值为 100 万元人民币、票面利率为 3% 的名义中期国债
可交割国债	发行期限不高于 7 年、合约到期月份首日剩余期限为 4 ~ 5.25 年的记账式附息国债
报价方式	百元净价报价
最小变动价位	0.005 元
合约月份	最近的三个季月（3 月、6 月、9 月、12 月中的最近三个月循环）

续表

交易时间	9：15~11：30，13：00~15：15
最后交易日交易时间	9：15~11：30
每日价格最大波动限制	上一交易日结算价的±1.2%
最低交易保证金	合约价值的1%
最后交易日	合约到期月份的第二个星期五
最后交割日	最后交易日后的第三个交易日
交割方式	实物交割
交易代码	TF
上市交易所	中国金融期货交易所

资料来源：中国金融期货交易所，2019。

从该合约条款和中金所的相关交易指引中，可以了解到 5 年期国债期货的交易规则。

（1）5 年期国债期货合约的合约标的为面值为 100 万元人民币、票面利率为 3% 的名义中期国债。合约的可交割国债为合约到期月份首日剩余期限为 4~7 年的记账式附息国债。

（2）5 年期国债期货合约的合约月份为最近的三个季月（3 月、6 月、9 月、12 月）。合约的最后交易日为合约到期月份的第二个星期五。最后交易日为国家法定假日或者因异常情况等原因未交易的，以下一交易日为最后交易日。到期合约最后交易日的下一交易日，新的月份合约开始交易。

（3）5 年期国债期货的交易单位为手，交易以交易单位的整数倍进行。交易指令每次最小下单数量为 1 手，市价指令每次最大下单数量为 50 手，限价指令每次最大下单数量为 200 手。

（4）5 年期国债期货采用集合竞价和连续竞价两种交易方式。集合竞价时间为每个交易日 9：10~9：15，其中 9：10~9：14 为指令申报时间，9：14~9：15 为指令撮合时间。连续竞价时间为每个交易日 9：15~11：30 和 13：00~15：15，最后交易日连续竞价时间为 9：15~11：30。最后交易日的交易时间只有上午 9：15~11：30。

（5）5 年期国债期货的当日结算价为合约最后一小时成交价格按照成交量的加权平均价。合约以当日结算价作为计算当日盈亏的依据。具体计算公式如下：

$$当日盈亏 = \left\{ \sum \left[（卖出成交价 - 当日结算价）\times 卖出量 \right] + \sum \left[（当日结算价 - 买入成交价）\times 买入量 \right] + （上一交易日结算价 - 当日结算价）\times （上一交易日卖出持仓量 - 上一交易日买入持仓量）\right\} \times （合约面值 /100 元）$$

（6）与其他期货品种的保证金水平不同的是，5年期国债期货的最低交易保证金标准为合约价值的1%。其中，合约价值＝合约价格×（合约面值/100元）。临近交割月份时，交易所将分阶段逐步提高该合约的交易保证金标准：交割月份前一个月下旬的前一交易日结算时起，交易保证金标准为合约价值的2%；交割月份第一个交易日的前一交易日结算时起，交易保证金标准为合约价值的3%。

（7）与其他期货品种的保证金水平不同的是，5年期国债期货的涨跌停板幅度为上一交易日结算价的±1.2%。合约上市首日涨跌停板幅度为挂盘基准价的±3%。上市首日有成交的，于下一交易日恢复到合约规定的涨跌停板幅度；上市首日无成交的，下一交易日继续执行前一交易日的涨跌停板幅度。如上市首日连续三个交易日无成交的，交易所可以对挂盘基准价作适当调整。

（8）5年期国债期货交易实行持仓限额制度。进行投机交易的客户某一合约在不同阶段的单边持仓限额规定如下：合约上市首日起，持仓限额为1 000手；交割月份前一个月下旬的第一个交易日起，持仓限额为600手；交割月份第一个交易日起，持仓限额为300手。进行投机交易的非期货公司会员持仓限额由交易所另行规定。某一合约结算后单边总持仓量超过60万手的，结算会员下一交易日该合约单边持仓量不得超过该合约单边总持仓量的25%。进行套期保值交易和套利交易的持仓按照交易所有关规定执行。

（9）5年期国债期货交易实行大户持仓报告制度。达到下列标准之一的，客户或者会员应当向交易所履行报告义务：单个客户国债期货某一合约单边投机持仓达到交易所规定的投机持仓限额80%以上（含）的；当全市场单边总持仓达到5万手时，单个客户国债期货单边总持仓占市场单边总持仓量超过5%的。达到下列标准之一的，交易所可以要求相关客户或者会员履行报告义务：前5名客户国债期货单边总持仓占市场单边总持仓量超过10%的；前10名客户国债期货单边总持仓占市场单边总持仓量超过20%的；交易所要求报告的其他情形。

除了5年期国债期货以外，10年期国债期货于2015年3月20日在中国金融期货交易所成功挂牌上市，2年期国债期货于2018年8月17日在中国金融期货交易所成功挂牌上市，这标志着我国已基本形成覆盖短中长期的国债期货产品体系。由于此两种利率期货产品与5年期国债期货的交易规则是相似的，本书不再单独赘述，感兴趣的同学可以参看本书附录2中10年期国债期货、2年期国债期货的标准合约，也可以登录中国金融期货交易所网站（www.cffex.com.cn）学习关于这两种股指期货产品的更多知识。值得注意的是，香港交易所（港交所）于2017年4月10日正式上市了财政部5年期国债期货合约（简称HTF），这是全球首只对离岸投资者开放的在岸利率产品，是管理人民币利率风险头寸高效、透明以及便捷的工具。但该产品与中国金融期货交易所的5年期国债期货在交易规则等方面存在较大的差异，在实际操作中不可将二者混淆，感兴趣的同学可以登录香港交易所网站（www. hkex. com. hk）学习。

7.3 利率期货的定价

大多数期货合约（包括商品期货和金融期货）的定价关系都分为两大类：一类为可储存类，包括谷物、五金、石油产品、政府中长期债券和股票指数期货等，它们的定价以持有成本（Carrying Cost）为基础，交易者可持有现货，在多个交割月份中选择最有利的交割月份实现交割；另一类为不可储存类，包括活牛、活猪和短期利率期货等，其特点是它们只能满足某一特定月份的交割，其定价原则以预期为基础。本节详细介绍了短期利率期货和中长期利率期货的定价。

7.3.1 短期利率期货的定价

短期利率期货合约包括美国短期国库券期货合约和欧洲美元存款期货合约，其价格形成基础是远期隐含收益率。当期货合约的利率水平与远期隐含收益率不相等时，交易者就会在市场上进行大量的套购和套利交易。这样就使得期货市场的利率水平与隐含远期收益率趋于一致，从而形成利率期货合约的价格水平。

1. 隐含收益率定价原则

（1）理论基础。

由于短期利率期货的价格是由预期价格决定的，那么期货价格 $F_{t,T}$ 就应该等于预期的价格 $E(T)$，即

$$F_{t,T} = E(T) \tag{7.7}$$

其中，$F_{t,T}$ 为期限从 t 到 T，或者说在 T 时刻交割的期货合约价格；$E(T)$ 为对 T 时刻交割的期货合约的预期值。但是，在利率期货合约的实际报价中，由于利率期货合约的价格是用到期收益率来表示的，那么预期的价格就是该利率债券的预期收益率。因此，短期利率期货合约的收益率就等于预期的收益率。

按预期假说理论（PEH）的解释，短期利率期货合约的预期远期收益率被反映在收益曲线的形状上。这种理论可以用来说明和计算短期利率期货合约的价格。

该理论有几个假设条件：

① 短期利率期货合约的交易者对期货合约的交割月份没有任何固定的偏好；

② 投资者（期货交易者）仅根据现有的利率情况对定期利率的波动进行预测，以此来决定是否参加交易。换言之，如果交易者预期远期利率要升高，他就会投资于短期债券；如果交易者预期远期利率要降低，那么他就会投资于长期债券。

（2）隐含远期收益率的计算。

基于上述假设条件，投资于长期债券的收益就应该等于投资于短期债券进行滚动投资而取得的收益。也就是在相同的期限内，无论投资于长期债券，还是短期债券，交易者取得的收益应该是相等的。更具体地说，就是一个3年到期的长期债券每1美元的投资收益和投资于1年到期的债券，并在第2年和第3年滚动投资而取得的每1美元的收益应该是相等的。用公式来表示就是：

$$\$1(1 + R_3)^3 = \$1(1 + R_1)^1 \times (1 + R_{e2})^1 \times (1 + R_{e3})^1 \tag{7.8}$$

式中，R_1——当前市场上公布的1年期债券的利率；

$\qquad$ R_3——当前市场上公布的3年期债券的利率；

$\qquad$ R_{e2}——第2年预期的1年投资利率；

$\qquad$ R_{e3}——第3年预期的1年投资利率。

上述公式可以进一步扩展为一个一般化的总公式：

$$(1 + R_n)^n = \prod_{i=2}^{n} (1 + R_{ei}) \times (1 + R_1) \tag{7.9}$$

在 $n+1$ 情况下，上述公式为：

$$(1 + R_{n+1})^{n+1} = (1 + R_{en+1}) \times \prod_{i=2}^{n} (1 + R_{ei}) \times (1 + R_1) \tag{7.10}$$

将式（7.9）代入式（7.10），得：

$$(1 + R_{en+1}) = \frac{(1 + R_{n+1})^{n+1}}{(1 + R_n)^n} \tag{7.11}$$

式（7.11）中，R_{en+1} 为 n 年至（$n+1$）年短期投资的预期收益率，即隐含的远期收益率，所以我们称这种方法为隐含收益率定价方法。

这里特别要指出的是，n 在上述各公式中为年数，短期利率期货交易中，短期国库券的期限都在1年以下。因此，对于短期国库券期货而言，只需将 n 相应缩短为月数，上述公式同样适用。

例 7 - 4　设贴现日期为1月1日。3月18日到期的短期国库券年利率为5.65%。6月18日到期的短期国库券的年利率5.85%。计算3月份短期利率期货合约的预期价格。

3月份短期利率期货合约要求交割的是从3月到6月的90天的短期国库券。该期货合约的价格就为从3月到6月的90天短期国库券的隐含远期收益率。

将6月18日到期的短期国库券（即离1月1日还有168天到期）的利率5.85%代入式（7.9）变形得：

$$(1 + IFR)^{90/360} = \frac{(1 + 5.85\%)^{168/360}}{(1 + 5.65\%)^{77/360}} = 1.0148$$

所以，$IFR = 0.0606 = 6.06\%$。

这样，我们通过实际计算，从 3 月到 6 月的 90 天短期国库券的隐含远期收益率为 6.06%，而这个隐含远期收益率就为该期货合约的预期价格。

在这个实例中，我们实际上作了两个假设，一是期货市场和现货市场的信息是公开的，交易者在这两个市场上的投资是自由的；二是现货市场与期货市场上该 90 天期的国库券从 3 月到 6 月的利息率是无差异的。这样，我们就可以得出结论：短期利率期货的利率等于这一阶段的隐含远期收益率。一旦市场上期货利率与隐含远期收益率出现差异，那么市场上就会出现大量的套购或套利交易行为。

2. 准套购对短期利率期货市场价格的影响

利率期货市场的发展使交易者有了一个新的投资场所。利率期货市场已成为比较完善的投资市场，因为期货市场与现货市场有着非常紧密的联系。如果交易者欲投资于短期利率市场，那么他就要将利率现货市场与利率期货市场所取得的收益进行比较，从而选择收益率较高的市场进行投资。我们将这种投资行为称为准套购。准套购与套购虽然都要权衡现货市场和期货市场的收益率进行投资，但准套购以投资为首要目的，而且要持续一定的投资期限，与从一个市场低价买进，同时在另一个市场高价卖出的短期套购行为有本质的不同。

交易者的这种理性判断和准套购行为对短期利率期货市场的价格形成将产生非常重要的作用，下面举例说明。

例 7 - 5 一位投资者手头有一笔资金，欲用于 6 个月的投资，那么他有以下几种投资选择（假设现为 1 月 1 日）：

（1）购买 6 个月后到期的债券；

（2）购买期限更短的债券，如 3 个月到期的债券，然后用所得的本息再投资于 3 月到 6 月另外 3 个月期的债券；

（3）购买 3 个月期的债券，与此同时，在期货市场上投资，购买 3 月份交割的期货合约，并在 3 月份进行实物交割，保留债券到 6 月份兑现。

已知 6 个月期的国库券利息率为 17.5%，3 个月期的国库券利息率为 15%。

按照预期假说理论的隐含收益率定价原则，长期债券的投资收益应该与短期债券滚动投资取得的收益相等。由于第一个投资方案的收益率为 17.5%，第二个方案中，再投资于第二个 3 个月的国库券（即 6 月到期的 3 个月短期债券）的隐含收益率可用下述公式计算出来：

$$(1 + R_6)^{180/360} = (1 + R_3)^{90/360} \times (1 + IFR)^{90/360}$$
$$(1 + 0.175)^{0.5} = (1 + 0.15)^{0.25} \times (1 + IFR)^{0.25}$$

用插值法可得到 $IFR = 20\%$，也就是说要使第二种方案与第一种投资方案的收益率相等（均为 17.5%），那么就要求 6 月份到期的 3 个月期的国库券利息率为 20%。

假设在第三种投资方案中，3 月份交割的期货合约的价格为 75，即贴现率为 25%。那么，该方案 6 个月总的投资收益率应为：

$$(1 + 15\%)^{0.25} \times (1 + 25\%)^{0.25} = (1 + IFR)^{0.5}$$

同样可得到 $IFR = 20\%$。

显然，第三种方案总的收益率要比前两种方案的收益率（17.5%）高，这样投资者就会选择第三种方案进行投资。如果这种选择存在的话，投资者在期货市场上的购买行为就会促使期货价格进一步上升（也就是贴现率会下降），直至期货市场的利率水平趋近于隐含的远期收益率水平（本例中 20%），使各种投资方式的收益率达到均衡。由此可见，由于在现货市场与期货市场之间随时存在这种准套购的行为和投资策略，期货市场的利率水平就会接近或等于隐含远期收益率。

3. 套购对短期利率期货市场价格的影响

当同一个金融工具在市场上出现高低不同的两个价格时，市场上就会存在套购行为。如果买入和卖出的行为几乎是同时进行，套购者基本上不会冒很大的风险，而且可以取得一定的收益，同时套购在客观上使两个市场的价格趋于一致，短期利率市场上的套购行为在本质上讲也是这样的。

（1）期货市场利率低于隐含远期收益率时的套购。90 天期的短期国库券的期货市场利率水平低于其隐含远期收益率时，就意味着期货市场 90 天期的短期国库券价格比现货市场上的要高。因为在现货市场上取得该短期国库券的价格相对于期货市场要便宜，套购者就会在期货市场上出售短期国库券，同时在现货市场上购买该种国库券。这种行为使得期货价格下降（或期货利率上升），现货价格上升（或现货利率下降），最终期货市场的利率会趋近于隐含远期收益率。

例 7 - 6 在 1 月 1 日已知 3 月份到期的短期国库券的贴现率为 15%，6 月份到期的国库券贴现率为 17.5%，那么按照隐含远期收益率定价原则，从 3 月到 6 月的隐含远期收益率通过计算可知为 20%（见例 7 - 5），并且已知期货市场 3 月份短期国库券的价格为 82，即 18% 的贴现率。

这时，在期货市场与现货市场之间就可能出现如下的套购行为：

① 在期货市场上出售一张 3 月份短期国库券期货合约（面值 1 000 000 美元），并实际交割，价格为 82，总价值 955 000 美元（1 000 000 - 1 000 000 × 18% × 90/360）。

② 在现货市场上有两种选择：

a. 用自有资金购买 6 月到期的短期国库券，按 17.5% 贴现率计算，支付 912 500 美元（= 1 000 000 - 1 000 000 × 17.5% × 180/360）。

b. 借款 912 500 美元，利息率15%，3 月底还本带息共计 944 946（= 912 500 × $(1+15\%)^{0.25}$）美元。用该借款购买 6 月到期的短期国库券，并于 3 月底在期货市场实际交割。

按照现货市场上的不同选择，我们可以把 a、b 两种选择看作是两种不同的套购行为。下面我们来看看这两种套购的收益情况。

对于第一种套购行为（现货市场上选择 a），如果不考虑期货交易的保证金、手续费和佣金等因素，投资者的 3 个月投资年收益率为：

$$3 个月投资年收益率 = \frac{收益}{总投资} \times 360/90 \times 100\%$$

$$= \frac{955\ 000 - 912\ 500}{912\ 500} \times 360/90 \times 100\%$$

$$= 18.6\%$$

此时如果不进行套购，现货市场上的投资收益率为：

$$年收益率 = \frac{票面额 - 价格}{价格} \times \frac{360\ 天}{到期天数}$$

$$= \frac{100 - (100 - 100 \times 15\% \times \frac{90}{360})}{100 - 100 \times 15\% \times \frac{90}{360}} \times \frac{360}{90}$$

$$= 15.58\%$$

通过比较可以看出，套购所取得的收益率要大于现货市场的投资收益率。

对于第二种套购行为（现货市场上选择 b），由于期货市场出售 3 月份交割的短期国库券的价格较高，或其贴现利率（18%）要比隐含远期收益率（20%）低，因此，投资者可以不用自己的资金，而只需用贷款就可以在现货市场上购买用于 3 月交割的短期国库券，并在 3 月底在期货市场进行实际交割。期货市场上交割的是 6 月份到期的短期国库券，价格为 912 500 美元。如果不考虑保证金和期货交易佣金等因素，投资者只需借款 912 500 美元，期限为 3 个月，利率按 3 个月短期国库券 15% 的贴现率计算，3 月底还本带息共计 944.946 美元。然而，在 3 月底，投资者在期货市场上实际交割后取得的款项为 955 000 美元。这样套购所得利润就为 10.054 美元（955.000 - 944.946）。

（2）期货市场利率高于隐含远期收益率时的套利。当期货市场利率高于隐含远期收益率时，期货市场短期国库券的价格低于现货市场，投资者就会以较低的价格从期货市场购买短期国库券，并同时以较高的价格在现货市场上出售，这种行为使得期货价格上升（或期货利率下降），现货价格下降（或现货利率上升），最终期货市场的利率会趋近于隐含远期收益率。

例7-7 已知1月1日3月份到期的100万美元的短期国库券利率为15%；6月份到期的短期国库券利率为17.5%；期货市场3月份的价格为75，即期货利率为25%。按照隐含远期收益率定价原则，通过计算可得3月至6月的隐含远期收益率为20%（见例7-5）。

交易者可以进行如下套利行为（见表7-7）：

表7-7 期货市场利率高于隐含远期收益率的套购行为

时间	期货市场	现货市场
1月1日	购买3月份短期国库券期货并于3月交割支付937 500美元（$= 1\,000\,000 - 1\,000\,000 \times 25\% \times \frac{90}{360}$）	以17.5%的利率借入962 500美元（$= 1\,000\,000 - 1\,000\,000 \times 15\% \times \frac{90}{360}$），期限6个月，并用该借款购买3月到期的短期国库券
3月底	实际交割，支付937 500美元，获得6月份到期的短期国库券	短期国库券到期，获得1 000 000美元，用该款在期货市场实际交割，剩余62 500美元（$= 1\,000\,000 - 937\,500$）
6月底		从期货市场获得的6月份国库券到期取得1 000 000美元，加上3月底剩余的62 500美元，用于偿还1月1日的借款1 043 325.14美元 [$= 962\,500 \times (1.175)^{0.5}$]
套购利润	$1\,062\,500 - 1\,043\,325.14 = 19\,174.86$ 美元	

从上述例子可以看到，由于期货利率高于隐含远期收益率，所以在市场上就会出现套购行为。如果不考虑套购成本因素，那么套购能否获利就完全取决于投资者取得贷款投资的利息率的多少。在本例中，投资者所需贷款总金额为962 500美元，在两个市场间进行套购交易所得共计1 062 500美元，这样，我们可以计算出投资者盈亏相抵的利率，计算方法如下：

$$962\,500(1 + IFR)^{0.50} = 1\,062\,500（美元）$$

计算得，$IFR = 21.8\%$。

所以，只要投资者在取得贷款时的利率在21.8%以下，他都可以获取一定的套购利润。

7.3.2　长期利率期货的定价

1. 转换因子与发票金额

芝加哥交易所规定，在长期国债期货的交割中，空头方可以选择期限长于 15 年且在 15 年内不可赎回的任何息票利率的债券用于交割。因此，每一个期货合约都有许多合格的，但具有不同到期日和不同息票利率的现货债券作为交割对象。

一般卖方都会选择一种最经济的债券进行交割，这种债券被称为最便宜可交割债券。在讲述中长期国债期货定价原理之前，有必要先了解转换因子和发票金额两个概念。

（1）转换因子。转换因子是指将中长期国债期货合约的价格折算成各种不同息票利率的、可用于交割的现货债券价格的一种比率。其实质是将面值 1 美元的可交割债券在其剩余期限内的现金流量，用 6%（2000 年 3 月以前是 8%）的标准年息票利率（每半年计复利一次）所折成的现值。因此，要计算转换因子，首先要确定该债券的剩余期限。

一般以期货合约的第一交割日为起点，以可交割债券的到期日或第一赎回日为终点，然后将这一期间按季取整后的期限作为该债券的剩余期限。取整数后，如果债券的剩余期限为半年的倍数，就假定下一次付息是在 6 个月之后，否则就假定在 3 个月后付息，并从贴现值中扣掉累计利息，以免重复计算。如：1996 年 11 月某交易者准备以息票利率为 10%、到期日为 2012 年 6 月 15 日的长期国债进行 1996 年 12 月到期的美国长期国债期货的实物交割，则从国债期货的第一交割日 1996 年 12 月 1 日到该债券的到期日 2012 年 7 月 15 日共 15 年 7.5 个月。按季取整后的剩余期限为 15 年 6 个月。

现在我们就来计算转换因子。计算转换因子的方法很多，但最后得出的结果是相同的。注意，美国的中长期国债规定每半年支付一次利息，最后一期利息则于债券期满时随本金一同支付。

① 方法一：

当 S 为偶数时：

$$CF = \sum_{t=1}^{s} \frac{\dfrac{i}{2}}{\left(1 + \dfrac{6\%}{2}\right)^t} + \frac{1}{\left(1 + \dfrac{6\%}{2}\right)^s} = \sum_{t=1}^{s} \frac{\dfrac{i}{2}}{(1.03)^t} + \frac{1}{(1.03)^s} \qquad (7.12)$$

当 S 为奇数时：

$$CF = \frac{1}{(1.03)^{\frac{1}{2}}} \left[\sum_{t=1}^{s} \frac{\dfrac{i}{2}}{(1.03)^t} + \frac{1}{(1.03)^t} + \frac{i}{2} \right] - \frac{1}{2} \times \frac{i}{2} \qquad (7.13)$$

式中，i——以年利率表示的债券息票利率；

S——该债券在剩余期限内的付息次数。

② 方法二：

$$CF = \frac{1}{(1.03)^{3/6}} \left\{ \frac{i}{2} + \frac{i}{0.06} \left[1 - \frac{1}{(1.03)^{2N}} \right] + \frac{1}{(1.03)^{2N}} \right\} - \frac{i}{2} \times \frac{6-X}{6}$$

(7.14)

式中，i——以年利率表示的债券息票利率；

N——剩余期限中完整的年数；

X——剩余期限中不足一年而按季取整的月数（$X = 0, 3, 6$）。

当 $X = 9$ 时，令 $2N = 2N + 1$、$X = 3$，则：

$$CF = \frac{1}{(1.03)^{3/6}} \left\{ \frac{i}{2} + \frac{i}{0.06} \left[1 - \frac{1}{(1.03)^{2N+1}} \right] + \frac{1}{(1.03)^{2N+1}} \right\} - \frac{i}{2} \times \frac{6-3}{6}$$

(7.15)

由此可见，方法一比较直观地反映了转换因子的实质，而方法二计算起来比较简单，故实际中运用方法二来计算转换因子的比较多。CBOT 就是运用这种方法，将不同息票利率和剩余期限的可交割债券的转换因子制成了转换因子表，以便于交易者查对。

一般而言，实际息票利率高于标准息票利率的可交割债券，其转换因子将大于 1，且剩余期限越短，越接近于 1；而实际息票利率低于标准息票利率的可交割债券，其转换因子将小于 1，且剩余期限越长，越接近于 1。

（2）发票金额。期货合约的卖方虽然可以从多种可交割债券中选择其一用于交割，但所交割的债券不同，他所收取的发票金额也不同。所谓发票金额是指中长期国债期货交割时，期货合约的买方向卖方交付的金额。发票金额与国债期货合约的交割结算价格、卖方所支付的债券种类及实际交割日有关。其计算公式如下：

$$A = N(P \times CF \times \$1\,000 + I)$$

(7.16)

式中，A——发票金额；

N——交割的合约数；

P——交割结算价格；

I——每一合约的应计利息。

在中长期利率期货的报价方式中我们已经提到过，报出的结算价格是指每 100 美元面值的标的债券的价格，故每张面值为 100 000 美元的美国中长期国债期货合约（2 年美国中期国债期货合约除外）的实际结算价格都要乘上 1 000 美元（=100 000/100）。

从公式中可以看出，发票金额由本金发票金额和应计利息两部分组成。

应计利息是指可交割的债券从上次付息日至期货合约交割日这一期间所产生的利息，其计算公式如下：

$$I = F \times \frac{i}{2} \times \frac{t}{H} \tag{7.17}$$

式中，F——债券面值；

I——交割债券的息票利率；

t——从上次利息日到期货合约交割日的天数；

H——半年的天数。

2. 中长期利率期货的定价原理

我们已经知道，在进行中长期国债期货的交割时，卖方一般都会选择最便宜可交割债券进行交割，同一国债期货合约在不同时点将有不同的最便宜可交割债券。因此，在期货市场上其期货价格由最便宜可交割债券的价格决定。

中长期利率期货的定价以持有成本为基础，在介绍中长期利率期货的持有成本模型前，我们先来作两个定义。

定义一：将期货价格乘上任何可交割债券的转换因子的结果称为调整后期货价格，记作：

$$F_a = F \times CF \tag{7.18}$$

式中，F_a——调整后期货价格；

F——期货价格；

CF——转换因子。

定义二：将任何可交割债券的价格除以其转换因子的结果称为调整后现货价格，记作：

$$S_a = S/CF \tag{7.19}$$

式中，S_a——调整后现货价格；

S——现货价格；

CF——转换因子。

在实际用于交割时，各种可交割债券都将通过转换因子的调整而将期货价格折算为现货等价价格。但是，现货等价价格与实际的现货价格有一定的偏差，这一偏差即为基差。显然，各种不同息票利率和剩余期限的可交割债券的基差不尽相同，其中基差最小者就成了最便宜可交割债券。中长期国债期货的价格往往会依循最便宜可交割债券的调整后现货价格的走势，但二者并不完全一致。

下面引出中长期利率期货的持有成本理论。

由于中长期政府债券是可以储存的期货商品，交易者可以选择不同的交割月份进行实物交割。因此，在期货市场上，即期与远期交割月份之间的价格差异主要受持仓成本的制约。换言之，该金融工具的期货价格应等于即期价格加上从即期到远期交割月份的持有现货的成本，简称持有成本。

所以，中长期国债期货的理论价格应该等于调整后的现货价格加上持有成本，用公式表述如下：

$$F_t = S_a + C_f \qquad (7.20)$$

式中，F_t——理论上的期货价格；

S_a——调整后现货价格；

C_f——持有成本。

持有成本 C_f 主要包括以下两项内容：

（1）现货市场的短期利息率。在持仓成本中，短期利息率可以认为是交易者在短期内对可储存金融工具持有的机会投资成本。交易者如果不购买并持有这种金融期货一直到交割期，他还可以投资于其他的短期有价证券。因此，这部分持有成本也可以认为是实际的贷款利息率。

（2）持有金融工具的收益。它是指交易者持有中长期债券时，按票面计息率取得的票息收入。与短期利息率持仓成本相反的是，中长期的政府债券持有者在持有阶段会取得固定的票息收入。例如，面值为 100 000 美元的政府债券，持有者每 3 个月会取得票息为 10% 的收益，即持有者每 3 个月可有 2 500 美元的固定收入。

所以，持有成本 C_f 用公式表示为：

$$C_f = \frac{1}{CF}\Big[(P + A)\Big(r \times \frac{T}{365}\Big) - 100 \times Y \times \frac{T}{360}\Big] \qquad (7.21)$$

式中，P——最便宜可交割债券的价格（每 100 美元面值）；

A——从最近一次付息日到购买现货债券日之间的应计利息（每 100 美元面值）；

r——短期借款利率（一年以 365 天计）；

T——从购买现货债券日到期货合约结算日的天数；

Y——所购买的现货债券的息票年利率（每 100 美元面值）。

例 7-8　假定 1999 年 9 月到期的长期国债期货的最便宜可交割债券是 2020 年到期的息票利率为 12.75% 的一种国债券。该券 6 月 19 日的现货市场价格为 142-09，转换因子是 1.4546，利息支付日是 5 月 15 日和 11 月 15 日，投资者短期资金的借款利率是 6.45%。请计算：6 月 19 日的 9 月期长期国债期货的理论价格是多少?

计算:

① 该国债券上次利息支付日为 5 月 15 日,假定投资者于 6 月 19 日借款购入该券。从 5 月 15 日到 6 月 19 日共有 35 天的应计利息,本期的计息期间共有 184 天。因为该债券一年付两次息,用等值年利率计算得到目前应计利息 A(每 100 美元面值)为:

A = 100 × 12.75% × 1/2 × 35/184 = 1.212636(美元)

该债券 6 月 19 日的购买价格 P 为 142-09,转换成小数点形式为:

P = 142 + 9/32 = 142.281250(美元)

即每 100 美元面值的标的债券价格为 142.281250 美元。

所以,购买该债券所需支付的总金额为:

P + A = 142.281250 + 1.212636 = 143.493886(美元)

② 9 月期国债期货的最后交割日为 9 月 30 日,从 6 月 19 日到 9 月 30 日之间共有 103 天,投资者负担的短期借款利息支出为:

$$(P + A)(r \times \frac{T}{360}) = 143.493886 \times 6.45\% \times 103/360 = 2.648060$$

③ 投资者持有该债券到 9 月 30 日,可以得到 103 天的利息,用等值年利率计算得到所获得的债券利息收入为:

$$100 \times \frac{r}{2} \times \frac{T}{184} = 100 \times 12.75\% \times 1/2 \times 103/184 = 3.568614$$

④ 该债券期货合约的持有成本为:

$$C_f = \frac{1}{CF}\Big[(P + A)(r \times \frac{T}{360}) - \frac{Y}{2} \times \frac{T}{184} \Big]$$

$$= \frac{1}{1.4546} \times (2.648060 - 3.568614) = -0.632857$$

⑤ 6 月 19 日 9 月份长期国债期货合约的理论价格 Ft 为:

$$S_a + C_f = \frac{142.281250}{1.4546} - 0.632857 = 97.181834 \approx 94-06$$

随着期货合约到期日的临近,调整后的现货价格与期货价格之间的价差将逐渐缩小,调整后现货价格与期货价格会趋于一致。产生这种现象的原因是,随着到期日的临近,持有现货债券的成本会逐渐减少,也就是期、现货之间的基差逐渐减少,期、现货价格必然会逐步收敛。

在实际操作中，实际期货价格往往低于理论期货价格。这是因为美国中长期国债期货在合约设计上，在选择交割对象、交割日期和交割时间上赋予了卖方一定的决定权，即所谓的隐含卖出选择权（Implied Put Option）。这种权利对卖方有利，作为对期货合约买方的补偿，买方应该在价格上获得若干折让。因此反映在期货市场上的实际期货价格比理论期货价格要低，其差额就是隐含卖出选择权的价值。

隐含卖出选择权对国债期货与现货价格收敛的影响，如图7-2所示：

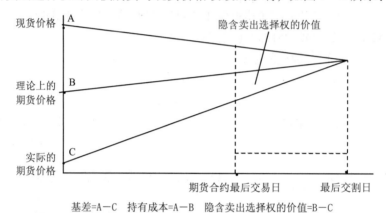

基差=A-C 持有成本=A-B 隐含卖出选择权的价值=B-C

图7-2 隐含卖出选择权对国债期货价格与现货价格收敛的影响

3. 套购对中长期国债期货价格的影响

与不可储存的短期国债期货的套购相比，可储存的中长期国债期货的套购要简单一些，只要期货价格不等于即期价格减去持有成本，就会出现套购行为。

与其他农产品等商品期货合约的套购一样，当市场上的期货价格高于按持有成本模型所决定的均衡期货市场价格时，套购即会发生。在这种情况下，套购者会卖出债券期货合约，同时在现货市场上取得实物债券，并用于期货市场上进行实际交割。反之，当市场上的期货价格低于按持有成本模型所决定的均衡期货市场价格时，套购者会买入债券期货合约，同时在现货市场上卖出实物债券。

7.3.3 影响利率期货价格的主要因素

影响利率期货价格的根本因素是利率现货的价格，所以本节从影响利率变动的因素来谈影响利率期货价格的因素。利率作为资金的价格，受到很多因素的影响，利率水平最终是由各种因素的综合影响所决定的。影响我国现阶段利率的因素主要有：

（1）利润率的平均水平。社会主义市场经济中，利息仍作为平均利润的一部分，因而利息率也是由平均利润率决定的。根据我国经济发展现状与改革实践，这种制约作用可以概括为：利率的总水平要适应大多数企业的负担能力。也就是说，利率总水平不能太高，太高了大多数企业承受不了；利率总水平也不能太低，太低了不能发挥利率的杠杆作用。

（2）资金的供求状况。在平均利润率既定时，利息率的变动则取决于平均利润分割为利息与企业利润的比例。而这个比例是由借贷资本的供求双方通过竞争确定的。一般地，当借贷资本供不应求时，借贷双方的竞争结果将促进利率上升；相反，当借贷资本供过于求时，竞争的结果必然导致利率下降。在我国市场经济条件下，由于作为金融市场上的商品的"价格"——利率，与其他商品的价格一样受供求规律的制约，因而资金的供求状况对利率水平的高低仍然有决定性作用。

（3）物价变动的幅度。由于价格具有刚性，变动的趋势一般是上涨，因而怎样使自己持有的货币不贬值，或遭受贬值后如何取得补偿，是人们普遍关心的问题。这种关心使得从事经营货币资金的银行必须使吸收存款的名义利率适应物价上涨的幅度，否则难以吸收存款；同时也必须使贷款的名义利率适应物价上涨的幅度，否则难以获得投资收益。所以，名义利率水平与物价水平具有同步发展的趋势，物价变动的幅度制约着名义利率水平的高低。

（4）国际经济环境。改革开放以后，我国与其他国家和地区的经济联系日益密切。在这种情况下，利率也不可避免地受到国际经济因素的影响，表现在以下几个方面：①国际间资金的流动，通过改变我国的资金供给量影响我国的利率水平；②我国的利率水平受到国际间商品竞争的影响；③我国的利率水平还受到国家的外汇储备量和利用外资政策的影响。

（5）货币政策。自新中国成立以来，我国的利率基本上属于管制利率类型，利率由国务院统一制定，由中国人民银行统一管理，在利率水平的制定与执行中，要受到政策性因素的影响。例如，新中国成立后至"十年动乱"期间，我国长期实行低利率政策，以稳定物价、稳定市场。1978年以来，对一些部门、企业实行差别利率，体现出政策性的引导或政策性的限制。可见，我国社会主义市场经济中，利率不是完全随着信贷资金的供求状况自由波动，它还取决于国家调节经济的需要，并受国家的控制和调节。

（6）其他因素。如个人收入和消费信贷、失业率等因素。

7.4 利率期货的交易

利率期货交易跟其他品种的交易一样，也包含了套期保值交易、套利交易和投机交易。在对现货债务凭证进行套期保值时，可供选择的利率期货合约很多，且不同利率期货合约标的具有不同的期限，价格敏感性也各不相同，因此，套保比率的确定比较复杂。本节首先对此进行阐述，并介绍几种确定套保比率的常用方法，接着详细地介绍利率期货的套期保值和套利交易策略。

7.4.1 利率期货的套期保值

与商品期货及其他金融期货的套期保值相比，利率期货的套期保值要复杂得多。投资者由于对未来利率升跌的预期不同，在对现货利率工具进行套期保值时可以采用多头或空头的方法，如为规避市场利率下跌，从而利率工具价格上涨的风险时，投资者可以进行多头套期保值；相反，为规避市场利率上升，从而利率工具价格下跌的风险时，投资者可以进行空头套期保值。

1. 套期保值比率

在介绍利率期货的套期保值种类前，我们先来看看利率期货的套期保值比率是如何确定的。

套期保值比率是指当标的现货部位的价值发生变动时，欲使期货部位的价值产生某一特定变动所需的期货合约数。用公式表示为：

$$\Delta\ 现货价格\ =\ \Delta\ 期货价格 \times 套期保值比率$$

一般地说，利率期货的套保比率可由下式计算而来：

$$HR = \frac{\Delta\ 现货价格}{\Delta\ 期货价格} \times 到期日调整系数 \times 加权系数 \qquad (7.22)$$

（1）在最简单的直接套期保值中：

$$套期保值比率\ =\ \frac{\Delta\ 现货价格}{\Delta\ 期货价格} \qquad (7.23)$$

（2）当作为套期保值对象的现货债务凭证与作为套期保值工具的期货合约的标的物有着不同的期限时，则必须用"到期日调整系数"来加以矫正。

$$到期日调整系数\ =\ \frac{套期保值对象的到期日（天）}{期货合约之标的物的到期日（天）} \qquad (7.24)$$

（3）作为套期保值对象的现货债务凭证与作为套期保值工具的期货合约标的物，当二者的价格敏感性不同时，则必须用加权系数进行调整，以尽可能提高套期保值效率。但是，加权系数的确定比较复杂，目前，理论界与实务界已提出许多决定利率期货套期保值比率的模型。常用的有以下三种：

① 转换因子加权法。转换因子使国债现货与期货的价格敏感性接近相等，可

以作为衡量套期保值比率的方法。例如，转换因子为 1.4742，表示现货价格敏感性约为期货价格敏感性的 147.42%，而另一个债券的转换因子为 0.9328，表示其价格敏感性是期货价格敏感性的 93.28%。在简单的直接套期保值中，用转换因子代替套期保值比率可以得到下式：

$$\Delta \text{ 现货价格} = \Delta \text{ 期货价格} \times \text{转换因子} \tag{7.25}$$

转换因子可以用来近似衡量套期保值比率，但这种方法也有它的局限性。由于期货价格紧随着当时的最便宜可交割债券的价格而变动，如果保值者用期货所对冲的债券不是最便宜可交割债券，那么当期货的价格随着最便宜可交割债券的价格而变动时，会造成期货部位的价值变动不能与保值现货部位的价值变动保持一致，也就是说存在着基差风险。因此，转换因子加权法只适合于最便宜可交割债券。

② 基点价值加权法。基点价值（Basis Point Value，BPV）是指债券收益率变化一个基点（0.01 个百分点）所造成该债券价格变化的幅度。用公式表示为：

$$\text{基点价值}(BPV) = \Delta \text{ 债券价格变化} / \Delta \text{ 收益率} \tag{7.26}$$

例如，到期时间还有 19 年的债券的收益率由 9% 上升至 9.01%，导致该券的价格下跌了 64.31 美元。当收益率改变时，将基点价值乘以收益率变动的基点数，就可以得出债券价格变动的大小。需要注意的是，基点价值随着收益及到期时间的改变而改变，特定的基点价值仅仅在一个狭窄的收益率变动幅度范围内才是有效的，因此基点价值是动态变化的，必须随时做出调整。

在简单的直接套期保值中，

$$\begin{aligned}
\text{套期保值比率} &= \Delta \text{ 现货价格} \div \Delta \text{ 期货价格} \\
&= (\text{现货 } BPV \times \Delta \text{ 收益率}) \div (\text{期货 } BPV \times \Delta \text{ 收益率}) \\
&= \text{现货 } BPV \div \text{期货 } BPV
\end{aligned} \tag{7.27}$$

这个公式中隐含的基本假设是收益率的改变会同时影响现货与期货价格，由于价格变化是唯一的变量，所以可以用基点价值代替价格变化来求出套期保值比率。

在基点价值公式中的现货部位价值在收益率变动时，其变化如下：

$$\Delta \text{ 现货价格} = \text{现货 } BPV \times \Delta \text{ 收益率} \tag{7.28}$$

由于利率期货价格是随着最便宜可交割债券的价格而变化，所以期货部位价值的变化如下：

$$\Delta \text{ 期货价格} = \Delta \text{ 最便宜可交割债券现货价格} \div \text{转换因子} \tag{7.29}$$

当收益率改变时，基点价值可以用来代替现货或期货价格的变化。

$$期货 BPV = \Delta\, 期货价格 \div \Delta\, 收益率$$

$$= （\Delta\, 最便宜可交割债券现货价格 \div 转换因子）\div \Delta\, 收益率$$

$$= （\Delta\, 最便宜可交割债券现货价格 \div \Delta\, 收益率）\div 转换因子$$

$$= 最便宜可交割债券现货 BPV \div 转换因子 \qquad (7.30)$$

基点价值法是计算套期保值比率的有效方法，因为基点价值是以绝对金额表示期货及现货部位对收益率改变的价值敏感性。因此，如果套期保值比率是 N%，则现货部位的基点价值应为期货部位基点价值的 N%。

假设，一个投资组合包含两个面值为 100 000 美元且基点价值为 90 美元的债券，其总面值为 200 000 美元，总基点价值为 180 美元（投资组合的基点价值为组成债券的基点价值之和）。如果最便宜可交割债券每 100 000 美元面值的基点价值为 72 美元，转换因子为 1.2，那么根据公式（7.30）可以知道期货合约的基点价值为：72 美元 ÷ 1.2 = 60 美元。为了完全对冲掉投资组合的风险，期货部位与现货部位的基点价值必须匹配。将投资组合的基点价值除以期货的基点价值，可以得到完全避险所需要的期货合约数为 3（= 180 ÷ 60）。

③ 存续期模型。存续期，又称久期，是指债券的到期收益率变动一定幅度时，债券价格变动的比例。存续期与债券的期限不同，它反映着债券价格的利率敏感性。

存续期模型：

$$HR = \frac{D_c \times P_c}{D_f \times P_f} \qquad (7.31)$$

式中，D_c——现货债券（套期保值对象）的存续期；

$\quad\quad P_c$——现货债券（套期保值对象）的价格；

$\quad\quad D_f$——期货债券合约（套期保值对象）的存续期；

$\quad\quad P_f$——期货债券合约（套期保值对象）的价格。

存续期模型的推导过程如下：

如果某债券的到期收益率变动一个基本点（0.01%），则该债券的价格将变动 0.1%，那么该债券的存续期即为 10 年。用公式表示为：

$$D = -\frac{\Delta P/P}{\Delta r} \qquad (7.32)$$

式中，D——存续期；

$\quad\quad \Delta P/P$——债券价格的变动；

$\quad\quad \Delta r$——到期收益率的变动。

负号表示债券价格的变动与收益率的变动方向相反。即收益率上升，债券的价格下跌；反之，收益率下降，债券的价格上升。

设 ΔP_c 表示每一美元面值的现货部位的价格变动额，ΔP_f 表示每一美元面值的期货部位的价格变动额，则由金融期货套期保值比率的定义可得出：

$$HR = \frac{\Delta P_c}{\Delta P_f} \tag{7.33}$$

引入存续期，则：

$$HR = \frac{-D_c \times P_c \times \Delta r}{-D_f \times P_f \times \Delta r} = \frac{D_c \times P_c}{D_f \times P_f} \tag{7.34}$$

存续期 D 可以用麦考利存续期公式计算，麦考利存续期计算公式如下：

$$D = \frac{\displaystyle\sum_{t=1}^{N} \frac{C_t}{(1+R)^t} \times t}{\displaystyle\sum_{t=1}^{N} \frac{C_t}{(1+R)^t}} \tag{7.35}$$

式中，C_t——t 时的现金流量；

　　　R——到期收益率；

　　　t——收到现金流的时期；

　　　N——到期前的时期数；

　　　$\dfrac{C_t}{(1+R)^t}$——现金流量的现值。

麦考利存续期公式有两个假设条件，即：①收益率是平坦的（R 一定）；②用于所有未来现金流量的贴现率是固定的。当这两个前提条件不成立时，此模型不适用。

细心的读者会发现，存续期的概念与基点价值很相似，二者数值相等，只有符号之别。其实存续期模型与基点价值加权法是从同一个概念入手，用不同的方法来推导利率期货的套保比率的。当然两个模型适用的条件也有所不同。

2. 套期保值的类型

（1）买入/卖出套期保值。

a. 多头（买入）套期保值。

例 7 – 9　某投资者有一笔 1 000 万美元的款项，预计将于 3 个月以后进账，届时准备用来购买美国长期国债（每张 10 万美元）。目前该券种是最便宜可交割债券，该债券的价格为 126 – 00，该债券每 10 万美元面值的基点价值（BPV）为

121.72 美元，转换因子 1.4465。美国长期国债期货价格为 86-25。但是，该投资者担心这 3 个月内国债价格会因利率的下降而上升，从而使购买成本提高。为了锁定购买成本，该投资者决定买入利率期货进行套期保值。

尽管该投资者将要购买的债券目前是最便宜可交割债券，但是在 3 个月以后情况有可能会发生变化，到时候该债券可能已经不是最便宜可交割债券了，因此该投资者决定用基点价格加权法（而不是转换因子加权法）求出完全套期保值所需要的期货合约数。

① 先求出美国长期国债期货合约的基点价值：

$$期货基点价值 = 最便宜可交割债券的基点价值 \div 转换因子$$
$$= 121.72 \div 1.4465 = 84.15（美元）$$

② 再根据基点价值算出所需要的期货合约数：

$$所需期货合约数 = 现货标的的总基点价值 \div 期货合约的基点价值$$
$$= (121.72 \times 100) \div 84.15 = 145（张合约）$$

于是，该投资者于当天以 86-25 的价格买入 145 张长期国债期货合约。3 个月后，该债券价格果然上升到 127-04，该投资者收到货款马上购入现货债券，并以 87-28 的价格将期货合约卖出平仓。

这次套期保值操作的盈亏情况如表 7-8 所示。

表 7-8 利率期货买入套期保值

时间	现货市场	期货市场
当天	目标价格 126-00，价值 $126 \times 1\,000 \times (10\,000\,000 \div 100\,000) = 12\,600\,000$ 美元	买入 145 张长期国债期货合约，价值 $(86 + 25/32) \times 1\,000 \times 145 = 12\,583\,281.25$ 美元
3 个月后	利率下降，债券价格上升到 127-04，债券价值 $(127 + 4/32) \times 1\,000 \times (10\,000\,000 \div 100\,000) = 12\,712\,500$ 美元	卖出 145 张长期国债期货合约，价值 $(87 + 28/32) \times 1\,000 \times 145 = 12\,741\,875$ 美元
结果	$-112\,500$ 美元	$+158\,593.75$ 美元
	盈利 46 093.75 美元	

通过盈亏分析我们可以看出，该投资者以期货市场的盈利弥补了因国债现货市场价格上涨所造成的损失（还有点盈利）。通过期货市场的买入套期保值操作，投

资者为将来买进的债券事先确定了一个合理的价格。

b. 空头（卖出）套期保值。

例 7 – 10 某投资者以 8% 的短期借款利率买入面值为 500 万美元的美国长期国债，买入价为 131–02，息票利率 12%。目前这个券种是期货市场上最便宜的可交割债券，转换因子为 1.3782。当时美国长期国债期货合约（每张 10 万美元）价格为 94–22，投资者预期未来一段时间内利率将要上升，从而会导致债券价格的下跌，于是决定卖出美国长期国债期货，以避免可能遭受的损失。由于该债券是当时最便宜的可交割债券，所以他按转换因子加权法，计算出完全套期保值所需的期货合约数：

所需期货合约数 = 投资者所持有债券的面值 ÷ 长期国债期货合约面值 × 转换因子 = 5 000 000 ÷ 100 000 × 1.3782 = 69（张合约）

于是，该投资者当天以 94.22 美元的价格卖出 69 张期货合约。1 个月后，利率果然上升，该债券价格和长期国债期货价格分别下跌到 130–05 和 94–03。于是该投资者以 94–03 的价格将 69 张期货合约买入平仓。

这次套期保值操作的盈亏情况如表 7 – 9 所示。

表 7 – 9   **利率期货卖出套期保值**

时间	现货市场	期货市场
当天	债券买入价 131 – 02，价值（131 + 2/32）× 1 000 ×（5 000 000 ÷ 100 000）= 6 553 125 美元	卖出 69 张长期国债期货合约，价值（94 + 22/32）× 1 000 × 69 = 6 533 437.5 美元
1 个月后	利率上升，债券价格下跌到 130 – 05，债券价值（130 + 5/32）× 1 000 ×（5 000 000 ÷ 100 000）= 65 078 912.50 美元	买入 69 张长期国债期货合约，价值（94 + 3/22）× 1 000 × 69 = 6 492 468.75 美元
结果	– 45 312.5 美元	+ 40 968.75 美元
	亏损 4 343.75 美元	

从盈亏情况表可以看出，期货市场上盈利 40 968.75 美元，大大抵销了债券市场上的损失（45 312.5 美元），但还是没能完全弥补现货市场上的亏损。由于该投资者所持有的债券是最便宜可交割债券，与他所使用的期货合约之间的价格关系最为密切，两者之间的基差风险已经降至最低，因此这次套期保值操作的效果已经是非常好了。

如果不对该债券进行套期保值，投资报酬率为：

（1 个月后的债券价格 + 持有债券的利息 – 1 个月前的债券价格）÷ 1 个月前的

债券价格 $\times 365/30 \times 100\% = (6\ 507\ 812.5 + 5\ 000\ 000 \times 12\% \times 1/12 - 6\ 553\ 125) \div$ $6\ 553\ 125 \times 365/30 \times 100\% = 0.87\%$

对该债券进行期货套期保值后的投资报酬率为：

（1 个月后的债券价格 + 持有债券的利息 + 国债期货的盈利 - 1 个月前的债券价格）÷ 1 个月前的债券价格 $\times 365/30 \times 100\% = (6\ 507\ 812.5 + 5\ 000\ 000 \times 12\% \times 1/12 + 40\ 968.75 - 6\ 553\ 125) \div 6\ 553\ 125 \times 365/30 \times 100\% = 8.48\%$

通过对是否进行期货套期保值操作的投资报酬率的比较，我们发现，投资者持有其投资组合一个月的年报酬率（8.48%），与当时市场上的短期融资利率（8%）非常接近。如果投资者没有采用套期保值操作，而是卖出其手头所持有的债券，并且将所得款项用于短期投资，那么他的年收益率也会大致等于当时的短期融资利率。可见，一个固定收益证券的投资组合，如果通过利率期货进行完全套期保值，就要放弃一部分收益，投资报酬率会相对降低，这也可以说是套期保值的代价，或者说是套期保值的机会成本。在本质上，经过完全套期保值的投资组合，已经转换成为一个短期投资，其投资报酬率也将接近于短期投资的收益水平。

在实际操作中，如果投资者愿意承受一定的利率风险，也可以适当减少卖出期货合约的数量，进行部分套期保值，使投资组合中的一部分暴露在利率风险面前。这样，投资者就可以拥有获取较高收益的机会。当然，同时投资者也面临着遭受损失的风险。

（2）交叉套期保值。在利率风险的管理中，被作为套期保值对象的利率工具很多，但可以以自身为标的物的期货合约却并不多。因此，投资者一般采取交叉套期保值的交易策略。所谓交叉套期保值，是指用一种金融工具的期货合约对另一种相关金融工具所实施的套期保值。在利率期货的套期保值交易中，如果投资者所持有的债券没有相应的期货合约，那么他可以选择另外一种相关的利率期货合约进行交叉套期保值。例如，在对 3 个月期的国库券进行交叉套期保值时，可以选取 6 月期的国库券期货作为套期保值对象，也可以选取 90 天期商业票据作为套期保值对象。在决定用何种金融期货合约作为套期保值工具后，套期保值者还必须确定用多少张这样的合约才能达到预期的套期保值目标，即套期保值比率是多少，显然在这两种情况下套期保值比率是不同的。对于前一种用不同期限的同一利率工具期货进行套期保值的，可以用到期日调整系数来调整套期保值所需的合约数。对于后一种用不同利率工具期货合约进行套期保值的，需要找出两者的利率相关性来调整套期保值所需的合约数。

例 7 - 11 某投资者持有面值 1 000 万美元的欧洲债券组合，由于预期市场利率的上扬将引起债券价格下跌，于是决定通过期货市场采取必要的避险措施。因为当时没有欧洲债券期货可供避险，而美国国债期货合约的流动性好，并且与欧洲债券的价格相关性也比较高，因此该投资者决定用美国国债期货合约为其投资组合进行保值。可供选择的期货合约有美国 5 年期、10 年期和长期国债期货合约，有关数据如表 7 – 10 所示。

表 7 – 10 案例数据

	当天	3 个月后
欧洲债券组合的现值	9 825 000	9 628 500
平均票面利率	8.75%	
基点价值	3 890.70	
收益率 β 系数	0.886	
美国 5 年期国债（CTD）的价格	100－00	97.16
每 10 万美元的基点价值（BPV）	39.10	
转换因子	1.0581	
美国 10 年期国债（CTD）价格	97－03	
每 10 万美元的基点价值（BPV）	62.50	
转换因子	1.0675	
美国长期国债（CTD）的价格	97－09	
每 10 万美元的基点价值（BPV）	99.47	
转换因子	1.0986	
美国 5 年期国债期货价格	94－07	92－04
美国 10 年期国债期货价格	90－20	
美国长期国债期货价格	88－06	

首先，该投资者需要从 5 年期、10 年期、长期国债期货合约中挑选出最合适的期货合约来进行套期保值。为此，他可以先求出这三种期货合约的基点价值，然后将这三种期货合约的基点价值逐一与欧洲债券组合的基点价值进行对比，基点价值与欧洲债券组合的基点价值最接近的那种合约就是最理想的期货合约。

5 年期国债期货的基点价值：39.10÷1.0581＝36.95（美元）

10 年期国债期货的基点价值：62.50÷1.0675＝58.55（美元）

长期国债期货的基点价值：99.47÷1.0986＝90.54（美元）

其中，5 年期国债期货合约每 10 万美元面值的基点价值是 36.95 美元，即每

1 000 万美元面值的基点价值是 3 695 美元，与该投资者所持有的欧洲债券组合的基点价值 3 890.70 美元最为接近，表示二者的价格敏感性最接近。所以，该投资者决定选择 5 年期国债期货合约来进行避险。

其次，根据 5 年期国债期货合约的基点价值算出所需要的期货合约数：

$$3\ 890.70 \div 36.95 = 105\ （张合约）$$

由于是交叉对冲，以上算出的保值所需要的期货合约数还应该根据收益率 β 系数进行调整：

$$105 \times 0.886 = 93\ （张合约）$$

于是，该投资者当天以市价 100-00 卖出 93 张美国 5 年期国债期货合约。三个月后，市场利率果然上扬，于是该投资者以 97-16 的价格将这 93 张合约买入平仓。

下面我们来分析这次交叉套期保值操作的盈亏情况（见表 7-11）。

表 7-11　　　　　　　　　利率期货交叉套期保值

时间	现货市场	期货市场
当天	持有欧洲债券总价值 9 825 000 美元	以 94-07 的价格买入 93 张 5 年期国债期货合约，总价值 $(94 + 7/32) \times 1\ 000 \times 93 = 8\ 762\ 343.75$ 美元
3 个月后	利率上扬，持有债券总价值下跌到 9 628 500 美元	以 92-04 的价格买入 93 张五年期国债期货合约，总价值 $(92 + 4/32) \times 1\ 000 \times 93 = 8\ 567\ 625$ 美元
结果	-196 500 美元	+194 718.75 美元
	亏损 1 781.25 美元	

从盈亏分析中我们可以看到，通过交叉套期保值，该投资者以期货市场上的盈利大大弥补了现货市场上因利率上扬而造成的损失。尽管最终还是亏损了 1 781.25 美元，但与现货市场上的损失比较起来，损失已经是微乎其微了。下面我们通过计算报酬率来进行比较。如果该投资者不进行交叉套期保值操作，则其年报酬率为：

$$\frac{3\ 个月后的欧洲债券价格 + 持有利息 - 3\ 个月前的欧洲债券价格}{3\ 个月前的欧洲债券价格} \times \frac{360}{90} \times 100\%$$

$$= \frac{9\ 628\ 500 + 10\ 000\ 000 \times 8.75\% \times \frac{3}{12} - 9\ 825\ 000}{9\ 825\ 000} \times \frac{360}{90} \times 100\%$$

$$= 0.91\%$$

进行期货交叉套期保值操作后，该投资者的年报酬率为：

$$\frac{3\ 个月后的欧洲债券价格 + 持有利息 + 期货盈利 - 3\ 个月前欧洲债券价格}{3\ 个月前的欧洲债券价格} \times \frac{360}{90} \times 100\%$$

$$= \frac{9\ 628\ 500 + 10\ 000\ 000 \times 8.75\% \times \frac{3}{12} + 194\ 718.75 - 9\ 825\ 000}{9\ 825\ 000} \times \frac{360}{90} \times 100\%$$

$$= 9.0\%$$

从年报酬率的结果比较中，我们同样可以得出与卖出套期保值例子中相类似的结论。

在前面的利率期货卖出套期保值和买入套期保值例子中，都隐含着一个前提假设：投资组合与期货合约的收益率存在着同步变动的关系。然而，实际上在绝大多数情况下并不是这样。在本例中，由于市场供求及信用风险等原因，欧洲债券的收益率变动幅度要小于美国长期国债期货合约，因此在计算套期保值比率时，应该乘上收益率 β 系数来加以调整。收益率 β 系数是对投资组合与期货合约在过去一段时期内的收益率变动情况进行回归分析而得出的，因此具有一定的局限性，需要不断地进行调整，才能充分反映投资组合与期货合约未来的收益率变动情况。为了方便起见，在本例中假设在套期保值期间内，收益率 β 系数保持不变。

运用利率期货合约，通过交叉套期保值，不但可以为国债投资组合避险，而且还可以为企业债券、银行存单等其他一些固定收益证券进行避险。在此不再举例说明。

在进行交叉套期保值时，最重要的是必须找出与所持有的债券价格走势相关性最强、流动性较好的期货合约。

7.4.2 利率期货的套利交易

套利是指投资者利用暂时的不合理的价格关系，通过同时买进和卖出相同或相关金融期货合约或金融商品以获取价差收益的行为。

1. 跨期套利

利率期货的跨期套利与商品期货的跨期套利类同，不同的是其报价方式不一样，下面举例说明利率期货跨期套利交易。

例 7 - 12 在某年 3 月 10 日，IMM 上的 3 个月期美国国库券期货行情如表 7 - 12 所示。

表7-12　　　　　　　　　3月期美国国库券期货行情（3月10日）

合约月份	价格（IMM指数）	价差（基本点）
6月	90.00	—
9月	91.00	100
12月	92.20	120

到了8月30日，行情如表7-13所示。

表7-13　　　　　　　　3月期美国国库券期货行情情况（8月30日）

合约月份	价格（IMM指数）	价差（基本点）
9月	91.80	—
12月	92.80	100

根据这一行情，投资者认为9月份合约与12月份合约之间的价差已超过了正常水平（100个基本点）。因此，当价格上涨时，9月份合约的上涨幅度将大于12月份合约的上涨幅度，以使价格关系回复到正常水平。于是，该投资者进行买入跨期套利交易，即买进9月份期货合约，同时卖出12月份期货合约。

到了8月30日，正如投资者所预料的那样，9月份期货合约和12月份期货合约都上涨了，且价差缩小到100个基本点，如果此时对冲，将获净利500美元（=25×20）。

2. 跨品种套利

利率期货与商品期货一样，跨品种套利分为买进套利和卖出套利两种。买进套利是指买进期限较短债券的期货合约，同时卖出期限较长债券的期货合约。卖出套利是指卖出期限较短债券的期货合约，同时买进期限较长债券的期货合约。

在介绍债券的"到期时间"属性时，我们知道：由于剩余期限等因素的影响，当市场利率发生变化时，长期债券的价格变动幅度都要大于较短期限债券的价格变动幅度。当投资者预期市场利率将上升时，则较长期限债券的期货合约和较短期限债券的期货合约的价格会同时下跌，且前者下跌幅度大于后者，二者价差扩大。此时进行买入套利交易将获利，且价差变化越大，获利越多。反之，当投资者预期市场利率将下跌时，则期限较长债券的期货合约和期限较短债券的期货合约的价格会同时上涨，且前者上涨幅度大于后者，二者价差缩小。此时进行卖出套利交易将获利，且价差变化越大，获利越多。

例7-13　某投资者预期今后一段时间内市场利率可能会下调。于是利用CBOT的长期国债期货与10年期国债期货进行卖出套利交易。他于2014年7月13

日按市价卖出 10 手 9 月份交割的 10 年期国债期货合约，同时买入 10 手相同月份的长期国债期货合约。2014 年 8 月 18 日将上述两个合约全部对冲平仓。有关数据如表 7 - 14 所示。

表 7 - 14　　　　　　　　　　　　跨品种套利

日　　期	10 年期国债期货	长期国债期货	价差（基点）
2008. 7. 13	卖价 98－19	买价 97－29	22
2008. 8. 18	买价 99－20	卖价 99－18	2
结果	－ 33 个基点	＋ 53 个基点	＋20
	＋20 个基点（盈余）		

2014 年 8 月 18 日，市场价格果然因利率的下调而上升，10 年期国债期货和长期国债期货分别上涨了 33 点和 53 个基点，长期国债期货上涨的幅度大于 10 年期国债期货。从表 7 - 14 中可以看出，平仓 10 年期国债期货亏损了 33 个基点，平仓长期国债期货盈利了 53 个基点，净盈利 20 个基点（即价差的变动值）。

3. 跨市套利

利率期货跨市套利交易对同一货币同一标的物期货合约比较简单，投资者一般都在期货合约价格较低的市场上买进，而在期货合约价格较高的市场上卖出，对冲平仓后赚取价差变化。当两个期货合约以不同的货币计价时，投资者既要考虑两种期货合约间的价差及其变动，又要考虑两种货币间的汇率及其变动。如果对汇率的变动估计不足或估计错误，投资者价差变动所得可能还不足以弥补汇率变动损失。可见，套利并非在任何情况下都可无风险的获利。

在我国国债期货火爆的时候，全国有近十家交易所（交易中心）开设了国债期货品种。尽管一般而言，同一期货品种在不同市场的走势是一致的，但因为各市场都有自己所在地区的一些特有因素，而且各个市场中多空实力不同，认赔者斩仓时间也不同，从而导致各个市场的同种期货价格存在一定的差异。跨市套利者就是利用不同市场之间期货价格的暂时不平衡来进行的一项套利活动。同其他套利者一样，跨市套利者的交易行为也使得各个交易所的期货价格趋于一致。

例 7 - 14　1995 年，我国 1992 年 3 年期国库券期货合约在上海证券交易所和深圳证券交易所均存在交易，且每张合约交易单位均为 1 万元。某时假设该合约在上海证券交易所价格为 142 元，在深圳证券交易所价格为 141 元。投资者可以在上海证券交易所以 142 元卖出做空头，同时在深圳证券交易所以 141 元买入做多头。由于大量的套利在上海证券交易所做空，使上海证券交易所价格相对下降；套利者在深圳证券交易所做多，使深圳证券交易所价格相对上升。最后两地市场价格趋于接近：在牛市里表现为上海证券交易所上涨少，深圳证券交易所上涨多；在熊市里表现为上海证券交易所下跌多，深圳证券交易所下跌少。

假设牛市中上海证券交易所价格升为 143 元，深圳证券交易所价格升为 142.5 元。此时平仓 1 张合约，则上海证券交易所亏损 1 万元［＝(143 － 142)×10 000］，深圳证券交易所盈利 1.5 万元［＝(142.5 － 141)×10 000］，最后套利利润 0.5 万元。

相反，如果熊市中上海证券交易所价格跌为 140.2 元，深圳证券交易所价格跌为 140 元。此时平仓 1 张合约，则上海证券交易所盈利 1.8 万元，深圳证券交易所亏损 1 万元，最后套利利润 0.8 万元。

利率期货的投机交易与商品期货和其他金融期货品种的投机交易是相似的，在看涨时买进期货合约（多头投资），在看跌时卖出期货合约（空头投资）。投资者的盈亏完全取决于期货市场价格的变动方向。有关投机交易的详细知识见本书第 3.2 节的相关内容。

复习思考题

1. 债券包括哪些基本要素？衡量债券的收益有哪几种指标？各种收益率的含义是什么？

2. 简述全球利率期货的产生与发展历程。

3. 国债期货有何功能？

4. 5 年期国债期货的合约内容和交易规则是怎样的？

5. 什么是转换因子？转换因子的作用及计算方法是什么？

6. 短期国债期货和中长期国债期货是如何定价的？

7. 转换因子加权法、基点价值加权法和存续期法是如何决定套期保值比率的？

8. 举例说明利率期货的套期保值。

9. 举例说明利率期货的交叉套期保值。

10. 利率期货的跨期套利是怎样的？

"327" 国债事件

一、国债期货产生背景

一般来说，国债（利率）期货产生的动因是由于国债持有者保值的需要。而我国国债期货产生是缘于推动国债一级市场的发行及配合中央银行的改革。中国于1981年恢复发行国债，但在相当长的时间内，国债是不允许转让买卖的，1988年才开始国债流通转让的试点，到90年代，借助于证券交易所股票交易网络系统，可以方便地买卖国债，国债二级市场才真正形成。但二级市场的交易一直不活跃，而一级市场的发行又屡屡陷入困境，一再重复行政摊派的强行分配方式。由于国债流通困难，二级市场交易不活跃，导致国债发行不顺利，因此，为了放开和活跃国债二级市场和促进国债一级市场发行，二级市场除了国债现货交易市场、国债回购市场等开始运行以外，推出了国债期货交易。

另外，国债期货推出也是为了配合中央银行的改革。1993年，人民银行总行的一份改革计划获得国务院的批准，人民银行将成为真正的中央银行，执行货币政策，实施宏观调控。中央银行将通过金融市场吞吐各种有价证券来投放、回笼基础货币，控制社会货币供应量，稳定币值。为使中央银行的公开市场业务得以正常操作，必须建立活跃的国债二级市场，而推出国债期货，正是基于以上目的。

二、国债期货发展历程

国债期货交易首先于1992年12月28日在上海证券交易所内推出，交易所推出了12个品种的期货合约。即1991年3年期、1992年3年期、1992年5年期三个国债品种按3月、6月、9月、12月设置的12个期货合约，国债期货推出以后，市场十分冷清。

1993~1994年正是商品期货蓬勃发展时期，白糖、线材、绿豆等许多商品期货品种交易十分活跃，但期货交易者对国债期货这一金融期货不太了解，故无人问津国债期货。而对于从事国债现货交易的交易者来说，一方面国债现货市场规模小，交换不活跃，对国债期货无太大兴趣；另一方面由于不熟悉期货交易规则，不敢贸然进入期货市场，所以当时只有很少的资金流入国债期货市场。国债期货从上海证券交易所 1992 年 12 月 28 日推出后近两年时间内，几乎没有什么交易量。当时的国债期货最小变动价位只有一分钱（面值为 100 元的国债价格变动最小值），最小变动价位大致相当于其他商品期货的 $\frac{1}{20} \sim \frac{1}{30}$，从中也可以看出国债期货不活跃的程度。

1994 年 10 月，流入国债期货的资金突然增加。第一，股市资金大规模流入国债期货。1993 年邓小平南方谈话以后不久，股市就开始了下跌，这种跌势一直没有扭转，股市一直在下降通道中运行。1994 年 7 月 1 日由国务院牵头出台了三大股市利好政策，股市爆发了一轮强劲的反弹行情。但是，好景不长，1994 年 10 月 1 日，股市交易规则发生了改变，股市交易由 T＋0（当天买进可以当天卖出）变成 T＋1（当天买进，第二天才允许卖出）。本来对 1994 年 7 月 1 日的行情是反弹还是反转，股民存在疑惑，这一交易规则的改变，被股民视为重大的利空，随即股市大跌，不久便又步入了熊市。此时，投资股市的金融机构、股市中的大户便转向交易十分火爆的期货市场。由于他们对商品期货不熟悉，自然国债期货成为他们的首选对象；另外，虽然他们以前没有进行过国债期货交易，但毕竟在股市的显示屏上经常看到国债期货报价，且国债又是他们熟悉的上海证券交易所首先推出的；再说股票与国债的影响因素都是相通的。所以，从股市流出来的资金绝大部分投入了国债期货的交易。第二，部分从事商品期货的资金流入了国债期货。1994 年 5 月 30 日，国务院发布国发 69 号文件，停止了境外期货交易，故在 1994 年，大部分投资境外期货的资金转向国内期货；而 1994 年 4 月 6 日，停止了交易十分活跃的钢材、食糖、煤炭的期货交易；1994 年 9 月 29 日又停止了粳米、菜籽油的交易。所以，从 1994 年下半年就逐步有从事上述商品期货和外盘交易的资金流入国债，1994 年 10 月下旬，从商品期货市场流入国债期货的资金逐步增加。

由于 1994 年 10 月流入国债期货的资金不断增加，冷清近两年的国债期货在 1994 年 10 月底开始火爆起来。之后，全国上下一片国债热。深圳证券交易所、武汉、天津两个证券交易中心、北京商品期货交易所、广州联合期货交易所、海南商品期货交易所等全国 14 家期货交易所均相继推出国债期货。

三、“327”期货行情回顾

“327”合约是上海证券交易所推出的 1992 年发行的 3 年期的 6 月份交割的期货品种（F92306，其中 F 表示期货，“92”表示 1992 年发行，“3”表示 3 年期，“06”表示 1995 年 6 月份交割）。“327”本身没有什么含义，它只是 F92306 在上海证券交易所股票、国债交易系统中的一个代码，与"600688"代表"上海石化"没有任何区别。

"327"合约牛市行情 10 月中旬开始启动，从 10 月 20 日的收盘价 135 元涨至 12 月 16 日的收盘价 146.72 元，在不到两个月内涨了 11.72 元，当时上海证券交易所的国债期货保证金是 2%（机构投资者的保证金小于 2%），多头获利已达 586%，如投入 1 亿元，不到两个月时间，这笔资产已变成了 5.86 亿元。1994 年 12 月 16 日，"327"品种对应的现券离兑付期只有半年，兑付总额仅为 128.5 元，此时期货价格比现货价格高出 18.22 元。

由于"327"合约涨幅过大，1994 年 12 月中下旬以后，"327"国债期货一改多头占绝对优势的局面，进入了多空双方的争夺战，多空双方互不相让，苦苦争夺每一价位。往往同时出现大量的买盘和卖盘，但价格却变动很少。以万国证券为首的空头推测：国家会改变国债发行条件优于储蓄这一现象（国债利率比同期储蓄利率高），并进一步认定国家不会在央行公布的保值贴补率的基础上调高对国债的保值贴补率；另外，现券价格与期货价格相差较大，期货市场一定会价值回归，一轮空头行情即将开始。而多方认为：空方手中持有的用于交割的现券十分有限；而且市场上纷传 1992 年 3 年期国债券央行会加息（即在原有贴补率基础上再调高贴补率），另外，1995 年发行的国债可流通的用于空头交割的新债券很少，行情还会看涨。

四、"327"事件发生的经过

1994 年 2 月 22 日，由于 1995 年一年一度的人大会议召开，1995 年财政预算方案渐趋明朗，市场纷传贴补国债券加息的消息，逐渐明朗；另外 2 月 23 日，将公布的新券发行方案对空头也极为不利，上半年总共 1 000 多亿盘子的发行量，能流通的极为有限，空方想利用新券实行交割的数量很少，在这些因素的影响下，期市打破沉闷的僵局，上海证券交易所的主力品种 319（F92512，1992 年发行的 5 年期的 12 月交割的期货合约）带动其他品种全面上涨，但这些并没有动摇"327"合约主力空方的信心，"327"合约价格仍在 148 元保持不变。

1994 年 2 月 23 日，财政部对新发行 1995 年 3 年期凭证式国库券发布了第一号公告，公告称：新券的年利率为 14%，并实现保值贴补，新券比银行 3 年期存款利率高 1.76 个百分点。这一消息对空头造成致命的打击，1995 年 2 月 23 日上午开盘后，在以上消息刺激下，全国各交易所的国债期货全面上涨。每个品种几乎均接近涨停板，就在此时，空方在"327"合约 148.50 元左右的价位抛出了 120 万口空单，但是，如此大的空单随即被多方吃掉，"327"合约的价格直线上涨，其他有空单的人只得拼命追单平仓。下午开市后，"327"期货合约在空方的平仓盘的作用下上涨至全日最高价位 151.98 元。随后由于多方卖出平仓盘的压力使得价格大幅回落。下午 16 时 22 分 13 秒时，原万国证券公司在无相应保证金的情况下，抛出 1 056 万口（每口 2 万元）价格为 148.00 元的"327"合约空单，7 分钟内，将"327"合约价格从 151.30 元硬砸到 147.50 元。

下午收市后不久，上海证券交易所电脑盘面上发布了一则"公告"。公告内容是：今日国债期货"327"品种在下午 16：22 分出现异常交易情况。经查，系某会员公司为影响当日结算价格而严重蓄意违规。根据本所交易规则及国债交易的相关规定，本所决定：

1. 今日下午 16：22 分 13 秒以后"327"品种的所有成交无效，该部分成交不计入当日结算价、成交量和持仓量的范围之内；

2. 今日"327"的收盘价为违规交易前的最后一笔有效成交价 151.30 元；

3. 对违规的会员公司，本所将在进一步查清有关情况后，会同有关管理部门进行严肃处理；

4. 今日国债期货交易的清算，按调整后的数据办理；

5. 明日国债期货交易本所将采取相应措施。

"327"事件发生后，第二天，上海证券交易所采取了紧急措施，出台了"关于加强国债期货交易监管工作紧急通知"，通知内容如下：

1. 从 1995 年 2 月 24 日起，对国债期货交易实行价格涨（跌）停板制度。根据目前市场情况，涨跌停板的幅度暂定以前日收盘价为基础，涨（跌）幅度不超过 0.50 元。上海证券交易所将视市场情况，适时调整涨（跌）停幅度。

2. 严格加强最高持仓合约限额的管理工作，任何机构和个人均不得以任何借口突破上海证券交易所核定的持仓限额。对违反者除执行强制平仓外，对超仓合约处以每口 5 元的罚款。

3. 切实建立客户持仓限额的规定。会员公司核定给机构投资者的仓位最高不得超过 5 万口，个人不得超过 3 万口，并须将核定情况向上海证券交易所国债部门申报备案。任何机构和个人客户均不得向多个会员公司交叉申请取得仓位。

4. 严格禁止会员公司之间相互借用仓位。对出借仓位者，一经发现，上海证券交易所将扣减直至取消其全部持仓限额。对现已互相借用仓位的单位，限于两周内纠正。

5. 对持仓合约的使用结构实施控制，对上海证券交易所核定给会员公司的最高持仓合约，自营使用所占的部分，最高不得超过合约总数的 30%；单一期货品种所占的部分，也不得超过总数的 30%（包括客户所使用的部分）。现已超过上述比例的，限于 3 月 27 日前调整。

五、"327" 合约处理及国债期货的关闭

上海证券交易所从 2 月 27 日开始休市，并协议 "327" 平仓事宜，由于多空在协议价格上分歧较大，当日协议平仓不足 1 万口，平仓价在 153 元左右。后两日开设协议平仓交易专场，多空自由喊价，效果显著，两天分别平仓 140 万口和 80 万口，协议平仓价基本定位在 151.80 元左右，1995 年 3 月 13 日 "327" 协议平仓暂告一段落。

上海证券交易所从 1995 年 3 月 14 日起恢复自由竞价交易，但 "327" 事件中空方大败，投资者心有余悸，国债期货再次出现单边上涨行情。1995 年 3 月 21 日至 23 日，上海证券交易所主力券种 "319" 连续三次出现涨停板。在万国证券当时未得到及时处理的情况下，做空者仍然违规操作，1995 年 5 月 11 日，辽宁辽国发集团公司几家空方联手打压 "319" 品种价格，在上海证券交易所限定开仓、禁止新仓、发出警告讯号时，该集团仍疯狂炒作，最后在 5 月 15 日、16 日、17 日被市场的连续三天涨停板再次逼到绝境。1995 年 5 月 17 日下午 5 时 40 分，证监委副主席李剑阁宣布：经国务院同意，现决定全国范围内暂停国债交易。

六、上海证券交易所国债期货交易制度与 "327" 事件关系

"327" 事件发生后，大部分专家认为上海证券交易所没有严格实行限仓制度，涨跌停板幅度、不合理的交割制度也是造成 "327" 事件的原因之一。

当时 14 家商品期货交易所均有严格的限仓制度、涨跌停板制度，而且把它们 "硬件化"，如果上海证券交易所有严格的限仓制度，万国证券 1056 万口的指令，计算机根本不会接受，从这个意义上说，万国证券有 "作案动机"，但不会有 "作案条件"；另外如果实行涨跌停板制度，超过涨跌停板，万国证券交易指令也不会被接受；再者就是不合理的交割制度。

上海证券交易所采用的是混合交收办法，即当空头持仓进行交割，而手中又缺少基础券种的情况下（基础券种为 1992 年发行的 5 年期国债），可用在上海证券交易所挂牌的其他现券品种代替基础券种交收；现货市场国债流通现货只有 1 500 亿，现券过少（见案例附表 1），极易造成 "多逼空" 局面；另外，以 1992 年 5 年期国债作为混合交收的基础券种，易被操纵价格。由于 1992 年 5 年期发行量不足 100 亿元，而流通在外的不足 50 亿元，因此，其现货价格很容易被庄家控制。再说，由于 1992 年 5 年期作为单一的基础券种，在混合交收时用其他券种进行交收的要以 1992 年 5 年期的现货价格来进行折算，因此 1992 年 5 年期的现货价格在混

合交收时处于十分重要的地位。庄家为了在交收时处于有利地位，必然会推高或压低其现货价格，以达到其目的。事实也正是如此，在没有实现混合交收制度之前，1992 年 5 年期券的年收益率约比 1993 年 3 年期高 0.1% 左右，实行混合交收制度后，1992 年 5 年期券的年收益率反而比 1993 年 3 年期低 1.1% 左右，显然实行混合交收制度后，1992 年 5 年期券的价格相对其他券种的价格有较大的上升，这样可以在后续行情中，抬高现货基础券种，带动期货上涨，便于"多逼空"。

采用单一的基础券种不能反映整个国债期货市场的全貌，国债品种很多，从保值方面可分为保值与不保值两大类；从兑付期远近可分成即将到期与到期尚远两类。由于国债的价格要受到银行利率、通胀率、保值贴补率、央行加息和提前兑付等多种因素的影响，因此将到期日和票面利率各异的国债，特别是将保值券与非保值券混合起来是很难反映市场的实际需求的，到期收益水平也很难预测。这也是具有内幕消息的中经开最后"多通空"成功的重要原因。

如果当时上海证券交易所采用国际上流行的现金交收方式，也许不会发生"327"事件，或者即便发生，结果也许不一样。

专家认为：应采用现金交收方法，即以特定时间内的现货、期货的加权平均价作为清算价，因为这种办法的关键是确定科学、合理的清算价，现金交收对于国债期货来说是最佳选择，因为期货现金清算价可以选定为财政部公布的兑付总值，这是最权威的清算价，又因其是任何市场因素所不能左右的，因此是最公正的。

七、两篇相关的论文

走进长庄鼻祖"中经开"的幕后：被贪婪和自负击倒

袁 剑

"中经开终于完了"。一位经历过"327"事件的朋友听到了这个消息后，长长地舒了一口气。他说 2002 年 6 月 7 日，一则以中国经济开发信托投资公司清算组名义发布的公告称，鉴于中国经济开发信托投资公司严重违规经营，为维护金融秩序稳定，中国人民银行决定 2002 年 6 月 7 日撤销该公司。

中经开，全称中国经济开发信托投资公司，前身为中国农业开发信托投资公司，1992 年 1 月改为现名。中经开成立于 1988 年 4 月 26 日，原隶属于财政部，后由国务院中央金融工委管理，基本核心业务为证券。中经开成立不过十余年，但它在中国股市中的名气可能要远远大于其他老资格的同类公司。其中原因很简单，因为中经开的历史基础与中国证券市场的另一个侧面的历史纠缠在一起。

"327"事件虽然已经过去了很多年，但它留下的疑惑却始终没有被人忘记。

而这个疑惑并不是大输家万国证券留下的，而恰恰是大赢家中经开留下的。1995年2月，上海证券交易所的国债期货交易市场逐渐变换阵营，其中的主角就是以万国为首的空头和以中经开为首的多头，加上不断变化阵营的辽国发。这场最能反映当时中国证券市场基本势力对比的经典大战，实际上有三位主角：一方是"国字头"的中经开；一方是代表上海股票市场传统力量的万国证券，第三方则是代表民间资本的辽国发。这种势力对比，不仅反映了1992年之后中国经济的整体格局，也非常贴切地反映了当时各级机关紧张的博弈关系，而"327"国债合约恰好将这三方势力奇妙地纠结在一起，并以戏剧的方式呈现了其中的冲突。

其实，"327"事件这场惨烈捕杀的结局还没有开始的时候就已经决定了，但它还是在1995年2月23日达到了最高潮，为了挽回败局，万国证券的总经理管金生，在收盘前的7分钟用1 000多万股空单砸盘，上海证券交易所只好取消最后7分钟的交易。

这场战役不仅导致当时证券市场最为风光的万国证券公司关门，也导致了被称为"证券教父"的管金生的悲剧人生。但当人们被管金生个人的沉浮和"327"事件本身的戏剧性所吸引的时候，一个最应该被长久关注的问题却被有意无意地遗漏了，那就是，作为多方主力的中经开到底扮演了什么角色？

从当事人的回忆来看，将万国当作这场金融灾难的首恶是非常不公平的。起码，违规开仓的不仅仅是万国，中经开也同样存在类似问题。但这不是问题关键所在。问题的关键是，中经开究竟是凭什么在这场对赌中大获全胜的？其实，这个答案早已明白，中经开靠的是万国想都不敢想的内幕消息。虽然万国肯定知道中经开的背景，但他们还是固执地以为可以凭自己的实力赢过对方的权力。据说，当时万国的操盘手是刚刚从海外归来的金融专业人士，算得上是第一批"海归派"了，但是直到最后，他们还不知道自己是怎么输的。因为在他们的专业眼光中，对手显然要比自己疯狂得多，但他们还是错了。这当然不仅仅是这批"海归派"的悲哀，也不仅仅是万国的悲哀。不难想象，这种冷酷的逻辑将决定性改变他们一生的思维方式。

可以说，中经开开创了中国资本市场上靠"违规看牌"赢钱的先河。不过，这还不是中经开在"327"事件中作出的最恶劣示范。最恶劣的示范在于，中经开在"327"事件中，以最明火执仗的方式开创了中国裙带资本介入证券市场的新通道。

在"327"事件之前，上海和深圳证券市场虽然已经红红火火，但仍然具有强烈的地方色彩，与成立不久的中国证监会的关系也处于若即若离的状态。或者更准确地说，它是地方权力在90年代初期急速扩张的一个标志性领域。由地方崛起的万国证券在当时全国证券业中的出尽风头，就是这种扩张的生动写照。许多人都记得万国在上海虹桥机场树立起的那一块著名的广告，"万国证券，证券王国"。其气势与雄心，让人怦然心动。而国债期货的引入彻底终结了地方性券商的主导地位。

有人估算，在整个"327"事件中，多头的盈利在70亿元左右，作为多头主帅，中经开自然应该赚得盆满钵满。但奇怪的事情发生了：中经开竟然没有盈利。那么70亿元白花花的银子究竟被谁拿走了呢？答案已不言自明，靠内幕消息在中经开名下开老鼠仓的人拿走了。可以证明中经开的确没有在"327"事件中赢利的一个间接证据是，在"327"事件后不久，中经开公司竟然几次面临支付危机。在挪用客户保证金达6.8亿元的同时，还积累了七十几亿元的债务，公司几乎被掏空而濒临破产。不过，这仅仅只能表明中经开公司没有赢利，而那些与中经开相关的个人的财产增值情况也许正好相反。中经开作为一个特殊公司的功能及性质，在这里变得一目了然。

"327"事件后有人称，"327"一役，造就了一批亿元富豪。不过，最应该问的是，这一批人究竟是谁？

"327"事件后，中央组成了以财政部、人民银行、证监会、安全部等六大部委构成的联合调查组，对事件进行了调查。阵容不可谓不强大，规格不可谓不高。但正如一些人所预料的那样，管金生以个人17年牢狱为代价的"327"事件暂时画上了句号。之所以说是暂时的，是因为"327"事件在以后还肯定会被人重新提及。

不管围绕"327"事件还会产生多少争议，但有一点可以肯定，作为违规的一方，中经开应该也必须受到惩罚。万国的管金生被判，辽国发的高氏兄弟蒸发，唯独中经开稳如泰山。

国债期货存在的问题及对策研究

罗孝玲

一、国债期货存在的问题

1. 合约设计混乱

（1）合约数目繁多。由于各交易所当时推出的期货合约都是按同一券种，3月、6月、9月、12月不同的交割月而设计的，因此，当观看期货行情时就会看到十几个交易所几十种国债期货的报盘（交投不太活跃的报盘还有几十种）。据笔者统计，1995年3月27日出现在中国证券报上的期货合约报价达68种之多，其中深圳证券交易所15种，北京商品期货交易所10种。

（2）合约代号混乱。由于各交易所合约代号的编制办法各不相同，如上海证券交易所和深圳证券交易所国债期货合约代号与其相应的股票代号编制方法一致，故同一券种，同一交割月份的期货合约代号却截然不同。如F92512即1992年5年期12月交割的期货合约，上海证券交易所称为319，深圳证券交易所谓之为6214，北京商品期货交易所却叫它402512。68种期货合约，同一合约又有不同的代号，投资者要弄清楚同一种合约不同交易所价格变动情况及不同合约的价格联动关系，十分困难。

（3）合约条款各异。同是一口国债期货，但面值却不相同，上海证券交易所及海南商品期货交易所一口为 2 万元；北京商品期货交易所和沈阳商品期货交易所一口为 1 万元；而广东联合期货交易所一口则为 10 万元。

（4）交割方式各异。北京商品期货交易所采用对应品种现券交收方式。也就是说空方如最后交易日不平仓，则必须上交与期货合约一致的国债。如 F92306，空方最后交易日不平仓，到了交割日期，只能上交 1992 年 3 年期国债进行交割清算，而上海证券交易所采用的是混合交收办法，即当空头持仓进行交割，而手中又缺少基础券种的情况下（基础券种为 1992 年发行的 5 年期国债）可用在上交所挂牌的其他现券品种代替基础券种交收。广东联合期货交易所则采用券币选择交收方式，即在国债期货合约交收期，空方可以以现券进行交割，如现券数量不够或无现券，则按清算价用现金替代现券交割。

2. 交易网点过多

由于国家有关部门当时对国债期货在哪一个交易所推出没有统一规定，自 1994 年 11 月份国债期货行情火爆以来，各交易所为了各自的生存和发展，纷纷推出国债期货。除上海证券交易所和深圳证券交易所从事国债期货交易以外，当时全国 14 家商品期货交易所几乎全部推出了国债期货合约。国债期货遍 "所" 开花，这种局面使期货的主要功能——价格发现功能得不到体现。当时，在二级市场上流通的国债发行额尚不到 1 500 亿元，现货市场规模十分有限（见附表 1）。交易网点过多，势必使每个交易所集中的市场流量少，反映的供求因素少，形成的价格悬殊，例如交投活跃的 F93306，1994 年 3 月 28 日海南商品期货交易所的结算价为 138.75 元，而上海证券交易所则高达 147.03 元，价格相差 8.28 元。无疑，如此大的价格差异无助于投资者利用期货价格发现功能来决定期货市场的买卖行为，无助于国家参考期货市场确定国债相关政策。

3. 投机过度

在期货交易中，适度的投资是必要的，它有助于活跃市场，增加市场流动性，扩大成交量。在我国国债期货市场真正进行套期保值的投资者寥寥无几。至 1994 年底，真正在二级市场流通的国债只有大约 1 500 亿元，更何况真正持有现券的人并没有完全在期货市场进行套期保值。而在交投火爆时，全国期货市场日成交量和持仓量经常超过 1 000 亿元，从现券流通量和期市日成交量和日持仓量的对比中，我们可以看出投机的成分有多大。某日临收市前几分钟，万国证券公司竟挂出 1 056 万口的天量卖盘，一口面值 2 万元。如此大的卖盘，成交的面值达 200 亿之多，而该机构总资产只有几个亿，其中需要套期保值的国债资产部分能有多少？投机过度，可谓登峰造极。

二、解决国债期货市场存在问题的对策

合约设计混乱、交易网点过多、过度投机是已夭折的国债期货市场存在的三个主要问题，就国债期货市场存在的这几个问题，笔者曾与一些期货交易所管理者、期货合约的设计者、会员单位、出市代表及众多不同层次的大小国债期货交易者探讨过。大家一致认为，解决这三个问题的对策是调整国债发行结构、集中国债期货交易及对其交易进行硬化管理。

1. 调整国债的发行结构

合约设计混乱在国债期货交易中主要表现为合约数目繁多、合约代号混乱、合约条款不同及交割方式各异等四种现象。对于后三种导致合约设计混乱的现象，可由证监委会同推出国债期货交易的交易所共同协商统一合约代号、合约条款及交割方式来处理。但导致合约设计混乱最主要原因的合约数目繁多这一顽症，必须也只能通过调整国债发行结构来解决。

我国国债发行结构与国际上通行的国债发行结构还存在很大差异，主要表现为发行的2~5年中期国债的券种多（每年2~3种），且每种国债的年限、利率、偿还方式都不一样。如1993年就发了3种国债。第一种国债期限为3年，年利率为13.98%，计息日为1993年3月1日，偿还方式为1996年3月1日，一次性还本付息；第二种国债期限为5年，年利率为15.86%，起息日为1993年3月1日，但偿还方式颇为复杂，它可在三年期满以后，按三年期国债利率提前兑付；第三种国债是"非实物国债"，期限为5年，年利率为15.86%，计息日与前两种不一样，该券偿还方式是每年7月1日付息，到期偿还本金。

同一年的国债现券结构如此复杂，源于现货的、包括3月、6月、9月、12月不同交割月份的国债期货合约怎么可能简单呢？因此，要彻底改变我国国债期货合约数目繁多的现象，必须先要调整我国的国债发行结构。借鉴西方国家经验，除了发行2~5年期中期国债外，还需发行较大规模的3个月、6个月短期和10年以上的长期国债。特别是10年期国债，它品种单一，交易时间长，目前是西方国家国债期货交易的主要对象。如东京证券交易所10年期国债期货日交易量达1 000万口。如果我们采用这种现券作期货合约标的，不但可以大大减少合约数目，而且还将改善我国现券结构，为国家筹集大量的、周期长的建设资金，支援国家重点项目的建设和技术改造。

2. 集中国债期货交易

期货的主要功能是价格发现功能，而我国国债期货恰恰没有实现这一功能。由于我国期货交易所都是由各行业、各地方主管部门出资创建的，因此，几年来一直存在着行业利益和区域利益与整个期货行业规范化、统一化发展的国家宏观管理的社会效益之间的矛盾。交易网点多，交易量分散，不能形成对国债有指导意义的公正价格。为此，1995 年 3 月初，国务院正式给证监委定位——"证监委是国务院证券委员会的监管机构，依照法律、法规对期货市场进行监督和管理"。如恢复国债期货交易，证监委定会痛下决心，坚决制止在全国各交易所盲目上国债期货攀比之风，重新确定国债期货交易点。

3. 控制过度投机

投机过度一直是阻挠国债期货发展、影响国债期货声誉的难题。过度投机有"期民"自身的原因，但主要的是交易所为了扩大成交量，放弃对过度投机的控制，没有建立一套防止过度投机的管理办法所致。深圳有色金属期货交易所对过度投机控制的经验值得借鉴，它们对投机进行硬化管理，对持仓量进行动态跟踪监控。如客户输单超过交易所规定的最高持仓量，显示器上会自动显示"你的持仓量已超过最大持仓量"，此时，计算机拒绝接受输单指令。除了利用计算机进行硬化管理外，在交易中还应建立起一套控制过度投机管理办法，如大户报告制度、套期保值优惠制度。当然，这些都是权宜之计，长久之计是尽早制订并出台期货法。

我国国债期货刚刚起步，在发展初期存在这样或那样的问题，在所难免。但在一些对国债期货生存、发展影响较大的合约设计、交易网点选择、过度投机控制等方向性、政策性宏观问题上，国家有关部门一定要高度重视。通过调整国债发行结构、减少交易网点及对过度投机行为进行硬化管理这一系列措施的实施，使以后推出的国债期货交易能按国际惯例健康、稳步地发展。

复习思考题

1. 每口面值 2 万元，计算 1 056 万口的总价值。

2. 保证金为每口 200 元，初始保证金的比率为 2%，1 056 万口需要初始保证金多少？

3. 若 1995 年 2 月 23 日下午 16 点：22 分 13 秒以后的"327"合约所有成交有效，以 151.30 元为卖出价，147.50 元为平仓价，计算万国证券公司抛出的 1 056 万口空单的盈利。

4. 每口单边交易所收取的手续费为 2 元，交易所收取的原万国证券公司在思考题 3 的卖仓和平仓交易中手续费为多少？

5. 以 148.00 元为卖出价，以 151.30 元的结算价作为平仓价，计算万国证券公司的亏损。

6. 为防止与"327"类似的事件再次发生，期市应采取什么对策？

7. 以"327"事件为具体违规事件，讨论现在的《期货交易管理暂行条例》及四个相关的《管理办法》哪些方面还需进一步完善？

背景资料

1. 作者的话

"327"事件发生后，许多人以"327 事件"为题目写过"327"事件，但其中较多的是讲述 1995 年 2 月 23 日"327"事件的经过，而对我国国债期货产生背景、国债期货火爆的原因、国债期货与股票市场、商品期货市场之间的关系、多空双方各持己见的原因、"327"合约行情走势的回顾、国债交割制度等这些"327"事件发生背景知识和国债期货交易的规则等缺乏介绍。另外，更多的人把"327"事件视为万国证券违规事件，但笔者不敢苟同，笔者认为上海证券交易所、多头中经开均有一定的责任，也许还有笔者没有提到的更深层次的原因，这靠读者去挖掘和思考；再者，笔者想以"327"事件为载体，引起读者对完善国债期货进一步的思考和讨论，为发展我国利率期货献计献策；同时希望读者对万国证券公司有所了解。万国证券公司是成立于 1988 年的大陆第一家严格按国际惯例组织形式组成的证券业为主的股份制金融机构，它筹办了大陆第一家证券研究所——万国研究所，创办了大陆第一份证券理论刊物——《证券研究》。"327"事件后，被申银证券收购，更名为申银万国证券公司。万国证券创始人，有"证券之父"之称的管金生被判17 年徒刑。

2. 案例附表

案例附表 1　　　　　　　　1981～1995 年我国国内债务发行规模

年份	公债发行额 （亿元）	国内生产总值 （亿元）	公债发行额/国内生产总值 （%）
1981	48.66	—	—
1982	43.83	—	—
1983	41.58	5 787.0	0.72
1984	42.53	6 928.2	0.61
1985	60.61	8 965.4	0.68
1986	65.51	9 687.6	0.65
1987	117.07	11 962.5	0.98
1988	132.17	14 928.3	0.89
1989	263.91	16 909.2	1.56
1990	197.24	18 547.9	1.06
1991	281.27	21 617.8	1.30
1992	460.77	26 638.1	1.73
1993	381.32	31 635.4	1.10
1994	1 028.86	46 759.4	2.20
1995	1 510.86	58 478.1	2.58

第 8 章

外汇期货

外汇期货是全球期货市场上最早出现的金融期货品种。本章简述汇率的概念、影响汇率的因素等外汇基础知识，介绍外汇期货的产生和发展历史及主要的外汇期货；然后阐述四种经典的汇率决定理论，并在此基础上推导出外汇期货的定价模型；对外汇期货的套期保值、套利和投资三种交易方式及其策略进行详细说明；最后探讨对我国现阶段建立外汇期货市场的可行性和必要性。

8.1 外汇和外汇期货概述

本节首先阐明外汇和汇率的基本知识，介绍影响汇率的因素，然后讲述外汇期货的产生和发展，最后详细介绍国际期货市场上主要的外汇期货的交易品种及合约。

8.1.1 外汇和汇率基本知识

1. 外汇和汇率的基本概念

外汇是指外币以及用外币表示的用于国际间债权债务结算的各种支付手段。外汇必须具有自由兑换性，不能自由兑换成他国货币的货币不能称为外汇。

外汇有动态和静态两层含义。外汇的动态含义是指把一个国家的货币兑换成另外一个国家的货币借以清偿国际间债权、债务关系的一种专门性的经营活动，它是国际间汇兑的简称；外汇的静态含义是指以外国货币表示的、用于国际之间结算的支付手段。这种支付手段包括以外币表示的信用工具和有价证券，如银行存款、商业汇票、银行汇票、银行支票、外国政府库券及其长短期证券等。

汇率是指一国货币兑换另一国货币的比率，也就是用一国货币表示另一国货币的价格。

汇率是国际贸易中最重要的调节杠杆。因为一个国家生产的商品都是按本国货币来计算成本的，要拿到国际市场上竞争，其商品成本一定会与汇率相关。汇率的高低也就直接影响该商品在国际市场上的成本和价格，直接影响商品的国际竞争力。

汇率的种类按汇率制度的不同有固定汇率和浮动汇率之分。固定汇率是指基本固定的、波动幅度限制在一定范围以内的不同货币间的汇率。浮动汇率是指可以自由变动的、听任外汇市场的供求决定的汇率。自布雷顿森林体系解体后，大部分国家采用了浮动汇率制。

2. 外汇汇率的标价方法

确定两种不同货币之间的比价，先要确定用哪个国家的货币作为标准。由于确定的标准不同，于是便产生了几种不同的外汇汇率标价方法。目前，国际上各个国家对外汇主要有两种标价方法。

（1）直接标价法。

直接标价法，又称应付标价法，是用一定单位的外国货币为标准来计算本国货币，相当于计算购买一定单位外币所应付本币的数量，所以也叫应付标价法。在国际外汇市场上，包括中国在内的世界上绝大多数国家目前都采用直接标价法。如日元兑美元汇率为119.05，即表示1美元兑119.05日元。

在直接标价法下，若一定单位的外币折合的本币数额多于前期，则说明外币币值上升或本币币值下跌，叫作外汇汇率上升；反之，如果要用比原来较少的本币即能兑换到同一数额的外币，这说明外币币值下跌或本币币值上升，叫作外汇汇率下跌，即外币的价值与汇率的涨跌成正比。

（2）间接标价法。

间接标价法，又称应收标价法，它是以一定单位的本国货币为标准来计算应收外汇货币的数量。在国际外汇市场上，欧元、英镑、澳元等均为间接标价法。如欧元兑美元汇率为0.9705，即表示1欧元兑0.9705美元。

在间接标价法中，本国货币的数额保持不变，外国货币的数额随着本国货币币值的变化而变化。如果一定数额的本币能兑换的外币数额比前期少，这表明外币币值上升，本币币值下降，即外汇汇率下跌；反之，如果一定数额的本币能兑换的外币数额比前期多，则说明外币币值下降，本币币值上升，即外汇汇率上升，即外汇的价值和汇率的升跌成反比。因此，直接标价法和间接标价法所表示的汇率涨跌的含义正好相反。

3. 汇率的影响因素

一国外汇供求的变动要受到许多因素的影响，这些因素既有经济的，也有非经济的，而且各个因素之间相互联系，相互制约，因此汇率变动的原因是错综复杂的。总结来说，主要有以下几个影响汇率的因素。

（1）国际收支状况。

国际收支状况是影响汇率最重要的因素。国际收支的顺差或者逆差的状况会即刻反映在一国的外汇市场上，而这种外汇的供求关系又会影响到外汇市场上的汇率形成。如果一国国际收支为顺差，那么外汇收入会增加，外汇支出减少，导致外汇供给大于需求，进而导致外币贬值，本币升值；反之，如果一国国际收支为逆差，那么外汇收入降低，外汇支出增加，致使外汇需求大于供给，进而导致外币升值，本币贬值。

（2）通货膨胀。

相对通货膨胀是决定汇率长期趋势的主要因素。在纸币流通制度下，一国货币的对内价值是由国内一般物价水平来反映的。通货膨胀就意味着该国货币代表的价值量下降，货币对内贬值，而货币对内贬值又会引起货币的对外贬值。一般而言，如果一国的通货膨胀率超过另一个国家，则该国货币对另一国货币的汇率就要下跌；反之，则上涨。需要指出的是，通货膨胀是通过国际收支来间接影响汇率的。当一国较另一国发生较高的通货膨胀时，其国家商品和劳务的价格就上涨，从而使出口相对减少、进口相对增加，进而国际收支出现逆差的压力，国际收支的逆差反映在外汇市场上就会对外汇产生升值的压力，对本币产生贬值的压力。

（3）利率。

利率在一定条件下对汇率的短期影响很大。利率对汇率的影响是通过不同国家的利率差异引起资金特别是短期资金的流动而起作用的。一定条件下，高利率水平可吸引国际短期资金流入，提高本币汇率；低利率国家则会发生资本外流，进而降低本币汇率。所以，一般情况下，一国提高利率、紧缩信用会导致该国货币升值，反之，导致本国货币贬值。要注意的是，利率水平对汇率虽有一定的影响，但从决定汇率升降趋势的基本因素看，其作用是有限的，它只是在一定的条件下，对汇率的变动起暂时的影响。

（4）经济增长率。

在其他条件不变的情况下，一国实际经济增长率相对别国来说上升较快，其国民收入增加也较快，会使该国增加对外国商品和劳务的需求，结果会使该国对外汇的需求相对于其可得到的外汇供给来说趋于增加，导致该国货币汇率下跌；反之会导致汇率上升。不过应注意两种特殊情形：一是对于出口导向型国家来说，经济增长是由于出口增加而推动的，那么经济较快增长伴随着出口的高速增长，此时出口增加往往超过进口增加，其汇率不跌反而上升；二是如果国内外投资者把该国经济增长率较高看成是经济前景看好，资本收益率提高的反映，那么就可能扩大对该国的投资，以致抵消经常项目的赤字，这时，该国汇率亦可能不是下跌而是上升。

（5）外汇储备。

一国中央银行所持有外汇储备充足与否反映了该国干预外汇市场和维持汇价稳定的能力大小，因而外汇储备的高低对该国货币稳定起主要作用。外汇储备太少，往往会影响外汇市场对该国货币稳定的信心，从而引发贬值；相反外汇储备充足，往往该国货币汇率也较坚挺。

除了上述经济因素外，汇率的变动还受到包括心理因素、政治因素、投机因素等多种非经济因素的作用，如国际上突发的重大政治事件、猝不及防的地震等。

影响汇率的因素是多种多样的，这些因素的关系错综复杂，有时各种因素会合在一起同时发生作用；有时个别因素起作用；有时各因素的作用会相互抵消；有时某一因素的主要作用会突然被另一因素所代替。但是从一段长时间来观察，国际收支的状况和通货膨胀是决定汇率变化的基本因素；利率因素起从属作用，助长或削弱基本因素所起的作用；其他各因素也对汇率产生直接或间接的影响。总之，汇率的变动是各种因素综合作用的结果。

8.1.2 外汇期货概述

外汇期货是交易双方约定在未来某一时间，依据现在约定的比例，以一种货币交换另一种货币的标准化合约的交易。外汇期货以汇率为标的物，用来规避汇率风险。它是金融期货中最早出现的品种。

1. 外汇期货的产生与发展

外汇期货的产生是第二次世界大战后世界经济格局变化的结果。

第二次世界大战后所形成的布雷顿森林体系是一种以美元为中心的固定汇率制度，其主要内容是：国际货币基金组织（IMF）各成员国的货币金平价应以黄金和美元来表示，美元直接与黄金挂钩，美国政府承担按此价格向各国政府和央行兑换黄金的义务。各成员国国家的货币按其含金量确定与美元的比价，从而间接与美元挂钩，与美元建立固定汇率关系，并规定各国货币与美元的汇率只能在上下各 1%的幅度范围内波动，否则各国央行有义务在外汇市场上进行干预，使汇率维持在规定的幅度范围内。这种制度实际是一种以美元为中心的金汇兑本位制度。布雷顿森林体系的建立，对战后西方各国经济的复兴和国际货币金融秩序的相对稳定起到了重要的作用。

但到了 20 世纪 60 年代以后，西方各国经济实力迅速增强，因而持有的美元逐渐增多。而美国在国际经济中所占的比重不断下降，美元不断外流，国际收支连年出现巨额逆差。同时美国还先后对朝鲜和越南发动战争，军费开支不断增加。1960年底，美国的对外短期债务已超过其黄金储备，大量持有美元的国家对美元信心大减，开始不断向美国兑换黄金，从而引发了一次次的"美元危机"。

尽管美国政府为了挽救美元和固定汇率制度采取了许多措施，但其国际收支状况仍不见好转。1971 年 8 月 15 日，美国被迫宣布实行"新经济政策"，停止其对外国政府和中央银行履行以美元兑换黄金的义务。1971 年 12 月，美国与西方各国达成《史密森协定》，规定美元对黄金比价贬值 7.89%，各国货币的汇率波动幅度从其黄金平价的上下各 1% 扩大到上下各 2.25%，企图恢复以美元为中心的固定汇率制度。但事与愿违，西方国家的货币汇率不再盯住美元，开始实行浮动汇率制度。布雷顿森林体系终于在 20 世纪 70 年代初崩溃了。

1973 年以后，浮动汇率取代固定汇率。汇率变动取决于市场的供求关系，而这种汇率由于受各种因素导致升降幅度很大。对于从事对外贸易及其他国际经济交往的人来说，经常会面临外汇汇率变动的风险。国际贸易中商品和劳务的价格，一般都是以双方都能接受的货币计价的。如果计价货币贬值，则在交货付款时，出口方就会因计价货币贬值而蒙受损失。在国际借贷中，如果借贷外汇汇率上升，借方就会遭受损失。正是为了回避外汇市场上这种商业性汇率风险和金融性汇率风险（如债权债务风险和储备风险等），人们将商品期货交易的原理应用于外汇市场，产生了外汇期货交易。

世界上第一个外汇期货市场，即国际货币市场（IMM），成立于 1972 年 5 月 16 日，它是芝加哥商业交易所（CME）的一个分部。最初，它主要经营六种国际货币的期货合约，即英镑、加拿大元、德国马克、日元、瑞士法郎及澳大利亚元。后来，又增加了欧洲美元和欧洲货币单位的期货交易。自 1972 年 5 月芝加哥商业交易所的国际货币市场分部推出第一张外汇期货合约以来，随着国际贸易的发展和世界经济一体化进程的加快，外汇期货交易一直保持着旺盛的发展势头。目前，国际货币市场分部已发展成为一个非常活跃的外汇交易市场。

芝加哥商业交易所正式成立国际货币市场分部，推出了七种外汇期货合约，揭开了期货市场创新发展的序幕。自 1976 年以来，外汇期货市场迅速发展，交易量激增了数十倍。1978 年纽约商品交易所也增加了外汇期货业务，1979 年，纽约证券交易所亦宣布，设立一个新的交易所来专门从事外币和金融期货。1981 年 2 月，芝加哥商业交易所首次开设了欧洲美元期货交易。1982 年 9 月，受美国金融期货市场繁荣的刺激，英国在伦敦也设立了金融期货市场，即伦敦国际金融期货交易所，主要交易品种有英镑、瑞士法郎、德国马克、日元、美元的期货合约及期权。随后，澳大利亚、日本、加拿大、法国、新加坡等国家和地区也开设了外汇期货交易市场，从此，外汇期货市场蓬勃发展起来。

我国外汇期货的产生和发展经历了一个曲折的过程，1992 年 7 月上海外汇调剂中心建立了中国第一个人民币期货市场，但由于各种原因被迫于 1993 年停止了人民币外汇期货交易。近年来，随着中国外汇储备的节节攀高，特别是人民币在巨大的压力下持续升值，在中国开展外汇期货的呼声逐渐高涨。那么现阶段在中国开展外汇期货必要吗、可行吗？这部分知识将在本章第8.4节详细阐述。

2. 主要外汇期货及外汇期货合约

（1）主要外汇期货。外汇期货交易的主要品种有美元、英镑、日元、瑞士法郎、加拿大元、澳大利亚元等。从世界范围看，外汇期货的主要市场在美国和英国，其中又基本上集中在芝加哥商业交易所的国际货币市场（IMM）和伦敦国际金融期货交易所（LIFFE）。此外，外汇期货的主要交易所还有东京国际金融期货交易所（TIFFE）、法国国际期货交易所（MATIF）等，每个交易所基本都有本国货币与其他主要货币交易的期货合约。

表8-1列出了目前世界上主要金融期货交易所交易的外汇期货。

表8-1   **主要外汇期货一览**

国 家	交 易 所	交 易 内 容
美 国	芝加哥商业交易所国际货币市场	澳元、英镑、巴西雷尔、加拿大元、日元、小型日元期货、瑞士法郎、欧元、小型欧元期货、墨西哥比索、新西兰元、俄罗斯卢布、南非兰特、瑞典克朗、挪威克朗、CME$Inedx 指数期货
	费城期货交易所	英镑、加拿大元、澳大利亚元、日元、瑞士法郎、欧元、小型欧元期货
	中美洲商品交易所	英镑、加拿大元、日元、瑞士法郎
英 国	伦敦国际金融期货期权交易所	英镑、瑞士法郎、日元、美元期货，英镑、美元、瑞典克朗、欧元
澳大利亚	悉尼期货交易所	澳元期货、澳元期货期权
新加坡	新加坡交易所	英镑、日元期货

（2）外汇期货合约。外汇期货合约是期货交易所制定的、以外汇作为交割内容的标准化合约。外汇期货合约主要包括以下几个方面的指标：

① 外汇期货合约的交易单位。每一份外汇期货合约都由交易所规定标准交易单位。例如，芝加哥商业交易所国际货币市场的英镑期货合约的交易单位为每份62 500英镑。

② 交割月份和交割日期。国际货币市场所有外汇期货合约的交割月份都是一样的，均为每年的3月、6月、9月和12月。交割月的第三个星期三为该月的交割日。

③ 交易代码。在具体操作中，交易所和期货佣金商以及期货行情表都是用代号来表示外汇期货。几种主要货币的外汇期货的通用代号分别是：英镑BP、加元

CD、日元 JY、墨西哥比索 MP、瑞士法郎 SF。

④ 最小价格波动幅度。国际货币市场对每一种外汇期货报价的最小波动幅度作了规定。在交易场内，经纪人所做的出价或叫价只能是最小波动幅度的倍数。几种主要外汇期货合约的最小波动价位如下：英镑 0.0002 美元，加元 0.0001 美元，日元 0.0000001 美元，墨西哥比索 0.00001 美元，瑞士法郎 0.0001 美元。

⑤ 每日涨跌停板额。即每日涨跌停板额是一项期货合约在一天之内比前一交易日的结算价格高出或低过的最大波动幅度。一旦报价超过停板额，则成交无效。

表 8-2 为芝加哥商业交易所国际货币市场日元期货标准合约。

表 8 - 2 芝加哥商业交易所日元期货合约

交易单位	12 500 000 日元
最小变动价位	0.000001（每张合约 12.50 美元）
每日价格最大波动限制	开市（上午 7：20 ~ 7：35）限价为 150 点，7：35 分以后无限价
交割月份	3 月、6 月、9 月和 12 月
交易时间	上午 7：20 ~ 下午 2：00（芝加哥时间），到期合约最后交易日交易截止时间为上午 9：16，市场在假日或假日之前将提前收盘，具体细节与交易所联系
最后交易日	从合约月份第三个星期三往回数的第二个工作日上午
交割日期	合约月份的第三个星期三
交易场所	芝加哥商业交易所（CME）

资料来源：www.cme.com，2014 年。

8.2 外汇期货的定价

本节首先介绍四种经典的汇率决定理论——购买力平价说、利率平价说、国际收支说和资产市场说，接着引入持有成本模型，在此基础上推导出外汇期货定价模型。

8.2.1 汇率决定理论

汇率作为外汇期货标的，其决定理论会对外汇期货的定价产生重要影响。关于汇率的决定，有四种经典的理论：购买力平价说、利率平价说、国际收支说和资产市场说。

1. 购买力平价说

购买力平价说研究的是开放经济下各国商品市场间存在的联系所带来的汇率与

价格水平之间的关系。购买力平价说是由瑞典经济学家卡塞尔（Cassel）于 1922 年提出来的，该理论第一次解释了纸币制度下汇率与价格水平的关系。

（1）基本思想。货币的价值在于其具有购买力。以本国货币交换外国货币，实质上就是以本国的购买力去交换外国的购买力。不同货币之间的兑换比率（即汇率）取决于它们各自具有的购买力之比，而购买力又是由本国的一般物价水平来衡量。因此，汇率与两国的价格水平之间具有直接的联系。购买力平价表现为两种形式：绝对购买力平价和相对购买力平价。

（2）绝对购买力平价。绝对购买力平价是指两种货币的汇率等于它们各自购买力的比值。其存在两个基本的前提假设：①对于任何一种可贸易商品，一价定律都成立。所谓"一价定律"是指在自由贸易条件下，不考虑交易成本等因素，同一种可交易商品在世界各地以同一种货币表示的价格是一样的，只不过按汇率折合成不同的货币的价格形态。②同一种可贸易商品在两国物价指数的编制中的权重相等。

两国由可贸易商品构成的物价水平之间存在着下列关系：

$$\sum_{i=0}^{n} \alpha_i p_i = e \times \sum_{i=0}^{n} \alpha_i p_i^* \tag{8.1}$$

其中，e 表示汇率，α_i 表示可贸易商品 i 在物价指数的编制中的权重。

如果将这一物价指数分别用 P、P^* 表示，则有：

$$P = e \times P^*$$

上式的含义是，不同国家的可贸易商品的物价水平以同一货币计量时是相等的。

将上式变形，得到：

$$e = p/p^* \tag{8.2}$$

这就是绝对购买力平价的一般形式，它意味着汇率取决于不同货币衡量的可贸易商品的价格水平之比，即取决于不同货币对可贸易商品的购买力之比。

在现代分析中，有的学者认为一国的不可贸易品与可贸易品之间、各国不可贸易品之间存在着种种联系，这些联系使得一价定律对于不可贸易品也成立。因此，上式中的物价指数应包括一国经济中的所有商品，也就是所有国家的一般物价水平以同一货币计算时是相等的，汇率取决于货币的价值（一般物价水平的倒数）之比。由于这种观点比较符合汇率是不同货币之间的价格的这一性质，因此运用得更加广泛。

（3）相对购买力平价。相对购买力平价是指在一段时间中，两种货币的汇率等于基期购买力平价扣除该段时间内通货膨胀的影响。两国货币的汇率水平将根据两国通胀率的差异而进行相应的调整。其放松了绝对购买力平价的两个前提假设，即交易成本的存在使一价定律不能完全成立。同时，不同的国家在编制物价指数时，同种可贸易商品所占的权重也不相同。

汇率在一段时期内变动的原因在于两个国家在这段时期中的物价或货币购买力发生了变动。这就是说在一定时期内，汇率的变化要与同一时期内两国物价水平的相对变动成比例，用公式表示为：

$$R_1 = \frac{P_{a1}/P_{a0}}{P_{b1}/P_{b0}} \times R_0 \tag{8.3}$$

式中，R_1——计算期的均衡汇率；

  R_0——基期的均衡汇率；

  P_{a1}——A 国计算期的物价水平；

  P_{a0}——A 国基期的物价水平；

  P_{b1}——B 国计算期的物价水平；

  P_{b0}——B 国基期的物价水平。

例如，美元对英镑的基期汇率为 US\$2.00/£，由于通货膨胀，英国的物价指数从基期的 100 上升到下一期的 260，而同期美国的物价指数更是涨至 340。显然，两国的物价水平变动的幅度不同，因此汇率也应随着两国物价的相对变动作出调整，以重新达到新的均衡汇率，即：

$$R_1 = \frac{340/100}{260/100} \times US\$2.00/£ = US\$2.62/£$$

（4）评价。购买力平价是最有影响力的汇率理论。这是因为：第一，它是从货币的基本功能（具有购买力）角度分析货币的交换问题，符合逻辑，易于理解，表达形式最为简单，对汇率决定这样一个复杂问题给出了最简洁的描述；第二，购买力平价所涉及的一系列问题都是汇率决定中非常基本的问题，处于汇率理论的核心位置；第三，购买力平价被普遍作为汇率的长期均衡标准而被应用于其他汇率理论的分析中。

但是，购买力平价说也存在着不少缺陷，主要体现在：第一，从理论基础上看，购买力平价说的基础是货币数量论，卡塞尔认为两国纸币的交换，决定于纸币的购买力，因为人们是根据纸币的购买力来评价纸币的价值的，这实际上是本末倒置。事实上，纸币代表的价值不取决于纸币的购买力，相反，纸币的购买力取决于纸币代表的价值。第二，它假设所有商品都是贸易商品，忽视了非贸易商品的存在。第三，它还忽视了贸易成本和贸易壁垒。第四，它过分强调了物价对汇率的影响，汇率的变化也可以影响物价。第五，它忽视了国际资本流动对汇率所产生的冲击。第六，它只是一种静态或比较静态的分析，没有对物价如何影响汇率的传导机制进行具体分析。

2. 利率平价说

利率平价说研究的是因利率差异而引起的资本流动与汇率决定之间的关系。利率平价说是由经济学家凯恩斯在 20 世纪 20 年代提出来的。到 20 世纪 50 年代英国经济学家艾因齐格发展了凯恩斯的利率平价说，提出了动态的利率平价说。

利率平价说的基本观点是：在国际资本自由流动的情况下，两种货币的差额（即期汇率和远期汇率的差额）等于两国利率差。利率平价有两种形式，即套补的利率平价（Covered Interest Rate Parity，CIP）和非套补的利率平价（Uncovered Interest Rate Parity，UIP）。套补的利率平价是指投资者进行交易时，购买远期合约以规避风险，而非套补的利率平价却不进行远期交易。

利率平价理论的基本假设前提是：国际资本自由流动，即资本在国际间流动不存在任何限制和交易成本。

（1）套补的利率平价公式推导。假设甲国某投资者拥有一笔可自由支配的资金，他面临投资甲国还是投资乙国的决策选择。显然，在其他条件不变的情况下，他将投资收益较高的国家。

假定甲国金融市场上一年期存款利率为 i，乙国金融市场上同种利率为 i^*，如果投资于本国金融市场，则每 1 单位本国货币到期可增值为：

$$1 + (1 \times i) = 1 + i$$

如果投资于乙国金融市场，则这一投资行为势必分为三个步骤。首先，将本国货币在外汇市场上兑换成乙国货币；其次，用所获得的乙国货币在乙国金融市场上进行为期一年的存款；最后，在存款到期后，将这一以乙国货币为面值的资金在外汇市场上兑换成本国货币。我们逐步分析这一投资方式的获利情况。

首先，对于每 1 单位本国货币，可在外汇市场上即期兑换为 $1/e$ 单位的乙国货币。将这 $1/e$ 单位的乙国货币用于一年期存款，期满时可增值为：

$$\frac{1}{e} + \frac{1}{e} \times i^* = \frac{1}{e}(1 + i^*)$$

在一年后期满之时，假定此时的汇率为 e_f，则这笔乙国货币可兑换成的本国货币数为：

$$\frac{1}{e}(1 + i^*) \times e_f = \frac{e_f}{e}(1 + i^*)$$

可以看出，由于一年后的即期汇率 e_f 是不确定的，因此这种投资方式的最终收益是很难确定的，或者说汇率变动因素使这笔投资的收益具有非常大的风险。为了消除这种不确定性，我们可以在即期购买一年后交割的远期合约，这一远期汇率记为 f。这样，这笔投资便不存在任何风险，届时 1 单位本国货币可增值为：

$$\frac{f}{e}(1 + i^*)$$

显然，我们选择哪种投资方式取决于这两种方式收益率的高低。如果 $1 + i > \frac{f}{e}(1 + i^*)$，则我们将投资于本国金融市场；如果 $1 + i < \frac{f}{e}(1 + i^*)$，则我们将投资于乙国金融市场；如果 $1 + i = \frac{f}{e}(1 + i^*)$，此时投资于两国金融市场都可以。

在市场上的其他投资者也面临着同样的决策选择。因此，如果 $1 + i < \frac{f}{e}(1 + i^*)$，则众多的投资者都会将资金投入乙国金融市场，这导致外汇市场上大量购入即期乙国货币、卖出远期乙国货币，从而使本币即期贬值（e 增大），远期升值（f 减小），投资于乙国金融市场的收益率下降。只有当这两种投资方式的收益率完全相等时，市场才处于平衡状态。所以，当投资者采取持有远期合约的套补方式交易时，市场会最终使利率与汇率间形成下列关系：

$$1 + i = \frac{f}{e}(1 + i^*)$$

整理得：

$$\frac{f}{e} = \frac{1 + i}{1 + i^*} \tag{8.4}$$

记远期汇率与即期汇率之间的升（贴）水率为 ρ，即：

$$\rho = \frac{f - e}{e} \tag{8.5}$$

将式（8.5）与式（8.4）结合，得：

$$\rho = \frac{f - e}{e} = \frac{1 + i - (1 + i^*)}{1 + i^*} = \frac{i - i^*}{1 + i^*} \tag{8.6}$$

由于 i^* 数值很小，所以式（8.6）近似为：

$$\rho = i - i^* \tag{8.7}$$

式（8.7）即为套补的利率平价的一般形式。它的经济含义是：汇率的远期升贴水率等于两国货币利率之差。如果本国利率高于外国利率，则本币在远期将贬值；如果本国利率低于外国利率，则本币在远期将升值。也就是说，汇率的变动会抵消两国间的利率差异，从而使金融市场处于平衡状态。

需要指出的是，套补性交易行为一般不存在任何风险。因此，当市场上套补利率平价不成立时，投资者就可以进行金融市场上的套利活动。如，当 $1 + i < \dfrac{f(1 + i^*)}{e}$ 时，投资者可以在本国金融市场上以 i 的利率贷入资金，随之将它投资于外国金融市场，那么便可以获得无风险利润 $\left[\dfrac{f}{e}(1 + i^*) - (1 + i)\right]$。因此，这种套利活动是使套补的利率平价始终成立的主要条件。

（2）非套补的利率平价推导。仍然应用上例，该甲国投资者除了进行远期交易以规避风险外，还可以根据自己对未来汇率变动的预期来计算预期收益，并以此作为决策的依据，在承担一定汇率风险的情况下进行投资活动。

假设该投资者是风险中立者，即对风险持中立态度，对提供同等利率而风险不同的资产不加区分。在不进行远期交易时，投资者是通过对未来汇率的预期来计算投资活动的收益的。如果投资者预期一年后的汇率为 Ee_f，则在乙国金融市场投资活动的最终收入为 $\dfrac{Ee_f}{e}(1 + i^*)$。如果这一收入与投资本国金融市场的收入存在差异，则投资者会在市场上进行套利活动以使两者相同。这样，在市场处于平衡状态时，有下式成立：

$$1 + i = \frac{Ee_f}{e}(1 + i^*) \tag{8.8}$$

通过整理可得：

$$E\rho = i - i^* \tag{8.9}$$

式（8.9）中，$E\rho$ 表示预期的汇率远期变动率。式（8.9）即为非套补利率平价的一般形式。它的经济含义是，预期的汇率远期变动率等于两国货币利率之差。在非套补利率平价成立时，如果本国利率高于外国利率，则意味着市场预期本币在远期将贬值。再例如，在非套补利率平价已经成立的情况下，如果本国政府提高利率，则当市场预期未来的即期汇率不变时，本币的即期汇率将升值。

（3）套补的利率平价与非套补的利率平价的统一。套补的与非套补的利率平价的成立分别是由两种类型的套利活动实现的。在外汇市场上还存在着另一种交易者——投资者，它们的投资活动使以上两种利率统一起来，对远期汇率的形成起到了决定性的作用。

投资者总是试图在汇率的变动中谋利，当预期的未来汇率与相应的远期汇率不一致时，投资者就认为有利可图了。若 $Ee_f > f$，这意味着投资者认为预期汇率对未来的本币价值高估了。因此他将购买远期外汇，这样在期满后，汇率变动到预期水平时（$Ee_f = e_f$），将远期合约进行交割时获得的外币以这一预期汇率水平卖出，从而获得这一差价所形成的利润。投资者在远期市场的交易将会使 f 值增大，直至与预期的未来汇率相等为止。可见，投资者的活动将远期汇率完全由预期的未来汇率所确定，此时套补的利率平价与非套补的利率平价同时成立，即：

$$f = Ee_f, \quad \rho = E\rho = i - i^*$$

（4）评价。利率平价说的研究角度从商品流动转移到资金流动，指出了汇率与利率之间存在的密切关系，这对于正确认识外汇市场上（尤其是资金流动问题非常突出的外汇市场上）汇率的形成机制是非常重要的。利率平价说突破了传统的国际收支、物价水平的范畴，从资本流动的角度研究汇率的变化，奠定了现代汇率理论的基础。

利率平价说并不是一个独立的汇率决定理论，它只描述了汇率与利率之间存在的关系。汇率与利率之间是相互作用的，不仅利率的差异会影响到汇率的变动，汇率的改变也会通过资金流动而影响不同市场上的资金供求关系进而影响到利率。更为重要的是，利率和汇率可能同时受更为基本的因素（例如，货币供求等）的作用而发生变化，利率平价只是在这一变化过程中表现出来的利率与汇率两者间的联系。因此，利率平价理论与其他汇率决定理论之间是相互补充而不是对立的，它常常被作为一种基本的关系式而运用在其他汇率决定理论的分析中。

利率平价说具有特别的实践价值。对于利率与汇率间存在的这一关系，由于利率的变动是非常迅速的，同时利率又可对汇率产生立竿见影的影响，因此中央银行可以通过对利率的调节，维持汇率的稳定。如当市场上存在着本币将贬值的预期时，就可以相应提高本国利率以抵消这一贬值预期对外汇市场的压力。

3. 国际收支说

国际收支说是由美国学者阿尔盖在总结前人的基础上于 1981 年总结出来的。国际收支说的学术渊源是国际借贷说，国际借贷说是由英国人戈逊于 1861 年提出的。国际借贷说的基本观点是：汇率决定于外汇供求，而外汇供求又是由国际借贷关系决定。这实质上是汇率的供求决定论。世界各国实行浮动汇率制后，一些学者在分析汇率的决定因素时，进一步运用了凯恩斯主义的国际收支均衡方法，于是提出了国际收支说的现代形式。

国际收支说的基本观点是：影响均衡汇率变动的因素有国内外的国民收入、国内价格水平、国内外利息率以及人们对未来利率的预期。应综合考虑各因素对均衡汇率变动的影响。

　　国际收支说的基本假设前提是：汇率是完全自由浮动的，政府不对外汇市场进行任何干预。

　　当国际收支处于均衡状态时，其经常项目收支差额应等于（自主性）资本流出入的差额。C_A 表示经常账户收支差额，K_A 表示资本账户差额，则国际收支的均衡条件可表示为：

$$C_A + K_A = 0 \qquad (8.10)$$

　　经常账户收支为商品劳务的进出口差额，而出口（X）和进口（M）分别是由外国国民收入 Y_f、本国国民收入 Y_d 和相对价格 Pd/rP_f 所决定的。即：

$$X = f(Y_f, P_d, P_f, r) \qquad (8.11)$$
$$M = G(Y_d, P_d, P_f, r) \qquad (8.12)$$

　　而资本账户收支则主要取决于国内外的利率差异（$i_d - i_f$），以及人们对未来汇率变化的预期，即（$r_e - r$）/r，其中 r_e 为对未来现汇汇率的预期值。即：

$$K_A = K_A(i_d, i_f, (r_e - r)/r) \qquad (8.13)$$

　　当一国国际收支处于平衡状态时，$C_A(Y_d, Y_f, P_d, P_f, r) = -K_A(i_d, i_f, (r_e - r)/r)$，由此所决定的汇率水平就是均衡汇率。因此，均衡汇率可表示为：

$$r = h(Y_d, Y_f, P_d, P_f, i_d, i_f, r_e, r) \qquad (8.14)$$

　　由上式可知，影响均衡汇率变动的因素有国内外国民收入、国内外价格水平、国内外利息率以及人们对未来汇率的预期。①本国国民收入增加，将导致进口增加，从而引起国际收支赤字，由此出现对外汇的超额需求，使外汇汇率上升。②若外国国民收入增加，将导致本国出口的增加，并使国际收支出现盈余，从而导致对外汇的超额供给，使外汇汇率下跌。③若本国物价水平相对于外国物价水平下跌，则会引起出口增加，进口减少，从而导致外汇汇率的下跌。反之，则外汇汇率上升。④若本国利息率相对于外国利息率上升，则会增加国外资金的流入，减少本国资金的流出，从而导致外汇汇率的下跌。⑤若人们预期未来外汇汇率的走势看涨，就会在外汇市场上抛本币、购外币，从而也会导致外汇汇率的上扬。

　　国际收支说从宏观经济的角度，而非货币数量的角度来研究汇率。一方面，它将影响国际收支的各种因素纳入汇率的均衡分析，它是凯恩斯主义的国际收支理论在浮动汇率制下的变形，对于全面分析汇率的决定因素，特别是分析短期内汇率的变动具有非常重要的意义。另一方面，它主要侧重于贸易商品和服务，而忽视了全球资本流动日益重要的作用。另外，国际收支说与购买力平价说和利率平价说一样，都只是研究汇率与其他经济变量之间的关系，而不能被视为完整的利率决定理论。

4. 资产市场说

1973 年布雷顿森林体系解体后，西方各国汇率波动日益频繁，波动幅度大大加剧，原有的购买力平价说和以流量分析为特征的国际收支说不足以解释这种现象。于是，20 世纪 70 年代便兴起了资产市场说。根据本币资产是否可以完全替代外币资产，资产市场说分为货币分析法和资产组合分析法。货币分析法假定本币资产可以完全替代外币资产，而资产组合分析法假定本币资产不可以完全替代外币资产。在货币分析法中，根据价格弹性的不同，又可以分为弹性价格货币分析法和黏性价格货币分析法。资产市场说在一定程度上与现代汇率变动的特征相符，是当今汇率理论的主流。

（1）货币分析法——弹性价格货币分析法。货币分析法研究的是本国货币市场上货币供求的变动对汇率的影响。由于货币分析法假定本币资产（债券）可以完全替代外币资产（债券），因此本国资产（债券）市场与外国资产（债券）市场实际上是一个统一的资产（债券）市场。

弹性价格货币分析法简称货币模型，由以色列经济学家弗兰克尔于 1975 年提出，基本观点是：汇率水平主要由货币市场的供求状况决定，因为汇率是两国货币的相对价格，而不是两国商品的相对价格。

弹性价格货币分析法的基本假设前提是：①本币资产与外币资产可完全替代；②货币需求同某些经济变量存在稳定的关系，即稳定的货币需求；③购买力平价的成立。弹性价格货币分析法认为商品市场和资产市场一样能快速调整，即商品市场上的价格水平具有弹性，这样购买力平价成立；④垂直的货币供给曲线，即货币供给是外生变量。

货币市场的均衡条件：$M_s = M_d$

由于

$$M_d = k(Y,i)P_d \qquad （稳定函数） \tag{8.15}$$

式中，Y 代表收入，i 代表利率；P_d 代表价格。

故货币市场均衡条件为：

$$M_s = k(Y,i)P_d \tag{8.16}$$

当 M_s、Y、i 变动时，将引起货币市场失衡，那么通过商品价格（P_d）加以调整。

在商品市场价格具有完全弹性情况下，有：

$$P_d = \frac{M_{sd}}{K} \qquad P_f = \frac{M_{sf}}{K_f} \tag{8.17}$$

式中，P_d 代表 A 国（本国）商品价格；P_f 代表 B 国商品价格。

由于各国商品具有完全的替代性，商品套购过程中"一价定律"成立，即各种商品在各国用同一货币来表示时，价格相同，即：

$$P_d = eP_f \tag{8.18}$$

由式（8.17）、式（8.18），可得：

$$e = \frac{P_d}{p_f} = \frac{M_{sd} \times K_f}{M_{sf} \times K} \tag{8.19}$$

式中，e 为均衡汇率，即为两国货币市场均衡时的汇率水平。

由式（8.19）可看出，国际商品套利机制通过商品市场的价格水平将汇率与两国货币市场的供求联系起来。

式（8.19）中的 K、K_f 可由弗里德曼货币需求函数决定：

$$K = aY^\alpha i^\beta$$
$$K_f = bY_f^\alpha i_f^{-\beta} \tag{8.20}$$

式中，a、b 分别代表 A（本）国、B 国人们以货币形式持有收入的比例；α 代表货币需求的收入弹性；β 代表货币需求的利率弹性。

将式（8.20）代入式（8.19），有：

$$e = \frac{M_{sd}}{M_{sf}} \times \frac{b}{a} \times \left(\frac{Y_f}{Y}\right)^\alpha \times \left(\frac{i}{i_f}\right)^\beta \tag{8.21}$$

式（8.21）即为弹性价格货币分析法的汇率模型，我们称之为货币模型。

从弹性价格货币分析法的汇率模型可以看出，本国与外国之间实际国民收入水平、利率水平以及货币供给水平通过对各自物价水平的影响而决定了汇率水平。这样，弹性货币分析法就将货币市场上的一系列因素引进了汇率水平的决定之中。

从货币模型可以看出：

第一，当其他因素保持不变时，本国货币供给的一次性增加将会带来价格水平的同比例上升、本国货币的同比例贬值，本国产出与利率则不发生变动。这个过程可用图 8 - 1 表示。

第二，当其他因素保持不变时，本国国民收入的增加将会带来本国价格水平的下降，本国货币升值。

第三，当其他因素保持不变时，本国利率的上升将会带来本国价格水平的上升，本国货币贬值。

弹性价格货币分析法实际上是在购买力平价说的基础上，运用现代货币学派（弗里德曼）的货币供求理论来进一步说明物价水平。这种理论对于说明长期汇率趋势具有一定的意义。

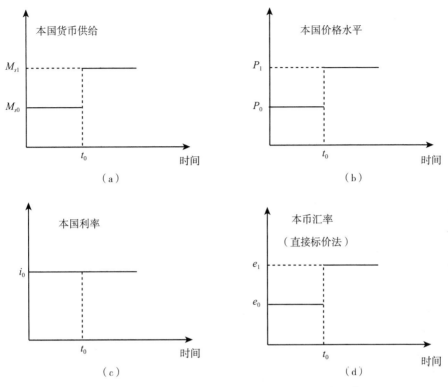

图 8 − 1　货币模型中本国货币供给一次性增加的影响

　　但是，弹性价格货币分析法也存在着一些缺陷。首先，它将国际经济的因果关系颠倒了。它把货币因素看成是决定性的，而把收入、支出、贸易条件和其他实际因素看成是次要的，只通过对货币需求的影响发生作用。实际上是商品流通决定货币流通，而不是相反。其次，它假定货币需求函数是相当稳定的，但这在短期内也难以实现。再次，其假设前提条件是一价定律，在现实中难以实现。最后，它假定国内外资产具有完全的替代。事实上，由于交易成本、赋税待遇和种种风险的不同，各国资产之间难以完全替代。

　　（2）货币分析法——粘性价格货币分析法。粘性价格货币分析法是由美国经济学家鲁迪格·多恩布什于 1976 年提出的，我们将这种方法得出的模型称为超调模型。

　　粘性价格货币分析法的基本观点是：在价格粘性下，一国货币市场的失衡短期内靠证券市场的利率超调来恢复，从而导致汇率超调，但长期内价格水平会作出相应调整，最终符合货币模型。

　　与弹性价格货币分析法相比，粘性价格货币分析法的假设前提有以下不同点：第一，购买力平价不成立。粘性价格货币分析法认为商品市场不能像资产市场一样作出快速调整，即商品市场上的价格水平具有粘性。这样购买力平价在短期内不成立，但长期内成立。第二，总供给曲线并不总是垂直。由于价格水平是粘性的，总供给曲线可以有各种形状。

假设其他条件不变，本国货币供给（M_{sd}）一次性增加，那么超调模型中的平衡调整过程如下：

① 经济的长期平衡。由于超调模型中长期内价格是可以充分调整的，所以我们可以借助于货币模型来分析这一长期平衡时各变量的调整情况。

假设本国货币 M_{sd} 一次性增加 25%，从货币模型可以看出，在长期内，本国的价格水平将同比例（即 $\bar{P} = 1.25P_0$）上涨，本国货币将贬值相应幅度（即 $\bar{e} = 1.25e_0$），而利率与产出均不发生变动。

② 经济的短期平衡。在短期内，价格水平不发生变动，而利率与汇率作为资产的价格则可以迅速调整，这导致经济中各变量呈现出与长期平衡不同的特征。由于利率平价在经济调整过程中始终成立，所以我们可以利用利率平价来分析在短期内汇率的变动情况。

根据非套补的利率平价的基本原理，决定即期汇率的主要因素是预期的未来汇率水平以及两国的利率差异。在本国货币扩张前，外汇市场上处于平衡状态，汇率不会发生变动，本国利率与外国利率相等，即期汇率水平与预期的未来汇率水平相等，在本国货币扩张后，上述变量发生了变动。由于投资者是理性预期的，因此他们会预期到未来本币汇率将会处于长期平衡水平（即 $E_t e_{t+1} = \bar{e}$）。在货币市场上，在名义货币供给增加而价格水平又来不及发生变动的情况下（价格粘性），这势必形成利率水平的下降（i_0 变为 i_1），从而提高货币需求以维持货币市场的平衡。当外国利率水平不变而本国利率水平下降时，由于本币资产与外币资产可完全替代，因此会导致国际资本流出，显然本币的即期汇率将相对于预期的未来汇率水平贬值，即：

$$e_1 = \bar{e} - (i_1 - i^*) \tag{8.22}$$

可见，由于商品价格粘性，货币市场失衡（如 M_{sd} 增加）完全靠证券市场（利率短期超调）来恢复，从而导致汇率的超调（本币汇率的瞬时贬值程度大于其长期贬值程度）。

另外，由于利率的降低，私人投资将会上升；由于本币的名义汇率下降，在价格水平尚不发生变动时，本币的实际汇率也将下降，这将带来净出口的上升（假定满足马歇尔—勒纳条件）。这样，在原有价格水平上，本国产出超过充分就业水平。

以上的分析可以小结为：在短期内，总供给曲线是水平的，价格水平不发生调整，货币供给的一次性增加只是造成本国利率的下降（利率超调），本币汇率的下降超过长期平衡水平（汇率超调），本国产出超过充分就业水平。

③ 经济由短期平衡向长期平衡的调整。上述汇率运动后所形成的短期均衡汇率不会长久保持，价格水平最终会作出相应调整。此时的总供给曲线，不再是水平的，斜率不断增加。由于产出超过充分就业水平，这会引起价格水平的缓慢上升。我们同样可以利用利率平价的基本原理对这一调整进行分析。

由于预期的未来汇率水平不变，因此导致汇率调整的主要因素是本国利率的调整。在货币市场上，由于价格水平的上升，货币需求上升，这造成利率的逐步上升。根据利率平价的原理，本国利率的逐步上升会造成本国汇率的逐步升值。这一升值是在原有过度贬值的基础上进行的，体现为汇率逐步向其长期平衡水平的趋近。

另外，由于利率的逐步提高，以及实际汇率的逐步上升，本国的私人投资及净出口均逐步下降，总产出也较短期水平下降，逐步向充分就业水平调整。

以上的调整过程将持续到价格进行充分调整，经济到达长期平衡水平为止。此时，价格水平发生与货币供给量的增加同比例的上涨，本国货币汇率达到长期平衡水平，购买力平价成立，利率与产出均恢复原状。

在超调模型中，货币供给一次性增加造成经济的调整过程可用图 8-2 表示。

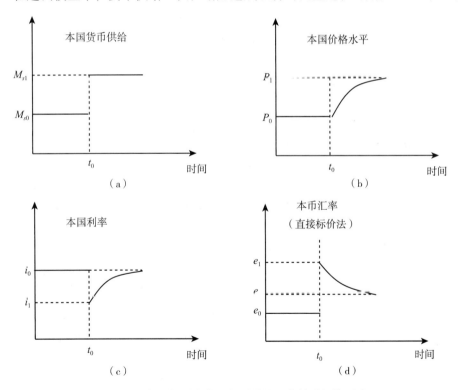

图 8-2　超调模型中本国货币供给一次性增加的影响

④ 评价。超调模型对资本高度流动、粘性价格和浮动汇率制下的汇率波动很好地进行了解释。超调模型首次涉及汇率的动态调整问题，创立了汇率动态学。超调模型从理论上说明了浮动汇率制的缺点，即汇率超调。从而可以得出如下政策含义：政府有必要加强对资本流动、汇率乃至整个经济运行的干预。从 20 世纪末的东南亚金融危机来看，这些政策主张有一定的合理性。但超调模型忽略了汇率对国际收支流量的影响。

（3）资产组合分析法。资产组合分析法研究的是国内外金融市场上不同资产间的有效组合对汇率的影响。

资产组合分析法的基本观点是：综合了传统的汇率理论和货币主义的分析方法，把汇率水平看成是由货币供求和经济实体等因素诱发的资产调节与资产评价过程所共同决定的。它认为，国际金融市场的一体化和各国资产之间的高度替代性，使一国居民既可持有本国货币和各种证券作为资产，又可持有外国的各种资产。一旦利率、货币供给量以及居民愿意持有的资产种类等发生变化，居民原有的资产组合就会失衡，进而引起各国资产之间的替换，促使资本在国际间的流动。国际间的资产替换和资本流动，又势必会影响外汇供求，导致汇率的变动。

资产组合分析法的基本假设前提是：国内外资产具有不可完全替代性。本国居民持有三种资产：本国货币 M、本国政府发行的以本币为面值的债券 B、外国发行的以外币为面值的债券 F。外币债券的供给在短期内被看作是固定的，它的本币价值等于 $F \times e$。为简单起见，在短期内不考虑持有本国债券及外国债券的利息收入对资产总量的影响。假定预期未来汇率不发生变动。这样，影响持有外国债券的收益率的因素仅是外国利率的变动。

一国资产总量是分布在货币、本国债券、外国债券之上的，投资者会根据不同资产的收益率、风险及自身的风险偏好情况确定最优的资产组合。在某种资产收益率上升时，投资者将增加该资产的持有比例，但是出于分散风险的目的，不会将全部资产转化为这一收益率较高的资产。我们具体分析一下每种资产的供给与需求情况。从货币市场看，货币供给是由政府控制的外生变量，货币需求则是本国利率、外国利率、资产总量的函数。本国利率及外国利率上升时，投资者都倾向于减少货币的持有，造成货币需求的降低。而资产总量增加时，投资者倾向于将增加了的资产总量按原有比例分布在每种资产上，因此对货币的需求也会增加。所以，货币需求 M 是本国利率 i_d、外国利率 i_f 的减函数，是资产总量 W 的增函数。用公式表示为：

$$M = \alpha(i_d, i_f, \pi_e) W \qquad (8.23)$$

从本国债券市场看，本国债券供给同样是由政府控制的外生变量。本国利率水平提高时，投资者会更倾向于持有本国债券，外国利率水平提高时则反之。因此，对本国债券的需求 M 是本国利率 i_d 的增函数，外国利率 i_f 的减函数，资产总量 W 的增函数。用公式表示为：

$$M = \beta(i_d, i_f, \pi_e)W \tag{8.24}$$

从外国债券市场看，外国债券的供给是通过经常账户的盈余获得的，在短期内，我们假定经常账户状况不发生变动，因此这种情况下它的供给也是外生的固定值。同理，对外国债券的需求 eF 是本国利率 i_d 的减函数，外国利率 i_f 的增函数，资产总量 W 的增函数。用公式表示为：

$$eF = \gamma(i_d, i_f, \pi_e)W \tag{8.25}$$

在以上公式中，α、β、γ 分别表示本国货币、本国债券、外国债券在数量上的财富比例。π_e 表示预期汇率上升率。

在以上每个市场上，该种资产的供给与需求的不平衡都会带来相应变量，主要是本国利率与汇率的调整。由于各个市场是相互关联的，因此只有当三个市场都处于平衡状态时，该国的资产市场才处于平衡状态。这样，在短期内各种资产的供给量既定的情况下，这一资产市场的平衡会确定本国利率与汇率水平。在长期内，对于既定的货币供给与本国债券供给，经常账户的失衡带来本国持有的外国债券总量变动，这一变动又会引起资产市场的调整。因此，在长期内，还要求经常账户处于平衡状态。这样，本国的资产总量不发生变化，由此确定的本国利率与汇率水平将保持稳定。

在资产组合法的基本分析框架上，下面我们来进行如下讨论。

最佳资产组合建立起来以后，当各种资产供给水平发生变化，或者当各种资产的预期收益率发生变动时，其原有的资产组合均衡就会遭到破坏。这时，私人部门实际的资产组合比例与其意愿的资产组合比例不相吻合，私人部门会对其现有的资产组合进行调整，以使其资产组合符合意愿，从而又开始了重新恢复均衡的过程。在进行国内外资产之间的调整过程中，必然会引起外汇供求流量的变化，从而引起汇率的变化，并重新达到均衡。影响两国金融资产供求量的因素很多，主要有国内外资产供应量的变化、利率和汇率的变动、国际收支中经常性项目的差额以及政府财政的平衡情况等。

① 外国资产需求的变化。外国资产市场失衡导致外国利息率的变化和汇率的变化。当外国资产市场失衡导致外国利息率上升时，私人部门对外国资产投资的意愿增强，使 γ 增大，而 α、β 相应减小。也就是说，公众为了重新平衡其资产组合，就会将一部分本国货币和本国有价证券转换成国外资产，使国内货币和证券出现超额供给，而国外净资产则出现超额需求，由此导致外汇汇率上升，国外净资产

额上升，直至资产组合重新符合公众意愿。反之，当外国利息率下降时，公众将减少对外国资产的需求，从而导致外汇汇率的下跌。

② 本国货币供应量的变化。当中央银行通过购买政府债券来融通财政赤字时，货币供应量就会相应增加，投资者将会用增加的（部分）货币来购买本币资产和外币资产，以便重新平衡他们的资产组合。若本币资产和外币资产供给量不变，则因货币供应量增加而导致的本外币资产需求上升，会推高本外币资产的价格。本国汇率的升降则取决于国外资产的需求财富弹性与国外资产对本国利率的交叉需求弹性的相对大小。

③ 本国资产供应量的变化。本币资产供应量的增加是政府增发债券以弥补财政赤字的结果。本币资产供应的增加，一方面提高了私人部门的财富总额，导致总需求增加，对国外资产的需求也相应增加，从而促使外汇汇率提高；另一方面使本币资产价格下跌，收益率上升，又会诱使公众增加对本币资产的需求，相对削弱对外币资产的需求，从而导致外汇汇率下降。其净影响取决于国外资产的需求财富弹性与国外资产对本国利率的交叉需求弹性的相对大小。

④ 外币资产供应量的变化。外币资产供应量的增加源于经常账户的盈余。当经常账户出现盈余时，私人部门持有的国外净资产（F_p）就会增加，使 eF_p/W 大于意愿比率 γ。在重新平衡资产组合时，人们会将超额的净外汇资产转换成本国货币和资产，从而导致外汇汇率的下跌。反之，则使外汇汇率上升。

以上论述的是短期均衡汇率的决定，但在某一时点上，当汇率 e 和利率 i 达到平衡时，经常账户未必能达到平衡。在浮动汇率制度和政府不干预外汇市场的情况下，若经常账户出现顺差（或逆差）时，意味着资本账户的逆差（或顺差），也就意味着外币资产存量的增加（或减少），这反过来又影响到汇率，使汇率下降（或上升）。如此反复不断的相互作用，形成了对汇率的动态调节，直至外币资产存量不再增加（或减少），经常项目趋于平衡，从而使短期均衡汇率最终趋于长期均衡汇率。

资产组合分析理论是资产组合选择理论的运用，在现代汇率研究领域占有重要的地位。该理论一方面承认经常项目失衡对汇率的影响，另一方面也承认货币市场失衡对汇率的影响，这在很大程度上摆脱了传统汇率理论和货币主义汇率理论中的片面性，具有积极意义；同时它提出的假定更加贴近现实。但该理论也存在明显的缺陷：首先，该理论在论述经常项目失衡对汇率的影响时，只注意到资产组合变化所产生的作用，而忽略了商品和劳务流量变化所产生的作用；其次，只考虑目前的汇率水平对金融资产实际收益产生的影响，而未考虑汇率将来的变动对金融资产的实际收益产生的影响；另外，它的实践性较差，因为有关各国居民持有的财富数量及构成的资料，是有限的、不易取得的。

8.2.2 持有成本模型

不管是外汇期货，还是后面要讲述的利率期货和股指期货等各种金融期货，持有成本模型都适用于其合约的定价。在金融期货合约中，持有成本是指为相关金融资产融资所支付的净利息成本，它与利息率、持有期限和融资量有关。

金融期货价格是现时决定未来（即金融期货合约到期时）支付的价格。从经验来看，任何一种金融期货的价格都以市场现时可利用的信息为基础，部分地依赖于对相关资产价格的估计。作为购买金融期货合约的一种替代方法，人们也可以现时在现货市场买入相关金融资产，并持有至金融期货的到期日。由此可见，购买期货合约可使人们回避买入相关资产的投资，即持有成本。所以，持有成本是金融期货价格决定的重要因素之一。

1. 完全市场下的持有成本模型

（1）假设前提。① 金融期货市场是完全的，即没有税收和交易成本，也没有对金融期货合约自由买卖的限制。这样形成一个理想的境界，没有套利存在，也没有市场摩擦。② 假定相关金融资产可以卖空，又可以储存。③ 市场是有效的，即卖空行为易于进行，相关金融资产有足够的供给，无明显的季节性调整，没有季节性消费，等等。

（2）推导。在金融期货中，持有成本包括融资成本和相关资产的收益。用公式表示为：

$$持有成本 = 融资成本 + 资产收益$$

① 为避免期现套利，从现货与期货的定价关系入手，建立持有成本模型。一方面，当交易者购买现货，并持有至金融期货合约到期日而进行交易，就有确定的利益。为了避免套利的出现，期货价格应不大于相关资产的现货价格与持有到交割时的持有成本，即：

$$F_{0,t} \leqslant S_0(1 + C) \tag{8.26}$$

这里，$F_{0,t}$ 为 t 时刻交割的金融期货合约的现时价格，S_0 为相关资产的即期价格，C 为用 S_0 表示从现时持有至期货交割的持有成本的分数形式。

另一方面，当现货价格相对金融期货价格而言较高时，交易者则会通过卖空现货，并买进金融期货以获得套利利润。为了防止套利（其实两种市场存在一个动态的均衡过程），金融期货价格不应小于相关资产现货价格与持有成本之和，即：

$$F_{0,t} \geqslant S_0(1 + C) \tag{8.27}$$

由式（8.9）、式（8.10）不难看出：

$$F_{0,t} = S_0(1 + C) \tag{8.28}$$

② 为避免跨期套利，从远期期货价格与近期期货价格入手，建立持有成本模型。一方面，当远期期货的价格高于近期期货的价格，并剔除从近期 $t = n$ 持有至远期 $t = d$ 的持有成本时，交易者会卖出远期期货并买入近期期货而进行套利。为了防止套利，远期期货的价格应不大于近期期货的价格与相应的持有成本之和，即：

$$F_{0,d} \leqslant F_{0,n}(1 + C) \tag{8.29}$$

这里，$F_{0,d}$ 为 $t = d$ 到期的远期期货的现时价格，$F_{0,n}$ 为 $t = n$ 到期的近期期货的现时价格，$n < d$，（下同），C 为从 $t = n$ 至 $t = d$ 期间持有成本的分数表示。

另一方面，如果远期期货价格相对低于近期期货价格，则会出现买入远期期货合约，并卖出近期期货合约而进行套利的交易。为了防止套利，$F_{0,d}$ 与 $F_{0,n}$ 之间应满足如下关系式：

$$F_{0,d} \geqslant F_{0,n}(1 + C) \tag{8.30}$$

结合式（8.29）和式（8.30），可得：

$$F_{0,d} = F_{0,n}(1 + C) \tag{8.31}$$

以上在完全市场的假设条件下，建立了两种持有成本模型。由于式（8.28）和式（8.31）具有相同的形式，故可采用式（8.28）作为完全市场下的持有成本模型的一般形式，并可将其变形为：

$$C = F_{0,t}/S_c - 1 \tag{8.32}$$

这里，C 为隐含回购利率，即金融期货与相关资产现货之间的差异而决定的利率。

2. 不完全市场下的持有成本模型

现实情况是，市场的不完全性会使持有成本模型（8.28）变得更为复杂，市场的不完全性主要包括：①交易者面临直接交易成本。②借款利率和贷款利率常常不等。③卖空受到限制。④一些金融资产不可贮藏，因此不能持有至未来交割。

下面我们将在完全市场假设下的持有成本模型的基础上，一一放松以上条件，对其作一些修正。

（1）考虑交易者面临的直接交易成本。一方面，交易者需要支付经纪费和交易所费，甚至交易所会员也要支付交易所费。另一方面，任何一个市场都有买卖差价，即交易所场内的造市者总是力求在比其愿意购入的更高价格卖出。这里，设直接交易成本为交易量的固定百分率 T。为了简明起见，假定交易成本仅适用于相关资产现货市场，但不适用于金融期货市场，从而可对完全市场的结论加以扩充。

在现货持有套利模型中，为得到金融资产而支付的价格为 $S_0(1 + T)$，将其持有至期货到期日，成本为 $S_0(1 + T)(1 + C)$。为了避免套利机会的利用，应使：

$$F_{0,t} \leqslant S_0(1 + T)(1 + C) \tag{8.33}$$

同样，交易者卖空现货所获收益为 $S_0(1 - T)$，持有至期货到期时的价值为 $S_0(1 - T)(1 + C)$，为了避免套利机会的利用，应有：

$$S_0(1 - T)(1 + C) \leqslant F_{0,t} \tag{8.34}$$

综合式（8.33）和式（8.34），可得：

$$S_0(1 - T)(1 + C) \leqslant F_{0,t} \leqslant S_0(1 + T)(1 + C) \tag{8.35}$$

不等式式（8.35）定义了一个无套利区域，在这一区域中，期货价格保持避免套利。当期货价格在区域内，可能无套利。而当期货价格越过其边界时，套利者会进入市场利用套利机会。不过，由于各交易者的交易成本存在差异，各个交易者有不同无套利区域。

（2）考虑借贷利率存在差别。一般地，交易者面临着比贷款利率更高的借款利率。若借款利率和贷款利率分别为 C_B 和 C_L，则式（8.35）可调整为：

$$S_0(1 - T)(1 + C_L) \leqslant F_{0,t} \leqslant S_0(1 + T)(1 + C_B) \tag{8.36}$$

以上的研究中，都是假定在现货市场对卖空没有任何限制，而且卖空者可以无限制地使用卖空所产生的资金。

在西方国家的股票市场，欲卖空的交易者（即卖空者）可请求其经纪人从另一客户处借入股票而卖出。若卖空者得到所有卖空的资金，经纪人则处于不利的地位。经纪人要从另一客户处借入股票，必须在需要之时归还，而卖空者可能取得全部资金并潜逃，或者市场对卖空者不利而使其无力归还股票。因此，对卖空者有许多限制，如：①对一些资产，没有卖空的机会。②即使允许卖空，对卖空资金的使用有所限制，卖空者只能使用卖空所产生资金的一部分，比如50%。由于现货持有套利模型中卖空金融期货可使用全部卖空所产生的收益，而卖空现货只能利用一部分卖空所产生的收益，所以应对式（8.36）作进一步调整，即：

$$fS_0(1 - T)(1 + C_L) \leqslant F_{0,t} \leqslant S_0(1 + T)(1 + C_B) \tag{8.37}$$

其中，f 为对卖空产生收益可使用的部分，$0 \leqslant f \leqslant 1$。

对比式（8.36）和式（8.37）可以看出，当考虑对卖空有所限制时，一般地无套利区域有所扩大。不等式（8.37）作为持有成本模型的一般形式，其包含了交易成本、不同的借贷利率和对卖空的限制，持有成本模型的其他形式可以看作是式（8.37）的特例。

本书中我们都假设金融期货市场是完全的，在这一前提下来研究金融期货的定价。

8.2.3 外汇期货定价模型

外汇期货的相关资产是以外币表示的，因此，需要通过汇率折算为本币资产，从持有成本的观点来看，外汇期货的定价既涉及利用本币对货币期货相关资产进行资金融通，又涉及因持有货币期货相关资产而产生的机会成本。

1. 现货持有模型

借入一定数量的本币 A（短期利率 r_1），按即期汇率 S 购买一定数量的外币，同时以价格 F 卖出该种外汇期货合约（剩余到期时间 t，短期利率 r_2）。这样，持有成本模型中的融资成本依赖于本币短期利率 r_1，收益则依赖于外币短期利率 r_2。均衡时，现货到期价值 = 期货到期价值，用公式表示为：

$$AS(1 + r_1 t) = AF(1 + r_2 t)$$

所以外汇期货的定价形式为：

$$F = S \frac{1 + r_1 t}{1 + r_2 t} \tag{8.38}$$

外汇期货的这种定价简化公式，隐含着一系列条件：（1）F 与 S 同为间接标价法；（2）货币期货的价格 F 与货币远期合约的价格是一致的；（3）期货市场为完全市场，即无直接交易费用，无借贷利率差异，无现货市场卖空限制。

2. 基于利息率平价理论的期货持有成本模型

式（8.28）给出了持有成本模型的一般形式：

$$F_0, t = S_0(1 + C)$$

将式（8.38）代入式（8.28）可得到持有成本：

$$1 + C = \frac{1 + r_1 t}{1 + r_2 t} = 1 + \frac{r_1 t - r_2 t}{1 + r_2 t} = 1 + (r_1 t - r_2 t) \quad （当 r_2, t \text{ 很小时}）$$

所以：
$$C = (r_1 - r_2)t \tag{8.39}$$

3. 基于购买力平价理论的期货持有成本模型

按费希尔分析，名义利率（市场利率）r_n 包含两部分，即实际利率 r^* 和通货膨胀率 $E(I)$，用公式表示为：

$$1 + r_n = (1 + r^*)[1 + E(I)] \tag{8.40}$$

因此在式（8.38）中有：

$$1 + r_1 t = (1 + r_1^* t)[1 + E(I_1)]$$

$$1 + r_2 t = (1 + r_2^* t)[1 + E(I_2)]$$

所以式（8.38）可化为：

$$F = S \frac{(1 + r_1^* t)[1 + E(I_1)]}{(1 + r_2^* t)[1 + E(I_2)]} \tag{8.41}$$

$$\cong S \frac{1 + r_1^* t + E(I_1) + r_1^* t E(I_1)}{1 + r_2^* t + E(I_2) + r_2^* t E(I_2)}$$

$$\cong S \frac{1 + r_1^* t + E(I_1)}{1 + r_2^* t + E(I_2)}$$

$$\cong S[1 + (r_1^* - r_2^*)t + E(I_1) - E(I_2)] \text{（当 } t, r_1^*, r_2^*, E(I_1), E(I_2) \text{ 很小时）}$$

$$\tag{8.42}$$

分析：

（1）若 $r_1^* = r_2^*$，$E(I_1) = E(I_2)$，则 $F = S$。

（2）若 $r_1^* \neq r_2^*$，则 $\dfrac{\partial F}{\partial (r_1^* - r_2^*)t} = S$，此时 F 与国内外实际利差成正比。

（3）若 $E(I_1) \neq E(I_2)$，则 $\dfrac{\partial F}{\partial [E(I_1) - E(I_2)]} = S$，此时 F 与国内外预期通货膨胀率差成正比。

由此可见，利用外汇期货的持有成本模型，结合费希尔公式，可得到外汇期货价格 F 与即期汇率 S，两国实际利率差 $(r_1^* - r_2^*)t$ 及预期通货膨胀率差 $[E(I_1) - E(I_2)]$ 在剩余到期时间 t 不长，国内外短期利率 r_1、r_2 和 $E(I_1)$、$E(I_2)$ 不大的情况下的表达式。

8.3 外汇期货的交易

同商品期货一样，外汇期货交易也有套期保值、套利和投资三种交易方式。其原理与商品期货交易大致相同，但因标的不同，适应的范围有很大差别。本节主要介绍了外汇期货的套期保值、套利交易的原理和策略。

8.3.1 外汇期货的套期保值

汇率的大幅波动，使得外汇持有者、贸易厂商、银行、企业等均需要采用套期保值，将风险降至最低限度。所谓外汇套期保值是指在现汇市场上买进或卖出的同时，又在期货市场上卖出或买进金额大致相当的期货合约。在合约到期时，因汇率变动造成的现汇买卖盈亏可由外汇期货交易上的盈亏弥补。

外汇期货套期保值可分为买入套期保值、卖出套期保值和交叉套期保值。

1. 买入卖出套期保值

（1）买入套期保值。买入套期保值又称多头套期保值，是指人们先在外汇期货市场上买进一定数量的某种外汇期货合约，而于合约到期前，在现货市场上买进所需外汇时，再卖出该合约。买入套期保值的目的是防止汇率上升带来的风险。它一般应用于在未来某日期将发生外汇支付的场合，如国际贸易中的进口商和短期负债者。

例 8 - 1 在 1 月份，一位美国人计划于同年 6 月起程前往瑞士作为期 6 个月的旅行。他预计在这次旅行中将花费 500 000 瑞士法郎。为了防止届时瑞士法郎升值而需多付美元的风险，他于 1 月 12 日在芝加哥商业交易所购买 4 份（交易单位 125 000 美元/份）6 月份交割的瑞士法郎期货合约，汇率为 0.5134（即 1 瑞士法郎合 0.5134 美元）。到了 6 月 6 日，他准备起程。于是，他在外汇市场以美元买进所需的 500 000 瑞士法郎，可那时瑞士法郎的即期汇率已升至 0.5211。这样，他为买进 500 000 瑞士法郎支付了 260 550 美元，比他在 1 月份时预计的 256 700 美元多支付了 3 850 美元。但是，由于他在 1 月份时已买了 4 份法瑞士法郎期货合约，所以，他现在卖出这 4 份合约可从中获取 3 850 美元的收益。可见，他在期货市场所得的收益正好抵补了他在现货市场所受的损失。表 8 - 3 反映了这一买入套期保值的过程和盈亏分析。

表 8 - 3　　　　　　　　　　出国旅行者的买入外汇期货套期保值

时　间	现货市场	期货市场
1 月 12 日	计划于 6 月起程去瑞士度假 6 个月，预计花费 500 000 瑞士法郎，按目前汇率 0.5134 计算，需支付 256 700 美元	买进 4 份 6 月份交割的瑞士法郎期货合约，汇率为 0.5134，合约总成本为 256 700 美元
6 月 6 日	瑞士法郎即期汇率升至 0.5211，买进 500 000 瑞士法郎，支付了 260 550 美元	卖出 4 份瑞士法郎期货合约，汇率为 0.5211，合约总值 260 550 美元
盈亏情况	256 550 – 260 550 = – 3 850（美元）	260 550 – 256 700 = 3 850（美元）
	不盈不亏	

（2）卖出套期保值。卖出套期保值又称空头套期保值，是指人们在外汇期货市场上先卖出一定数量的某种外汇期货合约，而于合约到期前在现货市场收到外汇时再买进该合约。卖出套期保值的目的是防止汇率下降带来的风险。它一般应用于未来某日期取得外汇收入的场合，如国际贸易中的出口商、应收款货币市场存款等。

例 8 – 2 美国某出口商于某年 4 月 1 日与加拿大的一家进口商签订合同，出口总价格为 2 400 000 加元的商品，约定于同年 8 月 10 日交货付款。在签订合同时，美元与加元的即期汇率为 CAD1.5700/USD。若按此汇率计算，该美国出口商可将要收到的 2 400 000 加元兑换成 1 528 662.42 美元。但根据预测，4 个月后加元对美元的汇率将下跌。于是，该美国出口商便通过费城期货交易所（PBOT）的会员经纪商卖出 20 张 9 月份交割的加元期货合约，成交的期货汇率是 USD0.6370/CAD。到 8 月 10 日，加元的即期汇率果然下跌，为 CAD1.5820/USD，因而该美国出口商从德国进口商那里收取的 2 400 000 加元只兑得 1 517 067 美元，比签订合同时所预计的 1 528 662.42 美元减少了 11 595.42 美元。幸亏他当时已卖出 20 张 9 月份到期的加元期货合约，现在期货汇率亦已下跌为 USD0.6323/DM，故他买进这 20 张德国马克期货合约可赚回 11 750 美元，弥补其现货市场的损失还有余。现将这一空头套期保值的过程归纳如表 8 – 4 所示。

表 8 – 4   出口商的卖出外汇期货套期保值

时　间	现货市场	期货市场
4 月 10 日	签订出口合同，预定 3 个月后可收到 2 400 000 加元，当日即期汇率为 CAD1.5700/USD，若按此汇率计算，则 CAD2 400 000 – USD1 528 662.42	卖出 20 张 6 月份交割的加元期货合约，成交期货汇率为 USD 0.6370/CAD，合约总值为 1 592 500 美元
8 月 10 日	收到 240 000 加元，以当日即期汇率 CAD1.5820/USD 卖出，得 1 517 067 美元	买进 20 张 6 月份到期的加元期货合约成交的期货汇率为 USD 0.6323/CAD，合约总值为 1 580 750 美元
盈亏情况	1 517 067 – 1 528 662.42 = – 11 595.42（美元）	1 592 500 – 1 580 750 = 11 750（美元）
	净盈利 154.58 美元	

2. 交叉套期保值

外汇期货市场上一般有多种外汇美元的期货合约，而非美元的两种货币之间的期货合约很少。如果要防止非美元的两种货币之间的汇率风险，有时就要使用交叉套期保值。所谓交叉套期保值，是指利用相关的两种外汇期货合约为一种外汇保值。如：目前外汇市场尚无日元兑换加元或加元兑换日元的期货合约，那么可以选择日元期货合约与加元期货合约实行交叉套期保值。

例 8 – 3 用英镑期货合约和加元期货合约为英镑保值的交叉套期保值。

5 月 10 日，加拿大一出口商向英国出口一批货物，计价货币为英镑，价值 5 000 000 英镑，3 个月收回货款。5 月 10 日英镑对美元汇率为 1.2 美元/英镑，加元对美元汇率为 2.5 加元/美元，则英镑以加元套算汇率为 3 加元/英镑（＝1.2 美元/英镑 ×2.5 加元/美元）。为防止英镑对加元汇率下跌，该公司决定对英镑进行套期保值。由于不存在英镑兑加元的期货合约，该公司可以通过出售 80 份英镑期货合约和购买 120 份加元期货合约，达到套期保值的目的。这一交易过程归纳如表 8 - 5 所示。

表 8 - 5　　　　　　　　　　外汇期货的交叉套期保值

时 间	5 月 10 日	9 月 10 日	盈亏情况
汇 率	1.2 美元/英镑 2.5 加元/美元 3（=1.2×2.5）加元/英镑	1.35 美元/英镑 1.85 加元/美元 2.5（=1.35×1.85）加元/英镑	
现货市场	5 000 000 英镑＝15 000 000 加元	5 000 000 英镑＝12 500 000 加元	12 500 000－15 000 000＝－2 500 000 加元
期货市场 英镑期货	卖出 80 份 9 月期英镑期货合约，合约总值 6 000 000（＝62 500×80×1.2）美元	买入 80 份 9 月期英镑期货合约，合约总值 6 750 000（＝62 500×80×1.35）美元	按 9 月 10 日汇率计算亏损 6 750 000－6 000 000＝75 000 美元＝1 387 500 加元
期货市场 马克期货	买入 120 份 9 月期加元期货合约，合约总值 6 000 000（＝125 000×120/2.5）美元	卖出 120 份 9 月期加元期货合约，合约总值 8 108 108（＝125 000×120/1.85）美元	按 9 月 10 日汇率计算盈利 8 108 108－6 000 000＝2 108 108 美元＝3 899 900 加元
套期保值结果			净盈利 2 512 400 加元

8.3.2　外汇期货的套利交易

外汇期货套利交易是一种较为复杂的交易行为，它与商品期货套利相似，分为跨期套利、跨币种套利和跨市场套利三种类型。

1. 跨期套利

外汇跨期套利与商品期货跨期套利交易类同，只是交易标的物不同，下面以一个实例进行说明。

例 8 - 4　某交易者基于对澳元和美元的汇率走势的判断，进行了一笔外汇期货的套利交易。该交易者在 3 月份分别以 0.65 美元/澳元的汇率买进了 10 张 6 月份的澳元期货合约、以 0.68 美元/澳元的汇率卖出了 10 张 9 月份澳元期货合约，每张澳元期货合约为 10 万澳元。到 5 月份的时候，他以 0.75 美元/澳元的汇率卖出 6 月份合约、以 0.76 美元/澳元的汇率买入 9 月份合约完成对冲。表 8 - 6 反映了该交易者的盈亏状况。

表 8 - 6 跨期套利

时　间	6 月份澳元期货合约	9 月份澳元期货合约
3 月	买入 10 张 6 月份合约 1 澳元 = 0.65 美元	卖出 10 张 9 月份合约 1 澳元 = 0.68 美元
5 月	卖出 10 张 6 月份合约 1 澳元 = 0.75 美元	买入 10 张 9 月份合约 1 澳元 = 0.76 美元
盈亏情况	盈利(0.75 - 0.65) × 1 000 000 = 100 000 美元	亏损(0.76 - 0.68) × 1 000 000 = 80 000 美元
	盈利 20 000 美元	

2. 跨币种套利

跨币种套利是指交易者通过对同一交易所内交割月份相同而币种不同的期货合约的价格走势的研究,买进某一币种的期货合约,同时卖出另一币种的相同交割月份的期货合约的交易行为。在买入或卖出期货合约时,金额应保持相同。具体操作过程中,一般的原则如下:

(1)有两种货币,若一种货币对美元升值,另一种货币对美元贬值,则买入升值的货币的期货合约,同时卖出贬值的货币期货合约。

(2)两种货币都对美元升值,其中一种货币升值速度较另一种货币快,买入升值快的货币期货合约,同时卖出升值慢的货币期货合约。

(3)两种货币都对美元贬值,其中一种货币贬值速度较另一种货币快,卖出贬值快的货币期货合约,同时买入贬值慢的货币期货合约。

(4)两种货币,其中一种货币对美元汇率保持不变,若另一种货币对美元升值,则买入升值货币的期货合约,同时卖出汇率不变的货币的期货合约;若另一种货币对美元贬值,则卖出贬值货币期货合约,同时买入汇率不变的货币期货合约。

3. 跨市场套利

跨市场套利是指交易者根据自己对外汇期货合约价格走势的研究,在一个交易所买入外汇期货合约,同时在另外一个交易所卖出同种外汇期货合约的行为。在买入或卖出期货合约时,它们的金额应保持相同。在操作过程中,一般的原则如下:

(1)如两个市场均处于牛市状态,其中一个市场的预期涨幅高于另一个市场,则在预期涨幅大的市场买入,预期涨幅小的市场卖出。

(2)如两个市场均处于熊市状态,其中一个市场的预期跌幅大于另一个市场,则在预期跌幅大的市场卖出，预期跌幅小的市场买入。

在实际操作中，外汇期货交易与商品期货交易存在一些差别，主要表现在持仓费用不同。商品一旦购入就必须付出仓储费、保险费、利息等资金，而外汇购入后，如是借贷资金，需付出利息，但不需要支付仓储费、保险费等费用，同时，外汇购入后可以存入银行获得存款利息。这一点在交易过程中是值得交易者注意的。

外汇期货的投机交易与商品期货的投机交易是相似的，在看涨时买进期货合约（多头投资），在看跌时卖出期货合约（空头投资）。投资者的盈亏完全取决于期货市场价格的变动方向。有关投机交易的详细知识见本书 3.3 节内容。

8.4 我国的外汇期货交易

在 1992 ~ 1993 年间，我国外汇期货市场曾经短暂地开放过一段时间，但是由于各种原因被迫关闭了。本节主要介绍了我国外汇期货的产生和发展，并对现阶段在我国重新开展外汇期货交易的可行性和必要性作了详细讨论。

8.4.1 我国外汇期货的产生与发展

我国外汇期货的产生与我国外汇管理体制的两次改革密不可分。我国外汇管理体制改革经历了一个由统收统支的高度集中的计划管理模式转向建立在外汇留成与上缴制度基础上的计划与市场相结合的管理模式，然后再转向建立在银行结售汇制度基础上的以市场调节为主的管理模式的转化过程。

我国最早的外汇期货主要以从事境外期货交易为主。1984 年，中国银行率先接受拥有外汇的外贸企业的委托，代理客户从事外汇的境外期货交易业务，开创了我国进行金融期货交易的先河。到 20 世纪 80 年代末 90 年代初，随着外汇管制的放松和外汇市场的发展，外汇期货经纪公司的众多违法操作行为应运而生，从事"外盘"买卖（帮助国内客户在境外市场进行外汇交易）。其中许多外汇期货经纪公司根本没有连通国际市场，只在内部"对冲""对赌"，搞"黑箱操作"，作"水桶交易"。由于对外汇期货业务既没有成熟的经验可循，又缺乏系统的管理措施，外汇期货市场成为完全的投机市场，积聚了极大风险，并导致大量资金流失国外。1993 ~ 1995 年，虽然我国多次发出通知，整顿和清查外汇期货经纪公司及其交易和管理，但由于开办这类公司巨大利益的诱惑，这种局面并没有扭转。1996年 3 月 27 日，人民银行总行和国家外汇管理局最终废止《外汇期货业务管理试行办法》。从此，中国境内"外盘"期货交易告一段落。

此外，随着我国外汇调剂市场的发展和国内期货热潮的兴起，在境外期货市场实践经验的指导下，1992 年 7 月，上海外汇调剂中心建立了中国第一个人民币期货市场，进行人民币兑美元、英镑、日元、德国马克和港元的外汇期货交易。但由于当时我国汇率是外汇调剂汇率与官方汇率并行的双轨汇率，外汇期货价格难以形成对汇率变动预期的直接反映，加之外汇现货交易有许多严格的附加条件，买卖难以自由真实地进行，因而交易一直不活跃。1993 年上海外汇调剂中心被迫停止了人民币外汇期货交易。

在 2005 年 7 月之前，人民币一直盯住美元。但是经国务院批准，自 2005 年 7 月 21 日起，我国开始实行以市场供求为基础，参考"一篮子"货币进行调节、有管理的浮动汇率制度。现在汇率是基于管理浮动汇率机制，与"一篮子"货币挂钩（包括美元、欧元、日元和韩元），允许美元/人民币的汇率每天可有 ±0.3% 的波动。而非美元/人民币的交叉汇率（如欧元和日元）则允许每天有 ±3.0% 的波动，使得这些交叉汇率产品可能比基于美元的人民币合约更为不稳定。

2006 年 8 月 28 日，人民币期货和期权合约在芝加哥商业交易所（CME）首次上市交易。首日开盘价位 0.12561 美元（1 美元合 7.96 元人民币）。上市后，这个人民币期货品种的交易颇为清淡，截至 2008 年 7 月 10 日人民币期货收盘价为 0.14769 美元（1 美元合 6.77 元人民币），上涨幅度为 17.5%，其中在 2008 年 3 月 14 日创下此合约的最高价 0.14918 美元（1 美元合 6.70 元人民币）。

但是，随着中国外汇储备的节节攀高，特别是人民币面临巨大的升值压力以来，人民币完全可自由兑换的问题再度凸显。相应地，在中国开展外汇期货的呼声也逐渐高涨。

8.4.2 恢复我国外汇期货交易的必要性

由于外汇期货交易具有其他外汇交易所不具备的独特功能，在外汇市场体系中占据着重要的地位，与传统外汇市场形成很强的互补关系。随着人民币的国际地位上升，人民币汇率风险加大，及时地推出人民币对外币的期货交易具有非常重要的意义。

1. 开展外汇期货交易，建立合理有效的人民币汇率定价机制

外汇期货市场的存在，使套利者能够在外汇远期市场和外汇期货市场这两个市场上进行套利活动，从而有助于保持两个市场的价格联系，有利于价格形成的合理化。另外，由于外汇期货交易是在集中、公开的场内进行，所形成的期货价格是连续、公开的，与外汇远期市场相比，期货价格信息更容易获得，具有较高的透明度，因此期货市场具有独特的定价功能。人民币最终目标是要实现自由兑换，成为有影响的国际货币，前提条件是人民币汇率要体现其真实价值。随着人民币自由兑换进程的加快，如何建立人民币的合理定价机制也成为一个迫在眉睫的问题。现有的外汇交易方式，不论是即期交易，还是远期或掉期交易，定价权都垄断在银行手中，不同银行的定价往往存在差异，所形成的价格缺乏权威性和透明度。因此开展外汇期货交易，建立合理的人民币汇率定价机制，是人民币汇率制度深化改革的重要前提。

此外，适时推出人民币外汇期货，占领市场先机，这一点在竞争激烈的国际金融市场上尤为重要。近年中国经济规模迅速增大，在国际上特别是在周边地区影响力增强，许多国家或地区也都看中这一市场，试图开发与人民币有关的品种，拓展其金融业务，开辟新的市场。新加坡和中国香港地区的 NDP 交易，是在人民币尚不能自由兑换、国内存在诸多外汇管制情况下推出的人民币衍生交易。可以想象，如果人民币实现了自由兑换，周边国家或地区对人民币衍生品市场的争夺将会十分激烈，作为人民币发行主权国的中国要争得主导权，就不能让定价权旁落，在人民币实行自由兑换之前，及时推出人民币外汇期货，建立起有效的人民币汇率定价机制。

2. 开展外汇期货交易，规避汇率风险

近年来中国对外贸易呈现连续高增长态势，2008 年全年外贸总量达 2.56 万亿美元，外贸规模居世界第三位。国际支付结算中由于汇率变动带来的汇率风险对国内企业和金融机构的影响力也日益明显。目前国内企业和金融机构应对汇率变化风险的能力相当薄弱，现有的外汇交易在规避汇率风险方面也不能满足他们的需要。对于企业来说，大多数不可能直接进入银行间外汇市场，在零售市场中，银行是定价者，缺乏透明、科学的汇率定价机制，交易价格并不能充分反映汇率风险，因此企业更多的是选择在贸易、结算环节设法规避风险，而较少采取外汇交易的方式。

人民币汇率形成机制改革以后，中国企业面临的经营风险与日俱增，习惯了在固定汇率条件下做生意的中国企业不得不开始考虑汇率浮动带来的风险。适时地推出外汇期货交易，利用期货交易的套期保值功能及其特殊的交易机制，可以为外汇风险敞口头寸的持有者提供更有效的避险渠道，而且也可以避免远期结售汇方式下汇率风险集中于银行的困境。在外汇期货市场中，外汇风险头寸的持有者选择适当的期货合约进行交易以转移风险，并随时可以通过反向交易对冲平仓，期货市场的高度流动性，使期货交易相比远期、掉期交易更加灵活，更加能满足交易者的需要。

3. 开展外汇期货交易，丰富外汇投资渠道

2006 年，我国外汇储备已过万亿美元大关，超过日本成为世界上外汇储备最多的国家。外汇储备规模过于庞大，不仅给人民币造成很大升值压力，更重要的是带来很大的机会成本。而且外汇储备中美元资产过多，随着美元汇率的走低，我国的外汇资产面临着缩水的风险。因此人民银行提出了变"藏汇于国"为"藏汇于民"的政策建议。"藏汇于民"通过市场化方式来化解和消化央行手上过多的或是结构不够合理的外汇储备,让国内的企业、机构和个人更便利地进入外汇市场,为他们提供更多的外汇投资渠道,让他们乐于持有外汇。而要做到这一点,就得推出更多的外汇交易品种和工具,以保证持有外汇的居民或企业既有增值之途径,也有规避汇率风险之工具,这样完全集中在央行的外汇储备风险就可以分散到整个社会来分担。外汇期货交易存在的诸多特点,例如保证金交易、双向交易和对冲机制等,与外汇远期市场相比,流动性更强,市场透明度高,定价更合理,因而是一种更适宜的远期投资工具。

8.4.3 恢复我国外汇期货交易的可行性

期货市场产生于现货市场,所以现货市场的相对成熟是建立期货市场的前提条件。我国现有的外汇市场体系逐步完善,为开展外汇期货交易奠定了坚实的基础。主要表现在以下几个方面。第一,银行间外汇市场在推出 OTC 交易之前,一直采取"撮合成交,集中清算"方式,这与期货合约的交易清算方式类似,还有在银行间外汇市场实行的美元做市商制度,这些在未来的外汇期货交易市场均可加以借鉴。第二,国家外汇管制逐步宽松,居民手中持有的外汇数量越来越多,迫使需要投资和避险渠道,这使得外汇期货市场具有坚实的交易群体。第三,我国外汇管理当局拥有充足的外汇储备和丰富的外汇市场操作的经验,可以保证未来外汇期货市场的稳定,控制风险。第四,我国外汇市场体系逐步趋于完善,交易品种日益丰富,为开展外汇期货交易奠定了坚实的基础,外汇期货市场的建立又可以进一步促进其他外汇交易市场的进一步发展,弥补传统市场在定价、风险规避等方面的不足,从而形成期货市场与传统市场相辅相成的一个更加完善的外汇市场体系。最后,2004 年 6 月 8 日,芝加哥商品交易所与中国外汇交易中心暨全国银行间同业拆借中心签署了合作谅解备忘录,根据这个文件,美方将帮助中国外汇交易中心研发套期工具,这使得我们在建立外汇期货交易所的过程可以获得充分的技术支持。特别是全球金融危机的发生,我国动用了大量外汇储备购买美的国债,如果美元大幅度贬值,我国将会有巨大的损失,2009 年我国开始在一些周边国家进行人民币的贸易计价与结算,这一举措对外汇期货的推出具有重要意义。

央行通过一系列的措施期望建立外汇的现货市场,而当它一旦建好之后,就需要一个定价机制,所以,建立外汇期货市场就是必然的选择。我国设立外汇期货市场,通过公开、公平、公正的竞争形成的价格能反映真实的供求关系和变化趋势,可以帮助企业和金融机构规避外汇风险。可以完善我国外汇市场的组织体系,加强我国外汇市场同国际外汇市场的联系,促进中国经济健康地发展。

复习思考题

1. 影响汇率的因素有哪些？
2. 国外外汇期货产生的背景是怎样的？
3. 购买力平价说、利率平价说、国际收支说、资产市场说的核心思想是什么？
4. 简述弹性价格货币分析法和粘性货币分析法的差异。
5. 资产组合分析的主要内容是什么？
6. 金融期货的持有成本理论模型是如何推导出来的？
7. 利息率平价理论和购买力平价理论是如何进行外汇期货定价的？
8. 具体说明外汇期货的三种套利交易类型。
9. 简述现阶段我国开展外汇期货交易的可行性和必要性。

附录 1 期货交易常用术语索引

actuals 现货

准备交货运输、仓储或加工以及实施交割的商品。

ask 喊价，要价

卖出期货合约者报出的价格。与之同义的是 offer，与之相对的是 bid。

at-the-money option 两平期权

期权合约协定价（履约价）与相关期货合约当时市价相等或大致相等的期权。

backwardation 反向市场

现货价格或近期月份期货合约价格高于远期期货合约价格的市场情形。

bar chart 条形图

某一时段内某种期货交易盘的最高价、最低价和收盘价的表示图形。

basis 基差

现货价格减去期货价格的差额；有时也称不同品级商品间的价差为基差。

bear market 熊市

价格下跌的市场情形，又称看跌市场、利空市场。与之对应的是 bull market。

bear spread 熊市套利

bid 出价，开价

买进期货合约时愿意支付的价格，与之相对的是 ask 和 offer。

bond 债券

bottom 底价

某一时段内的最低价。

break 突破；暴跌或暴涨

表示市场价格出现了较大的波动。

broker 经纪人

在交易中处于中间地位，为交易者（交易所会员与客户）执行期货和期权合约的买卖指令，并收取佣金的个人或公司。

bull market 牛市

价格上涨的市场情形，又称看涨市场、利多市场。与之对应的是 bear market。

bull spread 牛市套利

butterfly spread 蝶式套利

long hedge 买入套期保值

一种套期保值策略，指交易者为了避免以后所需商品价格可能上涨带来损失，首先买进以后所需商品相应数量的期货合约，然后，在期货合约到期之前再卖出该期货合约，同时买入所需商品现货，实现期货市场、现货市场盈亏对冲。

call price 结算价

交易所每个交易日统计算出的各种期货合约的成交价的平均价，与之同义的是 settlement price。

call option 看涨期权

一种期权形式，是指期权购买者付给期权出售者一笔权利金后，他有权在期权到期日或到期之前某日按照既定的价格买进标的期货合约，他也可以放弃这一权利。

cancelling order 撤销指令

一种交易指令，是指撤销前一指令的指令。

carrying charge 仓储费用

持有现货商品期间支付的保管费、损耗、利息等。

clear，clearance 清算，结算

交易所结算部或结算公司对期货合约进行的各种要求和方式的资金结算。

close 收市

close price 收市价

commission 佣金

contango 正向市场

现货价格或近期月份期货合约价格低于远期期货合约价格的市场情形。

cover，short covering 回补，补回空仓

买入期货合约来对冲所持有的空头期货合约。

cross hedge 交叉套期保值

用另一种相关商品的期货合约为某种现货商品进行套期保值的交易。

current yield 当期收益

债券利息与当时债券的市价之比。

day order 当日指令

当日有效的指令。

day trader 日交易者

当天买卖合约，当天对冲平仓的交易者。

daily limit 每日价格波动幅度限制

delivery 交割

期货合约的买卖双方到期进行现货商品的交收。

deposit 初始保证金

期货合约成交时，买卖双方最初向期货交易所应交的保证金，一般为期货合约标的面值的5%～10%，与之同义的是 initial margin，后者更常用。

discount 贴水，折价

在期货市场上，现货的价格低于期货的价格，则基差为负数，远期期货的价格高于近期期货的价格，这种情况叫"现货贴水"。

exercise 履约

expiration date 到期日

期权买方可以执行期权权利的日期或最后一日。

exchange 交易所

floor broker 场内经纪人

forward contract 远期合同

现货市场上签订的约定在将来某一时间交货的非标准化交易合同。

fundamental analysis 基本面分析法

根据商品的供需原理和市场信息进行价格分析和预测的方法。

futures 期货

futures contract 期货合约

hedging 套期保值

把期货市场当作转移价格风险的场所，利用期货合约作为将来在现货市场上买卖商品的临时替代物，对其现在买进准备以后售出商品或对将来需要买进商品的价格进行保险的交易活动。

hedger 套期保值者

IB 介绍经纪商

intercommodity spread 跨商品套利

利用两种不同的、但是相互关联的商品之间的期货价格的差异进行套利，即买进（卖出）某一交割月份某一商品的期货合约，而同时卖出（买入）另一种相同交割月份、另一关联商品的期货合约。

interdelivery spread 跨期套利

买进（卖出）某种商品某月的期货合约，同时卖出（买进）同种商品不同月份的期货合约，以后分别对冲以获利。

intermarket spread 跨市套利

在某交易所买进（卖出）某期货合约，在另外的交易所卖出（买进）同种期货合约，以后分别对冲以获利。

in-the-money option 实值期权

具有内在价值的期权。例如，看涨期权的协定价低于相关期货合约的当时市价时，该看涨期权即具有内在价值，称为实值期权。

inverted market 反向市场

同一种商品现货价格高于期货价格的市场。

limit up 涨停板

limit down 跌停板

limit order 限价指令

交易者向经纪人发出买进或卖出的价格限制的指令。

liquidate 流动性

指资产能够以一个合理的价格顺利变现的能力，它是一种所投资的时间尺度（卖出它所需的时间）和价格尺度（与公平市场价格相比的折扣）之间的关系。

long position 多头头寸

交易者买进期货合约则称交易者处于多头头寸。

margin 保证金

为抵挡价格波动带来的损失和保证履行合约，交易所规定的对成交合约的买卖双方应收的押金，一般取合约面值的5%~10%。

maintenance margin 维持保证金

在期货价格朝着不利方向变动时，初始保证金一部分用于弥补亏损，剩下的保证金所达到的某一最低水平的保证金。

market-to-the-market 逐日盯市

对每份期货合约每日按当日结算价和原成交价计算其账面盈亏，以确定是否要追加保证金，确保交易所实现无负债制度。

net positions 净头寸

open interest 未平仓量

未经对冲或交割的期货合约的总数量。

open positions 持仓

option 期权

out-of-the-money option 虚值期权

不具有内在价值的期权，与实值期权相反。

premium 升水，溢价

如果远期期货的价格低于近期期货的价格、现货的价格高于期货的价格，则基差为正数，这种情况称为"现货升水"。

put option 看跌期权

指期权的购买者拥有在期权合约有效期内按执行价格卖出一定数量标的物的权利，但不负担必须卖出的义务。

short position 空头头寸

交易者卖出期货合约则称交易者处于空头头寸。

short hedge 卖出套期保值

在期货市场是首先卖出期货合约在将来对冲以实现保值的套期保值策略。

speculate 投机

承担价格波动风险、以赚取价差为目的的交易。

spot 现货

synthetic options 合成期权

是利用期权与期货组合而产生的另一种期权，主要用作套利，它包括合成看涨期权和合成看跌期权。

technical analysis 技术分析

利用期货的历史价格、交易量、空盘量等各种数据和指标来分析和预测未来价格趋势的行情分析方法。

volume 交易量

warrants 仓单

交易所认可仓库签发的、可用于期货合约标的商品交割的商品所有权证明书。

附录 2　期货交易品种

上海期货交易所上市期货品种合约

【金属类】

1. 阴极铜期货标准合约

交易品种	阴极铜
交易单位	5 吨/手
报价单位	元（人民币）/吨
最小变动价位	10 元/吨
涨跌停板幅度	上一交易日结算价 ±3%
合约月份	1~12 月
交易时间	上午 9:00~11:30，下午 1:30~3:00 和交易所规定的其他交易时间
最后交易日	合约月份的 15 日（遇国家法定节假日顺延，春节月份等最后交易日交易所可另行调整并通知）
交割日期	最后交易日后连续五个工作日
交割品级	标准品：阴极铜，符合国标 GB/T467—2010 中 1 号标准铜（Cu-CATH-2）规定，其中主成分铜加银含量不小于 99. 95%。 替代品：阴极铜，符合国标 GB/T467—2010 中 A 级铜（Cu-CATH-1）规定；或符合 BS EN 1978：1998 中 A 级铜（Cu-CATH-1）规定
交割地点	交易所指定交割仓库
最低交易保证金	合约价值的 5%
交割方式	实物交割
交割单位	25 吨
交易代码	CU
上市交易所	上海期货交易所

2. 铝期货标准合约

交易品种	铝
交易单位	5 吨/手
报价单位	元（人民币）/吨

续表

最小变动价位	5 元/吨
涨跌停板幅度	上一交易日结算价 ±3%
合约月份	1～12 月
交易时间	上午 9：00～11：30，下午 1：30～3：00 和交易所规定的其他交易时间
最后交易日	合约月份的 15 日（遇国家法定节假日顺延，春节月份等最后交易日交易所可另行调整并通知）
交割日期	最后交易日后连续五个工作日
交割品级	标准品：铝锭，符合国标 GB/T1196—2008AL99.70 规定，其中铝含量不低于99.70%。 替代品：1、铝锭，符合国标 GB/T1196—2008 AL99.85，AL99.90 规定。2、铝锭，符合 P1020A 标准。
交割地点	交易所指定交割仓库
最低交易保证金	合约价值的5%
交割方式	实物交割
交割单位	25 吨
交易代码	AL
上市交易所	上海期货交易所

3. 锌期货标准合约

交易品种	锌
交易单位	5 吨/手
报价单位	元（人民币）/吨
最小变动价位	5 元/吨
涨跌停板幅度	上一交易日结算价 ±4%
合约月份	1～12 月
交易时间	上午 9：00～11：30，下午 1：30～3：00 和交易所规定的其他交易时间
最后交易日	合约月份的 15 日（遇国家法定节假日顺延，春节月份等最后交易日交易所可另行调整并通知）
交割日期	最后交易日后连续五个工作日
交割品级	标准品：锌锭，符合国标 GB/T470—2008 ZN99.995 规定，其中锌含量不小于99.995%。 替代品：锌锭，符合 BS EN 1179：2003 Z1 规定，其中锌含量不小于99.995%。
交割地点	交易所指定交割仓库

续表

最低交易保证金	合约价值的5%
交割方式	实物交割
交割单位	25 吨
交易代码	ZN
上市交易所	上海期货交易所

4. 铅期货标准合约

交易品种	铅
交易单位	5 吨/手
报价单位	元（人民币）/吨
最小变动价位	5 元/吨
涨跌停板幅度	上一交易日结算价 ±4%
合约月份	1 ~ 12 月
交易时间	上午9：00 ~ 11：30，下午1：30 ~ 3：00 和交易所规定的其他交易时间
最后交易日	合约月份的15日（遇国家法定节假日顺延，春节月份等最后交易日交易所可另行调整并通知）
交割日期	最后交易日后连续五个工作日
交割品级	标准品：铅锭，符合国标 GB/T 469—2013 Pb99.994 规定，其中铅含量不小于99.994%。
交割地点	交易所指定交割仓库
最低交易保证金	合约价值的5%
交割方式	实物交割
交割单位	25 吨
交易代码	PB
上市交易所	上海期货交易所

5. 镍期货标准合约

交易品种	镍
交易单位	1 吨/手
报价单位	元（人民币）/吨
最小变动价位	10 元/吨
涨跌停板幅度	上一交易日结算价 ±4%
合约月份	1 ~ 12 月

续表

交易时间	上午 9：00 ~ 11：30，下午 1：30 ~ 3：00 和交易所规定的其他交易时间
最后交易日	合约月份的 15 日（遇国家法定节假日顺延，春节月份等最后交易日交易所可另行调整并通知）
交割日期	最后交易日后连续五个工作日
交割品级	标准品：电解镍，符合国标 GB/T 6516—2010Ni9996 规定，其中镍和钴的总含量不小于 99.96%。 替代品：电解镍，符合国标 GB/T 6516—2010 Ni9999 规定，其中镍和钴的总含量不小于 99.99%；或符合 ASTM B39—79（2013）规定，其中镍的含量不小于 99.8%
交割地点	交易所指定交割仓库
最低交易保证金	合约价值的 5%
交割方式	实物交割
交割单位	6 吨
交易代码	NI
上市交易所	上海期货交易所

6. 锡期货标准合约

交易品种	锡
交易单位	1 吨/手
报价单位	元（人民币）/吨
最小变动价位	10 元/吨
涨跌停板幅度	上一交易日结算价 ±4%
合约月份	1 ~ 12 月
交易时间	上午 9：00 ~ 11：30，下午 1：30 ~ 3：00 和交易所规定的其他交易时间
最后交易日	合约月份的 15 日（遇国家法定节假日顺延，春节月份等最后交易日交易所可另行调整并通知）
交割日期	最后交易日后连续五个工作日
交割品级	标准品：锡锭，符合国标 GB/T 728—2010 Sn99.90A 牌号规定，其中锡含量不小于 99.90%。 替代品：锡锭，符合国标 GB/T 728—2010 Sn99.90AA 牌号规定，其中锡含量不小于 99.90%；Sn99.95A、Sn99.95AA 牌号规定，其中锡含量不小于 99.95%；Sn99.99A 牌号规定，其中锡含量不小于 99.99%
交割地点	交易所指定交割仓库
最低交易保证金	合约价值的 5%

续表

交割方式	实物交割
交割单位	2 吨
交易代码	SN
上市交易所	上海期货交易所

7. 黄金期货标准合约

交易品种	黄金
交易单位	1000 克/手
报价单位	元（人民币）/克
最小变动价位	0.05 元/克
涨跌停板幅度	上一交易日结算价 ±3%
合约月份	最近三个连续月份的合约以及最近 13 个月以内的双月合约
交易时间	上午 9:00~11:30，下午 1:30~3:00 和交易所规定的其他交易时间
最后交易日	合约月份的 15 日（遇国家法定节假日顺延，春节月份等最后交易日交易所可另行调整并通知）
交割日期	最后交易日后连续五个工作日
交割品级	金含量不小于 99.95% 的国产金锭及经交易所认可的伦敦金银市场协会（LBMA）认定的合格供货商或精炼厂生产的标准金锭（具体质量规定见附件）
交割地点	交易所指定交割金库
最低交易保证金	合约价值的 4%
交割方式	实物交割
交割单位	3000 克
交易代码	AU
上市交易所	上海期货交易所

8. 白银期货标准合约

交易品种	白银
交易单位	15 千克/手
报价单位	元（人民币）/千克
最小变动价位	1 元/千克
涨跌停板幅度	上一交易日结算价 ±3%
合约月份	1~12 月
交易时间	上午 9:00~11:30，下午 1:30~3:00 和交易所规定的其他交易时间

续表

最后交易日	合约月份的 15 日（遇国家法定节假日顺延，春节月份等最后交易日交易所可另行调整并通知）
交割日期	最后交易日后连续五个工作日
交割品级	标准品：符合国标 GB/T 4135—2016 IC—Ag99.99 规定，其中银含量不低于 99.99%。
交割地点	交易所指定交割仓库
最低交易保证金	合约价值的 4%
交割方式	实物交割
交割单位	30 千克
交易代码	AG
上市交易所	上海期货交易所

9. 螺纹钢期货标准合约

交易品种	螺纹钢
交易单位	10 吨/手
报价单位	元（人民币）/吨
最小变动价位	1 元/吨
涨跌停板幅度	上一交易日结算价 ±3%
合约月份	1~12 月
交易时间	上午 9:00~11:30，下午 1:30~3:00 和交易所规定的其他交易时间
最后交易日	合约月份的 15 日（遇国家法定节假日顺延，春节月份等最后交易日交易所可另行调整并通知）
交割日期	最后交易日后连续五个工作日
交割品级	标准品：符合国标 GB/T 1499.2—2018《钢筋混凝土用钢 第 2 部分：热轧带肋钢筋》HRB400 牌号的 Φ16mm、Φ18mm、Φ20mm、Φ22mm、Φ25mm 螺纹钢。 替代品：符合国标 GB/T 1499.2—2018《钢筋混凝土用钢 第 2 部分：热轧带肋钢筋》的 HRB400E 牌号的 Φ16mm、Φ18mm、Φ20mm、Φ22mm、Φ25mm 螺纹钢
交割地点	交易所指定交割仓库
最低交易保证金	合约价值的 5%
交割方式	实物交割
交割单位	300 吨
交易代码	RB
上市交易所	上海期货交易所

10. 线材期货标准合约

交易品种	线材
交易单位	10 吨/手
报价单位	元（人民币）/吨
最小变动价位	1 元/吨
涨跌停板幅度	上一交易日结算价 ±5%
合约月份	1 ~ 12 月
交易时间	上午 9:00 ~ 11:30，下午 1:30 ~ 3:00 和交易所规定的其他交易时间
最后交易日	合约月份的 15 日（遇国家法定节假日顺延，春节月份等最后交易日交易所可另行调整并通知）
交割日期	最后交易日后连续五个工作日
交割品级	标准品：符合国标 GB/T 1499.1—2017《钢筋混凝土用钢 第 1 部分：热轧光圆钢筋》HPB300 牌号的 φ8mm 线材。 替代品：符合国标 GB/T 1499.1—2017《钢筋混凝土用钢 第 1 部分：热轧光圆钢筋》HPB300 牌号的 φ10mm 线材
交割地点	交易所指定交割仓库
最低交易保证金	合约价值的 7%
交割方式	实物交割
交割单位	300 吨
交易代码	WR
上市交易所	上海期货交易所

11. 热轧卷板期货标准合约

交易品种	热轧卷板
交易单位	10 吨/手
报价单位	元（人民币）/吨
最小变动价位	1 元/吨
涨跌停板幅度	上一交易日结算价 ±3%
合约月份	1 ~ 12 月
交易时间	上午 9:00 ~ 11:30，下午 1:30 ~ 3:00 和交易所规定的其他交易时间。
最后交易日	合约月份的 15 日（遇国家法定节假日顺延，春节月份等最后交易日交易所可另行调整并通知）
交割日期	最后交易日后连续五个工作日

续表

交割品级	标准品：符合 GB/T 3274—2017《碳素结构钢和低合金结构钢热轧厚钢板和钢带》的 Q235B 或符合 JIS G 3101—2015《一般结构用轧制钢材》的 SS400，厚度 5.75mm、宽度 1500mm 热轧卷板。 替代品：符合 GB/T 3274—2017《碳素结构钢和低合金结构钢热轧厚钢板和钢带》的 Q235B 或符合 JIS G 3101—2015《一般结构用轧制钢材》的 SS400，厚度 9.75mm、9.5mm、7.75mm、7.5mm、5.80mm、5.70mm、5.60mm、5.50mm、5.25mm、4.75mm、4.50mm、4.25mm、3.75mm、3.50mm，宽度 1 500mm 热轧卷板
交割地点	交易所指定交割仓库
最低交易保证金	合约价值的 4%
交割方式	实物交割
交割单位	300 吨
交易代码	HC
上市交易所	上海期货交易所

12. 不锈钢期货标准合约

交易品种	不锈钢
交易单位	5 吨/手
报价单位	元（人民币）/吨
最小变动价位	5 元/吨
涨跌停板幅度	上一交易日结算价 ±4%
合约月份	1～12 月
交易时间	上午 9：00～11：30，下午 1：30～3：00 和交易所规定的其他交易时间。
最后交易日	合约月份的 15 日（遇国家法定节假日顺延，春节月份等最后交易日交易所可另行调整并通知）
交割日期	最后交易日后连续五个工作日
交割品级	标准品为厚度 2.0mm、宽度 1219mm、表面加工类型为 2B、边部状态为切边的 304 奥氏体不锈钢冷轧卷板。 替代交割品厚度可选 0.5mm、0.6mm、0.7mm、0.8mm、0.9mm、1.0mm、1.2mm、1.5mm、3.0mm，宽度可选 1000mm、1500mm，边部状态可选毛边（厚度升贴水、边部状态升贴水由交易所另行规定并公告）。 质量符合 GB/T3280－2015《不锈钢冷轧钢板和钢带》要求的 06Cr19Ni10，或者符合 JIS G 4305：2012《冷轧不锈钢钢板及钢带》的 SUS304
交割地点	交易所指定交割地点
最低交易保证金	合约价值的 5%
交割方式	实物交割
交割单位	60 吨
交易代码	SS
上市交易所	上海期货交易所

【能源化工类】
13. 原油期货标准合约

交易品种	中质含硫原油
交易单位	1000 桶/手
报价单位	元（人民币）/桶（交易报价为不含税价格）
最小变动价位	0.1 元（人民币）/桶
每日价格最大波动限制	不超过上一交易日结算价 ±4%
合约交割月份	最近 1 ~ 12 个月为连续月份以及随后八个季月
交易时间	上午 9：00 ~ 11：30，下午 1：30 ~ 3：00 或上海国际能源交易中心规定的交易时间
最后交易日	交割月份前一月份的最后一个交易日；上海国际能源交易中心有权根据国家法定节假日调整最后交易日
交割日期	最后交易日后连续五个交易日
交割油种	中质含硫原油，基准品质为 API 度 32.0，硫含量 1.5%，具体可交割油种及升贴水由上海国际能源交易中心另行规定。
交割地点	上海国际能源交易中心指定交割仓库
最低交易保证金	合约价值的 5%
交割方式	实物交割
交易代码	SC
上市机构	上海期货交易所上海国际能源交易中心

14. 燃料油期货标准合约

交易品种	燃料油
交易单位	10 吨/手
报价单位	元（人民币）/吨（交易报价为不含税价格）
最小变动价位	1 元/吨
涨跌停板幅度	上一交易日结算价 ±5%
合约月份	1 ~ 12 月
交易时间	上午 9：00 ~ 11：30，下午 1：30 ~ 3：00 和交易所规定的其他交易时间
最后交易日	合约月份前一月份的最后一个交易日；交易所可以根据国家法定节假日调整最后交易日
交割日期	最后交易日后连续五个工作日
交割品级	RMG 380 船用燃料油（硫含量为 I 级、II 级）或者质量优于该标准的船用燃料油（具体质量规定见附件）
交割地点	交易所指定交割地点
最低交易保证金	合约价值的 8%
交割方式	实物交割
交割单位	10 吨
交易代码	FU
上市交易所	上海期货交易所

15. 沥青期货标准合约

交易品种	石油沥青
交易单位	10 吨/手
报价单位	元（人民币）/吨
最小变动价位	2 元/吨
涨跌停板幅度	上一交易日结算价 ±3%
合约月份	24 个月以内，其中最近 16 个月为连续月份合约，6 个月以后为季月合约
交易时间	上午 9：00～11：30，下午 1：30～3：00 和交易所规定的其他交易时间
最后交易日	合约月份的 15 日（遇国家法定节假日顺延，春节月份等最后交易日交易所可另行调整并通知）
交割日期	最后交易日后连续五个工作日
交割品级	70 号 A 级道路石油沥青具体内容见《上海期货交易所石油沥青期货交割实施细则(试行)》
交割地点	交易所指定交割地点
最低交易保证金	合约价值的 4%
交割方式	实物交割
交割单位	10 吨
交易代码	BU
上市交易所	上海期货交易所

16. 天然橡胶期货标准合约

交易品种	天然橡胶
交易单位	10 吨/手
报价单位	元（人民币）吨
最小变动价位	5 元/吨
涨跌停板幅度	上一交易日结算价 ±3%
合约月份	1 月、3 月、4 月、5 月、6 月、7 月、8 月、9 月、10 月、11 月
交易时间	上午 9：00～11：30，下午 1：30～3：00 和交易所规定的其他交易时间
最后交易日	合约月份的 15 日（遇国家法定节假日顺延，春节月份等最后交易日交易所可另行调整并通知）
交割日期	最后交易日后连续五个工作日
交割品级	标准品：1. 国产天然橡胶（SCR WF），质量符合国标 GB/T8081—2008； 2. 进口 3 号烟胶片（RSS3），质量符合《天然橡胶等级的品质与包装国际标准（绿皮书）》（1979 年版）
交割地点	交易所指定交割仓库
最低交易保证金	合约价值的 5%
交割方式	实物交割
交割单位	10 吨
交易代码	RU
上市交易所	上海期货交易所

17. 20 号胶期货标准合约

交易品种	20 号胶
交易单位	10 吨/手
报价单位	元（人民币）/吨（交易报价为不含税价格）
最小变动价位	5 元（人民币）/吨
涨跌停板幅度	不超过上一交易日结算价 ±5%
合约交割月份	1 月、2 月、3 月、4 月、5 月、6 月、7 月、8 月、9 月、10 月、11 月、12 月
交易时间	上午 9∶00～11∶30，下午 1∶30～3∶00 以及上海国际能源交易中心规定的其他交易时间
最后交易日	交割月份的 15 日（遇国家法定节假日、休息日顺延；上海国际能源交易中心可以根据国家法定节假日、休息日调整最后交易日）
交割日期	最后交易日后连续五个交易日
交割品质	具体质量规定见附件
交割地点	上海国际能源交易中心指定交割仓库
最低交易保证金	合约价值的 7%
交割方式	实物交割
交易代码	NR
上市机构	上海期货交易所上海国际能源交易中心

18. 纸浆期货标准合约

交易品种	漂白硫酸盐针叶木浆
交易单位	10 吨/手
报价单位	元（人民币）/吨
最小变动价位	2 元/吨
涨跌停板幅度	上一交易日结算价 ±3%
合约月份	1～12 月
交易时间	上午 9∶00～11∶30，下午 1∶30～3∶00 和交易所规定的其他交易时间
最后交易日	合约月份的 15 日（遇国家法定节假日顺延，春节月份等最后交易日交易所可另行调整并通知）
交割日期	最后交易日后连续五个工作日
交割品级	漂白硫酸盐针叶木浆，具体质量规定见附件
交割地点	交易所指定交割仓库
最低交易保证金	合约价值的 4%
交割方式	实物交割
交割单位	20 吨
交易代码	SP
上市交易所	上海期货交易所

郑州商品交易所上市期货品种合约

【农产品类】

1. 强麦期货标准合约

交易品种	优质强筋小麦（简称"强麦"）
交易单位	20 吨/手
报价单位	元（人民币）/吨
最小变动价位	1 元/吨
每日价格波动限制	上一个交易日结算价 ±4% 及《郑州商品交易所期货交易风险控制管理办法》相关规定
最低交易保证金	合约价值的 5%
合约交割月份	1 月、3 月、5 月、7 月、9 月、11 月
交易时间	每周一至周五（北京时间 法定节假日除外）上午 9：00～11：30，下午 1：30～3：00
最后交易日	合约交割月份的第 10 个交易日
最后交割日	合约交割月份的第 12 个交易日
交割品级	符合《中华人民共和国国家标准 小麦》（GB 1351—2008）的三等及以上小麦，且稳定时间、湿面筋等指标符合《郑州商品交易所期货交割细则》规定要求
交割地点	交易所指定交割仓库
交割方式	实物交割
交易代码	WH
上市交易所	郑州商品交易所

2. 普麦期货标准合约

交易品种	普通小麦（简称"普麦"）
交易单位	50 吨/手
报价单位	元（人民币）/吨
最小变动价位	1 元/吨
每日价格波动限制	上一个交易日结算价 ±4% 及《郑州商品交易所期货交易风险控制管理办法》相关规定

续表

最低交易保证金	合约价值的 5%
合约交割月份	1 月、3 月、5 月、7 月、9 月、11 月
交易时间	每周一至周五（北京时间 法定节假日除外） 上午 9:00～11:30，下午 1:30～3:00
最后交易日	合约交割月份的第 10 个交易日
最后交割日	仓单交割：合约交割月份的第 12 个交易日 车船板交割：合约交割月份的次月 20 日
交割品级	符合《中华人民共和国国家标准 小麦》（GB1351—2008）的三等及以上小麦，且物理指标等符合《郑州商品交易所期货交割细则》规定要求
交割地点	交易所指定交割仓库及指定交割计价点
交割方式	实物交割
交易代码	PM
上市交易所	郑州商品交易所

3. 一号棉花期货标准合约

交易品种	棉花
交易单位	5 吨/手（公定重量）
报价单位	元（人民币）/吨
最小变动价位	5 元/吨
每日价格最大波动限制	上一交易日结算价 ±4% 及《郑州商品交易所期货交易风险控制管理办法》相关规定
合约交割月份	1 月、3 月、5 月、7 月、9 月、11 月
交易时间	每周一至周五（北京时间 法定节假日除外）上午：9:00～11:30， 下午：1:30～3:00 及交易所规定的其他交易时间
最后交易日	合约交割月份的第 10 个交易日
最后交割日	合约交割月份的第 12 个交易日
交割品级	基准交割品：符合 GB1103.1—2012《棉花 第 1 部分：锯齿加工细绒棉》规定的 3128B 级，且长度整齐度为 U3 档，断裂比强度为 S3 档，轧工质量为 P2 档的国产棉花。替代品详见交易所交割细则。替代品升贴水由交易所另行制定并公告
交割地点	交易所指定棉花交割仓库
最低交易保证金	合约价值的 5%
交割方式	实物交割
交易代码	CF
上市交易所	郑州商品交易所

4. 白糖期货标准合约

交易品种	白砂糖（简称"白糖"）
交易单位	10 吨/手
报价单位	元（人民币）／吨
最小变动价位	1 元／吨
每日价格最大波动限制	上一交易日结算价 ±4% 及《郑州商品交易所期货交易风险控制管理办法》相关规定
合约交割月份	1 月、3 月、5 月、7 月、9 月、11 月
交易时间	每周一至周五（北京时间 法定节假日除外）上午 9：00～11：30，下午 1：30～3：00 及交易所规定的其他交易时间
最后交易日	合约交割月份的第 10 个交易日
最后交割日	合约交割月份的第 12 个交易日
交割品级	见《郑州商品交易所期货交割细则》
交割地点	交易所指定交割仓库
最低交易保证金	合约价值的 5%
交割方式	实物交割
交易代码	SR
上市交易所	郑州商品交易所

5. 菜籽油期货标准合约

交易品种	菜籽油（简称"菜油"）
交易单位	10 吨/手
报价单位	元（人民币）/吨
最小变动价位	2 元/吨
每日价格最大波动限制	上一交易日结算价 ±4% 及《郑州商品交易所期货交易风险控制管理办法》相关规定
最低交易保证金	合约价值的 5%
合约交割月份	1 月、3 月、5 月、7 月、9 月、11 月
交易时间	每周一至周五（北京时间 法定节假日除外）上午 9：00～11：30，下午 13：30～15：00 及交易所规定的其他交易时间
最后交易日	合约交割月份第 10 个交易日
最后交割日	合约交割月份第 12 个交易日
交割品级	基准交割品：符合《中华人民共和国国家标准菜籽油》（GB1536—2004）四级质量指标的菜油。替代品及升贴水见《郑州商品交易所期货交割细则》。

续表

交割地点	交易所指定交割地点
交割方式	实物交割
交易代码	OI
上市交易所	郑州商品交易所

6. 早籼稻期货标准合约

交易品种	早籼稻
交易单位	20 吨/手
报价单位	元（人民币）/吨
最小变动价位	1 元/吨
每日价格波动限制	上一交易日结算价 ±4% 及《郑州商品交易所期货交易风险控制管理办法》相关规定
最低交易保证金	合约价值的 5%
合约交割月份	1 月、3 月、5 月、7 月、9 月、11 月
交易时间	每周一至周五（北京时间　法定节假日除外） 上午 9:00~11:30，下午 1:30~3:00
最后交易日	合约交割月份的第 10 个交易日
最后交割日	合约交割月份的第 12 个交易日
交割品级	基准交割品：符合《中华人民共和国国家标准 稻谷》（GB1350—2009）三等及以上等级质量指标及《郑州商品交易所期货交割细则》规定的早籼稻谷 替代品及升贴水见《郑州商品交易所期货交割细则》
交割地点	交易所指定交割仓库
交割方式	实物交割
交易代码	RI
上市交易所	郑州商品交易所

7. 菜籽期货标准合约

交易品种	油菜籽（简称“菜籽”）
交易单位	10 吨/手
报价单位	元（人民币）/吨
最小变动价位	1 元/吨
每日价格波动限制	上一交易日结算价 ±4% 及《郑州商品交易所期货交易风险控制管理办法》相关规定

续表

最低交易保证金	合约价值的 5%
合约交割月份	7 月、8 月、9 月、11 月
交易时间	每周一至周五（北京时间 法定节假日除外） 上午 9：00 ~ 11：30，下午 1：30 ~ 3：00
最后交易日	合约交割月份的第十个交易日
最后交割日	仓单交割：合约交割月份的第 12 个交易日 车船板交割：合约交割月份的次月 20 日
交割品级	见《郑州商品交易所期货交割细则》
交割地点	交易所指定交割地点
交割方式	实物交割
交易代码	RS
上市交易所	郑州商品交易所

8. 菜粕期货标准合约

交易品种	菜籽粕（简称"菜粕"）
交易单位	10 吨/手
报价单位	元（人民币）/吨
最小变动价位	1 元/吨
每日价格波动限制	上一交易日结算价 ±4% 及《郑州商品交易所期货交易风险控制管理办法》相关规定
最低交易保证金	合约价值的 5%
合约交割月份	1 月、3 月、5 月、7 月、8 月、9 月、11 月
交易时间	每周一至周五（北京时间 法定节假日除外） 上午 9：00 ~ 11：30，下午 1：30 ~ 3：00 及交易所规定的其他交易时间
最后交易日	合约交割月份的第 10 个交易日
最后交割日	合约交割月份的第 12 个交易日
交割品级	见《郑州商品交易所期货交割细则》
交割地点	交易所指定交割地点
交割方式	实物交割
交易代码	RM
上市交易所	郑州商品交易所

9. 粳稻期货标准合约

交易品种	粳稻谷（简称"粳稻"）
交易单位	20 吨/手
报价单位	元（人民币）/吨
最小变动价位	1 元/吨
每日价格波动限制	上一交易日结算价 ±4% 及《郑州商品交易所期货交易风险控制管理办法》相关规定
最低交易保证金	合约价值的 5%
合约交割月份	1 月、3 月、5 月、7 月、9 月、11 月
交易时间	每周一至周五（北京时间 法定节假日除外） 上午 9:00~11:30，下午 1:30~3:00 最后交易日上午 9:00~11:30
最后交易日	合约交割月份的第 10 个交易日
最后交割日	合约交割月份的第 12 个交易日
交割品级	见《郑州商品交易所期货交割细则》
交割地点	交易所指定交割地点
交割方式	实物交割
交易代码	JR
上市交易所	郑州商品交易所

10. 晚籼稻期货标准合约

交易品种	晚籼稻（简称"晚稻"）
交易单位	20 吨/手
报价单位	元（人民币）/吨
最小变动价位	1 元/吨
每日价格波动限制	上一交易日结算价 ±4% 及《郑州商品交易所期货交易风险控制管理办法》相关规定
最低交易保证金	合约价值的 5%
合约交割月份	1 月、3 月、5 月、7 月、9 月、11 月
交易时间	每周一至周五（北京时间 法定节假日除外） 上午 9:00~11:30，下午 1:30~3:00
最后交易日	合约交割月份的第 10 个交易日
最后交割日	合约交割月份的第 12 个交易日
交割品级	见《郑州商品交易所期货交割细则》

续表

交割地点	交易所指定交割地点
交割方式	实物交割
交易代码	LR
上市交易所	郑州商品交易所

11. 棉纱期货标准合约

交易品种	棉纱
交易单位	5 吨/手（公定重量）
报价单位	元（人民币）/吨
最小变动价位	5 元/吨
每日价格波动限制	上一个交易日结算价 ±4% 及《郑州商品交易所期货交易风险控制管理办法》相关规定
最低交易保证金	合约价值的 5%
合约交割月份	1 ~ 12 月
交易时间	每周一至周五（北京时间 法定节假日除外） 上午 9:00 ~ 11:30，下午 1:30 ~ 3:00 及交易所规定的其他交易时间 最后交易日上午 9:00 ~ 11:30
最后交易日	合约交割月份的第 10 个交易日
最后交割日	合约交割月份的第 12 个交易日
交割品级	见《郑州商品交易所期货交割细则》
交割地点	交易所指定交割地点
交割方式	实物交割
交易代码	CY
上市交易所	郑州商品交易所

12. 苹果期货标准合约

交易品种	鲜苹果（简称"苹果"）
交易单位	10 吨/手
报价单位	元（人民币）/吨
最小变动价位	1 元/吨
每日价格波动限制	上一个交易日结算价 ±5% 及《郑州商品交易所期货交易风险控制管理办法》相关规定
最低交易保证金	合约价值的 7%

续表

合约交割月份	1 月、3 月、5 月、7 月、10 月、11 月、12 月
交易时间	每周一至周五（北京时间 法定节假日除外） 上午 9∶00 ~ 11∶30，下午 1∶30 ~ 3∶00 及交易所规定的其他交易时间 最后交易日上午 9∶00 ~ 11∶30
最后交易日	合约交割月份的第 10 个交易日
最后交割日	仓单交割：合约交割月份的第 12 个交易日 车（船）板交割：合约交割月份的次月 20 日
交割品级	见《郑州商品交易所期货交割细则》
交割地点	交易所指定交割仓库
交割方式	实物交割
交易代码	AP
上市交易所	郑州商品交易所

13. 红枣期货标准合约

交易品种	干制红枣（简称"红枣"）
交易单位	5 吨/手
报价单位	元（人民币）/吨
最小变动价位	5 元/吨
每日价格波动限制	上一交易日结算价 ±5% 及《郑州商品交易所期货交易风险控制管理办法》相关规定
最低交易保证金	合约价值的 7%
合约交割月份	1 月、3 月、5 月、7 月、9 月、12 月
交易时间	每周一至周五（北京时间法定节假日除外） 上午 9∶00 ~ 11∶30，下午 1∶30 ~ 3∶00 及交易所规定的其他交易时间 最后交易日上午 9∶00 ~ 11∶30
最后交易日	合约交割月份的第 10 个交易日
最后交割日	合约交割月份的第 12 个交易日
交割品级	见《郑州商品交易所期货交割细则》
交割地点	交易所指定交割仓库
交割方式	实物交割
交易代码	CJ
上市交易所	郑州商品交易所

【非农产品类】

14. PTA 期货标准合约

交易品种	精对苯二甲酸（PTA）
交易单位	5 吨/手
报价单位	元（人民币）/吨
最小变动价位	2 元/吨
每日价格波动限制	上一交易日结算价 ±4% 及《郑州商品交易所期货交易风险控制管理办法》相关规定
最低交易保证金	合约价值的 5%
合约交割月份	1～12 月
交易时间	每周一至周五（北京时间 法定节假日除外） 上午 9:00～11:30，下午 1:30～3:00 以及交易所规定的其他交易时间
最后交易日	合约交割月份的第 10 个交易日
最后交割日	合约交割月份的第 12 个交易日
交割品级	见《郑州商品交易所期货交割细则》
交割地点	交易所指定交割仓库
交割方式	实物交割
交易代码	TA
上市交易所	郑州商品交易所

15. 甲醇期货标准合约

交易品种	甲醇
交易单位	10 吨/手
报价单位	元（人民币）/吨
最小变动价位	1 元/吨
每日价格最大波动限制	上一交易日结算价 ±4% 及《郑州商品交易所期货交易风险控制管理办法》相关规定
最低交易保证金	合约价值的 5%
合约交割月份	1～12 月
交易时间	每周一至周五（北京时间 法定节假日除外） 上午 9:00～11:30，下午 1:30～3:00 及交易所规定的其他交易时间
最后交易日	合约交割月份的第 10 个交易日
最后交割日	合约交割月份的第 12 个交易日
交割品级	见《郑州商品交易所期货交割细则》
交割地点	交易所指定交割地点
交割方式	实物交割
交易代码	MA
上市交易所	郑州商品交易所

16. 玻璃期货标准合约

交易品种	平板玻璃（简称"玻璃"）
交易单位	20 吨/手
报价单位	元（人民币）/吨
最小变动价位	1 元/吨
每日价格波动限制	上一交易日结算价 ±4% 及《郑州商品交易所期货交易风险控制管理办法》相关规定
最低交易保证金	合约价值的 5%
合约交割月份	1 ~ 12 月
交易时间	每周一至周五（北京时间法定节假日除外） 上午 9:00 ~ 11:30，下午 1:30 ~ 3:00 以及交易所规定的其他时间 最后交易日上午 9:00 ~ 11:30
最后交易日	合约交割月份的第 10 个交易日
最后交割日	合约交割月份的第 12 个交易日
交割品级	见《郑州商品交易所期货交割细则》
交割地点	交易所指定交割地点
交割方式	实物交割
交易代码	FG
上市交易所	郑州商品交易所

17. 动力煤期货标准合约

交易品种	动力煤
交易单位	100 吨/手
报价单位	元（人民币）/吨
最小变动价位	0.2 元/吨
每日价格波动限制	上一交易日结算价 ±4% 及《郑州商品交易所期货交易风险控制管理办法》相关规定
最低交易保证金	合约价值的 5%
合约交割月份	1 ~ 12 月
交易时间	每周一至周五（北京时间法定节假日除外） 上午 9:00 ~ 11:30，下午 1:30 ~ 3:00 以及交易所规定的其他交易时间 最后交易日上午 9:00 ~ 11:30

续表

最后交易日	合约交割月份的第 5 个交易日
最后交割日	车（船）板交割：合约交割月份的最后 1 个日历日 仓单交割：合约交割月份的第 7 个交易日
交割品级	见《郑州商品交易所期货交割细则》
交割地点	交易所指定交割地点
交割方式	实物交割
交易代码	ZC
上市交易所	郑州商品交易所

18. 硅铁期货标准合约

交易品种	硅铁
交易单位	5 吨/手
报价单位	元（人民币）/吨
最小变动价位	2 元/吨
每日价格波动限制	上一交易日结算价 ±4% 及《郑州商品交易所期货交易风险控制管理办法》相关规定
最低交易保证金	合约价值的 5%
合约交割月份	1 ~ 12 月
交易时间	每周一至周五（北京时间法定节假日除外） 上午 9:00 ~ 11:30，下午 1:30 ~ 3:00 以及交易所规定的其他交易时间 最后交易日上午 9:00 ~ 11:30
最后交易日	合约交割月份的第 10 个交易日
最后交割日	合约交割月份的第 12 个交易日
交割品级	见《郑州商品交易所期货交割细则》
交割地点	交易所指定交割地点
交割方式	实物交割
交易代码	SF
上市交易所	郑州商品交易所

19. 锰硅期货标准合约

交易品种	锰硅
交易	5 吨/手
报价单位	元（人民币）/吨

续表

最小变动价位	2 元/吨
每日价格波动限制	上一交易日结算价 ±4% 及《郑州商品交易所期货交易风险控制管理办法》相关规定
最低交易保证金	合约价值的 5%
合约交割月份	1~12 月
交易时间	每周一至周五（北京时间法定节假日除外） 上午 9:00~11:30，下午 1:30~3:00 以及交易所规定的其他交易时间 最后交易日上午 9:00~11:30
最后交易日	合约交割月份的第 10 个交易日
最后交割日	合约交割月份的第 12 个交易日
交割品级	见《郑州商品交易所期货交割细则》
交割地点	交易所指定交割地点
交割方式	实物交割
交易代码	SM
上市交易所	郑州商品交易所

20. 尿素期货标准合约

交易品种	尿素
交易单位	20 吨/手
报价单位	元（人民币）/吨
最小变动价位	1 元/吨
每日价格波动限制	上一交易日结算价 ±4% 及《郑州商品交易所期货交易风险控制管理办法》相关规定
最低交易保证金	合约价值的 5%
合约交割月份	1~12 月
交易时间	每周一至周五（北京时间法定节假日除外） 上午 9:00~11:30，下午 13:30~15:00 及交易所规定的其他交易时间 最后交易日上午 9:00~11:30
最后交易日	合约交割月份的第 10 个交易日
最后交割日	合约交割月份的第 12 个交易日
交割品级	见《郑州商品交易所期货交割细则》
交割地点	交易所指定交割地点
交割方式	实物交割
交易代码	UR
上市交易所	郑州商品交易所

21. 纯碱期货标准合约

交易品种	纯碱
交易单位	20 吨/手
报价单位	元（人民币）/吨
最小变动价位	1 元/吨
每日价格波动限制	上一交易日结算价 ±4% 及《郑州商品交易所期货交易风险控制管理办法》相关规定
最低交易保证金	合约价值的 5%
合约交割月份	1 ~ 12 月
交易时间	每周一至周五（北京时间法定节假日除外） 上午 9:00 ~ 11:30，下午 1:30 ~ 3:00 及交易所规定的其他交易时间
最后交易日	合约交割月份的第 10 个交易日
最后交割日	合约交割月份的第 13 个交易日
交割品级	见《郑州商品交易所期货交割细则》
交割地点	交易所指定交割地点
交割方式	实物交割
交易代码	SA
上市交易所	郑州商品交易所

大连商品交易所上市期货品种合约

【农业品类】

1. 玉米期货标准合约

交易品种	黄玉米
交易单位	10 吨/手
报价单位	元（人民币）/吨
最小变动价位	1 元/吨
涨跌停板幅度	上一交易日结算价的 4%
合约月份	1 月、3 月、5 月、7 月、9 月、11 月
交易时间	每周一至周五上午 9:00 ~ 11:30，下午 13:30 ~ 15:00，以及交易所规定的其他时间
最后交易日	合约月份第 10 个交易日
最后交割日	最后交易日后第 3 个交易日
交割等级	大连商品交易所玉米交割质量标准（FC/DCE D001—2015）（具体内容见附件）
交割地点	大连商品交易所玉米指定交割仓库
最低交易保证金	合约价值的 5%
交割方式	实物交割
交易代码	C
上市交易所	大连商品交易所

2. 玉米淀粉期货标准合约

交易品种	玉米淀粉
交易单位	10 吨/手
报价单位	元（人民币）/吨
最小变动价位	1 元/吨
涨跌停板幅度	上一交易日结算价的 4%
合约月份	1 月、3 月、5 月、7 月、9 月、11 月
交易时间	每周一至周五上午 9:00~11:30，下午 13:30~15:00，以及交易所规定的其他时间
最后交易日	合约月份第 10 个交易日
最后交割日	最后交易日后第 3 个交易日
交割等级	大连商品交易所玉米淀粉交割质量标准（F/DCE CS002—2018）
交割地点	大连商品交易所玉米淀粉指定交割仓库
最低交易保证金	合约价值的 5%
交割方式	实物交割
交易代码	CS
上市交易所	大连商品交易所

3. 黄大豆 1 号期货标准合约

交易品种	黄大豆 1 号
交易单位	10 吨/手
报价单位	元（人民币）/吨
最小变动价位	1 元/吨
涨跌停板幅度	上一交易日结算价的 4%
合约月份	1 月、3 月、5 月、7 月、9 月、11 月
交易时间	每周一至周五上午 9:00~11:30，下午 13:30~15:00，以及交易所规定的其他时间
最后交易日	合约月份第 10 个交易日
最后交割日	最后交易日后第 3 个交易日
交割等级	大连商品交易所黄大豆 1 号交割质量标准（F/DCE A001—2018）
交割地点	大连商品交易所黄大豆 1 号指定交割仓库
最低交易保证金	合约价值的 5%
交割方式	实物交割
交易代码	A
上市交易所	大连商品交易所

4. 黄大豆 2 号期货标准合约

交易品种	黄大豆 2 号
交易单位	10 吨/手
报价单位	元（人民币）/吨
最小变动价位	1 元/吨
涨跌停板幅度	上一交易日结算价的 4%
合约月份	1 ~ 12 月
交易时间	每周一至周五上午 9：00 ~ 11：30，下午 13：30 ~ 15：00，以及交易所规定的其他时间
最后交易日	合约月份第 10 个交易日
最后交割日	最后交易日后第 3 个交易日
交割等级	大连商品交易所黄大豆 2 号交割质量标准（F/DCE B003—2017）
交割地点	大连商品交易所黄大豆 2 号指定交割仓库
最低交易保证金	合约价值的 5%
交割方式	实物交割
交易代码	B
上市交易所	大连商品交易所

5. 豆粕期货标准合约

交易品种	豆粕
交易单位	10 吨/手
报价单位	元（人民币）/吨
最小变动价位	1 元/吨
涨跌停板幅度	上一交易日结算价的 4%
合约月份	1 月、3 月、5 月、7 月、8 月、9 月、11 月、12 月
交易时间	每周一至周五上午 9：00 ~ 11：30，下午 13：30 ~ 15：00，以及交易所规定的其他时间
最后交易日	合约月份第 10 个交易日
最后交割日	最后交易日后第 3 个交易日
交割等级	大连商品交易所豆粕交割质量标准
交割地点	大连商品交易所豆粕指定交割仓库
最低交易保证金	合约价值的 5%
交割方式	实物交割
交易代码	M
上市交易所	大连商品交易所

6. 豆油期货标准合约

交易品种	大豆原油
交易单位	10 吨/手
报价单位	元（人民币）/吨
最小变动价位	2 元/吨
涨跌停板幅度	上一交易日结算价的 4%
合约月份	1 月、3 月、5 月、7 月、8 月、9 月、11 月、12 月
交易时间	每周一至周五上午 9：00 ～ 11：30，下午 13：30 ～ 15：00，以及交易所规定的其他时间
最后交易日	合约月份第 10 个交易日
最后交割日	最后交易日后第 3 个交易日
交割等级	大连商品交易所豆油交割质量标准
交割地点	大连商品交易所豆油指定交割仓库
最低交易保证金	合约价值的 5%
交割方式	实物交割
交易代码	Y
上市交易所	大连商品交易所

7. 棕榈油期货标准合约

交易品种	棕榈油
交易单位	10 吨/手
报价单位	元（人民币）/吨
最小变动价位	2 元/吨
涨跌停板幅度	上一交易日结算价的 4%
合约月份	1 ～ 12 月
交易时间	每周一至周五上午 9：00 ～ 11：30，下午 13：30 ～ 15：00，以及交易所规定的其他时间
最后交易日	合约月份第 10 个交易日
最后交割日	最后交易日后第 3 个交易日
交割等级	大连商品交易所棕榈油交割质量标准
交割地点	大连商品交易所棕榈油指定交割仓库
最低交易保证金	合约价值的 5%
交割方式	实物交割
交易代码	P
上市交易所	大连商品交易所

8. 纤维板期货标准合约

交易品种	中密度纤维板
交易单位	500 张/手
报价单位	元（人民币）/张
最小变动价位	0.05 元/张
涨跌停板幅度	上一交易日结算价的 4%
合约月份	1～12 月
交易时间	每周一至周五上午 9：00～11：30，下午 13：30～15：00，以及交易所规定的其他时间
最后交易日	合约月份第 10 个交易日
最后交割日	最后交易日后第 3 个交易日
交割等级	大连商品交易所纤维板交割质量标准
交割地点	大连商品交易所纤维板指定交割仓库
最低交易保证金	合约价值的 5%
交割方式	实物交割
交易代码	FB
上市交易所	大连商品交易所

9. 胶合板期货标准合约

交易品种	细木工板
交易单位	500 张/手
报价单位	元（人民币）/张
最小变动价位	0.05 元/张
涨跌停板幅度	上一交易日结算价的 4%
合约月份	1～12 月
交易时间	每周一至周五上午 9：00～11：30，下午 13：30～15：00，以及交易所规定的其他时间
最后交易日	合约月份第 10 个交易日
最后交割日	最后交易日后第 3 个交易日
交割等级	大连商品交易所胶合板交割质量标准（F/DCE BB002—2018）
交割地点	大连商品交易所胶合板指定交割仓库
最低交易保证金	合约价值的 5%
交割方式	实物交割
交易代码	BB
上市交易所	大连商品交易所

10. 鸡蛋期货标准合约

交易品种	鲜鸡蛋
交易单位	5 吨/手
报价单位	元（人民币）/500 千克
最小变动价位	1 元/500 千克
涨跌停板幅度	上一交易日结算价的 4%
合约月份	1 ~ 12 月
交易时间	每周一至周五上午 9:00 ~ 11:30，下午 13:30 ~ 15:00，以及交易所规定的其他时间
最后交易日	合约月份倒数第 4 个交易日
最后交割日	最后交易日后第 3 个交易日
交割等级	大连商品交易所鸡蛋交割质量标准
交割地点	大连商品交易所鸡蛋指定交割仓库、指定车板交割场所
最低交易保证金	合约价值的 5%
交割方式	实物交割
交易代码	JD
上市交易所	大连商品交易所

11. 粳米期货标准合约

交易品种	粳米
交易单位	10 吨/手
报价单位	元（人民币）/吨
最小变动价位	1 元/吨
涨跌停板幅度	上一交易日结算价的 4%
合约月份	1 ~ 12 月
交易时间	每周一至周五上午 9:00 ~ 11:30，下午 13:30 ~ 15:00，以及交易所规定的其他时间
最后交易日	合约月份第 10 个交易日
最后交割日	最后交易日后第 3 个交易日
交割等级	大连商品交易所粳米交割质量标准（F/DCE RR001—2019）
交割地点	大连商品交易所粳米指定交割仓库
最低交易保证金	合约价值的 5%
交割方式	实物交割
交易代码	RR
上市交易所	大连商品交易所

【工业品类】
12. 聚乙烯期货标准合约

交易品种	线型低密度聚乙烯
交易单位	5 吨/手
报价单位	元（人民币）/吨
最小变动价位	5 元/吨
涨跌停板幅度	上一交易日结算价的 4%
合约月份	1～12 月
交易时间	每周一至周五上午 9：00～11：30，下午 13：30～15：00，以及交易所规定的其他时间
最后交易日	合约月份第 10 个交易日
最后交割日	最后交易日后第 3 个交易日
交割等级	大连商品交易所线型低密度聚乙烯交割质量标准
交割地点	大连商品交易所线型低密度聚乙烯指定交割仓库
最低交易保证金	合约价值的 5%
交割方式	实物交割
交易代码	L
上市交易所	大连商品交易所

13. 聚氯乙烯期货标准合约

交易品种	聚氯乙烯
交易单位	5 吨/手
报价单位	元（人民币）/吨
最小变动价位	5 元/吨
涨跌停板幅度	上一交易日结算价的 4%
合约月份	1～12 月
交易时间	每周一至周五上午 9：00～11：30，下午 13：30～15：00，以及交易所规定的其他时间
最后交易日	合约月份第 10 个交易日
最后交割日	最后交易日后第 3 个交易日
交割等级	质量标准符合《悬浮法通用型聚氯乙烯树脂（GB/T 5761—2006）》规定的 SG5 型一等品和优等品
交割地点	大连商品交易所聚氯乙烯指定交割仓库
最低交易保证金	合约价值的 5%
交割方式	实物交割
交易代码	V
上市交易所	大连商品交易所

14. 聚丙烯期货标准合约

交易品种	聚丙烯
交易单位	5 吨/手
报价单位	元（人民币）/吨
最小变动价位	1 元/吨
涨跌停板幅度	上一交易日结算价的 4%
合约月份	1 ~ 12 月
交易时间	每周一至周五上午 9：00 ~ 11：30，下午 13：30 ~ 15：00，以及交易所规定的其他时间
最后交易日	合约月份第 10 个交易日
最后交割日	最后交易日后第 3 个交易日
交割等级	大连商品交易所聚丙烯交割质量标准
交割地点	大连商品交易所聚丙烯指定交割仓库
最低交易保证金	合约价值的 5%
交割方式	实物交割
交易代码	PP
上市交易所	大连商品交易所

15. 焦炭期货标准合约

交易品种	冶金焦炭
交易单位	100 吨/手
报价单位	元（人民币）/吨
最小变动价位	0.5 元/吨
涨跌停板幅度	上一交易日结算价的 4%
合约月份	1 ~ 12 月
交易时间	每周一至周五上午 9：00 ~ 11：30，下午 13：30 ~ 15：00，以及交易所规定的其他时间
最后交易日	合约月份第 10 个交易日
最后交割日	最后交易日后第 3 个交易日
交割等级	大连商品交易所焦炭交割质量标准
交割地点	大连商品交易所焦炭指定交割仓库
最低交易保证金	合约价值的 5%
交割方式	实物交割
交易代码	J
上市交易所	大连商品交易所

16. 焦煤期货标准合约

交易品种	焦煤
交易单位	60 吨/手
报价单位	元（人民币）/吨
最小变动价位	0.5 元/吨
涨跌停板幅度	上一交易日结算价的 4%
合约月份	1～12 月
交易时间	每周一至周五上午 9：00～11：30，下午 13：30～15：00，以及交易所规定的其他时间
最后交易日	合约月份第 10 个交易日
最后交割日	最后交易日后第 3 个交易日
交割等级	大连商品交易所焦煤交割质量标准（F/DCE JM001—2018）
交割地点	大连商品交易所焦煤指定交割仓库
最低交易保证金	合约价值的 5%
交割方式	实物交割
交易代码	JM
上市交易所	大连商品交易所

17. 铁矿石期货标准合约

交易品种	铁矿石
交易单位	100 吨/手
报价单位	元（人民币）/吨
最小变动价位	0.5 元/吨
涨跌停板幅度	上一交易日结算价的 4%
合约月份	1～12 月
交易时间	每周一至周五上午 9：00～11：30，下午 13：30～15：00，以及交易所规定的其他时间
最后交易日	合约月份第 10 个交易日
最后交割日	最后交易日后第 3 个交易日
交割等级	大连商品交易所铁矿石交割质量标准（F/DCE I001—2017）
交割地点	大连商品交易所铁矿石指定交割仓库及指定交割地点
最低交易保证金	合约价值的 5%
交割方式	实物交割
交易代码	I
上市交易所	大连商品交易所

18. 乙二醇期货标准合约

交易品种	乙二醇
交易单位	10 吨/手
报价单位	元（人民币）/吨
最小变动价位	1 元/吨
涨跌停板幅度	上一交易日结算价的 4%
合约月份	1～12 月
交易时间	每周一至周五上午 9：00～11：30，下午 13：30～15：00，以及交易所规定的其他时间
最后交易日	合约月份倒数第 4 个交易日
最后交割日	最后交易日后第 3 个交易日
交割等级	大连商品交易所乙二醇交割质量标准（F/DCE EG001—2018）
交割地点	大连商品交易所乙二醇指定交割仓库
最低交易保证金	合约价值的 5%
交割方式	实物交割
交易代码	EG
上市交易所	大连商品交易所

19. 苯乙烯期货标准合约

交易品种	苯乙烯
交易单位	5 吨/手
报价单位	元（人民币）/吨
最小变动价位	1 元/吨
涨跌停板幅度	上一交易日结算价的 4%
合约月份	1～12 月
交易时间	每周一至周五上午 9：00～11：30，下午 13：30～15：00，以及交易所规定的其他时间
最后交易日	合约月份倒数第 4 个交易日
最后交割日	最后交易日后第 3 个交易日
交割等级	大连商品交易所苯乙烯交割质量标准（F/DCE EB001—2019）
交割地点	大连商品交易所苯乙烯指定交割仓库
最低交易保证金	合约价值的 5%
交割方式	实物交割
交易代码	EB
上市交易所	大连商品交易所

中国金融期货交易所上市期货品种合约

【股指期货】

1. 沪深 300 股指期货标准合约

合约标的	沪深 300 指数
合约乘数	每点 300 元
报价单位	指数点
最小变动价位	0.2 点
合约月份	当月、下月及随后两个季月
交易时间	上午：9：30 ~ 11：30，下午：13：00 ~ 15：00
每日价格最大波动限制	上一个交易日结算价的 ±10%
最低交易保证金	合约价值的 8%
最后交易日	合约到期月份的第三个周五，遇国家法定假日顺延
交割日期	同最后交易日
交割方式	现金交割
交易代码	IF
上市交易所	中国金融期货交易所

2. 中证 500 股指期货标准合约

合约标的	中证 500 指数
合约乘数	每点 200 元
报价单位	指数点
最小变动价位	0.2 点
合约月份	当月、下月及随后两个季月
交易时间	上午：9：30 ~ 11：30，下午：13：00 ~ 15：00
每日价格最大波动限制	上一个交易日结算价的 ±10%
最低交易保证金	合约价值的 8%
最后交易日	合约到期月份的第三个周五，遇国家法定假日顺延
交割日期	同最后交易日
交割方式	现金交割
交易代码	IC
上市交易所	中国金融期货交易所

3. 上证 50 股指期货标准合约

合约标的	上证 50 指数
合约乘数	每点 300 元
报价单位	指数点
最小变动价位	0.2 点
合约月份	当月、下月及随后两个季月
交易时间	上午：9：30～11：30，下午：13：00～15：00
每日价格最大波动限制	上一个交易日结算价的 ±10%
最低交易保证金	合约价值的 8%
最后交易日	合约到期月份的第三个周五，遇国家法定假日顺延
交割日期	同最后交易日
交割方式	现金交割
交易代码	IH
上市交易所	中国金融期货交易所

【国债期货】
4. 2 年期国债期货标准合约

合约标的	面值为 200 万元人民币、票面利率为 3% 的名义中短期国债
可交割国债	发行期限不高于 5 年，合约到期月份首日剩余期限为 1.5～2.25 年的记账式附息国债
报价方式	百元净价报价
最小变动价位	0.005 元
合约月份	最近的三个季月（3 月、6 月、9 月、12 月中的最近三个月循环）
交易时间	9：15～11：30，13：00～15：15
最后交易日交易时间	9：15～11：30
每日价格最大波动限制	上一交易日结算价的 ±0.5%
最低交易保证金	合约价值的 0.5%
最后交易日	合约到期月份的第二个星期五
最后交割日	最后交易日后的第三个交易日
交割方式	实物交割
交易代码	TS
上市交易所	中国金融期货交易所

5. 5 年期国债期货标准合约

合约标的	面值为 100 万元人民币、票面利率为 3% 的名义中期国债
可交割国债	发行期限不高于 7 年、合约到期月份首日剩余期限为 4~5.25 年的记账式附息国债
报价方式	百元净价报价
最小变动价位	0.005 元
合约月份	最近的三个季月（3 月、6 月、9 月、12 月中的最近三个月循环）
交易时间	09：15~11：30，13：00~15：15
最后交易日交易时间	09：15~11：30
每日价格最大波动限制	上一交易日结算价的 ±1.2%
最低交易保证金	合约价值的 1%
最后交易日	合约到期月份的第二个星期五
最后交割日	最后交易日后的第三个交易日
交割方式	实物交割
交易代码	TF
上市交易所	中国金融期货交易所

6. 10 年期国债期货标准合约

合约标的	面值为 100 万元人民币、票面利率为 3% 的名义长期国债
可交割国债	发行期限不高于 10 年、合约到期月份首日剩余期限不低于 6.5 年的记账式附息国债
报价方式	百元净价报价
最小变动价位	0.005 元
合约月份	最近的三个季月（3 月、6 月、9 月、12 月中的最近三个月循环）
交易时间	9：15~11：30，13：00~15：15
最后交易日交易时间	9：15~11：30
每日价格最大波动限制	上一交易日结算价的 ±2%
最低交易保证金	合约价值的 2%
最后交易日	合约到期月份的第二个星期五
最后交割日	最后交易日后的第三个交易日
交割方式	实物交割
交易代码	T
上市交易所	中国金融期货交易所

图书在版编目（CIP）数据

期货投资学／罗孝玲，马世昌著．—4 版．—北京：
经济科学出版社，2020.1
（期货投资系列丛书）
ISBN 978 - 7 - 5218 - 1340 - 1

Ⅰ.①期…　Ⅱ.①罗…②马…　Ⅲ.①期货交易
Ⅳ.①F830.93

中国版本图书馆 CIP 数据核字（2020）第 028626 号

责任编辑：齐伟娜　杨　梅
责任校对：杨　海
技术编辑：李　鹏　范　艳

期货投资学

（第 4 版）

罗孝玲　马世昌　著

经济科学出版社出版、发行　新华书店经销
社址：北京市海淀区阜成路甲 28 号　邮编：100142
总编部电话：010 - 88191217　发行部电话：010 - 88191540
网址：www.esp.com.cn
电子邮箱：esp@esp.com.cn
天猫网店：经济科学出版社旗舰店
网址：http://jjkxcbs.tmall.com
北京季蜂印刷有限公司印装
787×1092　16 开　22.25 印张　430000 字
2020 年 6 月第 4 版　2020 年 6 月第 1 次印刷
ISBN 978 - 7 - 5218 - 1340 - 1　定价：58.00 元
（图书出现印装问题，本社负责调换。电话：010 - 88191510）
（版权所有　侵权必究　打击盗版　举报热线：010 - 88191661
QQ：2242791300　营销中心电话：010 - 88191537
电子邮箱：dbts@esp.com.cn）